GABRIELE MÜNTER

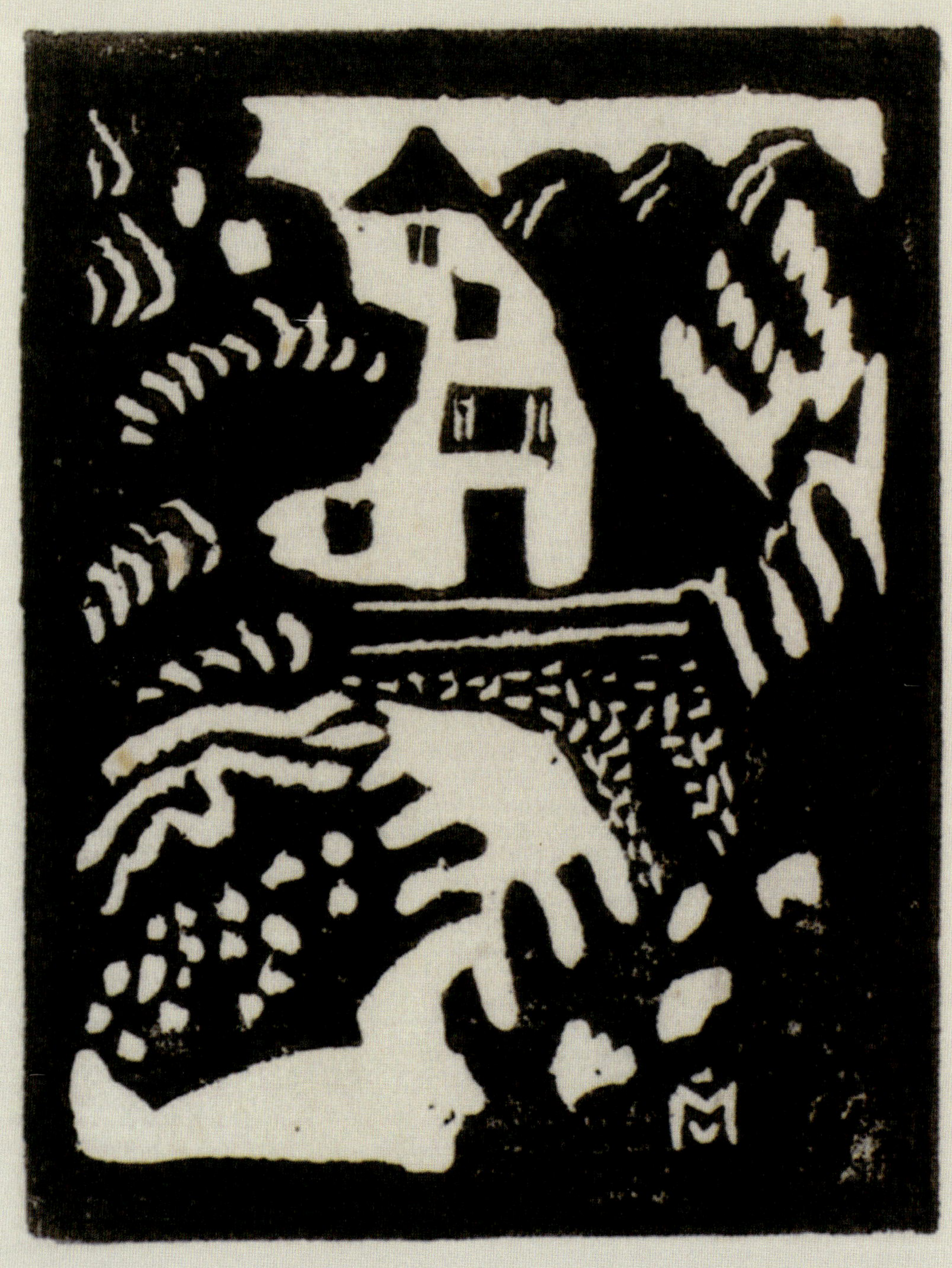

KAROLINE HILLE

GABRIELE MÜNTER

DIE KÜNSTLERIN MIT DER ZAUBERHAND

DUMONT

INHALT

Gabriele Münter war ein zurückhaltender Mensch, bescheiden im besten Sinne des Wortes, nicht aus Unsicherheit, sondern weil diese Haltung ihrem Charakter entsprach. Sie drängte sich nicht auf, sondern blieb lieber im Hintergrund. Ihre Bescheidenheit betraf, soweit es sich nicht um ihre Kunst im engen Sinn handelte, auch öffentliche Stellungnahmen oder schriftliche Äußerungen zu ihrer Person und zu ihrem Schaffen.

Bis in die Nachkriegszeit gibt es von ihr keinerlei Veröffentlichungen. Tagebucheinträge, eine umfangreiche Korrespondenz, besonders aber der intensive Briefwechsel mit ihrem zeitweiligen Lebensgefährten Wassily Kandinsky bis etwa 1916 bezeugen jedoch eine rege Diskussion über alle die neue Kunst betreffenden Fragen und Probleme. Denn sie verstand es, ihre Meinung auch in dieser Form sehr gut zu formulieren. Vor diesem Hintergrund erscheint es umso wichtiger, den wenigen zu Lebzeiten der Künstlerin publizierten Texten gebührende Aufmerksamkeit zu widmen. Lediglich drei Mal hat Gabriele Münter sich nach 1945 bereit gefunden, etwas für eine Veröffentlichung zu schreiben. Zwei der Beiträge erschienen in Zeitschriften, der umfangreichste in dem Buch über ihre Porträtzeichnungen aus den 1920er Jahren. Dieser schmale Band erschien Anfang 1952 anlässlich ihres

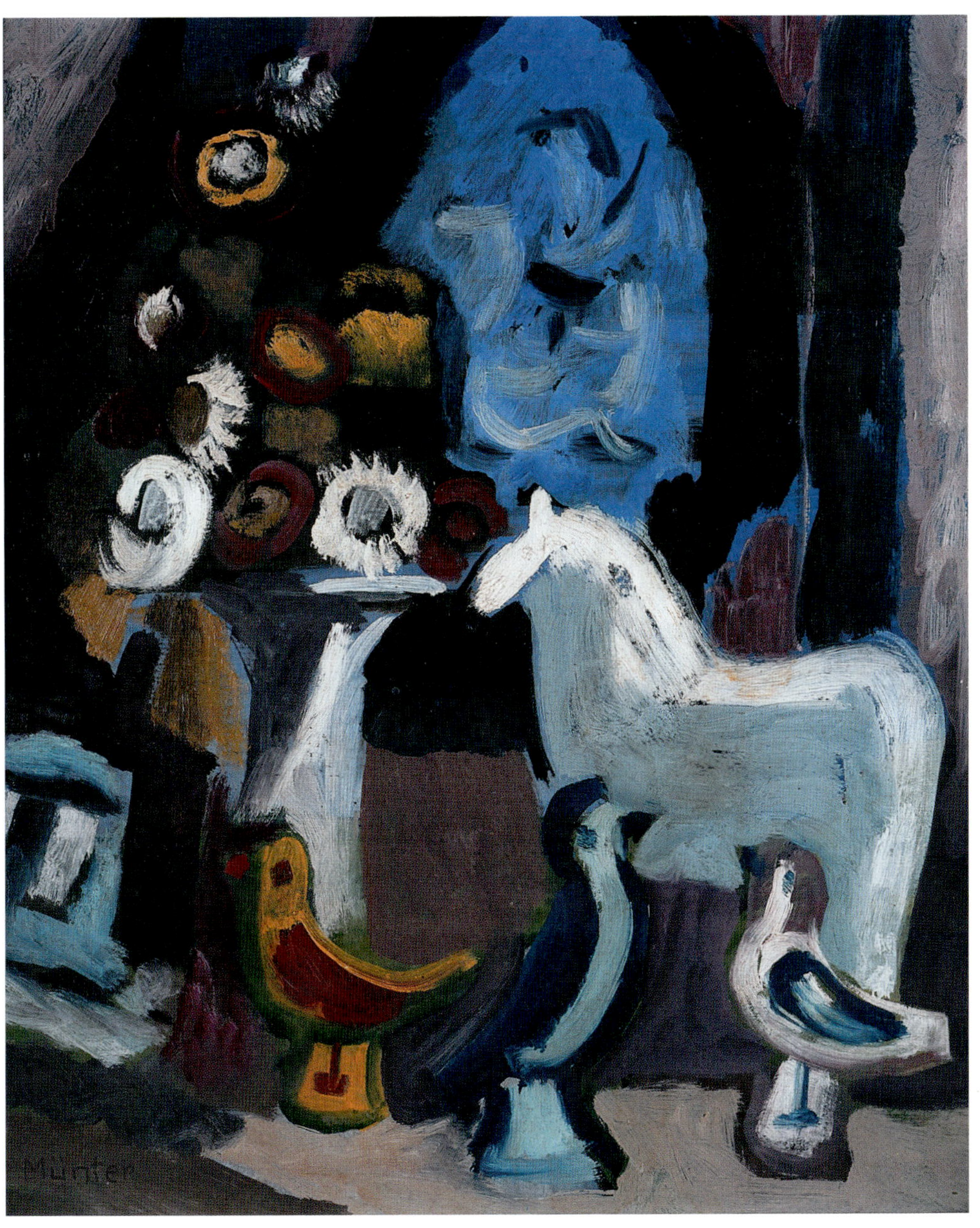

1 Stilleben mit
weißem Pferdchen, 1935

75.Geburtstages. Ihre Ausführungen beginnen mit einem Satz, der einmal mehr für ihre zurückhaltende Art steht: »Meine Sache ist das Sehen, das Malen und Zeichnen, nicht das Reden.«

Den ersten Text schrieb Gabriele Münter 1948 im Vorfeld der großen Münchner Gedächtnisausstellung *Der Blaue Reiter* für *Das Kunstwerk,* eine im Jahr zuvor gegründete und von dem Kunstkritiker Leopold Zahn geleitete »Monatsschrift über alle Gebiete der bildenden Kunst«. Die Zeitschrift spielte im frühen Nachkriegsdeutschland eine bedeutende Rolle bei der nach den Jahren der Verfemung immer noch sehr schwierigen Vermittlung der klassischen Moderne wie auch der neuesten Kunsttendenzen. Für diesen ihren Anspruch stand unter anderem der Name ihres Mitarbeiters Franz Roh, der bereits in der Weimarer Republik für die Moderne gestritten hatte. Der Schriftsteller und seine Frau Juliane Roh engagierten sich in diesen Jahren aktiv im Münchner Kulturleben. Beide hatten Anteil am Zustandekommen der großen Ausstellung über den *Blauen Reiter* und waren zudem mit der Künstlerin befreundet. So liegt die Vermutung nahe, dass die beiden Gabriele Münter zu ihrem Beitrag in der Zeitschrift angeregt, ermuntert und die Veröffentlichung dann auch unterstützt haben. Der Zweispalter erschien im Juliheft 1948 unter der Überschrift *Gabriele Münter über sich selbst.* Er beinhaltet eine Art Lebensabriss bis zu jenem Zeitpunkt, gegliedert nach den ganz unterschiedlichen Stationen ihres Künstlerinnenlebens, die jeweils mit den entsprechenden Schaffensperioden verknüpft sind. Erstmals überhaupt äußerte die Künstlerin sich hier öffentlich zu ihrer Stellung im revolutionären Künstlerkreis um den *Blauen Reiter;* wenn auch in der beschriebenen Zurückhaltung in Bezug auf ihren eigenen, substantiellen Anteil an der Entwicklung der expressiven Malerei im Sommer 1908 in Murnau am Staffelsee. Das gemeinsame Schaffen in der Gruppe steht im Vordergrund und wird von ihr betont: »Ich brauchte nichts dazu zu tun.« Verhaltener Stolz klingt nur an, wenn sie auf die künstlerischen Erfolge verweist, die sie – »für mich allein« – in Skandinavien hatte, wo sie von 1915 bis 1920 lebte. Der Bericht beginnt mit den Zeichnungen, die sie als junge Frau auf ihrer Reise durch Amerika von 1898 bis 1900 anfertigte. Es folgt der Hinweis auf die künstlerische Ausbildung in

München, die sie 1901 begann, zunächst im Künstlerinnen-Verein, später an der privaten Phalanx-Schule bei Kandinsky. Sie erwähnt die impressionistischen Anfänge und den Holzschnitt, der die neue Form, den Expressionismus, vorbereitete. Mit ihm habe sie in Murnau 1908 zu der ihr »gemäßen Weise von Malerei« gefunden. Sie erwähnt sich als Mitgründerin der *Neuen Künstlervereinigung München* 1909 und der Gruppe des *Blauen Reiter* Ende 1911, schreibt von den Jahren in Skandinavien und dem schwierigen Neuanfang in Deutschland mit dem Hinweis auf ihre Porträtzeichnungen, die in großer Anzahl bis 1930 entstanden. Dann zwang die Diktatur sie zum Rückzug aus der Öffentlichkeit, denn ab 1937 war künstlerische Arbeit nur im Verborgenen möglich. Mit der Aussage, sie male immer noch so, wie ihr »der Pinsel gewachsen« sei, endet der Beitrag im *Kunstwerk* in der Gegenwart der Künstlerin.

Eine gebührende Anerkennung aber blieb Gabriele Münter lebenslang versagt. Konsequent auf die Künstlerin konzentriert, besteht der Anspruch dieser biografischen Studie darin, Leben und Werk in ihrer Gesamtheit darzustellen. Gabriele Münter hat über 2000 Gemälde geschaffen, Tausende von Zeichnungen, Aquarellen, Hinterglasbildern, Druckgrafiken und etwa 1200 Fotografien, die erst in der Zusammenschau der unterschiedlichen Bereiche einen Eindruck von Wert und Größe ihres Schaffens vermitteln. Deshalb steht das Werk in all seinen vielgestaltigen Facetten im Mittelpunkt. Dabei interessiert die einzelne Arbeit ebenso wie die gesamte künstlerische Entwicklung mit ihren Veränderungen, Verweisen und Bezügen, die Stilvielfalt wie auch der Schaffensprozess, das Ringen der Künstlerin um die Form und ihre »Wütigkeit«, die Selbsteinschätzung, Kritik und Betrachtung ihrer Arbeit. Die Frage nach der Einzigartigkeit und Modernität von Gabriele Münters Kunst wird sich damit von selbst beantworten. Denn das Werk macht die Kunst. Das Anliegen dieses Buches ist es, die Malerin, Zeichnerin, Grafikerin und Fotografin Gabriele Münter als eine der Wegbereiterinnen der frühen Moderne darzustellen und damit ihren Rang als eine der bedeutenden, innovativen und eigenständigen Persönlichkeiten der Moderne zu würdigen. Denn die Künstlerin hat nicht nur am Beginn des 20. Jahrhunderts Kunstgeschichte mitgeschrieben, sondern darüber hinaus mit ihrem in sechzig Jahren geschaffenen, umfangreichen und stetig weiterentwickelten Werk einen entscheidenden Beitrag zur Kunst des gesamten Jahrhunderts geliefert. In seinen Brüchen und Veränderungen spiegelt das Œuvre die historische Epoche mit zwei Weltkriegen wie auch das Leben der Künstlerin in den Jahrzehnten zwischen 1900 und 1960.

Leben und Werk Gabriele Münters lassen nach ihren eigenen Überlegungen in dem Text von 1948 sieben Abschnitte erkennen. Diese Einschätzung respektierend, sie aufnehmend und ihr folgend, ist dieses Buch ebenfalls in sieben Kapitel gegliedert. Die einzelnen Überschriften zeichnen dabei die Entwicklung des Werkes nach, und die jeweiligen Passagen aus ihrem Zeitschriftenbeitrag leiten die Kapitel ein, so dass dieses Selbstzeugnis, im Ganzen zitiert, fortlaufend gelesen werden kann. Etwa in der Mitte des *Kunstwerk*-Beitrags hat Gabriele Münter die Chronologie ihrer Ausführungen unterbrochen und über den Stellenwert ihrer Arbeit im Gefüge der Moderne nachgedacht. Eine zwar verhaltene, aber deutliche Kritik an der Bewertung und Einordnung durch das Publikum wie durch selbst ernannte »Sachverständige« schwingt hier mit. Denn wohl sah sie, schmerzlich berührt, wie stark sie immer noch als »ewige Schülerin« Kandinskys im langen Schatten des einstigen Lebensgefährten stand und ihre eigene Arbeit an der seinen gemessen wurde. Diese Textpassage wurde im vorliegenden Buch aus der Chronologie herausgelöst und leitet nun das Nachwort ein, das in einer Bestandsaufnahme die Interpretation und Rezeption ihres Werkes bis in die Gegenwart darlegt.

Den Ausführungen Gabriele Münters im *Kunstwerk* steht auf der linken Seite die farbige Reproduktion eines ihrer Gemälde gegenüber. Es trägt den Titel *Stilleben* und wurde 1935 mit Ölfarben auf eine 46 × 38 cm große Pappe gemalt [Abb. 1]. Diese Angaben finden sich allerdings bis auf die Bezeichnung nicht in der Zeitschrift. Erst 1957 wurden sie ergänzt. In diesem Jahr erschien das reich bebilderte Buch *Kandinsky und Gabriele Münter. Von Ursprüngen moderner Kunst*, verfasst von dem Kunsthistoriker Johannes Eichner, mit dem die Künstlerin seit 1936 in Murnau zusammenlebte. Auf einer der sechs Farbtafeln ihrer Werke wurde das Gemälde noch einmal abgebildet, jetzt mit dem Titelzusatz *Stilleben mit weißem Pferdchen*. Die Auswahl dieses Bildes mag auf den ersten Blick verwundern, handelte es sich doch weder um eines der repräsentativen Gemälde aus der »heroischen« Zeit des Expressionismus vor dem Ersten Weltkrieg noch um ein aktuelles Werk. Bei näherer Betrachtung erscheint die Wahl der Abbildung allerdings gar nicht mehr zufällig. Denn die Künstlerin blickt in diesem Gemälde nicht nur zurück auf die Zeit des *Blauen Reiter*, sondern bindet mit einem deutlichen Hinweis die für sie künstlerisch so erfolgreichen skandinavischen Jahre in die Komposition ein. In seiner homogenen Struktur, Harmonie und Großzügigkeit vermittelt das Gemälde darüber hinaus mit seinen runden, flüssigen Konturen, die aus dunklem Grund leuchtende Farbfelder zu kompakten Formen zusammenfassen, mit Heiterkeit und großer Souveränität eine hochstehende Malkultur – und nimmt damit innerhalb des seit 1930 entwickelten neuen Malstils einen gewichtigen Platz ein.

Geradezu als ein Markenzeichen von Gabriele Münters künstlerischem Bildinventar gelten die mit Leidenschaft gesammelten Objekte der Volkskunst: Hinterglasmalerei und Kleinplastiken. Zahlreich bevölkerten volkstümliche Krippenfiguren, Marienstatuetten, Kruzifixe, Leuchterengel, auch Holz- und Tonspielzeug sowie die Glasbilder nicht nur das Haus in Murnau und die Wohnung in München, sondern bis ans Lebensende auch ihre Werke. Dazu gehörten die drei bemalten Pfeifvögel, die sie 1935 im Vordergrund auf dem *Stilleben* platzierte, und dahinter an der Wand das wie eine Fata Morgana aufleuchtende Glasbild, das stark abstrahiert, doch unschwer als der heilige Georg im Kampf mit dem Drachen zu erkennen ist. Bereits 1911 malte Gabriele Münter auf eines ihrer schönsten Bilder den tapferen Reiter mit der Lanze nach dem naiven Vorbild aus der eigenen Sammlung, das Kandinsky wenig später zum Signet der Künstlergruppe umgestaltete [S.107]. In intensives Blau getaucht, wird der »blaue Reiter« in Gesellschaft der Murnauer Tonvögel gut zwei Jahrzehnte später, 1935, zur Hommage auf diese Zeit, mit ihm reiste die Künstlerin zurück in eine Vergangenheit, die auch die ihre war.

Das weiße Pferd in seiner kompakten, rundlichen Form indes hat nichts gemein mit dem ungestümen Gefährten des Drachentöters, was nebenbei auch einen Blick auf den feinsinnigen Humor der Künstlerin gestattet. Das geschnitzte Holzpferd gehört einer anderen Welt an. Es ist ein typisches Kinderspielzeug aus dem hohen Norden. Von Gabriele Münter ins Sonnenlicht gerückt, entführt es die Malerin nach Skandinavien, wo sich ab 1915 Stil und Themen deutlich wandelten. Unter anderem verschwinden die bis dahin so häufigen volkstümlichen Murnauer Figuren vollständig aus ihren Stilleben. Ihren Platz nimmt das kleine Pferd ein. 1916 taucht es zum ersten Mal auf, in einem in Stockholm entstandenen Gemälde, in dem es gemeinsam mit einem englischen Kaminhund aus Keramik, der von nun an ebenfalls zum festen Bestandteil ihres Werks gehört, auf einem Wandbord platziert ist [S.139]. So richtig in Szene gesetzt aber hat Gabriele Münter das Holzpferd auf einem Aquarell inmitten kleiner Vasen und Frühlingsblumen [S.138]. Ganz offensichtlich liebte sie das Tier, es wurde zu einem Symbol für die skandinavischen Jahre und für ihre neue, dekorativ-expressive Malerei in hellen, blassen Farben. Vor diesem Hintergrund erscheint es ganz natürlich, dass Gabriele Münter 1935 dem weißen Holzpferd einen Hauptplatz auf ihrem Gemälde gab, neben dem großen Blumenstrauß in schlanker Vase. Denn Blumen gewannen ab den 1930er Jahren eine immer größere Bedeutung in ihrem Werk und wurden nach dem Zweiten Weltkrieg zu einem eigenständigen Bildmotiv. So stehen sie denn gemeinsam mit den Figuren im hellen Licht, während im Hintergrund der »blaue Reiter« dunkel leuchtet: Sinnbilder von Zeit und Erinnerung.

»Ich stellte die Welt dar, wie sie mir wesentlich schien«, schreibt Gabriele Münter 1948 in ihrem *Kunstwerk*-Beitrag. In diesem Bekenntnis spiegelt sich die visuelle Intensität ihres Schaffens, gleich ob es sich um Landschaft, Gegenstand oder um das Menschenbild handelte. Das »Sehen« war ihre Sache, ihr ganz realer, lebenslanger Ausgangspunkt zur Welterfassung und Wiedergabe – so, wie es sich vom Beginn ihrer künstlerischen Arbeit an bereits in den Amerika-Fotografien im Blick durch das Kameraauge manifestierte. Im Primat des Sehens gründen sowohl die Faszination der angehenden Künstlerin für dieses neue Ausdruckmittel als auch ihre frühe fotografische Meisterschaft. Kaum ein anderer Avantgardekünstler hat am Anfang des 20.Jahrhunderts die Fotografie so bewusst und stark in den Werk- und Schaffensprozess einbezogen wie Gabriele Münter.

1952 hat die Künstlerin in ihrem zweiten, ebenfalls in einer Zeitschrift veröffentlichten Text über ihr 1913 gemaltes Bildnis von Paul Klee geschrieben: »Ich erinnere mich an das Malen nicht mehr. Doch muß es wie bei den meisten (und den besten) meiner Arbeiten in einem Zug geschehen ein.« Zu diesen Werken gehört das *Stilleben mit weißem Pferdchen* von 1935 zweifelsohne. Aber es wurde nicht nur »in einem Zug« gemalt, sondern versammelte – von 1948 aus betrachtet – in einer besonderen Zeitreise als Rückschau und Ausblick zugleich ein gutes Vierteljahrhundert Kunst von Gabriele Münter. In diesem Sinne erweist es sich als ein Schlüsselwerk und Höhepunkt in ihrem Schaffen. Auch dieses Gemälde entstand nach dem gleichen Prinzip wie alle ihre Werke. Zunächst malte die Künstlerin mit schwarzer Farbe in raschem Pinselstrich die Umrisse der einzelnen Gegenstände auf den Bildträger und legte damit die Komposition fest. Erst danach kam die Farbe hinzu, dabei blieben die Konturen sichtbar und umschlossen die Figuren. Auf dieser zeichnerischen Grunddisposition basiert das gesamte Œuvre Gabriele Münters. Denn die Linie bildete ihr künstlerisches Fundament und war ihre unverwechselbare Ausdrucksform: sei es die vorbereitende Skizze, die eigenständige Zeichnung und das Aquarell, das die Gemälde strukturierende Liniengerüst oder die auf dem Umriss beruhende Porträtstudie. Die mühelose zeichnerische Sicherheit, dies zauberische Talent der Künstlerin hat wohl ihr Gefährte der frühen Jahre, Kandinsky, als Erster erkannt und bewundert. Sie selbst schrieb später dazu: »Wer aufmerksam meine Gemälde betrachtet, findet in ihnen den Zeichner.« Der Satz findet sich in jenem dritten Beitrag von Gabriele Münter, der 1952 anlässlich ihres 75. Geburtstages in ihrem Buch *Menschenbilder in Zeichnungen* veröffentlicht wurde.

Sie war die Künstlerin mit der »Zauberhand«.

Ich bin laut Geburtsschein
geboren am 19. Februar 1877
um 3 Uhr nachmittags in
Berlin. Daß meine Vorfahren
mir die künstlerische Veran-
lagung mitgegeben hätten,
läßt sich weder nachweisen
noch herausdeuten. Meine
frühe Neigung zum Zeichnen
kam ganz aus mir selbst und
fand in meiner Familie so
wenig Förderung wie in der
Schule. Als ich 14 Jahre alt war,
fiel die Treffsicherheit auf,
mit der ich Köpfe meiner
Umgebung in bloßem Umriß
wiedergab. Auf einer zweijährigen Vetterlesreise in den
USA 1898–1900 zeichnete ich
eifrig die Verwandten in
mein Skizzenbuch, nur auf
Ähnlichkeit bedacht.

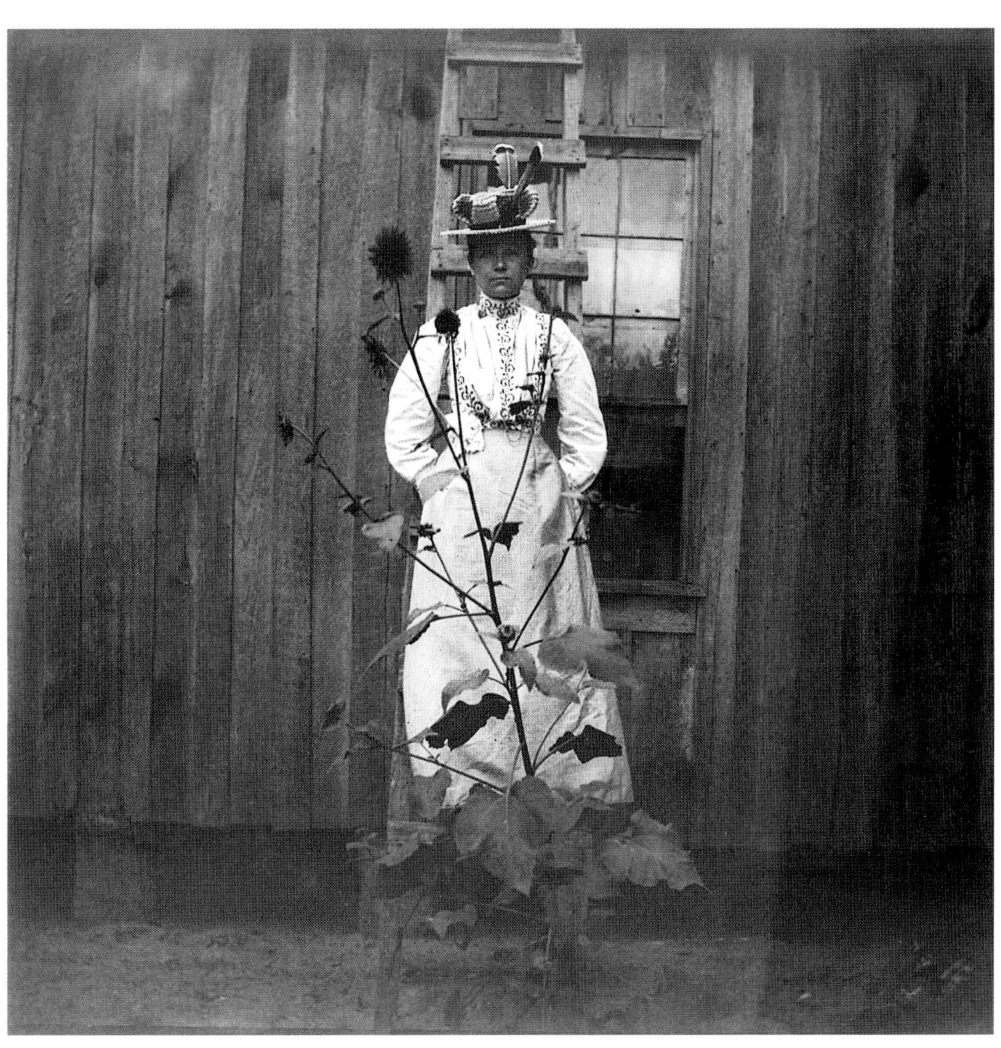

2 Emmy Münter,
Gabriele Münter in Texas, 1899

ZEICHNUNGEN UND FOTOGRAFIEN DER AMERIKA-REISE 1877–1900

Um die Mitte des 19. Jahrhunderts war die Straße Unter den Linden in Berlin zum Prunkboulevard ausgebaut, und anschließend an das alte Forum Fridericianum mit Opernhaus, Hedwigskirche und Friedrich-Wilhelms-Universität säumten nun bis zum Pariser Platz mit dem Brandenburger Tor große, repräsentative Wohn- und Geschäftsbauten die breite Allee. Die Straße zählte zu den besten Adressen der stetig wachsenden Metropole. Hier, in der Beletage von Nummer 58, bezog der »Amerikanische Dentist und Zahnarzt« Carl Friedrich Münter 1866 mit seiner Familie seine dritte Wohnung in Berlin und richtete eine Praxis ein. In den USA ausgebildete Zahnärzte genossen wegen ihrer fortschrittlichen Behandlungsmethoden großes fachliches wie gesellschaftliches Ansehen, sie verlangten hohe Honorare und vergrößerten ihr Vermögen. In diesem gutbürgerlichen Milieu kam Gabriele, lebenslang so kurz wie liebevoll »Ella« genannt, am 19. Februar 1877 als viertes, nachgeborenes Kind von Wilhelmine und Carl Friedrich Münter auf die Welt. Ihr Vater hatte bei ihrer Geburt das 50. Lebensjahr gerade überschritten, und auch ihre Mutter war bereits 38 Jahre alt. Gabriele Münters Schwester Emmy war acht Jahre älter, die Brüder Carl Theodor »Charly« und August, der erste Sohn, waren 1866 sowie im April 1865 geboren worden. Nur vier Monate zuvor hatte Carl Friedrich

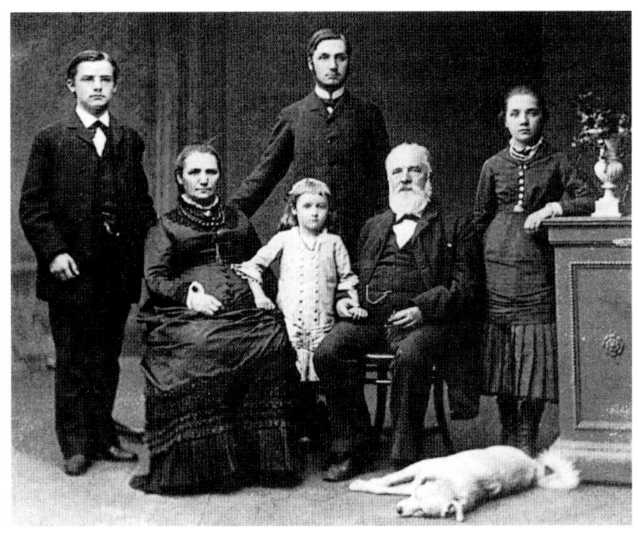

3 Familie Münter, um 1882

Münter mit seiner schwangeren Frau wegen des zwischen den Nord- und Südstaaten tobenden Sezessionskrieges Amerika nach anderthalb dort verbrachten Jahrzehnten wieder in Richtung Europa verlassen. Denn beide Familien stammten aus Deutschland, wo einige der väterlichen Verwandten noch immer im kleinstädtischen Herford lebten.[1] Bereits im Jahr nach Gabriele Münters Geburt zog der Vater mit der Familie von Berlin in seine Heimatstadt zurück. Um 1882 entstand hier in einem Fotoatelier das repräsentative Familienporträt, auf dem das fünfjährige Nesthäkchen, liebevoll gehalten von den würdevollen Eltern und umrahmt von den Geschwistern Carl, August und Emmy, ebenso ernst wie die Älteren in die Kamera blickt [Abb. 3].

Gabriele Münters Bruder Carl hat nach den Erzählungen des Vaters später aufgeschrieben, wie es den jungen Carl Friedrich Münter aus Westfalen 1847 über den Großen Teich in die Neue Welt verschlagen hatte, und so blieb die Geschichte in der Familienerinnerung erhalten. Jahrzehnte später, 1956, verfasste die betagte Künstlerin selbst einige Notizen dazu, vor allem als Material für das Buch ihres Lebensgefährten, des Kunsthistorikers und Philosophen Johannes Eichner, das dann 1957 unter dem Titel *Kandinsky und Gabriele Münter* erschien.[2] Was bei Eichner über die Umstände der Auswanderung ihres Vaters ziemlich melodramatisch klingt, hat Gabriele Münter 1960 in einem Gespräch mit dem amerikanischen Schriftsteller und Kritiker Edouard Roditi viel sachlicher und deutlich politisch akzentuiert formuliert: »Er muß ein feuriger Jüngling voller Ideale gewesen sein, ein begeisterter Anhänger der liberalen Ideen von 1848. Kurz vor der Märzrevolution geriet er wegen seiner Ideen und seiner politischen Tätigkeit in Schwierigkeiten. Um den Skandal seiner Verhaftung und Einkerkerung zu verhüten, spedierte ihn mein Großvater nach Amerika. Er kam mit sehr wenig Geld dort an und machte einen Kramladen auf. Bald verdiente er genug und heiratete meine Mutter. Dann kam der Bürgerkrieg. In den Südstaaten, wo das junge Paar sich niedergelassen hatte, wurden die Geschäfte immer schlechter. Als Kaufleute waren die deutschen Einwanderer an die Bewirtschaftung der Pflanzungen nicht gebunden. Die meisten waren außerdem als politische Flüchtlinge, die an die Menschenrechte glaubten, in die Staaten gekommen. Sie erregten bei den Nachbarn den Argwohn, auf seiten der Gegner der Sklaverei, das heißt der Nordstaaten, zu stehen. 1864 beschloß mein Vater, seine Familie nach Europa zurückzubringen und sich in Berlin niederzulassen.«[3] Die Tochter bewahrte die abenteuerliche Geschichte bis ins hohe Alter im Gedächtnis; sie hat ihr Bild von dem verehrten und geliebten Vater, den sie bereits mit neun Jahren verlor, geprägt. Sie war sehr stolz auf ihn, auf die Freiheitsliebe des jugendlichen Rebellen ebenso wie auf die Energie, mit der er sich trotz der widrigen Umstände seiner erzwungenen Auswanderung zielstrebig in harter Arbeit eine bürgerliche Existenz aufgebaut, am Dental College in Cincinnati studiert und danach eine Familie gegründet hatte und so ganz aus eigener Tatkraft den »amerikanischen Traum« verwirklichte. Denn aus dem einstigen kleinen Hausierer in New York war ein geachteter Kaufmann und Zahnarzt geworden mit eigener Praxis, die er in dem gemeinsam mit seiner Frau geführten Drugstore seit 1857 in Savannah, Tennessee, erfolgreich betrieb. Doch Gabriele Münter gedachte voller Liebe und Stolz zeitlebens nicht nur des Pioniergeistes ihrer Eltern, sondern auch der Menschen dieses Landes, das sie

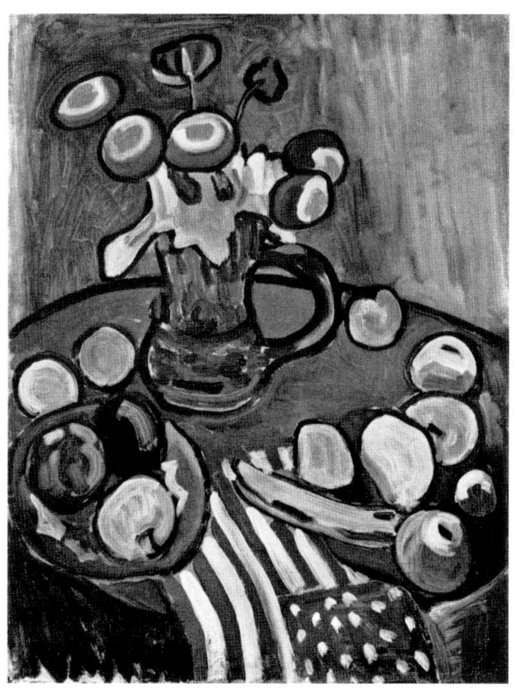

4 Stilleben rot, 1909

auf einer zweijährigen Reise von 1898 bis 1900 als junge Frau kennengelernt hatte. »Aber schön war die Freiheit in der unendlichen Natur.
Und lustig waren die guten Menschen«, notierte sie noch 1956 in
einem der Berichte für Eichners Buch. Ein halbes Jahrhundert zuvor,
1909, nun selbst eine Pionierin der modernen Kunst, hat Gabriele
Münter in ehrendem Andenken und als Hommage auf Amerika das
Stilleben rot mit Blumen und Äpfeln gemalt, auf dem die Nationalflagge der Vereinigten Staaten mit ihren weißen »stars and stripes«
auf Blau und Rot den runden Tisch bedeckt [Abb. 4].

Während ihre drei Geschwister in der Großstadt Berlin aufgewach-
sen waren, verlebte Gabriele Münter Kindheit und Jugend in der west-
fälischen Provinz, in Herford, der Geburtsstadt ihres Vaters. Bis zum
siebten Lebensjahr wuchs sie in dem schönen Haus, das die Eltern
erbaut hatten, heran. Bereits zwei Jahre später erfolgte erneut ein

Umzug, zunächst nach Bad Oeynhausen, dann ins rheinische Koblenz. Hier, in der preußischen Residenzstadt, verbrachte sie ihre Schulzeit, überschattet vom Tod des geliebten Vaters kurz nach ihrem neunten Geburtstag. Damit hatte die Familie ihren Halt verloren. August, der ältere, früh schon kränkliche Bruder, studierte bereits in Amerika Zahnmedizin, und Carl war nach Berlin zurückgegangen. Die Mutter verbrachte längere Zeit in den Staaten, um ihren schwerkranken Sohn zu pflegen, der nach des Vaters Tod 1886 zurückkam und zwei Jahre später ebenfalls starb.

So richtig heimisch geworden in Deutschland war Wilhelmine Münter nie, ihre gesamte Familie war in Amerika geblieben, und zum Gefühl der Entwurzelung mögen auch die häufigen Ortswechsel beigetragen haben. Sie war noch ein Kind, als ihr Vater, der Schreinermeister Johann Scheuber aus Siglingen an der Jagst, 1844 mit seiner Familie auswanderte. Später betrieb er in Tennessee einen Holzhandel, wo die Tochter mit neun jüngeren Geschwistern, geprägt vom harten, ländlichen Leben in den Südstaaten, aufwuchs, bevor sie mit 22 Jahren den Dentisten Carl Friedrich Münter heiratete.[4] Doch sie wollte das erste Kind nicht mitten in den furchtbaren Kämpfen des Nord-Süd-Krieges zur Welt bringen und folgte deshalb als treue Ehefrau ihrem Mann im Dezember 1864 in die alte Heimat, die ihr gleichwohl zeitlebens fremd bleiben sollte. All diese familiären Hintergründe und dramatischen Ereignisse bewirkten, dass Gabriele Münter von der Mutter zwar geliebt, aber in ihrer Entwicklung wenig gefördert oder verstanden wurde. Die Schule machte ihr keine Mühe. »Lehrer fanden mich besonders begabt aber nicht strebsam. Ich besuchte die Schule, aber sie beeindruckte mich nicht«, steht auf einem der verstreuten Zettel, die sie für Eichner schrieb, und auf einem anderen: »Es soll nicht so aussehen, als ob ich ein ›gebildetes junges Mädchen‹ gewesen wäre. Ich war immer *allein* und niemand hat mich erzogen oder angeleitet.«[5] Konventionen jedenfalls waren nie ihre Sache und Verbindlichkeit im gesellschaftlichen Umfeld ebenso wenig. Sie hielt sich lieber im Hintergrund, aber ihre offene und direkte Art, ihr sachlichklarer, »ungebildeter« Blick machten sie auch empfänglich für das Neue, Überraschende, das nie Gesehene. Aus diesem Charakterzug heraus, verbunden mit dem zeichnerischen Talent, entwickelte die »geheime Meisterin der reinen Linie«, wie Gustav Friedrich Hartlaub sie 1952 nannte,[6] ganz selbstverständlich, mühelos und unangestrengt, mit nahezu traumwandlerischer Sicherheit und (fast) ohne Umweg, gewissermaßen so gradlinig »in einem Zug« wie ihre Zeichnungen, ihr unverwechselbares, in jeder der Schaffensphasen auf der Linie basierendes Werk.

Der Bleistift war Gabriele Münters erstes künstlerisches Handwerkszeug, und seit das kleine Mädchen ihn halten konnte, hat sie für sich und nahezu unbemerkt von der Familie gezeichnet. Nach ihrer Erinnerung war es nur der so früh verstorbene Bruder, der das Talent der Zehnjährigen bemerkte: »Der erste Eindruck von verstehender Bewunderung war, als August eine kindliche kleine Zeichnung zufällig sah, die ich ›zum Scherz‹ gemacht hatte. Er sagte: das kann ich nicht!«[7] Für den 1952 erschienenen Band *Menschenbilder in Zeichnungen* – das einzige zu Lebzeiten über ihr Schaffen erschienene Buch – hat die Künstlerin einen mit *Bekenntnisse und Erinnerungen* überschriebenen Text verfasst, in dem sie auch auf die zeichnerischen Anfänge eingeht: »Ich kann berichten, daß ich schon als Kind viel mit dem Bleistift hantiert habe, und zwar zeichnete ich immer nur Gesichter. Andere Kinder ›malten Geschichten‹. Ich versuchte nicht, Ereignisse und Handlungen darzustellen. Einzig die bleibende Erscheinung fesselte mich am Menschen – die geprägte Form, in der sich sein Wesen ausspricht.« Von Kindheit an sei sie so ans Zeichnen gewöhnt gewesen, dass sie später den Eindruck gehabt habe, »es sei mir angeboren, während ich das Malen erst lernen mußte«. Aber, so fährt sie fort, sie bilde sich nichts darauf ein, ein paar Striche auf ein Blatt zu ziehen, »und die Sache saß«: Es war »nur« ein Talent.

Eher beiläufig erwähnt die Künstlerin in diesem Text auch den »akademischen Betrieb« in Düsseldorf, in den sie »geguckt« habe. Dabei handelte es sich um zwei private Kunstschulen, in denen die 20-Jährige 1897 kurze Zeit Zeichenunterricht erhielt. Wenn sie auch viel allein und nach eigenen Worten kein »gebildetes« Mädchen war, so besuchte sie doch, wie es sich für eine Tochter aus »gutem Hause« gehörte, die Tanzschule, lernte Klavierspielen, hatte Reitunterricht und las viel. Aber trotz aller Aktivitäten langweilte sie sich nach dem Schulabschluss »ohne Pflichten« zu Hause. »Man hat doch immer ihr Zeichentalent gesehen«, erinnerte sich da ihr Bruder Carl, »wir sollten sie nach Düsseldorf schicken zum Malen lernen.«[8] So kam sie zum alten Ernst Bosch in die Lehre. Neben dem Zeichnen gehörte ihre Leidenschaft dem Fahrradfahren, das damals für ein junges Mädchen noch keineswegs eine selbstverständliche Betätigung darstellte, und als sie in Düsseldorf mit dem Unterricht angefangen hatte, bekam sie endlich das lang ersehnte eigene Rad: eines der Marke Sirius, das mit 300 Mark ein kleines Vermögen gekostet hatte.[9]

Der plötzliche Tod der Mutter im November 1897 beendete die Ausflüge der jüngsten Tochter in die Kunstwelt jäh. Carl heiratete seine langjährige Freundin, mit der er sich in Bonn niederließ, und die ältere Schwester Emmy beschloss, den lange schon geplanten Besuch bei den amerikanischen Verwandten anzutreten. Das ansehnliche elterliche Vermögen, vom Bruder verwaltet und als Leibrente ausgezahlt, sicherte den beiden Schwestern ein komfortables Auskommen und finanzielle Unabhängigkeit. Sie vereinbarten, die lange Reise gemeinsam zu unternehmen und sich in die Abenteuer der Neuen Welt zu stürzen, die beide nur aus den Familienerzählungen kannten. Damit begann ein neuer Abschnitt im Leben der jungen Frau, zu der Gabriele Münter mit ihren 21 Jahren geworden war. Es sollte eine Reise werden, deren Erfahrungen ihre Kunst nachhaltig und für immer prägten.

Die große Fahrt begann am 29. September 1898 in Rotterdam, von wo aus die Schwestern mit der Statendam, einem holländischen Ozeandampfer, in zwölf Tagen nach New York fuhren. Fast auf den Tag genau verbrachten die beiden zwei Jahre in Amerika, denn zurück ging es am 8. Oktober 1900, ebenfalls von New York aus, mit Hapag-Lloyd via Hamburg. Aber es war eigentlich keine Rundreise, weil die Route bis ins ferne Texas mit zahlreichen längeren Zwischenstationen auf genau demselben Weg wieder zurückführte. Auf den Spuren der mütterlichen Familie, von der bis auf die älteste Tochter, Wilhelmine Münter, alle in Amerika geblieben waren, galt der Besuch der inzwischen verstreuten Verwandtschaft: eine echte »Vetterlesreise« also, wie Gabriele Münter es immer genannt hat. Denn seit im Jahre 1844

Schreinermeister Johann Scheuber mit Frau und Kindern ausgewandert war, lebte die Verwandtschaft mittlerweile in der vierten Generation in Amerika und bildete mit Kindern und Kindeskindern einen weit verzweigten, großen Familienclan, dessen Mitglieder untereinander engen Kontakt hielten, auch wenn von den neun Geschwistern der Mutter nicht mehr alle lebten. Dafür gab es jede Menge Cousinen und Cousins nebst Ehemännern und -frauen, Großneffen und -nichten, die alle die beiden Schwestern aus dem fernen Deutschland herzlich willkommen hießen und bei sich aufnahmen. Die Stationen der Reise und die Familienverhältnisse lassen sich nach Gabriele Münters Kalendereinträgen,[10] den Zeichnungen und Fotografien, Beschriftungen und Datierungen sowie mit Hilfe ihrer Erinnerungen aus den 1950er Jahren ziemlich genau rekonstruieren. Insgesamt war es – von der zeitlichen Abfolge und geografischen Route her betrachtet – eine Reise mit Zug und Pferdekutsche aus der großstädtischen Zivilisation in die ursprüngliche Wildnis der ersten Siedler oder, anders formuliert, aus dem Bankiershaushalt in die Holzhütten der Cowboys und Viehzüchter.

Kurz skizziert, verlief die zweijährige Fahrt zu den zahlreichen Verwandten von Osten nach Westen, von New York nach St. Louis, dann Anfang 1899 südlich nach Moorfield im Bundesstaat Arkansas, von dort im Juni ins knapp hinter der Grenze bereits in Texas gelegene Marshall, weiter, nun wieder Richtung Westen, fast bis New Mexico, nach Plainview, und von dort im Februar 1900 in das immer noch in Texas, mehr südlich gelegene Guion. Mit dieser kargen Ansiedlung hatten die Schwestern nicht nur den »Außenposten« der Verwandtschaft erreicht, sondern gewissermaßen auch den der Zivilisation,[11] von dem aus sie im März zu der sieben Monate dauernden Rückreise aufbrachen.

Gabriele Münter zeichnete während der gesamten Reise die amerikanische Verwandtschaft fleißig in ihre Skizzenbücher.[12] »Von Kunst wußte ich damals nichts. Ich wollte die Menschen nur erfassen, wie sie waren«, schrieb sie 1952 in dem Erinnerungstext. Sie befand sich noch auf der Suche nach »ihrem« Stil, eine Suche, die in ganz unterschiedlich ausgeführten Zeichnungen ihren Ausdruck fand. So fing sie

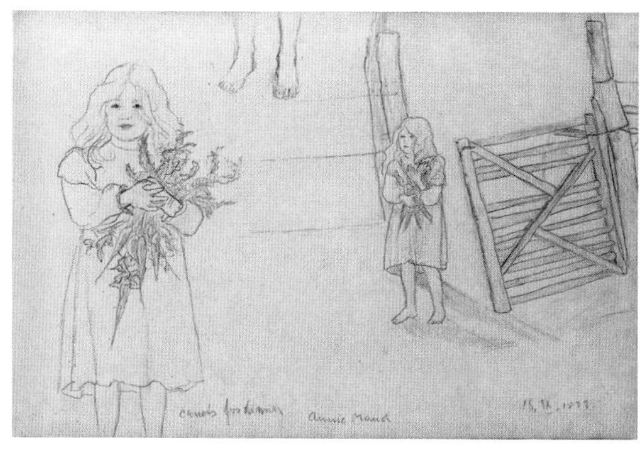

etwa auf einem mit »18. IX. 1899« datierten Skizzenblatt wie in einem Schnappschuss ihre Großnichte Annie Maud ein, die Enkelin ihrer Tante Annie Hamilton, die mit ihrer Familie in Plainview, Texas, lebte, wo die beiden Reisenden über ein halbes Jahr verbrachten. Denn auch eine weitere der Scheuber-Schwestern, Lou Donohoo, wohnte hier mit Mann Joe und den erwachsenen Kindern. Es war die vierte ihrer Reisestationen. Annie Maud kommt auf der Zeichnung durch ein Holztor, die Arme fest um ein riesiges Bündel Möhren gedrückt, die sie gerade im Garten für das Essen gezogen hat – *Carrots for dinner*. Daneben zeichnete Gabriele Münter ein größeres Porträt des niedlichen Mädchens mit seiner aufgelösten Lockenpracht; oben am Rand sind die nackten Füße zu sehen, die unten nicht mehr auf das Blatt passten: eine ganz reizende, spontan aus dem Augenblick heraus entstandene Skizze [Abb. 5]. Kurz vor der Weiterfahrt nach Guion, am 11. Januar 1900, hat Gabriele Münter die Tochter ihrer Cousine Leila Hamilton noch einmal im Bild festgehalten. Diesmal aber ist es eine sehr sorgfältig ausgeführte, ganz auf Ähnlichkeit bedachte Porträtzeichnung [Abb. 6]: Annie Maud sitzt in Sonntagskleid und Lederstiefelchen, die Haare sittsam zum Zopf geflochten, auf einem Lehnstuhl. Ihr Blick richtet sich auf die ebenfalls prächtig gekleidete große Puppe auf ihrem Schoß, von der stolzen Puppenmutter zärtlich gehalten. Dem Bild haftet weder etwas Spontanes noch Skizzenhaftes an, im Gegenteil. Die

Szene ist inszeniert, das Mädchen »saß Porträt«. Gabriele Münter hat die Umrisslinien klar und flüssig mit festem Strich gezogen, allerdings erst in einem zweiten Arbeitsschritt korrigierend über einer feinen Skizze, deren Bleistiftspuren dann vorsichtig wegradiert wurden.[13] Die zeichnerischen Anlagen zu den großartigen Porträts der 1920er

5 Carrots for dinner, 1899
6 Mädchen mit Puppe, 1900
7 Sitzende Dame, um 1927/28

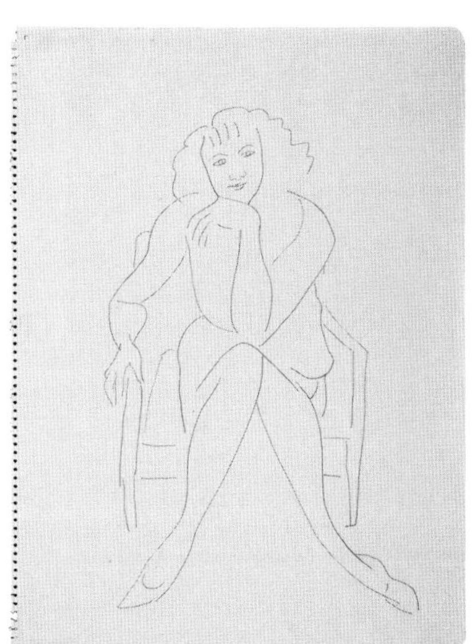

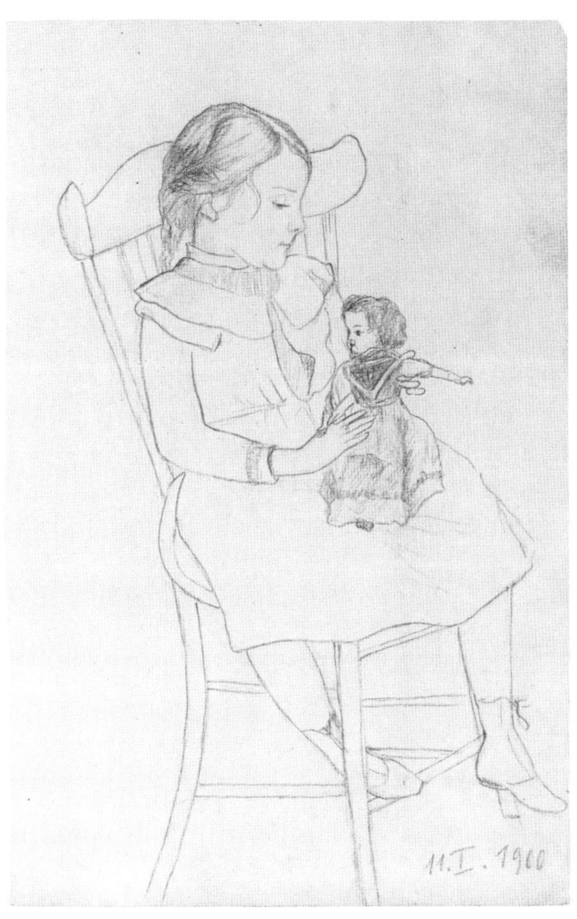

Jahre waren hier zweifellos bereits vorhanden. Den Weg aber, den die Künstlerin bis dahin zurücklegte, um jene Sicherheit im Strich, jene Souveränität im Umgang mit dem zeichnerischen Mittel, dem Stift oder der Feder zu erlangen, verdeutlicht erst ein Blick auf diese späteren Zeichnungen. Da sitzt beispielsweise auf einer um 1928 entstandenen Arbeit eine junge Frau, die Annie Mauds ältere Schwester sein könnte, lässig in einem Sessel [Abb. 7]. In einem Akt der Abstraktion verbinden sich hier das spontane Erfassen der Szene (wie in dem Bildnis mit Karotten) und die Porträtgenauigkeit (wie in der Zeichnung mit Puppe) zu einem Ganzen, in dem das Wesen der Dargestellten über die bloße Ähnlichkeit hinaus sich ausdrückt. »Menschenbilder« wie diese Skizze waren nach Gabriele Münters eigenen Worten »Werke des Augenblicks, Abrisse in ein paar Strichen«.[14]

Kinderbildnisse wie die von Annie Maud spielen im Schaffen Gabriele Münters immer wieder eine Rolle, so auch in den Fotografien der Amerika-Reise, die ab Sommer 1899 in großer Anzahl entstanden, nachdem ihr die Schwester eine Kodak-Kamera geschenkt hatte.[15] Und Kinder hat sie besonders gern fotografiert, darunter viele kleine Mädchen, vorzugsweise als stolze Puppenmütter. So entstand auf der letzten Station der Rückfahrt, in St. Louis, wo die Schwestern noch einmal zwei Monate bei ihrer Tante Albertine Happel verbrachten, eine wunderschöne, anrührende Aufnahme von Mutter und Tochter, bei denen es sich um ihre Cousine und Großnichte, Kate und Milred Buchheimer, handeln könnte [Abb. 8]. Beide lächeln glücklich in die Kamera. »Ohne Respekt vor dem Menschen ist kein wahres Bildnis möglich«, wird die Künstlerin 1952 in ihren *Bekenntnissen und Erinnerungen* über das Porträt schreiben. »Man muß Teilnahme und Verständnis haben, um einem Menschen gerecht zu werden. Nur wer etwas Herzlichkeit mitbringt und bescheiden in den anderen sich versenkt, hat Aussicht auf Gelingen [...]. Manchmal hilft Humor.« Dieses Credo schließt von Anfang an Gabriele Münters fotografischen Blick auf den Menschen ohne jeden Zweifel ein, auch wenn die Künstlerin selbst ihre Fotografien nie als Teil des künstlerischen Werkes betrachtet hat. Vor allem ein verschnörkelter, prachtvoller Puppenwagen aus der Neuen Welt hinterließ einen bleibenden Eindruck. Im Frühjahr 1908, während eines Besuches in Berlin bei ihrer Schwester Emmy und deren Mann Georg Schroeter, schuf sie als Geschenk für ihre kleine Nichte Friedel eine Serie von fünf Farblinolschnitten mit Spielzeugfiguren.[16] Der mit *Gute Nacht* betitelte Druck zeigt Puppe und Kasper, die in einem eben solchen, aus Metall kunstvoll gefertigten Gefährt schlafen [Abb. 9].

Immer wieder in ihrem langen Schaffen hat Gabriele Münter nicht nur die Fotografien als Bildervorrat verwendet, sondern ihre gesamte künstlerische Produktion. Sie hat von zahlreichen Werken mehrere Varianten angefertigt, sie umgearbeitet oder oftmals Jahrzehnte später ganz neu interpretiert, hat einzelne Motive in andere Zusammenhänge gestellt oder deren Wirkungsmöglichkeiten in verschiedenen

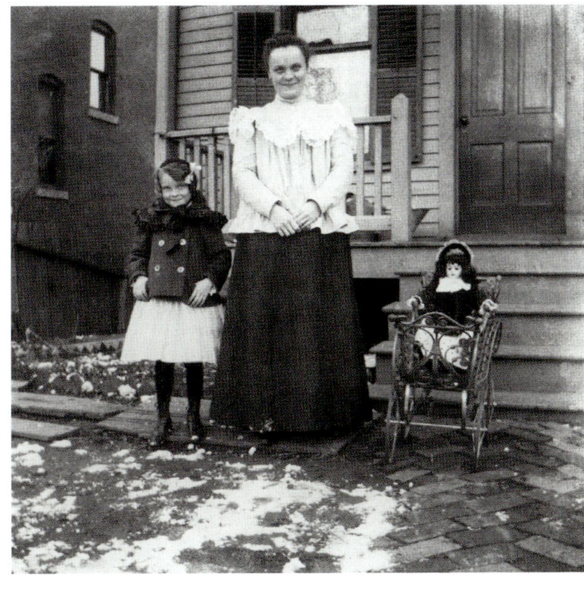

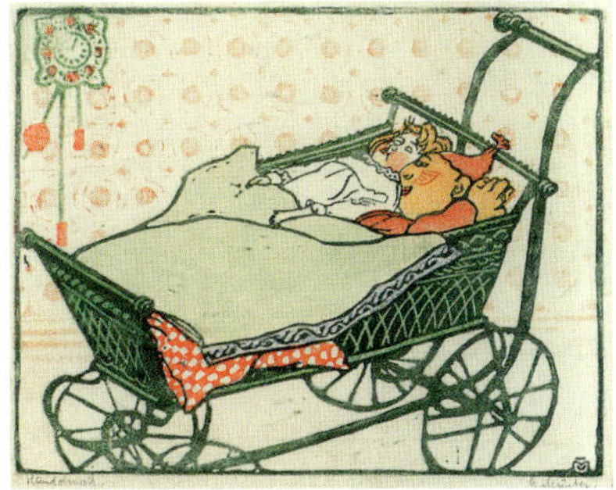

8 Mutter und Tochter mit Puppenwagen, 1900

9 Gute Nacht, 1908

Kunstgattungen durchgespielt. Dieser Umgang mit dem eigenen Werk, der für Gabriele Münter geradezu zum Markenzeichen wurde, entspringt einem neuen Kunstverständnis der Avantgarden am Beginn der Moderne, die sowohl die Vorstellung vom Schöpfertum des Künstlers als auch von der Einzigartigkeit des Kunstwerks zunehmend in Frage stellten.

Nachdem Gabriele Münter 1899 von Emmy die Kamera bekommen hatte, zeichnete sie merklich weniger; der Druck auf den Auslöser des Fotoapparates und der Blick durch das Kameraauge ergänzten nun die Arbeit mit dem Bleistift, ja lösten sie zum großen Teil ab. Die offensichtliche Faszination der angehenden Künstlerin basierte auf dem »Sehen«, das die Grundlage ihrer künstlerischen Arbeit überhaupt bildete und für das die Fotografie per se steht. Mit Feuereifer widmete sie sich nun dem Fotografieren und erkundete voller Neugier die technischen und ästhetischen Möglichkeiten des jungen und für sie ganz neuen Mediums, das sie bald perfekt zu handhaben wusste. Die große Anzahl von etwa 400 Aufnahmen spricht überzeugend dafür.[17] Zeichnungen und Fotografien vereinen sich zu einem lebendigen Bild der Reise. Dabei stehen zwar die Menschendarstellungen auch bei den Aufnahmen weiterhin im Vordergrund, aber die Landschaft gewinnt zunehmend an Raum. Beide Ausdrucksformen bilden jedoch zugleich in sich geschlossene, unabhängige Bereiche, die gemeinsam das künstlerische Werk konstituieren. »Denn obgleich sich Gabriele Münter in dieser Zeit, mit etwa 22 Jahren und noch vor Beginn ihrer eigentlichen künstlerischen Ausbildung in München, weder in ihren Zeichnungen noch in ihren Aufnahmen als Künstlerin verstand, eignet ihnen ein frappierend künstlerischer Charakter, der sie aus der Amateurphotographie bemerkenswert heraushebt. Zugleich eröffnen ihre Photos einen faszinierenden und seltenen Blick auf Amerika und die dortigen Lebensverhältnisse um 1900 und können auch als erstrangige Dokumente der Zeitgeschichte betrachtet werden.«[18]

Als Emmy und Gabriele Münter im Oktober 1898 in New York angekommen waren und die Metropole während eines knapp 14-tägigen Aufenthaltes von Hoboken aus, wo sie sich in einem Hotel einmieteten, mit staunenden Augen erkundet hatten, fuhren sie mit dem Zug in zwei Tagen nach St. Louis. Hier, in der zweitgrößten Stadt des Bundesstaates Missouri, lebte Tante Al, die zweitälteste Schwester ihrer Mutter, die einen Bankier geheiratet hatte, in gut situierten Verhältnissen. Die Schwestern lernten ihre drei Cousinen und den Cousin kennen und verbrachten dort angenehme drei Monate mit zahlreichen Vergnügungen, unter anderem besichtigten sie die Niagarafälle in Buffalo. Gabriele Münter las und zeichnete, spielte Klavier und komponierte sogar das dreistimmige Lied *The river and I* mit dem Chorus »Silently flows the river«, das sie versehentlich vernichtete, ein ganz »tragisches« Missgeschick, wie sie sich noch 1956 erinnerte und voller Ironie beschrieb.[19] Wie der Liedtext zeigt, lernte sie zudem fleißig und schnell Englisch und beschriftete ihre Zeichnungen bald nur noch in dieser Sprache. Auch in die längeren Erinnerungen, die sie für Johannes Eichners Buch verfasste, streute sie zwanglos englische Zitate der Verwandtschaft ein, die ihr im Gedächtnis geblieben waren. Der amerikanische Journalist Edouard Roditi, der die alte Dame 1960 in Murnau besuchte und interviewte, fand es ganz erstaunlich, wie sie ihn über Amerika ausfragte, von der eigenen Reise erzählte und dabei »hie und da ohne jeden Akzent ein amerikanisches Wort« benutzte. Zu gern hätte er die Künstlerin des *Blauen Reiter* zu einer Amerikanerin gemacht, in dem sichtlichen Bemühen, damit die Internationalität der Gruppe zu beweisen, vor allem aber amerikanische Wurzeln zu konstruieren. So bezeichnete er Gabriele Münter flugs als Tochter deutsch-amerikanischer Eltern, »die einen Teil ihrer Jugend in den Vereinigten Staaten zugebracht hatte«.[20]

Der »river«, den Gabriele Münter so sehr bewunderte, dass sie ihm in St. Louis sogar ein Lied widmete, war der gewaltige Mississippi. Von der Faszination, die der majestätisch dahinfließende Strom auf sie ausübte, zeugen zahlreiche Fotografien. Sie entstanden erst 1900 auf der Rückreise während der beiden Sommermonate August und September bei den Happels und zeigen, wie perfekt sie inzwischen gelernt hatte, mit dem Apparat umzugehen. Nach dem Leben in den Weiten der kargen texanischen Landschaft interessierten die junge Fotografin nun die beeindruckenden technischen Errungenschaften des modernen Industriezeitalters, die gewaltige Eisenkonstruktion

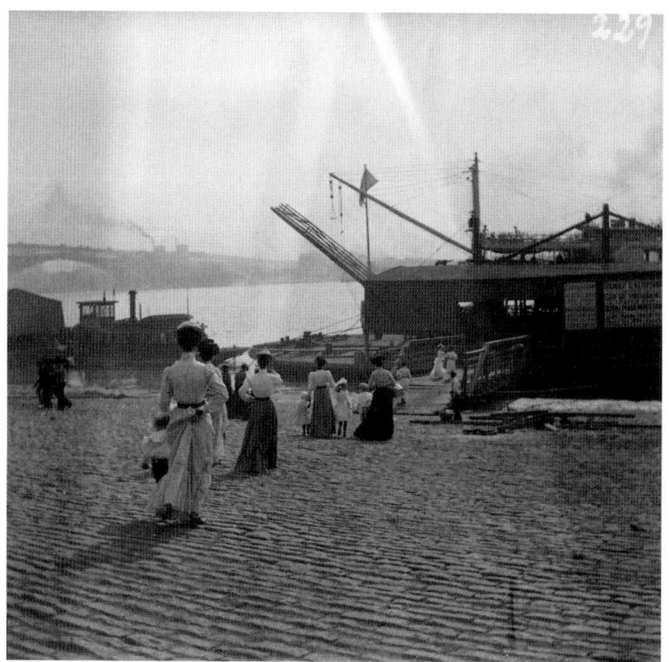

10 Auf dem Weg zum
Ausflugsdampfer, 1900

der den Strom überspannenden Eads Bridge etwa, die Pieranlagen
oder die großen Frachtschiffe und Ausflugsdampfer mit ihren Schau-
felrädern, auf denen die Schwestern auch zwei Mississippi-Fahrten
unternahmen. Dabei setzte Gabriele Münter die konstruktiven Tech-
nikelemente nicht nur als die Aufnahmen horizontal oder vertikal
gliedernde grafische Mittel ein, sondern verwendete sie auch, um den
Raum zu definieren. Den Vordergrund, von dem aus der Kamerablick
umso weiter in die Ferne schweift, können zum Beispiel Schiffsmasten
markieren, Taue und Seile, Geländerläufe oder auch eine Säule. Bei
dem *Weg zum Ausflugsdampfer* wird er durch die von einem erhöhten
Standpunkt aus fotografierten Rückenfiguren gebildet [Abb.10]. Die
Frauen in hellen Rüschenblusen und langen Röcken stehen dabei
zu dem schräg laufenden Steinpflaster in starkem Kontrast – eine
zugleich dynamische und poetische Komposition, in der Technik, Landschaft und Mensch zu einer harmonischen Einheit von »frappierend

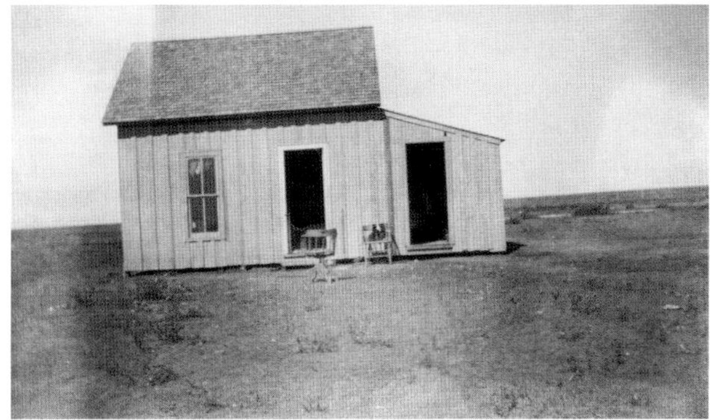

11 Home sweet home
at aunt Annie's, 1899

künstlerischem Charakter« verschmelzen. Es sind die unscheinbaren, mitunter humorvollen Details, wie hier die Frau, die auf dem steinigen Weg ihre Röcke hinten energisch zusammenrafft, die aus einer guten Fotografie ein lebendiges Meisterwerk machen. Bereits um 1900 war es Gabriele Münter damit in der Fotografie gelungen – wie später in den Zeichnungen und in vielen ihrer Gemälde –, den magischen Augenblick der Vollendung festzuhalten. In ihrer künstlerischen Qualität erscheint die Aufnahme wie eine Metapher für das amerikanische Lebensgefühl der Jahrhundertwende, immer den kleinen Freuden des Alltags zugeneigt, in seiner Mischung aus Stolz und Freiheitswillen, so wie Gabriele Münter es erlebte, schätzen lernte und in ihrem Herzen bewahrte.

Viel mehr noch vermittelt eine andere Fotografie nicht nur dieses Gefühl, sondern darüber hinaus den »amerikanischen Traum« vom Aufstieg der einfachen Menschen und vom Pioniergeist der ersten

Siedler im frühen 19. Jahrhundert, die irgendwo im Westen in der end-
losen Prärie aus ein paar Brettern ihr erstes Haus bauten und damit
das Land in Besitz nahmen. Die einzigartige Aufnahme entstand im
Sommer 1899 im Westen von Texas nahe der Grenze zu New Mexico in
den schwach besiedelten Great Plains, wo die beiden Reisenden in
Plainview zum fünften Mal Station machten [Abb. 11]. Hierher, zu den
Viehzüchtern und Cowboys, gelangte man nur mit dem Pferdewagen.
Die karge Ansiedlung, »erst zwölf Jahre vor der Ankunft der Schwestern gegründet, lag wie eine aus dem Boden gestampfte Oase am
Nordrand des wüstenartigen Hochplateaus des Llano Estacado«.[21] Bei
den beiden Tanten Lou Donohoo und Annie Hamilton mit ihren Männern Joe und Bud, den Kindern und Enkeln verbrachten sie über ein
halbes Jahr. Das einfache, urwüchsige, von harter Arbeit geprägte
Leben und die unberührte Landschaft haben Gabriele Münter tief
beeindruckt. Waren doch erst dreieinhalb Jahrzehnte vergangen, seit
die Kapitulation der Sezessionisten im April 1865 den Bürgerkrieg
zwischen Nord- und Südstaaten beendet hatte. Ein verwüstetes Land
war zurückgeblieben. Wie ihr Vater lehnte die Tochter die Sklaverei
immer ab, bewundert aber hat sie den unbedingten Aufbauwillen der
einfachen Leute. Noch in hohem Alter erinnerte sie sich daran voller
Sympathie, als sei es gestern gewesen: »Die längste Zeit verbrachten
wir auf dem Lande in Arcansas und Texas, in Urzuständen, in Häusern
ohne jede Installation, fern von allem Komfort. Man ritt stundenlang
über die Prärie, um einen Sack Mehl zu holen [...]. Aber schön war die
Freiheit in der unendlichen Natur. Und lustig waren die guten Menschen.«[22] Bewunderung spricht auch aus der Aufnahme des einfachen
Holzhauses, die in ihrer radikalen Formvereinfachung auf das kom-
mende künstlerische Werk vorausweist. Wie ein Monolith ragt es auf
und erscheint in seiner durch Untersicht noch verstärkten Monumentalität wie die Verkörperung eben jenes Traumes, den auch ihre Eltern
einst verwirklicht hatten. Wer denkt nicht an Edward Hopper und sein
Haus am Bahndamm von 1925, das zu einer Inkunabel der amerikanischen Kunst wurde.[23] Während aber dieses abweisende und unheimlich wirkende Gebäude mit seinen harten Schatten wie ein Menetekel
die von der modernen Zivilisation längst überrollte, vergangene Zeit

und die Entwurzelung des amerikanischen Menschen zu beschwören scheint, vermittelt Gabriele Münters Fotografie einen authentischen Eindruck vom Hier und Jetzt jenes einfachen Lebens, auf das der Amerikaner Hopper voller Melancholie zurückblickt. Ihre Aufnahme dagegen strahlt Zuversicht und Optimismus aus, offene Türen und zwei Stühle vor dem Haus mildern die archaische Wucht; es ist ein Zuhause, hier wohnt jemand: Tante Annie nämlich, die Großmutter der kleinen Annie Maud, wie Gabriele Münters launige Beschriftung *Home sweet home at aunt Annie's* verkündet.

Bei der Betrachtung der texanischen Fotos fällt Gabriele Münters Blick für das Gebaute, Konstruktive, für die grafische Wirkung der aus schmalen, langen Brettern schnörkellos und rechtwinklig gezimmerten Holzbauten auf – ein Interesse, das schon ihre ersten Landschaftszeichnungen überhaupt, die im Frühjahr 1899 in Moorfield bei den Schreibers und Wades entstanden waren, kennzeichnete. So fotografierte sie in Plainview den »Post Office«-Laden, den Onkel Joe Donohoo dort irgendwann in die Wildnis gebaut und mit ihm dann als Kaufmann sein Glück gemacht hatte, und wenig später den »Store« in Guion, der letzten Reisestation, wo die Cousine Jane Lee Graham mit ihren Kindern lebte. Der weite Blick geht hier über ein angeschnittenes Wagenrad hinweg auf die Bretterbude mit dem großartigen Reklameschild und auf den einsamen Reiter: Sinnbild für Realität und Wahn Amerikas am Beginn des neuen Jahrhunderts. Auch dieses Foto zeigt, wie ausgezeichnet sie den Apparat zu bedienen wusste und wie sorgfältig sie die Ausschnitte auswählte. Gabriele Münter liebte die endlose Weite des Landes. »Wenn Du dich auf den Boden legst«, schrieb sie im August 1899 von Plainview aus an ihren Bruder Carl, »kannst Du meilenweit sehen. Es gibt zwar nichts zu sehen, aber wenn es etwas gäbe, so könntest Du es sehen!«[24] Bereits eine ihrer allerersten Aufnahmen, das laut eigenhändiger Beschriftung schon 1899 in Marshall entstandene, von ihr inszenierte und vermutlich von der Schwester fotografierte Selbstbildnis, zeugt von ihrem großen Interesse für klare grafische Strukturen [Abb. 2, S. 15]. Hier waren die Schwestern von Anfang Juni bis Mitte Juli bei ihrem Vetter Willie Scheuber zu Besuch, und hier könnte Gabriele Münter die Kamera bekommen haben. Diese frühe Fotografie bezieht ihren Reiz aus dem Kontrast zwischen den horizontalen und vertikalen Linien, den Materialien Holz, Glas und Stoff sowie der diagonal aufragenden Pflanze, wobei der schicke Hut sicher bewusst einen humorvollen Akzent setzt. Wohin Gabriele Münter dieser »grafische Blick« im Laufe ihres Schaffens führen sollte, zeigt der bereits vier Jahre später entstandene Farbholzschnitt *Häuser in Kallmünz* ebenso eindrücklich wie 1910 das Gemälde *Gerade Straße* oder die *Landstraße im Winter* von 1911, und noch 1959 in dem späten *Weg im bunten Oktober* ist er sichtbar [S. 51, 91, 99, 222].

Aber es war nicht nur das von harter Arbeit geprägte Leben, das Gabriele Münter bewunderte, sondern auch die Offenheit und Herzlichkeit, mit der man ihnen begegnete, sie aufnahm und verwöhnte. »Solange Winter war und (seltener) Schnee waren wir in Johns Holzhaus unter dem die Schweine spazierten. Es wurde ins kleine Wohnzimmer ein Öfchen für die german girls gesetzt, den ich in Zeichnung

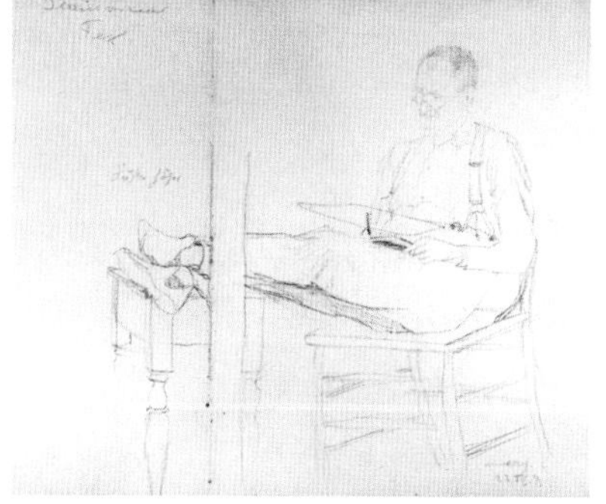

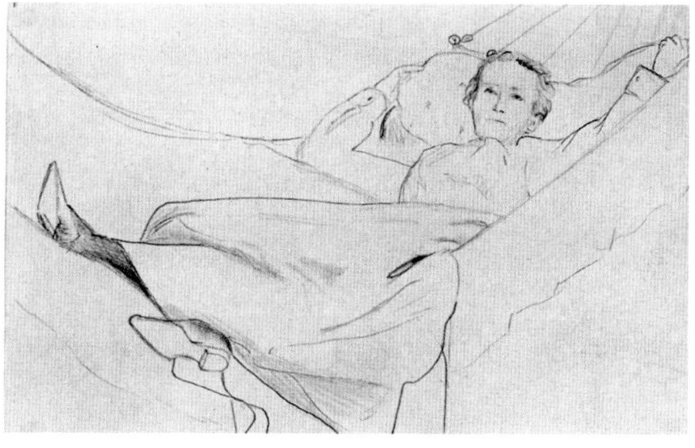

12 Tante Lou in Amerika, 1899
13 Nude Joe, 1899

verewigt habe.«[25] Das war im Winter 1899 in Moorfield bei Vetter John
Schreiber, der die von seinen Eltern gegründeten »Rollermills« – Walz-
mühlen zur Holzverarbeitung – führte. Gabriele Münter liebte die
»guten Menschen« in Amerika auch deshalb, weil sie es verstanden,
nach getaner Arbeit sehr entspannt der Muße zu pflegen oder aus-
gelassen und fröhlich zu feiern. Alle die vergnüglichen Freizeit-
beschäftigungen hat sie mit Stift und Kamera festgehalten. In Plainview zeichnete sie Tante Lou [Abb.12], »lässig in der Hängematte
schaukelnd, gelöst in der Zuständlichkeit des Augenblicks, aber aufmerksam und angespannt in Wesen und Blick«.[26] Und auch von Onkel
Joe fertigte sie am 23. Juli 1899 eine Skizze an. Entspannt sitzt er in
sonntäglicher Ruhe da und liest, hemdsärmelig mit Hosenträgern, die
Füße hochgelegt und die Brille auf der Nase [Abb.13]. Ein paar Striche,
und das Porträt war gelungen: nicht ganz allerdings, wie die Zeichnerin anmerkt. »Füße höher«, schreibt sie auf das Blatt. Nicht zuletzt aus
diesem Grund ist das Blatt bemerkenswert. Denn wahrscheinlich zum
ersten Mal hat Gabriele Münter eine Korrektur notiert. So wird sie ihr
Leben lang mit feinem Bleistift Änderungen oder Farbangaben auf
den Skizzen vermerken, die sie zur Vorbereitung von Gemälden oder
Grafiken zeichnete.

Die Fotografien erzählen von den einfachen Vergnügungen: den
aufspielenden Straßenmusikanten, Kutschfahrten und Festumzügen,
verewigen den dressierten Bären ebenso wie das genüssliche Ver-
speisen einer riesigen Melone, die Rutsche im Badesee, den Ritt der
kleinen Jungen auf dem Esel oder gar auf einem Schwein. Auch mit
großen Menschenansammlungen konnte Gabriele Münter virtuos
umgehen, wie einige sehr schöne Aufnahmen von einer festlich gekleideten Gesellschaft beim Picknick im Wald beweisen, gruppiert
um die auf weißen Tischtüchern auf dem Boden ausgebreiteten
Köstlichkeiten. Sie experimentierte unentwegt und lernte dabei, in
Ausschnitten zu sehen. Viele der späteren Werke verraten das kamerageschulte Auge. Ihr Apparat war eine »Bull's Eye Kodak«-Boxkamera,
handlich und ganz einfach zu bedienen, deren Erfindung in den
1880er Jahren ja überhaupt erst die Voraussetzung für die Entwicklung der Fotografie zu einem Massenmedium schuf, die zum Ende des

Jahrhunderts durch die Erfindung der Tageslichtpackung für Rollfilme weiter vorangetrieben wurde, denn nun konnte man die Kamera selbst laden und entladen.[27] Die Filme ließ Gabriele Münter jeweils gleich vor Ort in einer der mittlerweile in jeder größeren Stadt vorhandenen »Photographischen Handlungen«und Fotoateliers entwickeln und kopieren. Dieses parallel aufgebaute dichte Dienstleistungsnetz für Amateurfotografen jeder Art in Amerika wie auch Europa trug nicht zuletzt maßgeblich zum Siegeszug der Fotografie bei. So konnte Gabriele Münter viele Aufnahmen sofort an die Verwandtschaft verschenken und noch in Amerika ein kleines Fotoalbum mit einer Auswahl von insgesamt 95 sorgfältig beschrifteten und datierten Abzügen anfertigen.[28]

Ihre Kodak hatte zwei Aufnahmefunktionen: »Moment« für Außenaufnahmen und »Zeit« – wegen der längeren Belichtungsdauer – für Innenräume und Porträts. Die junge Fotografin arbeitete ohne Stativ, sie hielt die Box im Freien einfach vor die Brust, wie einige Gegenlichtaufnahmen mit ihrem langen Schatten zeigen. Innen dagegen stellte sie die Kamera hin, etwa auf einen Tisch, oder stützte sich ab. Die »Bull's Eye No. 2« besaß nur ein Fixfokus-Objektiv, mit dem keine Entfernungseinstellung möglich war. Da Gabriele Münter aber gern über weite Distanzen fotografierte, nahm sie für einzelne Aufnahmen sogar längere Wege in Kauf. So fotografierte sie im März 1900 in Guion das »Shanty« ihrer Cousine Jane Lee Graham über eine schneebedeckte Ebene hinweg, so dass das Holzhaus sehr klein am Horizont erscheint. Aber dann »zoomte« sie es heran, nur dass sie das mit ihrer Box gar nicht konnte, sondern um diesen Effekt zu erzielen, musste sie auf genau dem gleichen Weg wieder zurücklaufen. Dieses Spiel mit Nah- und Fernsicht hat sie später, 1909, sogar einmal aus der Fotografie direkt auf die Malerei übertragen, aus Amerika in den bayrischen Wald. Sie malte zwei identische Bilder von einem Haus vor tief verschneiten Tannen, einmal klein in der Ferne, ein andermal dicht herangeholt wie mit einem Kameraobjektiv. Nebeneinander wirken die beiden Bilder wie eine Versuchsanordnung, ein Experiment zur Erprobung der technischen Möglichkeiten der Fotografie im Medium der Malerei [S. 82].[29]

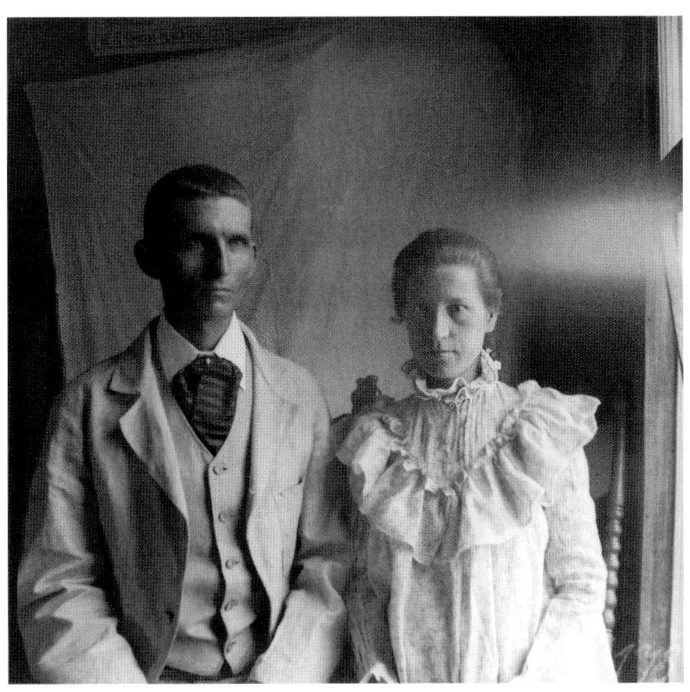

14 Sitzendes Paar
in einem Interieur, 1899/1900

Ebenfalls in Guion entstand eine weitere, eigentlich ganz unscheinbare Aufnahme, die aus einem anderen Grund für Gabriele Münters weiteres Schaffen von großer Bedeutung sein sollte. Das Foto zeigt Willie Graham, den 18-jährigen Sohn ihrer Cousine, beim Lesen, entspannt an einen Baum gelehnt, den Stuhl leicht nach hinten gekippt. Nach dieser etwas verwackelten Aufnahme fertigte sie eine exakte Zeichnung an, vielleicht weil dem jungen Mann das Motiv gefiel.[30] Was auch immer die Gründe dafür waren, es scheint dies die erste Zeichnung nach einer eigenen Fotovorlage zu sein: ein Verfahren, das die Künstlerin bis zum Ersten Weltkrieg immer wieder anwenden wird. Sie fotografierte ein Motiv und fertigte nach dieser Vorlage – in einigen Fällen Jahre später erst – das bildnerische Werk an. Auch wenn Gabriele Münter die Fotografie nicht als künstlerisches Medium ansah, so zeigt der überaus moderne Umgang mit ihr nicht nur, dass sie ihr einen bedeutenden Stellenwert innerhalb ihres Werkes einräumte, sondern vor allem, dass diese Aufnahmen hinsichtlich Ausschnitt, Struktur und Form ihren Ansprüchen entsprachen.

Die Porträts nehmen innerhalb der Amerika-Fotografien einen besonderen Platz ein. Im Gegensatz zu vielen Momentaufnahmen von Menschen im Freien verraten die Innenaufnahmen durchweg eine sehr sorgfältige Inszenierung, wirken aber weder hölzern noch gestelzt, sondern trotz der längeren Belichtung frisch und offen, was sowohl an der Empathie der Fotografin wie der Herzlichkeit der dargestellten Menschen lag. Gabriele Münter bezog den Innenraum stets mit ein und entfaltete dabei eine erstaunliche Kreativität hinsichtlich der atmosphärischen Dichte. So stellte sie etwa die Kamera auf den Boden, um Willie, wieder mit einem Buch, nur diesmal an sein Bett gelehnt, auf den Dielenbrettern sitzend, zu fotografieren – eine sehr schöne, auch perspektivisch interessante Aufnahme und nicht zuletzt ein Sinnbild konzentrierter Ausgeglichenheit und Ruhe. Auch experimentierte sie bei den Porträts oft mit einer leichten Untersicht, die den Dargestellten eine ernste Würde verlieh und ihr natürliches In-sich-Ruhen verstärkte. Vielfach trug »eine eigentümliche Statuarik«[31] zu der eindringlichen Wirkung bei, wie auf einer sehr intensiven Aufnahme aus Moorfield, die wahrscheinlich auf der Rückreise im Juli 1900 entstand und vermutlich das Ehepaar Wade zeigt, Tochter und Schwiegersohn von Tante Carrie Schreiber. Beide sitzen dicht nebeneinander im Sonntagsstaat wie in einem Atelier vor einem weißen Tuch und blicken frontal, sehr ernst und konzentriert in die Kamera [Abb.14]. Die ganze Szenerie erinnert frappant an das dreißig Jahre später entstandene Gemälde *American Gothic,* das in den USA ganz ähnliche Popularität genoss wie Hoppers *Haus am Bahndamm.* Als hätte der Maler Grant Wood die Fotografie Gabriele Münters gekannt, hat er ebenso statuarisch ein Farmerpaar postiert.[32] Und wieder ist es hier im Gemälde der eklektische Blick zurück, während die Aufnahme absolut authentisch wirkt und lebendige Menschen zeigt.

Nicht alle der in Amerika entstandenen Fotografien Gabriele Münters sind Meisterwerke, aber dieses Doppelporträt gehört zweifellos

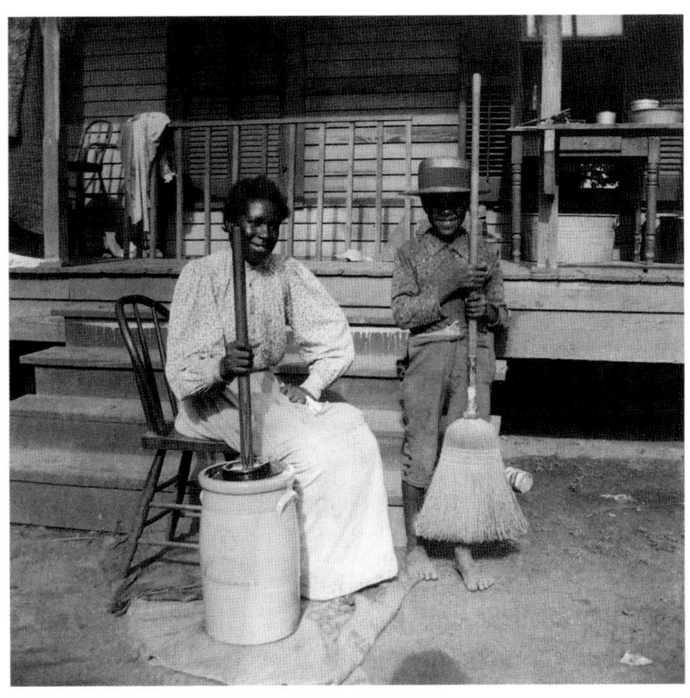

15 Susie and Sullivan, 1899/1900

dazu, wie auch »Tante Annies Haus« oder der *Weg zum Ausflugs-dampfer*. In jedem Fall aber handelt es sich bei den rund 400 Auf-nahmen um das einmalige fotografische Werk einer angehenden Künstlerin aus Europa, die um 1900 auf den Spuren ihrer Eltern Amerika für sich entdeckte. Die Ideale von Freiheit und Menschen-würde, die ihren Vater einst ins »Land der unbegrenzten Möglich-keiten« geführt hatten und die er seiner Tochter vermittelte, lassen sich am sinnfälligsten in den zahlreichen Aufnahmen wiederfinden, die sie von den ehemaligen Sklaven machte, den »Negern« [Abb.15]. Wie Mutter und Sohn Susie und Sullivan aus Marshall stellte sie diese einfach als Menschen dar.

Ich war schon 24 Jahre, als ich
nach München kam und in der
Schule des Künstlerinnen-Vereins
(da die Akademie damals den
Frauen noch verschlossen war)
regelrecht zu arbeiten begann.
In der modernen »Phalanxschule«
wurde ein Jahr später Kandinsky
mein Lehrer, der es bald aufgab,
mir etwas beibringen zu wollen,
da ich – wie er sagte – alles
von Natur hatte. Er hat meine
Entwicklung und mein Schaffen
bis 1916 begleitet, am feinsten
verstanden und dadurch gehegt
und gefördert, daß er es nie
zu beeinflussen versuchte. Aus
anfänglichen Studien und der
Art des damaligen Naturalismus
kam ich bald zu dem befreiten
Strich des Impressionismus
und zu Farbenholzschnitten, die
einen erst technisch bestimmten
Versuch zu vereinfachter Form-
gebung und flächig gebreiteter
Farbigkeit bilden.

Gabriele Münter, 1948

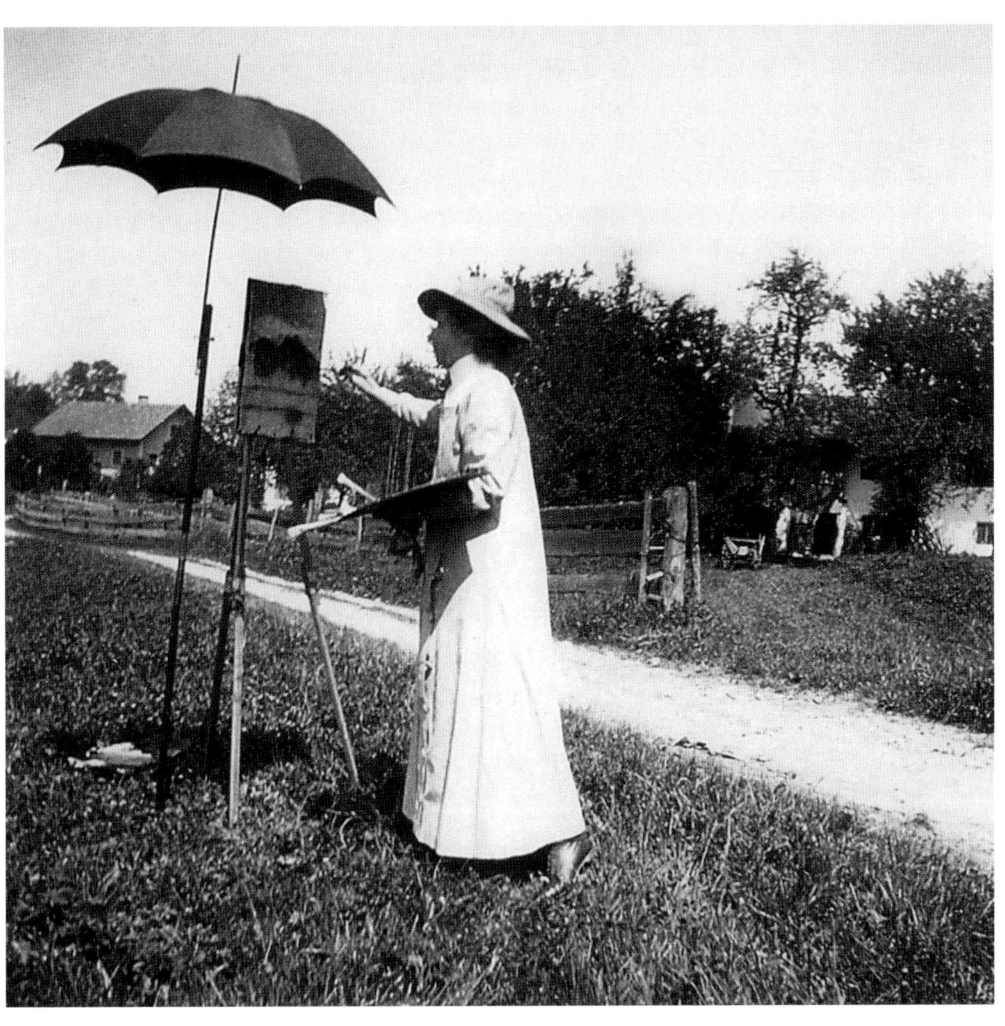

IMPRESSIONISTISCHE MALEREI UND FARBHOLZSCHNITT 1901–1907

Am 8. Oktober 1900 schifften sich die Schwestern Emmy und Gabriele Münter in New York auf der Pennsylvania Richtung Deutschland ein und erreichten zwölf Tage später Hamburg. Für die Rückfahrt waren die während der zweijährigen Amerika-Reise entstandenen Zeichnungen, die Skizzenbücher, Filmrollen und Abzüge sorgfältig eingepackt worden, und so blieben sie für Jahrzehnte verwahrt. In ihren 1952 veröffentlichten *Bekenntnissen und Erinnerungen* schreibt die Künstlerin über das Schicksal der frühen Zeichnungen: »Ein halbes Jahrhundert später sind die alten Skizzenblätter ausgegraben und dem Porträtierten oder den Kindern der inzwischen Verstorbenen als Dankesgabe für die nahrhaften Pakete in der Notzeit nach dem Kriege geschickt worden, und alle waren entzückt, wie echt das Leben im Bilde vor ihnen stand.«[33] Wie zu der deutschen Verwandtschaft ließ Gabriele Münter auch zu den amerikanischen Nachkommen ihrer Mutter den Kontakt in all den Jahren nie abreißen. Wenig später, in Vorbereitung des 1957 erschienenen Buches von Johannes Eichner, wurden die Zeichnungen noch einmal durchgesehen und das Blatt von Tante Lou in der Hängematte für die Veröffentlichung ausgewählt [S. 34].

Die Gründe dafür, dass dieses Frühwerk allmählich in Vergessenheit geriet, liegen vor allem im Persönlichen begründet, in einem Leben, das sich ganz anders gestaltete, als die Künstlerin es sich möglicherweise vorgestellt hatte. Jahrelang hatte sie kein eigenes, richtiges Zuhause. Denn 1902, während ihres Studiums in München, lernte sie den russischen Künstler Wassily Kandinsky kennen und lieben. Aber er war verheiratet und wollte sich nicht scheiden lassen. Zunehmend entwickelten sich die Heimlichkeiten zum Problem, und auch als die Beziehung längst kein Geheimnis mehr war, plagten Kandinsky Skrupel seiner Ehefrau Anja gegenüber. Er drängte im Frühjahr 1904 auf eine gemeinsame Zeit der Prüfung fern von München. Und Gabriele Münter folgte dem Geliebten – ein unstetes, vier Jahre andauerndes Wanderleben begann. Erst 1908 kehrten die beiden nach München zurück, entschlossen, zu ihrer Beziehung zu stehen, zwar nicht durch eine Heirat, doch dadurch, von nun an als Paar zusammenzuleben. Die Scheidung Kandinskys erfolgte tatsächlich erst 1911. Wirklich vorüber waren die ruhelosen Jahre am 21. August 1909. An diesem Tag unterzeichnete Gabriele Münter den Kaufvertrag für eine kleine Villa in Murnau am Staffelsee, eine Zugstunde von der bayrischen Hauptstadt entfernt. Sie und Kandinsky zogen zusammen und lebten von nun an abwechselnd hier und in der gemeinsamen Münchner Wohnung.

»Mein eigentliches Kunststudium begann ich erst mit 24 Jahren in München, Ostern 1901.«[34] Während ihre Schwester Emmy heiratete und fortan ein bürgerliches Leben führte, entschied sich Gabriele Münter für einen anderen, damals für Frauen noch keineswegs selbstverständlichen Weg. Sie wollte ihre zeichnerische Begabung, für die sie in Amerika viel Lob erhalten hatte, in einer professionellen Ausbildung weiterentwickeln. Ihre Freiheitsliebe, Aufgeschlossenheit und Neugier, die wenig konventionelle, unvoreingenommene Art ließen sie diesen Schritt in eine ungewisse Zukunft leichten Herzens tun. Die bayrische Metropole schien ihr der richtige Ort zu sein. Sie genoss das neue Lebensgefühl, die »große Zeit der künstlerischen Erneuerung«, galt doch das weltoffene, kunstbegeisterte München neben Berlin und Wien als eines der Hauptzentren der deutschsprachigen Moderne und als »Deutschlands heimliche Hauptstadt«. »Zumindest für einige Jahre blühten in einem Klima der Liberalität die verschiedenen, oft verbündeten, oft verfeindeten Richtungen und Gruppen der Moderne in München.«[35] Je mehr allerdings zum Ende des ersten Jahrzehnts die Avantgarde als elitär kritisiert wurde, desto stärker formierte sich in der »Kunststadt« München die Gegenbewegung einer »bodenständigen«, konservativen Heimatkunst. Vor diesem Hintergrund gehört es zweifellos zur Ironie der Geschichte, dass die revolutionäre Avantgarde des *Blauen Reiter* sich gerade jener Zelebrierung von »Heimat« und rückwärtsgewandter Volkstradition verdankt, die sie bekämpfte.

Um 1900 aber war München noch eine Stadt des Aufbruchs, ein Ort der *Jugend,* wie die berühmte Zeitschrift sich nannte, eine internationale Metropole des Jugendstils, die sich zur Verständigung mit Frankreich bekannte, ebenso wie des Kabaretts *Elf Scharfrichter* und des *Simplicissimus.* Die junge Studentin bewunderte die scharfen Karikaturen dieser berühmten Zeitschrift, die frauenfeindliche Häme vieler Zeichnungen dagegen überhaupt nicht.[36] Die Verachtung der Männer, die sich unisono gegen das studierende weibliche, »dritte Geschlecht«, insbesondere die »Malweiber«, richtete, bemerkte sie wohl, und die Bitterkeit darüber findet sich noch zwischen ihren im hohen Alter verfassten Zeilen über die erste Begegnung mit Kandinsky, der so ganz anders war: »Bald ging ich zur Phalanxschule u. meldete mich in der Bildhauerklasse Hüsgen an für nachmittag. Dazu *gehörte* dann der Abendakt bei K. – ich ließ den Abendakt, den ich vorher besucht hatte, u. nahm die Gelegenheit mit. Da war dann ein neues künstlerisches Erlebnis, wie K., ganz anders, wie die andren Lehrer – eingehend, gründlich erklärte u. mich ansah, wie einen bewußt strebenden Menschen, der sich Aufgaben u. Ziele stellen kann. Das war mir neu u. machte Eindruck.«[37] Vielleicht auch aus diesem Grund verliebte sich die 25-Jährige in den elf Jahre älteren Künstler. Verwunderung schwingt in diesen Sätzen mit, vor allem aber Achtung. Diese spricht ebenso aus dem kleinen Porträt, das Gabriele Münter im Sommer 1903 in Kallmünz von ihm schuf, eine ihrer ersten Ölstudien in der von Kandinsky damals vertretenen spätimpressionistisch-pastosen Spachteltechnik. Noch etwas unbeholfen im Umgang mit den ungewohnten Farben, aber umso liebenswürdiger, wie er da so sitzt mit der weißen Mütze auf dem Burgberg und malt [Abb.17]. Als das Bildchen entstand, da waren die beiden schon ein heimliches Paar, und Gabriele

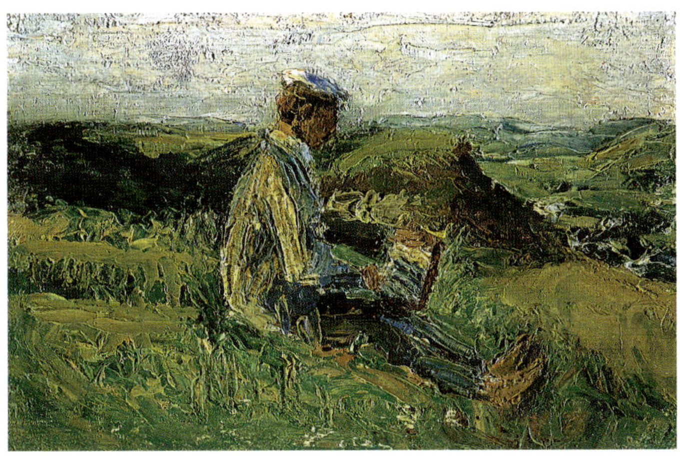

Münter lebte bereits seit zwei Jahren in München. Weil 1901 an der Königlich-Bayerischen Kunstakademie, wie im gesamten Deutschen Reich, ein Studium für Frauen noch in weiter Ferne lag, trat Gabriele Münter dem Münchner Künstlerinnen-Verein bei und schrieb sich in der Damen-Akademie ein, die 1882 von dem Verein gegründet worden war. Mit diesen privaten Instituten, die ein moderates Schulgeld verlangten und in mehreren Städten im Zuge der sich formierenden Frauenbewegung entstanden waren, versuchten die Künstlerinnen selbst, die katastrophale Ausbildungssituation etwas zu verbessern: Münchens »Akademie« genoss einen guten Ruf, ebenso wie die 1885 unter dem Protektorat der Großherzogin Luise von Baden gegründete Karlsruher Malerinnenschule, an der beispielsweise Sonia Terk 1903 studierte, und die bereits 1868 vom Verein der Berliner Künstlerinnen eingerichtete Zeichen- und Malschule, mithin das älteste dieser Institute, an der Paula Becker ab 1896 zwei Jahre lernte. Die Zuwendungen aus dem elterlichen Vermögen, das ihr Bruder Carl verwaltete, ermöglichten Gabriele Münter zwar kein luxuriöses, aber doch ein weitgehend unabhängiges, sorgenfreies Leben und die Finanzierung des Studiums.

Ihr erster Lehrer war Maximilian Dasio, der »Kopfzeichnen« unterrichtete. Im Wintersemester 1901 wechselte sie in die Aktklasse von Angelo Jank, fühlte sich aber auch hier vom sturen Abzeichnen unterfordert und erlernte zusätzlich im dritten Semester im Schulatelier der bekannten Grafiker Heinrich Wolff und Ernst Neumann die Drucktechnik des Holzschnitts. Vermutlich fertigte sie hier ihre erste Platte an, einen weiblichen Kopf.[38] Immer auf der Suche, besuchte sie eher zufällig die Ausstellung der Künstlervereinigung *Phalanx,* wo ihr vor allem die Arbeiten des Bildhauers Wilhelm Hüsgen gefielen. »Es zuckte mir in den Fingern – bildhauern wollte ich.« Da traf es sich gut, dass die Organisatoren, die alle dem Kabarett der *Elf Scharfrichter* nahestanden, gerade eine gleichnamige Kunstschule in Schwabing – nicht weit von ihrer Pension entfernt – gegründet hatten, an der Hüsgen und Kandinsky, der auch als Präsident des Vereins fungierte, unterrichteten.

Der 1866 in Moskau geborene Jurist und Volkswirt Wassily Kandinsky war als 30-Jähriger nach München gekommen, um hier Malerei zu studieren. Er besuchte zunächst eine Privatschule und später kurze Zeit die Kunstakademie, an der er Kurse beim »Malerfürsten« Franz von Stuck belegte. Ohne über einen offiziellen Abschluss oder ein anerkanntes Werk zu verfügen, gelang dem unbekannten russischen Maler die Etablierung in der Münchner Kunstszene auf dem einzig möglichen Weg – von »oben« als Vereinsgründer und Kunstschulleiter. Sein weltmännisches Auftreten, seine Liebenswürdigkeit und Eleganz, mit denen er nicht nur Gabriele Münter sofort für sich einnahm, waren dabei sicherlich von Vorteil. Im Frühsommer 1902 setzte sie ihr Studium an der im Jahr zuvor eröffneten Kunstschule fort: »Es war außerdem sehr nett im III. Stock der Hohenzollernstraße Phalanx-Schule. Wenn die Klasse Hüsgen wegen Ofenmangel, Modell oder Reise des Lehrers Hüsgen nicht recht in Gang war, hieß es, die Bildhauer dürfen in der Malklasse mitarbeiten. Da kam es dazu, daß ich das erste Ölstilleben, das K. bestellt hatte, mitmachte. Das wurde von K. gleich beachtet, als frisch und farbig gesehen. Zwischen Nachmittag und Abendakt war 4–5 Pause, da sorgte die Obmännin Olga Meerson für Tee an einem Tisch zusammen.«[39]

Nun hatte Gabriele Münter zwar nach der Amerika-Reise die Fotos weggepackt, die Kamera aber nicht, diese war immer dabei, ja, ihr Interesse am Fotografieren war inzwischen sogar noch gewachsen. Vom Anfang ihrer Beziehung an teilte sie ihre Begeisterung für das neue Medium mit Kandinsky, der ebenfalls in der Fotografie ein wesentliches Ausdrucksmittel sah, und zwar sowohl in ästhetischer als auch in technischer Hinsicht. Er besaß wie sie einen Fotoapparat, und später entwickelten und bearbeiteten beide ihre Aufnahmen vielfach sogar selbst und stellten eigene Abzüge her. Gabriele Münters frühe Münchner Fotografien von fast durchweg ausgezeichneter Qualität, die in Fülle entstanden, zeichnen nicht nur ein sehr lebendiges Bild von der Künstlerinnenausbildung, dem Charme des oftmals improvisierten Unterrichts, von den Ausflügen und lustigen Festen wie überhaupt vom Miteinander der Studierenden, sondern sind darüber hinaus seltene Dokumente der Münchner Kunstszene um 1900. Die beiden Lehrer der »Phalanx« bildeten mit ihren Schülerinnen und dem Schüler eine richtige kleine Familie, wie eine der Aufnahmen zeigt, auf der auch sie selbst zu sehen ist: Alle sind einträchtig versammelt um den Tisch mit dem großen Wasserkessel [Abb. 18].[40] Ende Juni 1902 nahm Gabriele Münter mit Kandinskys Malklasse an dem Sommeraufenthalt im oberbayrischen Kochel teil. Hier entstanden ihre ersten Versuche in der Ölmalerei und vor allem viele Fotografien – schöne Landschaftsaufnahmen, die Kursteilnehmer vor beeindruckender Bergkulisse, der Lehrer auf dem Fahrrad.

Insgesamt gesehen, begleiten die Aufnahmen aus den gemeinsamen Jahren mit Kandinsky bis 1914 nicht nur das private und künstlerische Leben des Paares auf den zahlreichen Reisen sowie in Murnau und München, sie dokumentieren auch die eigenen Werke oder deren Entstehungsprozess und geben interessante Einblicke in Ausstellungen. Vielfach dienen ihr die Fotografien zudem als Vorlagen für Gemälde und Grafiken. Einige entstanden direkt zu diesem Zweck der Umarbeitung, andere lieferten noch Jahre später Inspiration und finden sich in bildnerischen Übertragungen wieder. Gabriele Münters malerisches und grafisches Œuvre ist bis zum Ersten Weltkrieg inhaltlich und formal so eng verbunden, ja verzahnt wie kaum ein anderes

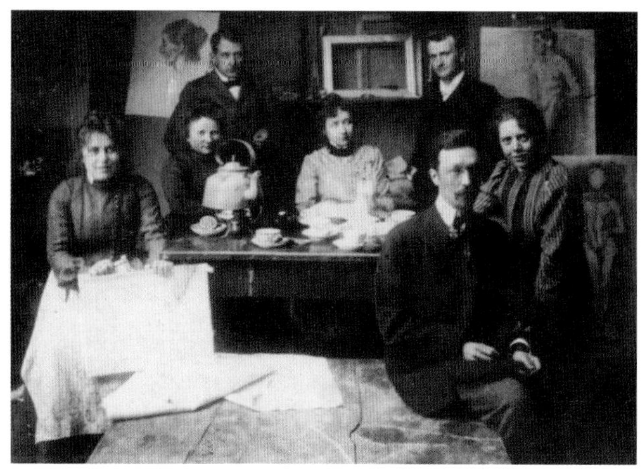

18 Anonym, Abendaktklasse
in der »Phalanx«-Schule, 1902

Werk der frühen Moderne. Obwohl Kandinsky deutlich weniger fotografierte und die Aufnahmen nicht so stark in sein Schaffen einbezog wie sie, bildete doch die Fotografie im gegenseitigen Austausch ein ganz starkes Band zwischen ihnen. Die Tatsache, dass die Künstlerin nach der Trennung das künstlerische Interesse an dem Medium verlor, mag auch darin begründet liegen.

In Kochel malte Gabriele Münter zum ersten Mal überhaupt »plein air« das heißt im Freien vor der Natur. In voller Aktion, mit langem Kittel, Sonnenhut und Schirm, die große Palette in der Hand und vor sich das Bild auf der Staffelei, so hat Kandinsky seine Schülerin fotografiert, zu der er sich immer mehr hingezogen fühlte [Abb.16, S.41]. Sie unternahmen Radtouren und Ausflüge, und das zarte Band festigte sich; so sehr, dass Kandinsky sie nach Ankunft seiner Frau bat, doch vorzeitig abzureisen. Den Rest des Sommers verbrachte Gabriele Münter im Rheinland bei ihrer Familie, bevor sie im Oktober nach München zurückkehrte. In einem nicht abgeschickten Brief an Kandinsky schreibt sie von ihrer Einsamkeit und vom Glück der Häuslichkeit, von ihrer Liebe und davon, wie sehr ihr die Heimlichkeiten und Lügen eigentlich verhasst wären. Aber sie würde sogar das »hübsche

Lehrer-Freundschafts-Kameradschaftsverhältnis« wieder aufnehmen, um ihn nicht ganz zu verlieren. Auf den Rand des Briefes notierte sie den denkwürdigen Satz. »Ich Schneegans – da bin ich in Kochel mit ihm per Arm spazierengegangen u. habe nicht geahnt, wie es kommen würde – aber wer konnte es auch denken?!«[41] Ein geradezu herzzerreißendes Schreiben für eine erwachsene junge Frau, von kindlich anmutender Unschuld und Naivität, zu denen die deutliche Selbstironie in seltsamem Kontrast steht.

In München aber, zurück an der Phalanx-Schule, ging Kandinskys Werben weiter und mündete schließlich 1903 während des Sommeraufenthaltes der Malklasse in einer sogenannten Verlobung, die Gabriele Münter stets als Eheversprechen verstanden hat. Der Kurs fand diesmal in Kallmünz nahe Regensburg in der Oberpfalz statt. Der Name des alten Städtchens ging in die Münter'sche Kunstgeschichte ein, als der Ort, an dem die nun 26-Jährige zum ersten Mal eines jener motivisch identischen Ensembles aus Fotografie, Zeichnung, Gemälde und Holzschnitt schuf, die so charakteristisch für ihr gesamtes Werk werden sollten [Abb.19, 20, 21]. Das beispielgebende und wegweisende Motiv war das mittelalterliche Torhaus von Kallmünz. Vermutlich entstand wie die Aufnahme auch das kleine Ölbild direkt »plein air«. Während aber auf dem hochformatigen Gemälde mit seinen kurzen, unruhigen Spachtelstrichen und den dick aufgetragenen, vermischten Farben die Konturen sich auflösen, ist die Aufnahme im Querformat, genau wie jene aus Amerika, gekennzeichnet durch klare Strukturen und harte Schatten, durch das Flächig-Konstruktive wie das Gebaute überhaupt. Eine Zeichnung des Motivs im Skizzenbuch nimmt diesen Eindruck auf und schärft die Umrisse weiter. Der seitenverkehrt umgearbeitete und von drei Holzstöcken in Schwarz, Blau und Grau gedruckte Farbholzschnitt entstand erst im Winter in München. Gabriele Münter harmonisierte hier die beiden Formate von Bild und Foto auf die quadratische Mitte, verstärkte die Flächigkeit und strenge Geometrisierung der Bauten noch, wobei sie alles Zufällige eliminierte: perfekt in jeder Hinsicht und ein Meisterwerk der frühen Moderne. Wer das Ensemble insgesamt betrachtet, dem fällt sofort das eigentümlich »Deplatzierte« des Gemäldes auf, es passt nicht in

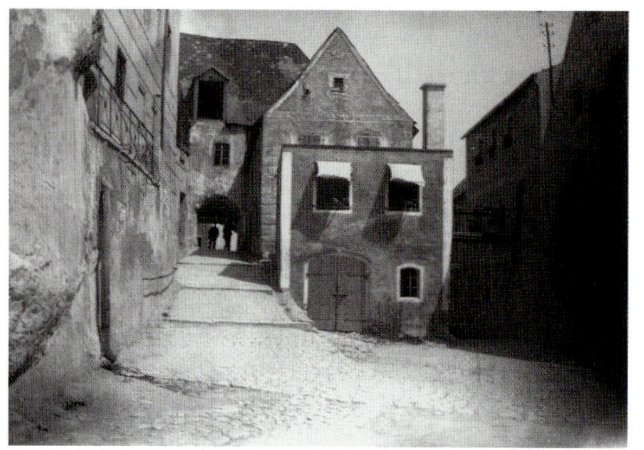
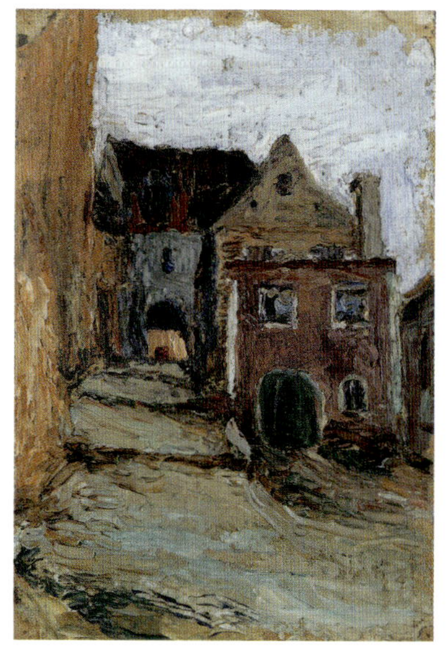

die Folge von Aufnahme, Zeichnung und Druckgrafik, ganz so, als hätte die Künstlerin einen Umweg über die Farbe gemacht. Nur fünf Jahre später, 1908 in Murnau, wird sie Farbe und Kontur in dieses Werkkonzept integrieren.

Im November 1903 bezog Gabriele Münter in München eine schöne Atelierwohnung am Siegestor in der Schackstraße, hier entstand der Holzschnitt. Stolz fotografierte sie ihr neues Heim mit all den sorgfältig arrangierten, in drei Jahren Studium entstandenen Arbeiten. Auf einer Aufnahme stehen die lebensgroßen, akademisch-naturalistischen Aktzeichnungen aus dem ersten Jahr im Raum, und an der Wand hängen die vielen kleinen, ganz »frischen« Ölskizzen, darunter auch das Porträt Kandinskys und das Torhaus von Kallmünz. Eine andere Fotografie zeigt, neben einigen frühen Leinwand-Bildnissen, auf dem Klavierdeckel links den gerahmten Holzschnitt mit den Kallmünzer Häusern und an der Wand darüber Kandinskys erstes Geschenk an sie, *Die Dame,* eine Gouache auf schwarzem Papier, die,

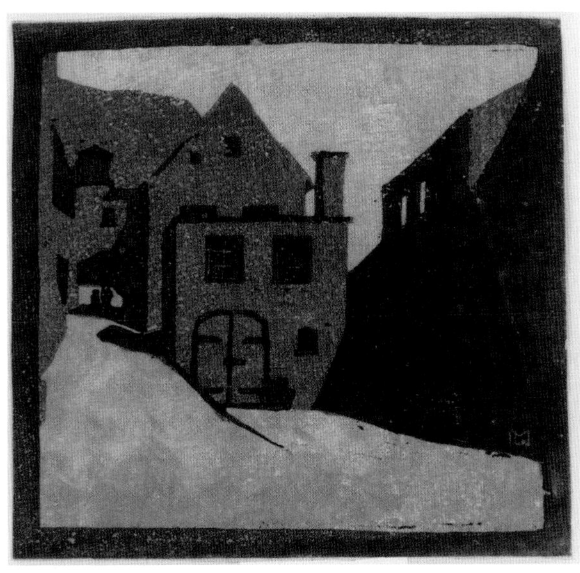

21 Häuser in Kallmünz, 1903–1904

nach seinen eigenen Worten, die Liebe zu ihr darstellt[42] und von der er während des Sommerkurses einen hochformatigen Holzschnitt anfertigte [Abb. 22]. Denn während dieses Aufenthaltes in Kallmünz hatte Kandinsky ebenfalls die Technik des Holzschnittes erlernt und fertigte so viele Platten, bis er es konnte. Vor allem das farbige Drucken mit mehreren Stöcken erforderte viel Geschick, und von »10 Drucken geriet meist nur einer«.[43] Das große Interesse am Holzschnitt, das auch die beiden seit 1903 entwickelten, hatte Ende des 19. Jahrhunderts nach der »Entdeckung« des japanischen Farbholzschnittes in Europa eingesetzt und von Frankreich aus nicht nur zu einem regelrechten Boom der alten Technik geführt, sondern auch zu einer Neubewertung der Drucke als künstlerisch eigenständige Werke. Vor allem die Avantgarden griffen die wiederbelebte Technik begeistert auf und führten die Holzschnittkunst zu einer ungeahnten Blüte. In ihrem neuen Atelier fertigte Gabriele Münter im Winter 1903/04 noch zwei weitere Farbholzschnitte nach Kallmünzer Motiven an: das nächtliche

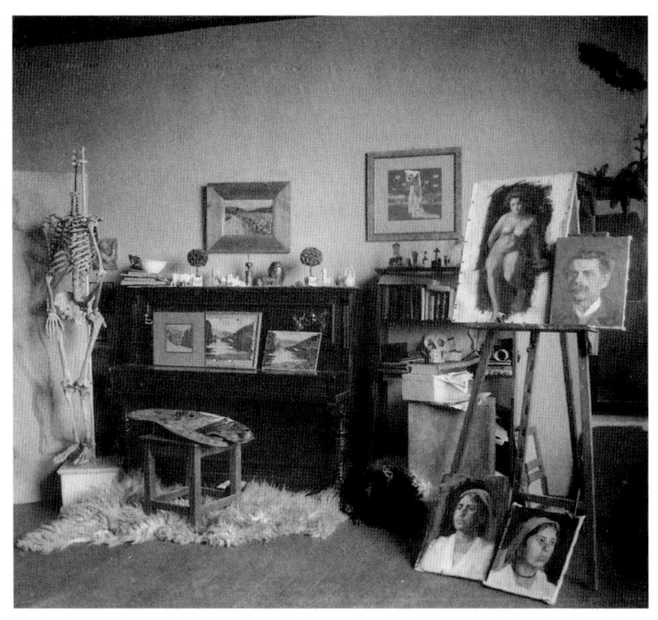

22 Gabriele Münters Atelier
in München, 1903/04

Dorf mit dem charakteristischen Zwiebelkirchturm, das wie ein Spiel-
zeugbaukasten aussieht, hoch vom Burgberg aus gesehen, und ein
Felsenmotiv, das sie in mehreren Farbvarianten druckte. Beide Arbeiten sind ebenfalls von drei Platten gedruckt und, allerdings sehr frei,
nach eigenen Fotografien gestaltet. Bereits bei diesen ersten Drucken
experimentierte sie tagelang mit Farben und Technik. Dabei ließ sie
sich weder von den diversen Schwierigkeiten noch den misslungenen
Versuchen entmutigen, obwohl es sehr viel Arbeit und Kraft kostete.
Trotzdem nahm sie sich die Drucke immer wieder vor. Mit den Er-
gebnissen war sie zum Teil äußerst unzufrieden und berichtete in
den Briefen an Kandinsky von all der Mühe, aber auch von den Erfol-
gen. »Ich komme allmählich näher darauf, wie man die Farbe nehmen
muß«, schreibt sie am 19. Dezember 1903, und Anfang des neuen
Jahres über die »Felsen«: »Einem besonderen Blau bin ich jetzt sehr
auf der Spur u. das Grün weiss ich auch wie ichs will u. habe heute

Abend auf der Rückseite die unvermeidliche 3te Platte geschnitten. Es geht nicht, daß die Steine dieselbe Farbe mit dem Himmel haben.«[44] Für diesen Holzschnitt hatte Gabriele Münter im Vorfeld mehrere Skizzen angefertigt, einen seitenverkehrten Entwurf, auf dem sie zum ersten Mal die verschiedenen Farben vermerkte, und eine exakte Werkzeichnung als direkte Druckvorlage. Schon diese langwierige Vorbereitung, vom eigentlichen Druckvorgang abgesehen, zeigt, wie intensiv sich die Künstlerin mit dem Motiv auseinandersetzte und weder Arbeit noch Zeit scheute, um ein optimales Ergebnis zu erreichen.

Die drei Kallmünzer Farbholzschnitte von 1903/04 und die betreffenden Briefstellen belegen, dass Gabriele Münter nicht erst in Paris 1906, von Kandinsky angeregt und angeleitet, mit dem Holzschneiden begann, wie Johannes Eichner 1957 in seinem Buch schreibt. Auch seine Behauptung, im Gegensatz zu Kandinskys »interessanten« Holzschnitten würden ihre »herzlich einfach und bescheiden« bleiben, ist falsch. Ja, »sie strengte sich nicht an, es ihrem Meister nachzutun«, aber nicht aus Unvermögen, sondern weil sie ganz eigene Wege ging. Denn ihre Holzschnitte unterscheiden sich so fundamental von den seinen, zeitgleich entstandenen, dass von Nachahmung überhaupt keine Rede sein kann. Kandinsky war weder ihr Lehrer bezüglich der Technik, die sie ja bereits vorher erlernt hatte, noch ihr »Meister«, was Qualität und Originalität betraf.[45] Bereits mit diesen ersten drei Arbeiten befand sich Gabriele Münter auf dem direkten Weg zu ihrer ab 1908 entwickelten farbflächen- und konturbetonten expressionistischen Malerei. In diesem Sinne nehmen die frühen Holz- und Linolschnitte das ungeheuer Moderne des malerischen Werkes vorweg und sind von großer Bedeutung für das gesamte Schaffen.

Alles Charakteristische war in ihnen von Anbeginn angelegt. Gabriele Münter verfeinerte in den bis 1908 entstandenen Grafiken nur den Schnitt, die transparente Farbigkeit und die komplexe Struktur der Komposition, gleich, ob es sich um Landschaften, Stadtansichten oder die großformatigen Porträts handelte, die im Winter 1906/07 in Paris entstanden. Das zeigt sich etwa im Vergleich der Kallmünzer Drucke mit dem wunderschönen Farblinolschnitt *Rosengärtchen* von 1907 oder 1908, der durch seine formvollendete Komposition und die zarten Aquarellfarben besticht: gedruckt mit fünf virtuos gehandhabten Linolplatten in Blau, Grün, Gelb, Hellrot und Rosa [Abb. 23]. Auch wenn die Künstlerin hier wegen der lichten Stimmung und Leichtigkeit der Farben ganz auf den schwarzen Konturstock verzichtete, hat das Blatt doch durch die Gebäudebegrenzung, das Sprossenfenster und den horizontalen Handlauf eine haltende, feste Struktur, wobei gerade der Gegensatz von Natur und Architektur den Reiz des Blattes noch erhöht. Es gibt zwar keine direkte fotografische Vorlage, aber die Vermutung liegt nahe, dass Gabriele Münter von einem Vorgarten mit Pfingstrosenbusch und Rosenbäumchen inspiriert wurde, den sie über zwei Jahre früher, im Mai 1905, während einer Radtour mit Kandinsky durch Sachsen fotografierte hatte.

Nach ihren Briefen zu urteilen, fiel es Gabriele Münter sichtlich schwer, Kandinsky gegenüber ihre Liebe in Worte zu fassen, aber wenn es um die Arbeit ging, fand sie erstaunlich klare Formulierungen und scheute sich auch nicht, ihre andere Auffassung bezüglich der Gestaltung offen anzusprechen und deutliche Kritik zu üben. Wie der Briefwechsel vom Sommer 1904 belegt, gefielen ihr etwa seine Holzschnitte gar nicht, sie entsprächen mit ihren märchenhaft-folkloristischen, am dekorativen Jugendstil und Symbolismus orientierten Motiven zu sehr dem Zeitgeschmack. Sie bezeichnete die Grafiken sogar als »Spielerei«, die ihn künstlerisch nicht viel weiter brächte. Er war betroffen von ihrer Kritik und schließlich auch verärgert: »Du sagst Spielerei! Jawohl! Alles. Was der Künstler macht ist auch nur Spielerei«, und schließlich gäbe es Leute, »die mir für meine Sachen dankbar sind«.[46] Noch ein Jahrzehnt später wirkte Gabriele Münters frühe Kritik offensichtlich so stark nach, dass Kandinsky diese Arbeiten 1913 in der autobiografischen Schrift *Rückblicke* sozusagen öffentlich zu rechtfertigen suchte. In dem kurzen Text mit dem bezeichnenden Titel *München – die Märchenstadt*, in dem er seine ersten Eindrücke von München schildert, heißt es am Schluss. »Ich begrüßte die Aufschrift ›*Kunst*mühle‹ und fühlte mich in einer Kunststadt, was für mich dasselbe war wie Märchenstadt. Aus diesen Eindrücken stammen die mittelalterlichen Bilder, die ich später machte.«[47]

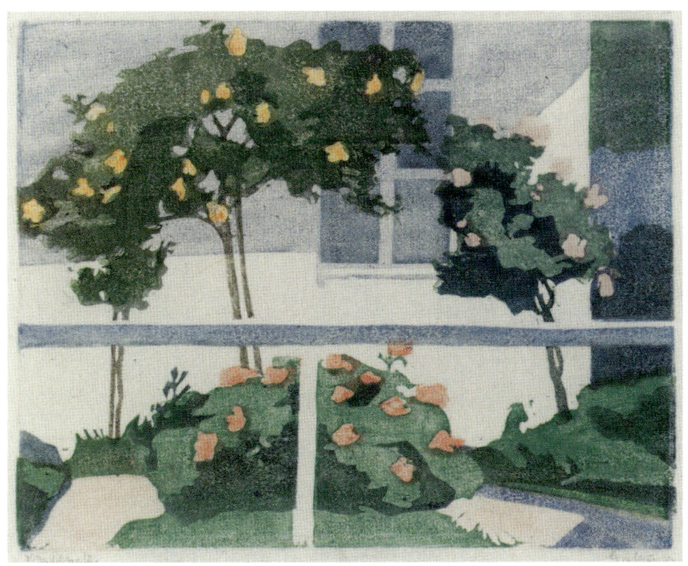

Den langen Antwortbrief auf die kritischen Anmerkungen zu seinen Holzschnitten schrieb Kandinsky am 10. August 1904 nach Bonn,
wo Gabriele Münter seit Juni fast ein halbes Jahr bei ihrem Bruder
Carl und der Schwester Emmy verbrachte, die beide mit ihren Familien
dort wohnten. Emmy hatte bald nach der Rückkehr aus Amerika
den Chemiker Dr. Georg Schroeter geheiratet, der später in Berlin das
Chemische Institut der Veterinärmedizin leitete. Hier, bei der Schwester, entstanden in diesem Sommer 1904 zahlreiche Zeichnungen ihres
Patenkindes Elfriede Schroeter, Friedel genannt, nach denen die
Tante einen Holzschnitt anfertigen wollte. Es blieb zunächst bei dem
Wunsch, denn erst 1907 in Paris sollte Gabriele Münter die Zeit finden,
neben anderen, ebenfalls Jahre zuvor geplanten Druckgrafiken auch
diesen Holzschnitt auszuarbeiten. Die über einem ganz fein geschnit-
tenen Konturstock in mehreren ganz unterschiedlichen Farbvarianten
mit bis zu sieben speziellen Aquarellfarben gedruckten Blätter mit
der kleinen Friedel sind ein wunderbares Beispiel für die perfekte

Technik und den ausgereiften Stil der Pariser Arbeiten. Der Holzschnitt hätte einen »feinen Hauch v. caché«, bemerkte Kandinsky dazu und gratulierte.[48] Das entzückende »Bümmchen«, wie es da so entspannt und friedlich an seiner Flasche nuckelt, verrät all die Liebe der Künstlerin zu ihrer Nichte, die bis in die 1920er Jahre hinein noch oft ihr Modell sein sollte.

Kandinskys aufgebrachter Ton in jenem Brief vom August 1904 mag auch mit vorangegangenen Verstimmungen zusammenhängen. Bereits im März dieses Jahres hatte Gabriele Münter ihre Atelierwohnung in der Schackstraße auf Drängen des Geliebten aufgegeben. Denn er bestand auf einer Prüfungszeit der Beziehung fern von München und beendete dafür auch seine Lehrtätigkeit an der Phalanx-Schule. Gabriele Münter war nach Bonn gereist, wo sie bei ihrer Schwester mehrere Wochen auf den geplanten Beginn der gemeinsamen Reise wartete. Im Mai machte Kandinsky schließlich seinen Antrittsbesuch bei den Geschwistern und lernte Gabriele Münters Familie kennen, bevor die beiden mit dem Rheinschiff nach Rotterdam fuhren und vier Wochen durch Holland reisten – ein wegen der ungeklärten Lebenssituation von Konflikten getrübtes Zusammensein. Ende Juni befand sich die Künstlerin, wie erwähnt, allerdings schon wieder in Bonn, während Kandinsky in München mit der Auflösung der ehelichen Wohnung und der Trennung von seiner Frau auch psychisch stark beansprucht war, bevor er im Oktober zu seinem jährlichen Verwandtenbesuch nach Odessa aufbrach.

Auf der großen Reise, die schließlich am 6. Dezember 1904 begann und nach dreieinhalb Jahren im Frühsommer 1908 in Südtirol endete, war neben dem Skizzenblock auch die Kodak immer dabei. Über 520 Aufnahmen zeugen davon, wie gewissenhaft Gabriele Münter die Reisen dokumentierte, wobei einige Fotografien auch von Kandinsky stammen, denn er nahm seine Kamera gleichfalls mit.[49] Die erste Station war Tunesien, wo die beiden den Winter verbrachten. Im April 1905 kehrten sie über Italien zurück und brachen Ende Mai erneut auf, diesmal nach Sachsen. Sie wohnten den Sommer über in Dresden, von wo aus Gabriele Münter zunächst wieder nach Bonn fuhr, bevor die beiden im November erneut auf große Fahrt gingen und den Winter über mehrere Monate an der italienischen Riviera in Rapallo wohnten, um dann im Mai nach Frankreich weiterzureisen und sich in Sèvres nahe Paris für ein knappes Jahr einzumieten. Im Juni 1907 trennten sich ihre Wege in Köln, und Gabriele Münter fuhr wie schon zuvor nach Bonn. Es folgten eine Radtour durch die Schweiz und ab September ein halbjähriger Aufenthalt in Berlin, wohin Gabriele Münters Schwester mit der Familie mittlerweile umgezogen war. Sie wohnten bei ihr in Wilmersdorf. Hier fertigte die Künstlerin weitere Farbholzschnitte an: neben einem Porträt der schlafenden Nichte auch jene anrührenden fünf Blätter, auf denen sie Friedels Spielzeug »zum Leben erweckt« und – nicht zu vergessen – den »amerikanischen« Puppenwagen verewigte, der ihr seinerzeit in St. Louis so großen Eindruck gemacht hatte [S. 27]. Nach dem Berlin-Aufenthalt folgte schließlich noch eine Wanderreise durch Südtirol. Obwohl die Gründe für dieses unruhige Leben ausschließlich in der ungeklärten privaten Situation lagen, die das Paar mehr wie Getriebene erscheinen lässt, es sich also mitnichten um eine der klassischen Künstlerreisen handelte, war der künstlerische Ertrag insbesondere für Gabriele Münter doch immens und für die weitere Entwicklung von entscheidender Bedeutung.

Am ersten Weihnachtstag 1904 trafen Gabriele Münter und Wassily Kandinsky im nordafrikanischen Tunis ein, der Hauptstadt des französischen Departements. Über ihr zurückgezogenes Leben dort schreibt sie lakonisch in ihr Tagebuch: »Unsere Skizzenbücher u. Studien erzählen das Nähere – ebenso seine Bilder und Photos – über unsere tunesischen Eindrücke. Wir haben uns stellenweise gut vertragen – stellenweise schlecht verstanden – wir machten Spaziergänge in die Stadt oder auch den Belvederepark – gelangweilt habe ich [mich] mit meinem Lieben nie und wir haben mit keinem Menschen Connex gemacht – er will das nun mal nicht.« In Lyon hatte Gabriele Münter Seidengarne, Glasperlen und Stoffe gekauft für Stickereien, die sie nun während der Regentage in Tunis nach Kandinskys romantischen Jugendstilentwürfen anfertigte, darunter zahlreiche Täschchen sowie einen Wandbehang mit Wolgaschiffen. Sieben dieser Arbeiten stellte der Künstler später, 1906, im Pariser Salon d'Automne aus.[50] Das

dekorative Schiffsmotiv nahm Gabriele Münter über ein Jahrzehnt
später, 1919, in Kopenhagen noch einmal auf. Als Erinnerung an den
abwesenden Lebensgefährten fügte sie es in ein Ausstellungsplakat
ein [S.152]. Auch wenn Gabriele Münters Sätze im Tagebuch eher resig-
nativ klingen und die beiden von Tunis aus nur einen touristischen
Ausflug in die südlich gelegenen Städte Sousse und Kairouan unternahmen, so beweisen die etwa 180, hier in Tunesien entstandenen
Fotografien, welch großen Eindruck das arabische Land auf sie gemacht hat. Vor allem die weiße Architekturlandschaft der Altstadt
von Tunis mit ihren schmalen Gassen und kubischen Gebäuden, den
Torbögen, Türmen und verhüllten Gestalten im Spiel von gleißendem
Licht und tiefen Schatten faszinierte sie [Abb.24]. Wie schon in Amerika
galt das bevorzugte Interesse dem Grafisch-Flächigen und Geomet-
risch-Blockhaften. Diese Eindrücke verdichtete Gabriele Münter in
Erinnerung an die unvergessliche Reise erst ein halbes Jahr später,

24 Gasse mit Minarett
und spielenden Kindern, 1905

25 Straßenbild in einer
afrikanischen Stadt, 1905

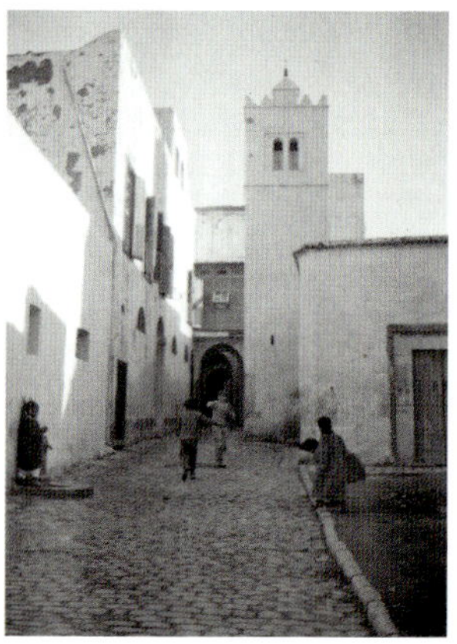

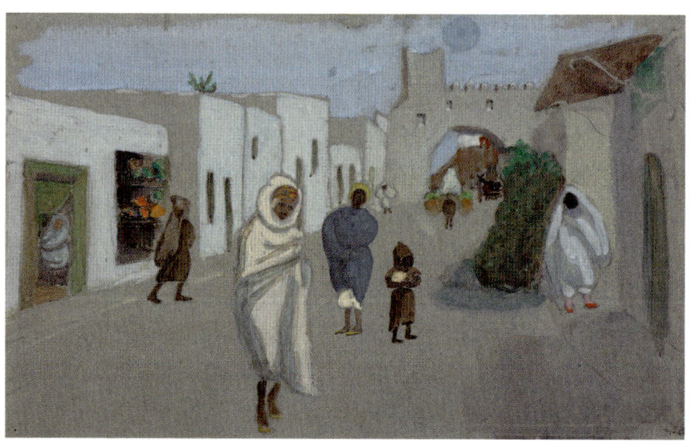

nachdem sie aus Dresden wieder allein nach Bonn zurückgekehrt war, zu dem idealtypischen Straßenbild in einer afrikanischen Stadt mit acht Figuren [Abb. 25]. In ihm nahm sie Merkmale ihrer Farbflächenmalerei vorweg, denn das Bild in Tempera auf hellgrauem Tonpapier ist zwar perspektivisch angelegt, wirkt aber durch die gänzlich fehlende Schattierung eigentümlich flächig. Bildkünstlerisch interessant ist vor allem ein weiteres eindrucksvolles Motiv, von dem sie beide eine fast identische Gouache anfertigten, Kandinsky auf dem von ihm bevorzugten dunklen Karton, was ein Art »Negativeffekt« erzeugte. Es handelte sich um die Darstellung eines »Zaouia« genannten, kleinen arabischen Memorialbaus, den die Künstlerin auch fotografierte und später in Paris als Farbholzschnitt gestaltete. Das streng horizontal dargestellte und gegenüber der Gouache in den Formen noch weiter reduzierte Kuppelmonument verweist mit seinem Titel *Marabout* auf den Heiligen, zu dessen Ehren es erbaut wurde. Zugleich entstanden auch in Tunis – wie auf allen Reisen bis 1907 – die von den Holzschnitten und Zeichnungen so gänzlich verschiedenen kleinen, spätimpressionistischen Pleinair-Ölstudien in der »Kallmünzer« Spachteltechnik mit pastos aufgetragenen Farben und in lockerer Malweise.[51]

Nach einer Radtour durch Sachsen, wo vielleicht die schöne Aufnahme des Pfingstrosenbusches entstand, mieteten sich die beiden Reisenden im Juni 1905 für zweieinhalb Monate in der Dresdner Schnorrstraße ein. »So haben wir es in Dresden schön, gemütlich bequem gehabt [...]. Wir haben da gearbeitet – er besonders. Wir haben sehr oft einfach aber gemütlich zu Hause gesessen – es gab eine sehr heiße Zeit.«[52] Von dem entspannten Miteinander zeugen einige sehr schöne, gegenseitig fotografierte Porträts, auf denen die beiden jeweils in der gleichen Haltung am Tisch oder auf einem Sofa sitzen. Entstanden sind diese Pendants augenscheinlich in dem Bestreben, die Zusammengehörigkeit zu verdeutlichen und sich als Paar zu präsentieren. Vielleicht ist es kein Zufall, dass es nur ganz wenige Fotografien gibt, auf denen beide gemeinsam zu sehen sind, und die einzige repräsentative Aufnahme von 1916 aus Stockholm stammt und damit im Rückblick sozusagen das Ende der künstlerisch so fruchtbaren wie zwischenmenschlich problembeladenen Beziehung

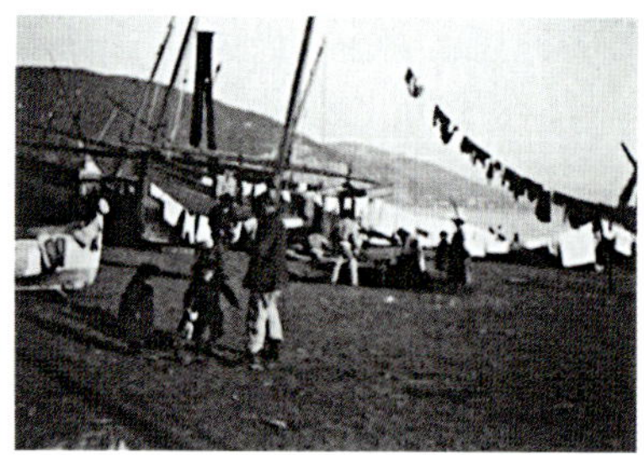

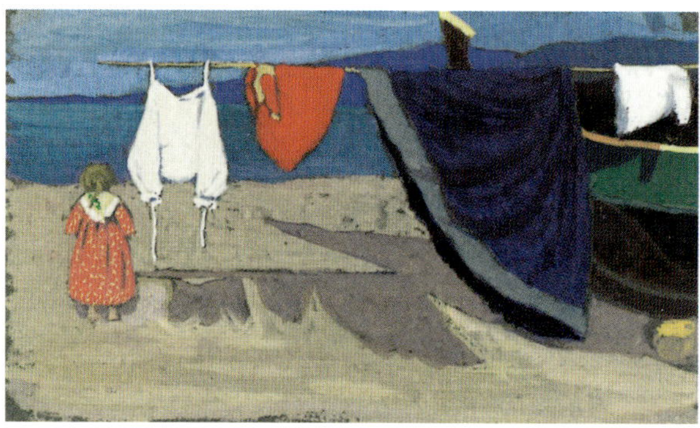

markiert [S.141]. Eine Wanderung durch die Sächsische Schweiz beendete Mitte August 1905 den Aufenthalt in Dresden, sie fuhr ins Rheinland, er nach München, wo sein Vater aus Moskau zu Gast war, und
dann zum Herbstbesuch nach Odessa zu seiner Mutter, die hier mit
ihrem zweiten Mann und Kandinskys drei Halbbrüdern lebte. Noch
im August hatte er Gabriele Münter geschrieben, dass er nun doch
baldigst mit ihr zusammenziehen wolle, irgendwo, vielleicht in Brüssel – »Klein-Parischen« –, »bis wir heiraten können«, aber er ließ diesen
Plan schnell wieder fallen.[53]

So begann das Wanderleben erneut. Von Köln aus fuhren sie über
Brüssel an die italienische Riviera, wo sie schließlich einen Tag vor
Weihnachten in Rapallo ein Haus mieteten, mit einer tüchtigen Wirt-
schafterin, ein richtiges Zuhause, wenn auch auf Zeit, in dem sich
Gabriele Münter in dem mediterranen Klima endlich richtig wohl-
fühlte. Rückblickend schreibt sie in ihr Tagebuch: »Wir waren erst
8–14 Tage in Sestri Levante – Entzückendes Fischerdorf. Dann nach

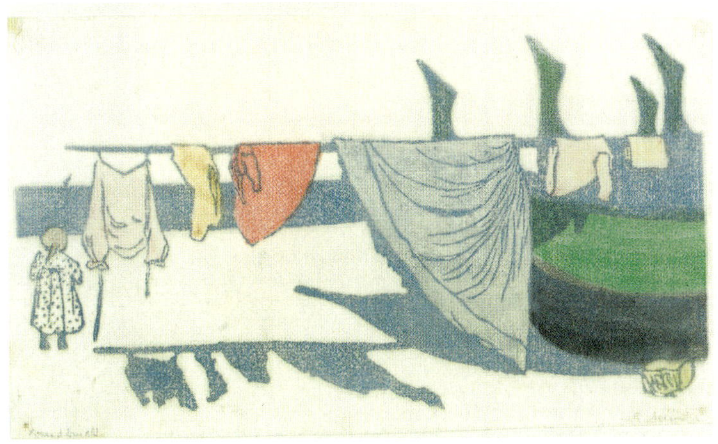

Weihnachen fuhren wir nach Rapallo, wo wir eine Wohnung gefunden hatten. Das war italienisch! Echt ital. Wohnung. Großes Haus nah am Bahnübergang.«[54] Die große Anzahl von etwa achtzig Aufnahmen aus diesem Lebensabschnitt zeugt von dem entspannten Zusammensein, fast wie ein ganz normales Ehepaar, in gemütlicher Häuslichkeit. Auch gesellschaftlich waren sie nicht mehr so isoliert, sondern empfingen sogar Besuch: Kandinskys Vater kam und ehemalige Studienkollegen aus der Phalanx-Schule, die Freundin Emmy Dresler und der schwedische Maler Carl Palme, den Gabriele Münter nur ein paar Monate später in Paris wiedertreffen sollte und dann 1915 in Stockholm. Ihre ersten Fotografien kurz nach der Ankunft galten einem wirklich wunderbaren Motiv in dem »entzückenden Fischerdorf« Sestri Levante: den zwischen den großen Holzbooten am Strand ausgespannten Wäscheleinen [Abb. 26]. Von ihnen fertigte sie sogleich, noch Ende 1905, zwei Zeichnungen und eine ausgearbeitete, stark farbige Gouache an, offensichtlich fasziniert von der grafischen, fast abstrakten

Formstruktur. Sicher dachte sie dabei bereits an einen mehrfarbigen Druck, der dann, wie *Marabout,* streng horizontal komponiert und befreit von allem Zufälligen zwei Jahre später ebenfalls in Paris entstand. Im Gegensatz zu der Gouache ist er in einer ganz lichten Farbigkeit gehalten, ausgeführt mit einem kaum sichtbaren Konturstock und den jetzt von ihr bei den Drucken verwendeten speziellen Aquarellfarben. Dazu notiert sie: »Contur: weiß mit ultram.[arine] u. krapp u. émeraude [smaragd]« [Abb. 27, 28].[55] Das niedliche kleine Mädchen, das bereits auf der Gouache zu sehen ist, war übrigens keineswegs ein Fantasiewesen, sondern findet sich auf einer der Rapallo-Fotografien, von der sie es einfach übernommen hat.

Angeregt durch die gute Atmosphäre in Rapallo, fotografierte und zeichnete Gabriele Münter nicht nur, sondern malte auch wieder intensiv. Erstmals versuchte sie sich an einem für ihr weiteres Schaffen so wichtigen Sujet: dem Stilleben. So malte sie das in Bezug auf ihre bisherigen Gemälde ganz erstaunliche, große *Stilleben mit Blumenkohl,* Flasche und Apfel in einer glatten, altmeisterlich anmutenden Hell-Dunkel-Malerei mit subtilen Lichtreflexen, wobei die intensive blaue Farbfläche des sorgfältig drapierten Tuches besonders besticht [Abb. 29]. Ein Blick voraus ins Jahr 1908 auf Gabriele Münters Stilleben *Äpfel auf Blau* offenbart zwar sofort die radikale Veränderung, zeigt aber zugleich, dass große, geschlossene Farbflächen sie schon vorher beschäftigt hatten und Blau sich zu ihrer Lieblingsfarbe entwickelte [S. 74]. Die Anregung zu dem schönen Bild aus Rapallo lieferte der stets festlich gedeckte Tisch, der natürlich auch fotografiert wurde. Der Hafen von Rapallo findet sich ebenfalls auf vielen Fotografien abgelichtet, gezeichnet und gemalt. In einer auf den 7. März 1906 datierten Skizze zeigt sich in der Häuserreihe mit dem vorgelagerten Hafenturm Gabriele Münters feingliedriger, linearer Zeichenstrich besonders gut. Mit sicherer Hand hielt sie kleinste Details exakt fest und schrieb oben an den Rand die Farbangaben für die einzelnen Fassaden. Genauso wird die Künstlerin es fortan bis zum Ende ihres Schaffens beibehalten. Die kleine, der Zeichnung folgende Ölskizze auf Leinwand mit dem weiten Blick über die tiefblaue Wasserfläche zeigt wie das kurz vorher gemalte Stilleben eine ruhigere Malweise

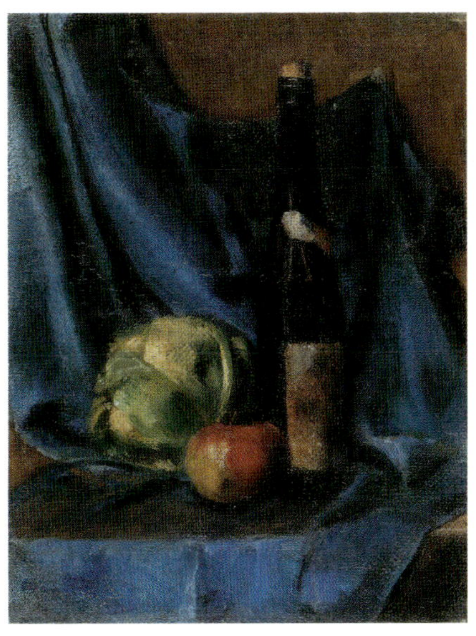

29 Stilleben mit Blumenkohl, 1906

mit weniger heftigen Strichen und dünnerem Farbauftrag. Den beiden gefiel es wirklich gut in Rapallo. »Kandinsky wollte sich dort am liebsten ankaufen«, merkt der sonst eher zum Pathos neigende Johannes Eichner 1957 überraschend ironisch an, »aber als er im Frühjahr bemerkte, daß Schlangen aus ihren Verstecken hervorkamen, strebte er eilig fort, ließ die Rivieraschönheit im Stich und fuhr mit Gabriele Münter nach Paris.«[56] Sie erreichten die französische Hauptstadt am 22. Mai 1906 und blieben einen Monat, bevor sie ins nahe Sèvres zogen. In der Petite Rue des Binelles 4 fanden sie eine große Wohnung im Erdgeschoss eines Landhauses mit Garten ganz in der Nähe des Parks von Saint-Cloud. Aber von einem entspannten Zusammensein wie in Rapallo konnte keine Rede mehr sein. Kandinsky zog sich zurück, wollte allein sein, und Gabriele Münter drängte es nach den Jahren der zurückgezogenen Zweisamkeit ins quirlige Paris, die »Kunsthauptstadt« der damaligen Zeit, die sie – anders als der Gefährte – ja auch noch nicht kannte. »Es wurde Wesentliches verdrängt«, schreibt Eichner in der Rückschau von 1957 nach den vielen Gesprächen mit

Gabriele Münter und sicher mit ihrer Billigung lapidar. »Das machte die Gewissensehe verkrampft und schließlich unwahr und mußte zu einem unguten Ende führen.«[57]

So mietete sie Mitte November schließlich allein ein Atelierzimmer im Künstlerviertel Montparnasse in der Rue Madame, fuhr nur am Wochenende nach Sèvres und zog erst zweieinhalb Monate vor dem Ende des Aufenthaltes im März 1907 dorthin zurück. Sie besuchte Museen, Galerien und Ausstellungen und unterhielt vermutlich Kontakte zu den deutschen Künstlern, die im Café du Dôme verkehrten, vor allem zu Hans Purrmann, den sie schon aus München kannte. Sie traf auch Carl Palme wieder, den ehemaligen Mitschüler aus der »Phalanx«, der die beiden noch kurz zuvor in Rapallo besucht hatte. In der Privatakademie der Grande Chaumière am Montparnasse belegte sie einen Monat lang einen Kurs für Pinselzeichnung. Hier erschien der berühmte und von ihr verehrte Zeichner Théophile Alexandre Steinlen manchmal zur Korrektur. Sein Lob beim Durchblättern ihrer Skizzen hat Gabriele Münter nie vergessen. Es machte sie so stolz, dass sie die Worte sogleich aufschrieb und die Szene noch 1952 in ihren autobiografischen Text *Bekenntnisse und Erinnerungen* einfügte: »Berufene haben frühzeitig meinen Strich geschätzt. Als ich in Paris ein paar Wochen in der ›Grande Chaumière‹ arbeitete, sah T.A. Steinlen, der vielgenannte Graphiker und Meister, mein Skizzenbuch aufmerksam durch und sagte dann: ›Avec ce dessin vous pouvez arriver à des choses très élevées.‹«[58] Die Vermutung liegt nahe, dass gerade diese Anerkennung ihrer besonderen, auf der Linie beruhenden Zeichenkunst sie mehr als alles andere von der Richtigkeit dieses Weges überzeugte und vor allem ihre Arbeit am Holz- und Linolschnitt beflügelte. Paris, die Stadt des künstlerisch autonomen, modernen Holzschnittes, wirkte ungemein inspirierend. Gabriele Münter entwickelte eine eigene Handschrift und führte die Druckgrafik zu einem frühen Höhepunkt. Die Atelierarbeit habe ihr »riesig gut getan«, schreibt sie zum Jahresende 1906 nach Bonn. »Im Frühjahr debütiere ich bei den ›Indépendants‹«.[59] Damit war der progressive, 1884 gegründete Salon gemeint, in dem die Künstler ihre Werke ohne die Auswahl durch eine Jury ausstellen konnten.

Bis 1935 schuf die Künstlerin insgesamt 88 Druckgrafiken – neben Holzschnitten später noch Radierungen und Lithografien. Die frühen, bis 1908 entstandenen 35 Schnitte bilden dabei innerhalb des gesamten druckgrafischen Werkes die größte Gruppe, wobei der Schwerpunkt auf den über zwanzig in Paris gefertigten Arbeiten liegt. Hinzu kommen die Kallmünzer Drucke der Jahre 1903/04 sowie die Berliner von Anfang 1908. Gabriele Münter druckte stets in kleiner Auflage im aufwendigen Handdruckverfahren und verwendete erstmals in Paris neben dem Holzstock auch Platten aus dem Mitte des 19. Jahrhunderts in England entwickelten Werkstoff Linoleum, womit sie zu den Pionierinnen des farbigen Linolschnittes gehörte.[60] Außerdem benutzte sie die im japanischen Holzschnitt gebräuchlichen, speziellen Wasserfarben, sogenannte Japanaqua, und druckte – wie dort üblich – nicht mehr jede Farbe von einem je eigenen, sondern mehrere Farben neben- und übereinander von einem Stock. Alle Arbeiten wurden intensiv durch Skizzen, Gouachen, Entwürfe und seitenverkehrte Werkzeichnungen vorbereitet. Eines ihrer bevorzugten Landschaftsmotive war der weitläufige Park von Saint-Cloud nahe ihres Hauses in Sèvres, von dem es nicht nur zahlreiche Ölskizzen gibt, sondern auch einen beeindruckenden Farbschnitt: meisterlich gedruckt in über zehn verschiedenen Varianten mit jeweils fünf Farben. Die Künstlerin hat in ihm das Grafisch-Konstruktive der langgestreckten Einfassungslinien der Wasserbassins, in deren glatter Oberfläche sich das Gartenhaus spiegelt, mit den ausladend-üppigen Baumkronen in eine spannungsreiche Beziehung gesetzt. Damit betonte sie nicht nur den Kontrast von Natur und Architektur, sondern auch den von Hell und Dunkel.[61]

Neben den Natur- und Stadtansichten entstanden als zweite Werkgruppe die Porträts, bereits im Winter 1906 jene ihrer Pariser Vermieter Madame und Monsieur Vernot sowie der eindringliche Kopf von Kandinsky vor einem ornamentalen Hintergrund und 1907 in Sèvres der heute berühmte Linolschnitt von dem Gefährten am Harmonium, als »Schattenriss« zur geliebten »blauen Stunde«. Wie Gabriele Münter an ihre Geschwister in Bonn geschrieben hatte, debütierte sie dann im Frühjahr 1907 mit sechs ihrer zahlreichen Ölstudien in Spachteltechnik im Salon des Indépendants, erfuhr allerdings herbe Kritik.

Sie zeige »viel Mut und wenig Können« und male »Sèvres, Saint Cloud, Bellevue ohne einen Hauch individueller Wiedergabe«.[62] Das Urteil entmutigte die Künstlerin allerdings nicht, sondern bestärkte sie nur darin, sich auf die Drucke zu konzentrieren. So zeigte sie dann im Herbst 1907 auf der ebenfalls juryfreien Ausstellung des Salon d'Automne, auf der folgenden Frühjahrsschau der Indépendants von 1908 und später im Herbst noch einmal im Salon d'Automne ausschließlich ihre Farbdrucke, darunter auch die schöne Spielzeugserie für ihre Nichte Friedel. Zu diesem Zeitpunkt war sie längst wieder in Deutschland, aber die nun sehr positive Presseresonanz auf ihre Drucke erreichte und erfreute sie. So las sie etwa in der Zeitschrift

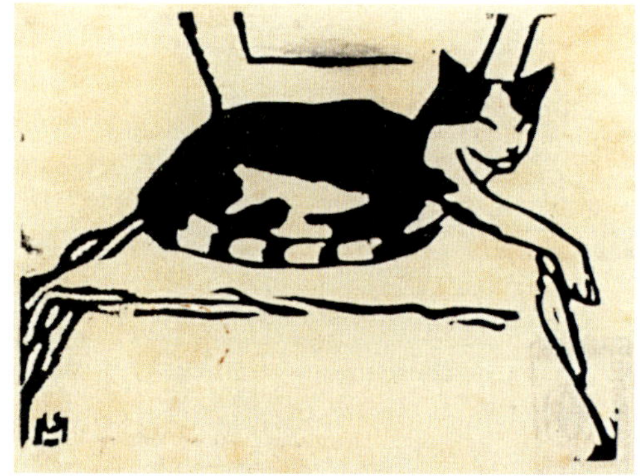

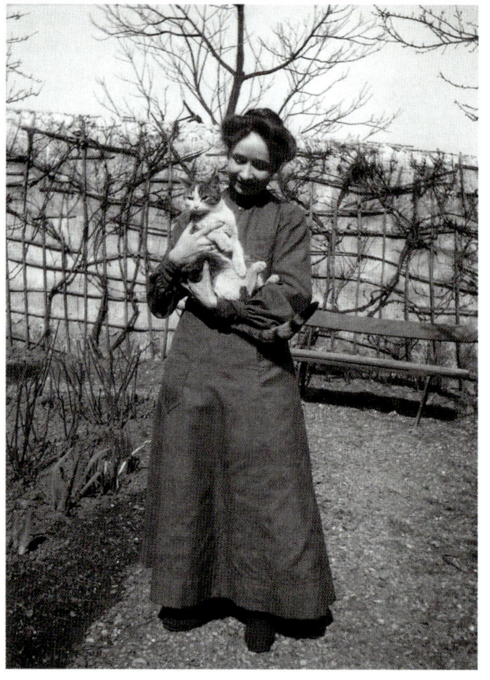

30 Waske, 1907

31 Wassily Kandinsky,
Gabriele Münter mit Waske,
1906/07

Les Tendances Nouvelles: Gabriele Münter »entfaltet in ihren Schnitten – unverwechselbar in ihrer Art, die Dinge zu sehen, eine weibliche Sensibilität, vermischt mit einer eigenwilligen Herbheit«.[63] Noch in Sèvres, vermutlich im Frühling 1907, fotografierten sich Gabriele Münter und Kandinsky im Garten des Hauses gegenseitig mit dem geliebten Kater Waske, benannt nach Kandinskys Kosenamen. Die schönen Aufnahmen sprechen dafür, dass sich die Beziehung zum Ende des Pariser Aufenthaltes wieder entspannt hatte. Ihn, den Kater mit dem geringelten Schwanz, hat Gabriele Münter in zahlreichen Skizzen, Tuschzeichnungen und auch in einem reizenden Holzschnitt verewigt [Abb. 30, 31].

Anfang Juni 1907 kehrte die Künstlerin nach Bonn zurück und konnte wenig später ihre erste Einzelausstellung mit 80 Ölbildern vorbereiten, die dann ab Dezember 1907 im Kölner Kunstsalon Lenobel gezeigt und sehr gut aufgenommen wurde.[64] Nur wenige Monate später stellte der Kunsthändler auch ihre Farbdrucke aus, die anschließend noch in Bonn bei Friedrich Cohen zu sehen waren. Dort erregte vor allem die Spielzeugserie Aufsehen, zu der auch das Blatt von dem »amerikanischen« Kinderwagen mit Puppe und Kasper gehörte [S. 27]. So urteilte der *Bonner General Anzeiger* am 16. Juni 1908: »Gabriele Münters Kinderstubenbilder sind in der Groteskheit der gezeichneten Figuren und Situationen sehr unterhaltsam. Auch haben sie einen gewissen Reiz der Originalität.« Diese während des gemeinsamen halbjährigen Aufenthaltes von September 1907 bis April 1908 in Berlin entstandenen Drucke bilden nicht nur den Abschluss von Gabriele Münters Frühwerk, sondern stehen gleichsam auch für das Ende des unsteten Reise- und Wanderlebens der beiden Liebenden.[65] Über Südtirol kehrten sie im Juni nach München zurück, entschlossen, von nun an zusammenzuleben.

1908 fand ich hier in Murnau
am Staffelsee in kurzer Spät-
sommerzeit bei höchstem
Arbeitsschwung zu der mir
gemäßen Weise von Malerei.
Ich malte zusammen mit
Jawlensky, der aus Frankreich
nachimpressionistische
Anregungen zu unmittelbarer
Farbenwirkung und mächtig
zusammengefaßter Gegen-
standsgestaltung mitgebracht
hatte, und mit Kandinsky, der
sich langsam und folgerichtig
aus sich selbst auf sein frühes,
ihm lange schwer greifbares
Ideal des reinen, von Naturnach-
ahmung nicht gehemmten
Ausdrucks hin entwickelte.
Vor allem wies mir die Volkskunst
den Weg, namentlich die um
den Staffelsee einst blühende
bäuerliche Hinterglasmalerei
mit ihrer unbekümmerten
Formvereinfachung und den
starken Farben in dunklen
Umrissen.

Gabriele Münter, 1948

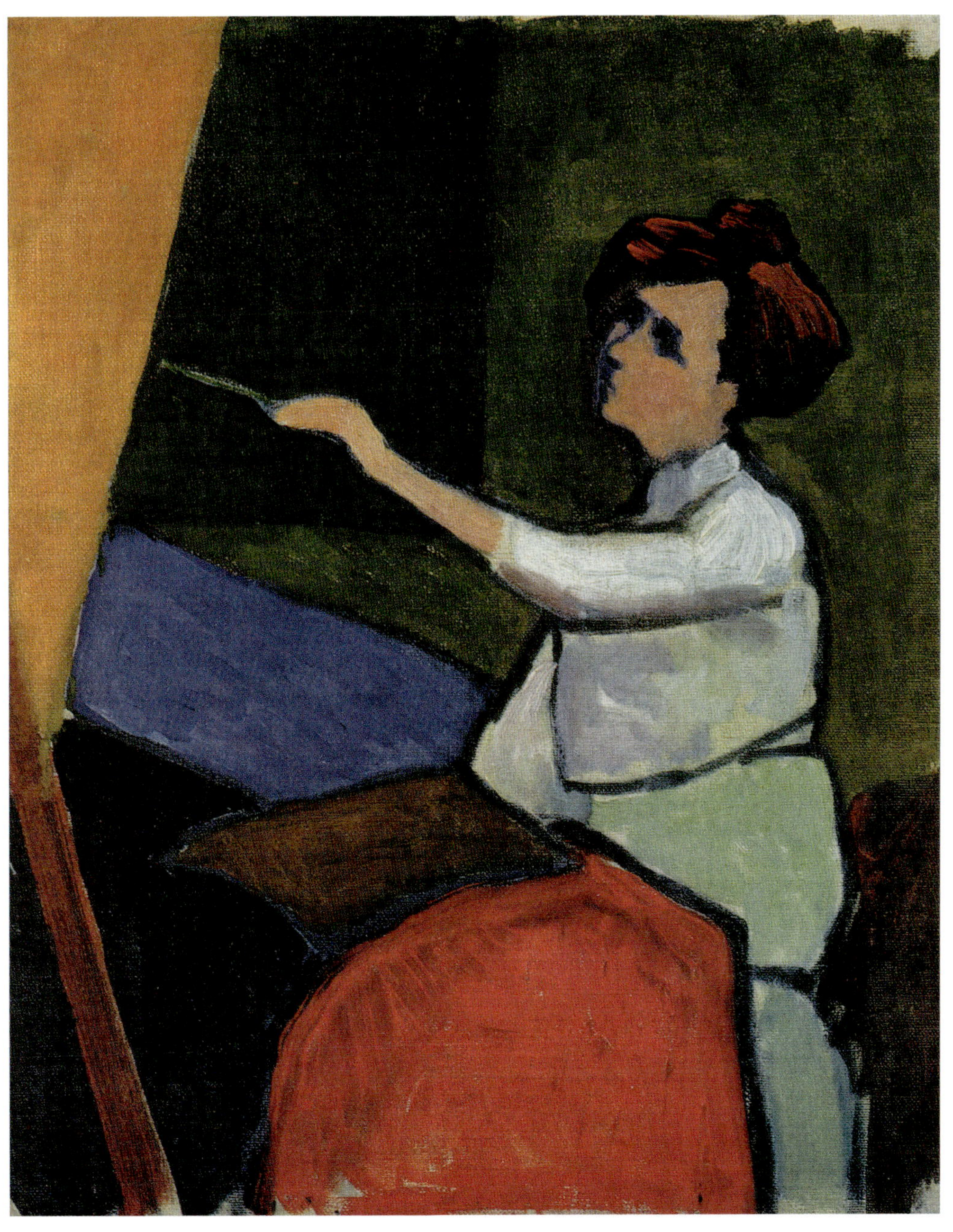

32 An der Staffelei
(Selbstbildnis), um 1910

So sehr sich Gabriele Münters und Kandinskys Ölstudien in der nach-impressionistischen Spachteltechnik gleichen, die sie seit 1902 in der Phalanx-Schule von ihm erlernt hatte und die beide bei den vielen, auf ihren Reisen bis 1908 entstandenen Bildern anwandten, so unterschiedlich sind ihre im gleichen Zeitraum angefertigten Holz- und Linolschnitte einschließlich der vorbereitenden Zeichnungen, Aquarelle und Gouachen. Gabriele Münters Grafiken basieren auf der Linie, der Umrisszeichnung und einem flächenhaft-konstruktiven Kompositionsgerüst, Kandinskys Arbeiten nicht. Auf welchem Material auch immer, sie zog ein paar Striche, »und die Sache saß und war fertig« – von Beginn ihrer künstlerischen Tätigkeit an.[66] Beide aber waren sie Lernende, auf der Suche nach neuen, zeitgemäßen Ausdrucksformen. Kandinsky wusste sehr genau, vor allem im Blick auf die mühelosen Zeichnungen der Freundin, um sein zeichnerisches Defizit, das zu überwinden er sich immer aufs Neue bemühte. Denn »die Zeichnung war für mich eine ganz besonders schwierige Frage in der Kunst – ich habe an ihr jahrelang verzweifelt, wenn auch langsam gearbeitet – so wurde mein Auge geübt«, erklärte er dem Galeristen und Verleger Herwarth Walden in Berlin 1913 in einem Brief. »Ich weiß tatsächlich, was eine Linie ist und wann sie durch kalte und heiße Hand gezogen wurde. Es ist wahr, daß eine gute Zeichnung (speziell Linie) *sehr* [dreimal unterstrichen!] selten ist. Wenn man aber keine richtige Gabe (Zauberhand) besitzt und sich außerdem sogar keine Mühe giebt so entsteht unvermeidlich eine tote Zeichnung. Die Farbe, die an sich immer schön ist, kann diese böse Seite vertuschen, die Reproduktion legt sie aber blos.«[67] Diese »Zauberhände« besaß Gabriele Münter für ihn, und es verwundert nicht, dass es gerade ihre »schönen Hände«, ihre »laaaannngen Finnnnger«, ihre »Malpatscherl« waren, die er ganz besonders liebte und über die Jahre immer wieder am Ende seiner Briefe in die Grüße und Wünsche einschloss. Sie würde sein Herz »in ihrer schmalen, zärtlichen Hand« halten und er küsse vielmals ihre »lieben Hände und jeden Finger, den la-angen Finger«, so schrieb der frisch Verliebte bereits 1902, und später, 1910, aus Moskau: »Ich küsse zärtlich und mit reiner Liebe deine Hände.«[68] Sie wurden ihm zum Symbol für Gabriele Münters zeichnerische Gabe, die er neidlos anerkannte und bewunderte. Noch 1915, bevor sie sich in Stockholm trafen und die Beziehung von seiner Seite längst zu Ende war, schrieb er ihr voller Bewunderung: »Gottes Funke steckt in dir, was so unglaublich selten bei den Malern zu finden ist. Und die äußere Begabung reicht doch genügend aus. Deine wiegende Linie und der Farbensinn.«[69] Dabei meint »wiegend« hier Gewicht im Sinne von »schwer wiegen«, also Substanz, Kraft und künstlerische Potenz haben.

Diese ihre Linie sollte es nun im Spätsommer 1908 sein, auf deren Grundlage die Künstlerin ihre ganz eigene Malerei entwickelte. Der malerische Stil veränderte sich bei beiden radikal, aber die neuen Handschriften glichen jetzt Signaturen, die nicht nur jeweils unverwechselbar waren, sondern auch vollkommen unterschiedliche Gestaltungsweisen offenbarten. Im Juni 1908 waren sie von ihrer letzten Reise aus Südtirol nach München zurückgekehrt. Kandinsky würde bald, am 4. Dezember, 42 Jahre alt werden, Gabriele Münter hatte am 19. Februar in Berlin ihren 31. Geburtstag gefeiert. Zwar hatten sie beschlossen, ihre Beziehung durch einen gemeinsamen Hausstand auch nach außen offen zu demonstrieren, aber noch ein ganzes Jahr lang wohnte Gabriele Münter in ihrer alten Münchner Pension Stella in der Adalbertstraße, in der sie ein paar Häuser weiter auch ein

Atelier gemietet hatte. Kandinsky dagegen bezog schon im Herbst 1908 eine eigene Wohnung im Gartenhaus der Ainmillerstraße 36: in eben jenem Gebäude, in das die beiden dann im September 1909 zusammenziehen sollten. Zunächst suchten sie aber auf mehreren Ausflügen ins Münchner Umland für den Sommer einen schönen Ort zum Malen. So kamen sie auch im Alpenvorland in das malerisch am Staffelsee gelegene Städtchen Murnau, das Kandinsky bereits im Sommer 1904 kurz besucht hatte, und waren beide begeistert. Sie erzählten dem befreundeten russischen Malerpaar Marianne von Werefkin und Alexej Jawlensky, die ebenfalls in München-Schwabing, in der Giselastraße, wohnten, von ihrer Entdeckung. Die beiden reisten daraufhin nach Murnau, Gabriele Münter und Kandinsky folgten kurze Zeit später, und alle mieteten sich im Gasthaus Griesbräu ein. Die folgenden sechs gemeinsamen Malwochen von Mitte August bis Ende September 1908 sollten die moderne Malerei grundlegend verändern. Hier, im Ländlichen, in der Provinz, und nicht etwa in der großen »Kunststadt« München fand die malerische Revolution statt. Und mit Murnau ging gerade jener Marktflecken in die Kunstgeschichte der Moderne ein, den nach 1900 Emanuel von Seidl, Professor an der Münchner Kunstakademie, mit bayrischen Volkskunstmalereien »farbig« verschönert hatte.[70]

Wollte man den Expressionismus, der nun entstand, mit einer Explosion vergleichen, so findet auf Gabriele Münters Malpappen und Leinwänden eher eine Implosion statt. Alles wird schärfer, straffer, auch eckiger, komprimierter, das Zeichnerische tritt stärker hervor, die Farben, dünn und unvermischt mit breitem Pinsel flächig verstrichen, geben zunächst noch den natürlichen Eindruck wieder, ihre Lösung vom Naturvorbild erfolgt erst ganz allmählich. Das als eines der ersten in diesem Sommer entstandene großartige Gemälde *Blick aufs Murnauer Moos* zeigt das alles in beispielhafter Weise [Abb. 33]. »Wer aufmerksam meine Gemälde betrachtet, findet in ihnen den Zeichner«, wird die Künstlerin 1952 schreiben.[71] Tatsächlich lassen sich die schwarzen Pinselkonturen der mit ein paar Strichen direkt auf die Pappe gemalten Vorzeichnung ebenso deutlich erkennen wie der hellbraune Untergrund, der, nur flüchtig mit Farbe bedeckt, überall

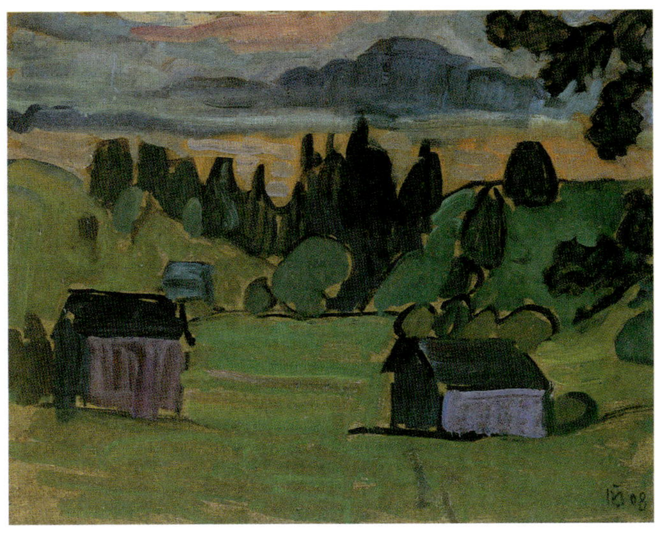

33 Blick aufs Murnauer Moos, 1908

durchscheint und das Flächige der Komposition zusätzlich betont. Dabei bildet das Schatten-Violett der beiden Hütten zur Vielzahl der Grüntöne, die dieses große alpenländische Moorgebiet charakterisieren, einen satten Kontrast.[72] Gabriele Münter selbst hat die rasante Entwicklung in Murnau zwar nicht unmittelbar, aber doch zeitnah in ihrem Tagebuch beschrieben, am 17. Mai 1911, als sie einige Tage allein in München war: »Ich habe da nach einer kurzen Zeit der Qual einen großen Sprung gemacht – vom Naturabmalen – mehr od. weniger impressionistisch – zum Fühlen eines Inhalts – zum abstrahieren – zum Geben eines Extraktes.«[73] Die größte Veränderung in ihrer Malerei betraf zunächst tatsächlich das Handwerkszeug, die wohl unmittelbare Umstellung vom Spachtel auf den Pinsel und die daraus resultierende Verwendung dünnflüssiger, unvermischter Farben, denn vom zeichnerischen Gerüst, den Farbflächen und nicht zuletzt von jener mit »heißer Hand« gezogenen Linie waren alle ihre Grafiken und Zeichnungen schon immer geprägt.

Die Landschafts- und Stadtansichten von Murnau und seiner Umgebung bilden aber nur eines der Motive, die im neuen malerischen

Stil entstanden. Bald schon, noch in jenem Winter 1908, wandte sich die Künstlerin einem Sujet zu, das sie drei Jahre zuvor in Rapallo zum ersten Mal erprobt hatte: dem Stilleben. Viel prägnanter noch als bei der Landschaft visualisierte sich das Flächenhafte, die rigoros komprimierte Darstellung und die Farbenreinheit im kühnen Hauptakkord von Ultramarin und Grün in dem Gemälde *Äpfel auf Blau* [Abb. 34]. Sparsam verwendetes Weiß, Gelb und Rot von Krug, Früchten und Flasche auf der runden, in die Fläche geklappten Tischplatte setzen dazu Akzente. Möglicherweise war es Gabriele Münters erstes Stilleben im neuen Stil überhaupt. Immer wieder hat die Künstlerin im Laufe ihres Schaffens von zentralen Motiven Varianten angefertigt, ja

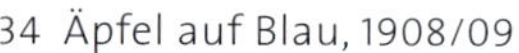

34 Äpfel auf Blau, 1908/09

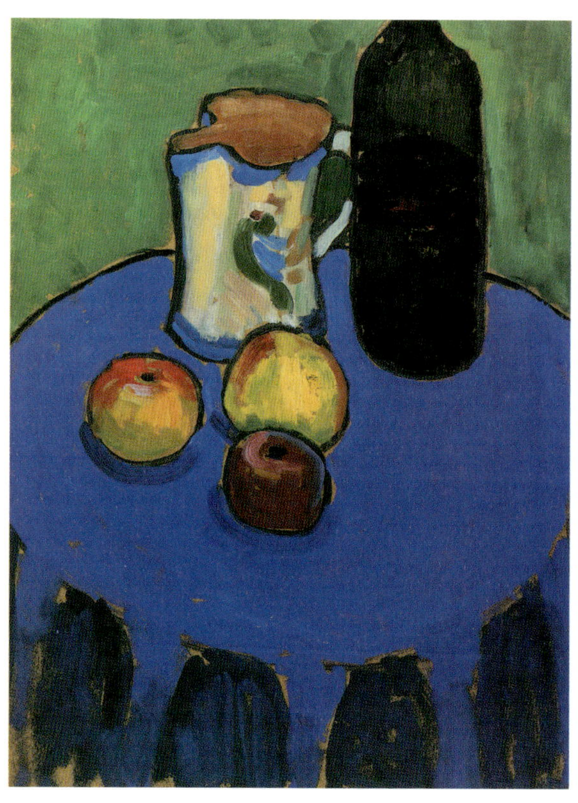

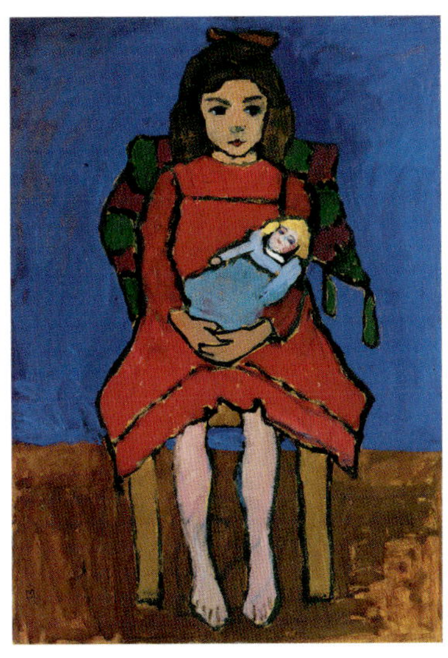

35 Mädchen mit Puppe, 1908/09

sie charakterisieren geradezu ihr Œuvre und weisen mit der ihrer Arbeitsweise zugrunde liegenden Idee des »Seriellen« weit in die Moderne voraus. Diese Wiederholungen eines Themas sind von großer Vielfalt und reichen von der exakten Kopie bis hin zur ganz freien Variation. Im Malerischen war es der kleine runde Tisch, von dem die Künstlerin erstmals mit wechselnden Gegenständen, Früchten und Blumen eine Serie von mindestens vier unterschiedlichen Stilleben malte, und zwar jeweils in einem dominierenden Farbakkord. So entstand nach *Äpfel auf Blau* 1909 in Erinnerung an ihre Eltern und als Hommage auf Amerika das *Stilleben rot* mit der amerikanischen Flagge [S.19], es folgten das fulminante *Stilleben gelb* und um die Jahreswende 1909/10, dann ebenfalls auf Pappe, aber im Querformat, das *Stilleben grau*, das durch seine Kargheit besticht und 1955 auf der ersten *documenta* in Kassel ausgestellt war.

Wohl unmittelbar anschließend an das blaue Stilleben erprobte die Künstlerin mit den gerade gefundenen malerischen Ausdrucksmitteln ein weiteres Sujet, das spätestens seit der Amerika-Reise fest in ihrem Schaffen verankert war. Wieder in jenem leuchtenden, diesmal mit Karminrot kombinierten Kornblumenblau – eine ihrer Lieblingsfarben seit dem 1906 in Rapallo entstandenen Stilleben mit blauem Tuch [S. 63] – malte sie ein *Mädchen mit Puppe* auf einem Stuhl [Abb. 35]: ein Porträt, das vielleicht nicht ganz zufällig an die schöne Zeichnung von der kleinen Annie Maud, der Tochter ihrer Cousine Leila Hamilton, erinnert, die sie Anfang 1900 in Plainview/Texas gezeichnet hatte [S. 25]. In diesem Gemälde fanden Gabriele Münters Beschäftigung mit den französischen *Fauves*, jenen »wilden« Malern, deren Werke sie in dem Pariser Jahr gesehen hatte,[74] ebenso ihren Niederschlag wie die Unterhaltungen mit Jawlensky in den Sommermonaten 1908. Dazu notierte sie am 17. Mai 1911 weiter in ihrem Tagebuch: »Es war eine schöne, interessante, freudige Arbeitszeit mit viel Gesprächen über Kunst mit den begeisterten ›Giselisten‹. Ich zeigte Jawlensky besonders gern meine Arbeiten – einerseits lobte er gern u. viel u. andrerseits erklärte er mir auch manches – gab mir von seinem Erlebten u. Erworbenen u. – sprach von ›Synthes‹. Er ist ein netter College. Wir alle 4 strebten sehr u. jeder einzelne entwickelte sich. Ich machte eine Maße Studien. Es gab Tage, wo ich 5 Studien malte (die Pappen 33 × 41) u. viele, wo es 3 wurden u. wenige, wo ich garnicht malte. Wir waren alle fleißig.«

Marianne von Werefkin und Alexej Jawlensky, die »Giselisten« aus der Giselastraße, lebten seit 1896 in München, genau wie Kandinsky, der seit seinem Studium an der Akademie mit dem Paar befreundet war. Die bereits in Russland sehr erfolgreiche und vermögende Malerin hatte damals beschlossen, sich unter Verzicht auf ihre eigene Malerei ganz der Ausbildung ihres Gefährten zu widmen, wozu 1905 auch ein Studienjahr in Paris gehört hatte. Als die vier sich im Sommer 1908 in Murnau trafen, hatte die Werefkina gerade wieder mit dem Malen begonnen.[75] In ihrem Skizzenbuch gibt es eine schöne Zeichnung des eng aneinandergelehnten Paares, und Gabriele Münter hat sogar drei Ölbilder von den Freunden gemalt, alle im folgenden Jahr 1909, als sie sich im Sommer wieder zum Malen in Murnau trafen. Das eine Gemälde, das nach einer vorbereitenden Zeichnung im Juli 1909 entstand, zeigt *Jawlensky und Werefkin* während einer der Malpausen, wie sie auf einem sommerlich-grünen Wiesenhang entspannt lagern.

Radikal verknappt in seiner Form mit deutlichen schwarzen Konturen, erstrahlt es in dem bereits mehrfach verwendeten Kontrast von Haupt- und Nebenfarbe: kräftig leuchtendes Blau und Grün in ausgesprochen heftigen Pinselstrichen. Das wenig später gemalte Porträt zeigt die Malerin mit ihrem großen bunten Hut vor dem im August von Gabriele Münter erworbenen Haus. Die Künstlerin hat hier die dominierende Persönlichkeit und »pompöse Erscheinung« Marianne von Werefkins mit außerordentlicher malerischer Kraft eingefangen.[76] Vielleicht war es auch ein Geburtstagsbild, denn am 29. August wurde die Porträtierte 49 Jahre alt. Auch das dritte Gemälde, ein im Murnauer Haus entstandenes Bildnis von Jawlensky mit dem Titel *Zuhören*, gibt – mit leiser Ironie – einen treffenden physiognomischen Eindruck von dem mit großen runden Augen verdutzt den Kunsttheorien Kandinskys lauschenden Malerkollegen.

Im Sommer 1908 aber lag der Hauskauf noch in weiter Ferne. Zurückgekehrt nach München, entstand im Atelier in der Adalbertstraße neben *Äpfel auf Blau* ein weiteres, überaus interessantes Stilleben, bei dessen Komposition Gabriele Münter den strengen horizontalen Bildaufbau ihrer Holzschnitte wieder aufgriff und dabei ebenfalls eine genaue Entwurfsskizze zugrunde legte, sogar auf Millimeterpapier mit Farbangaben zu jedem der Gefäße. Der Vergleich der Bleistiftzeichnung mit dem dann *Stilleben mit Vasen, Flaschen und Zweigen eines Vogelbeerbaums* genannten Gemälde zeigt beispielhaft, dass die Künstlerin auch in ihrer neuen Malerei nicht auf die als richtig erkannte und vielfach erprobte Arbeitsweise verzichtete [Abb. 36, 37]. Sie plante dieses Bild sehr sorgfältig, um dann, den farblichen wie kompositionellen Erfordernissen entsprechend, kleine, aber entscheidende Änderungen vorzunehmen. So verlangte die nach rechts abfallende Reihung der Gefäße zum harmonischen Ausklang einen weiteren Gegenstand, die flache Schale, deren intensives Rot dann allerdings um der Geschlossenheit willen einen Gegenpol erforderlich machte.[77] Wohl nur aus diesem Grund hat die Künstlerin auf dem Gemälde die Pinsel entfernt und durch die roten Dolden der Vogelbeere ersetzt, deren Farbe und Form sich zudem in der Blumenmalerei des hellen Tonkruges wiederholen. Der von Jawlensky im Sommer 1908 in die

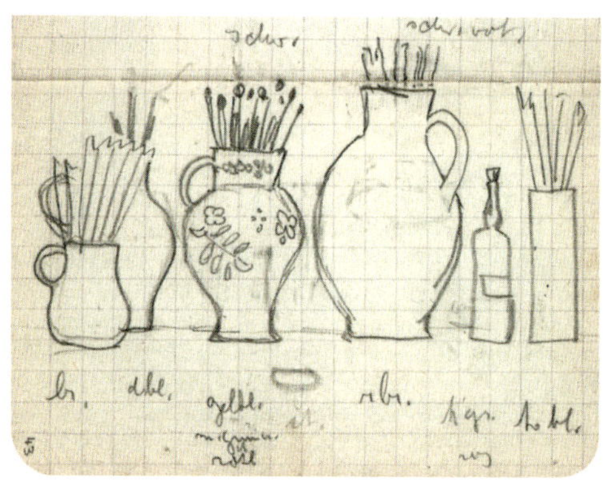

36 Skizze zu: Stilleben
mit Vasen, 1908

Kunstdiskussionen der Freunde eingebrachte Begriff »Synthese« meinte wohl vor allem jene auch von den modernen französischen Künstlern vertretene Meinung, dass sich in der neuen Malerei äußere Eindrücke und inneres Erleben durchdringen und dabei Formen entstehen sollten, die sich, befreit von allem Nebensächlichen, vom Naturvorbild lösen: also »zum Geben eines Extraktes« führen, wie es Gabriele Münter im Tagebuch formulierte. Für die Künstlerin war es sicher, von der Malpraxis aus betrachtet, vor allem die Auffassung vom Bild als einer mit Farben bedeckten Fläche, die sie faszinierte. Denn um diese Flächenwirkung zu erreichen, hatten in der Nachfolge von Paul Gauguin in Frankreich die Cloisonnisten und Synthetisten die einzelnen Formen durch starke schwarze Umrisslinien voneinander abgesetzt, genauso wie Gabriele Münter es dann beispielhaft in dem »Vogelbeer-Stilleben« getan hat.[78] Allerdings zeigt die weitere malerische Entwicklung, dass diese oftmals mechanisch wirkende Konturierung ihrer spontanen, freien Linienführung nicht entsprach. Sie gab die Kontur zwar nie auf, handhabe sie aber viel lockerer, quasi »unprogrammatisch«. Als »nachgiebige Umrisse« hat Hartlaub ihre zeichnerische Art viel später, 1952, sehr treffend charakterisiert.[79]

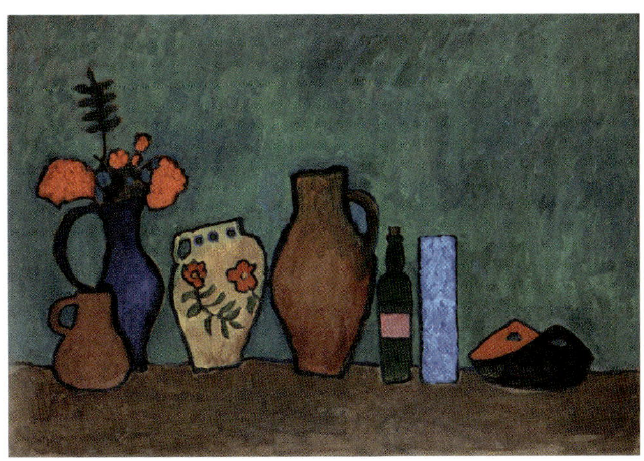

37 Stilleben mit Vasen,
Flaschen und Zweigen eines
Vogelbeerbaums, 1908/09

Um ihre neuen Bilder auch öffentlich präsentieren zu können, entwickelten die vier Freunde im Winter 1908/09 den Plan, eine eigene
Künstlervereinigung zu gründen, und fanden dafür weitere Verbünde-
te wie die Maler Adolf Erbslöh und Alexander Kanoldt, später kamen
unter anderem Alfred Kubin und Erma Bossi hinzu. Die handschriftliche Gründungsurkunde der *Neuen Künstlervereinigung München*
(NKVM) vom 22. Januar 1909 hat Gabriele Münter geschrieben, der
Eintrag ins Vereinsregister erfolgte am 22. März, den Vorsitz übernahm
Kandinsky. Nachdem der Antrag eingereicht war, fuhren die beiden zu
dem befreundeten russischen Musikerpaar Olga und Thomas von
Hartmann nach Kochel. Mit dem ihm bereits aus Moskau bekannten
Komponisten wollte Kandinsky an Bühnenkompositionen arbeiten,
aber auch das Malen und winterliche Freuden wie Wandern und
Schlittenfahren kamen nicht zu kurz. Jawlensky erschien zu einem
kurzen Besuch, und die zahlreichen Fotografien der Freunde zeugen
von dem fröhlichen Treiben und der ausgelassenen Atmosphäre.[80] Auf
dem tief verschneiten Friedhof in Kochel mit den verschnörkelten
Grabkreuzen malte Gabriele Münter – mit Handschuhen! – eines ihrer
schönsten expressionistischen Bilder jener frühen Phase. Der Liebste,

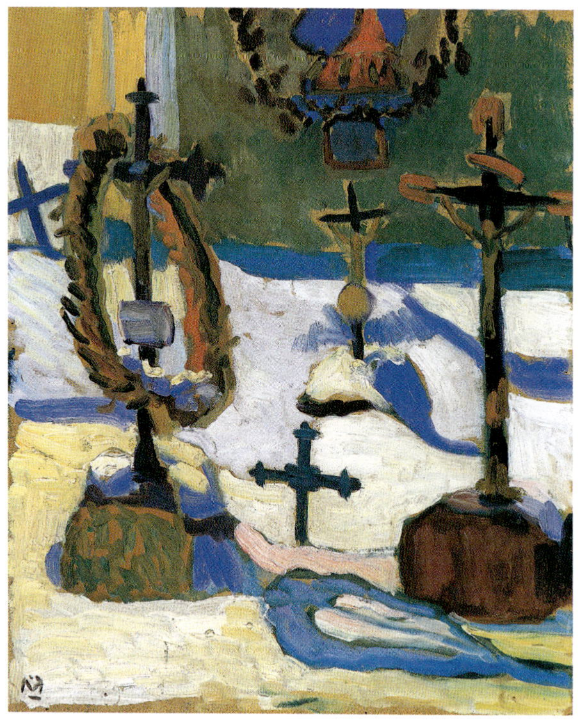

der dort ebenfalls ein Bild malte, hat sie mit Pinseln und Palette, dick eingehüllt in den langen Mantel und mit einem schicken Hut, fotografiert. Vor ihr auf der Staffelei steht eben jenes wunderbare Gemälde *Grabkreuze in Kochel,* auf dem die leuchtend blauen Schatten im Weiß des Schnees ein pittoresk-verspieltes Eigenleben entfalten, während an der Kirchenwand die Madonna wacht [Abb. 38, 39]. Die Komposition verrät mit ihrem markanten Bildausschnitt und dem angeschnittenen Fresko das erfahrene, kamerageschulte Auge. Von diesem fotografischen Blick zeugt explizit auch ein ganz erstaunliches Bilder-Duo, das ebenfalls hier in Kochel entstand. Es mutet wie eine Spielerei an und verrät doch mehr als alle Worte etwas von Gabriele Münters unverwüstlicher Lust am Experiment. Hatte sie in Amerika bei einigen Aufnahmen mit Nah- und Fernsicht experimentiert und dabei den Zoom-Effekt simuliert, indem sie ein Motiv so fotografierte, als ob sie

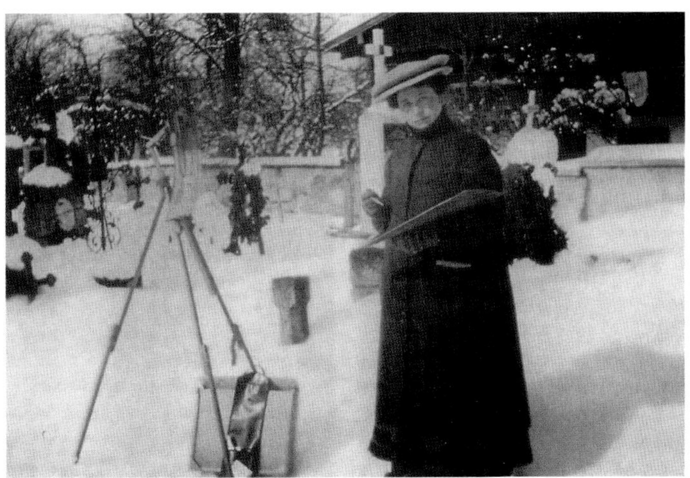

es »herangezoomt« habe, so stellte sie nun, im Februar 1909, diesen Effekt malerisch dar, in zwei nahezu identischen Gemälden vom selben Standpunkt aus, nur einmal fern und einmal nah [Abb. 40, 41].

Nach drei Wochen kehrten die beiden zurück nach München, und im April kamen sie wieder zum Malen nach Murnau. Auch darüber schreibt Gabriele Münter in ihr Tagebuch: »Frühjahr 1909 mieteten uns die Giselisten die Wohnung neben ihnen im Volks Bazar bei Echter. Wir waren da mit einer Unterbrechung bis Juni – dann zogen wir zu Xaver Streidl – in die neugebaute Villa, in die sich Kandinsky auf den ersten Blick verliebt hat. Dieser Liebe ist er treu geblieben. Es gab hin und her überlegen – er bearbeitete mich etwas – im Spätsommer war die Villa gekauft von Frl. G. Münter.« Der Kaufvertrag wurde am 21. August unterschrieben. Das komfortlose, zweigeschossige hellblaue Wohnhaus mit seinem gelben Sockel, den grünen Fensterläden und

Mansard-Giebeldach inmitten eines großen Gartens lag etwas abseits vom Ort auf einer Anhöhe, mit weitem Blick auf Burg und Kirchhügel. Der Maurerpolier Streidl hatte es 1908 als einfaches Landhaus für Sommergäste erbaut. Murnau, damals ein kleiner ländlicher Ort, war bereits im späten 19.Jahrhundert als »Sommerfrische« entdeckt worden. Seine Beliebtheit steigerte sich nach der farbigen Gestaltung und volkstümlichen Bemalung der Häuserfassaden rund um den Marktplatz nach 1900 weiter. Zu den etwa 2500 Einwohnern kamen während des Sommers bis zu 1700 Gäste hinzu, die in den wenigen Hotels und Gasthöfen, vor allem aber in den »Fremdenzimmern« der Murnauer Hausbesitzer wohnten.[81] Die Adresse, Kottmüllerallee 6, verdankt sich dem gleichnamigen Besitzer der Prantl-Brauerei, der

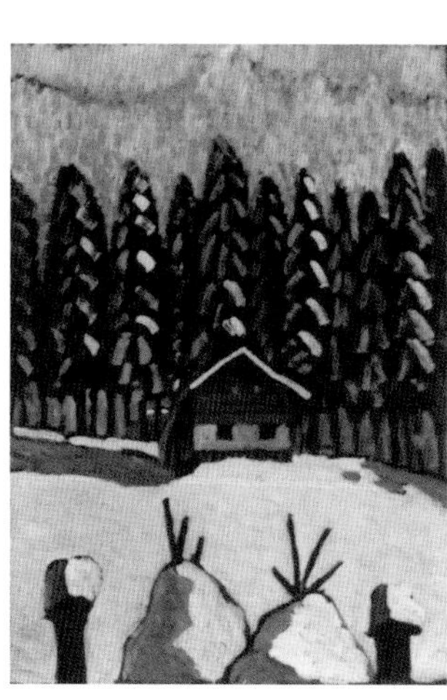

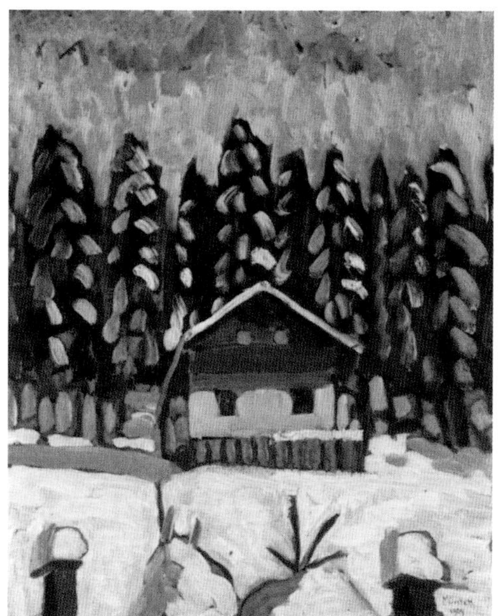

40 Hütte im Schnee
bei Kochel, 1909

41 Tannen im Winter, 1909

vierzig Jahre zuvor die Eichenallee zum Murnauer Moos hin – direkt hinter ihrem Haus – hatte pflanzen lassen. Gabriele Münter liebte diese Eichen, noch in einer ihrer letzten Ölstudien auf Papier hat sie 1960 die mächtigen Bäume gemalt [S. 225].

Sofort nach dem Kauf der kleinen Jugendstilvilla begann Gabriele Münter mit dem Fotografieren, zu allen Jahreszeiten hat sie ihren Besitz aufgenommen. Gegenseitig haben sich die beiden stolzen Bewohner mehrfach im Garten, bei der gärtnerischen Arbeit auf ihrem Stück Land oder vor dem Haus fotografiert, und auch die Innenräume wurden abgelichtet. Zu den schönsten Aufnahmen gehören jene von Osten über den blühenden Vorgarten hinweg auf die Schauseite des erhöht liegenden hellen Hauses [Abb. 42].[82] Diesen Blick hat Gabriele Münter bereits im Sommer 1910 in einer Ölskizze festgehalten; das große, repräsentative Gemälde entstand erst 1931, nach der endgültigen Rückkehr nach Murnau [S. 179].

Kurz nach dem Einzug in ihr neues Zuhause lebte das Paar ab September nun endlich auch in München zusammen, in der Ainmillerstraße 36, wo ja Kandinsky bereits wohnte. Gemeinsam wechselten sie vom zweiten in die größeren Räume im ersten Stockwerk. Die in den kommenden Jahren von beiden Wohnungen entstandenen Fotografien vermitteln nicht nur einen Eindruck von der gediegenen Einrichtung, zu der natürlich die eigenen Werke und solche von Malerfreunden gehörten, sondern die Aufnahmen dokumentieren zudem sehr anschaulich die stetig wachsende Anzahl volkstümlicher Plastiken, Schnitzereien und handwerklicher Objekte aus Bayern, aber auch aus Russland, die beide begeistert sammelten und auf Tischchen, Regalen und Konsolen oder in Vitrinen aufstellten: die bemalten Teller und Krüge, die Krippenfiguren, Leuchterengel, Madonnen und Gnadenbilder, Votivtafeln und Christusdarstellungen, das Holz- und Tonspielzeug und vieles mehr.[83] Die Begeisterung für die Volkskunst, die einem allgemeinen Interesse der Avantgarden jener Zeit entsprach, und nicht zuletzt ihre Sammlung selbst haben 1912 dazu beigetragen, dass im Almanach *Der Blaue Reiter* die moderne Kunst erstmals umfassend gemeinsam mit Objekten aus unterschiedlichen Kulturen fotografisch dokumentiert wurde.

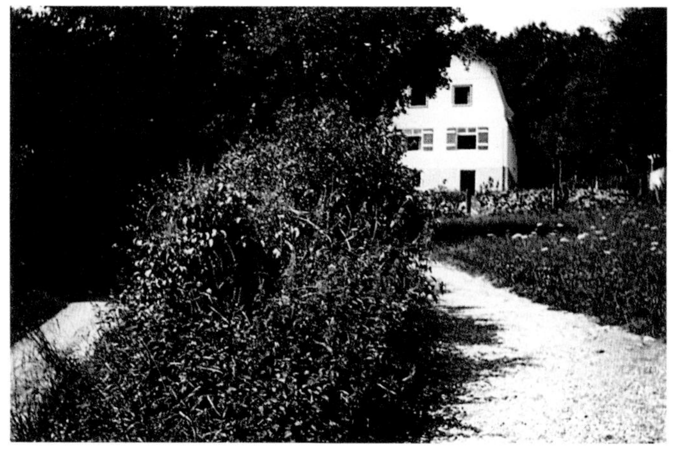

42 Das Münter-Haus
in Murnau, 1909

Unbedingt dazu gehörten für den Münchner Kreis um die vier Freunde die volkstümlichen Hinterglasmalereien, die Gabriele Münter in ihrem Text von 1948 ausdrücklich als Inspirationsquelle für ihre neue Malerei erwähnt. Allerdings scheint es wohl so gewesen zu sein, dass es in Murnau 1908 zunächst die ihr schon aus Paris bekannten Bilder der *Fauves* und der Cloisonnisten waren, die sie inspirierten. Die Entdeckung der traditionellen Glasbilder kam dann hinzu und bestärkte die Künstlerin auf ihrem malerischen Weg, weil diese Arbeiten durch ihre Technik rigoros vereinfachte Formen, klare Farbflächen und schwarze Konturen erforderten. In einer späteren Notiz von 1933 schreibt sie darüber: »Es wird Jawlensky gewesen sein, der zuerst auf Rambold u. die Sammlung Krötz aufmerksam machte. Wir alle war[en] begeistert für diese Sachen. Bei Rambold sah ich daß u. wie man es machen kann – u. ich war in Murnau – soviel ich weiß im ganzen Kreis die erste, die Glasscheiben nahm u. auch was machte. Zuerst Kopien – dann auch verschiedene eigene […]. Ich war entzückt für die Technik und wie schön das ging u. erzählte K. immer davon – bis er auch anfing u. dann viele Glasbilder machte.«[84] Dass sie als Erste aus ihrem Kreis anfing, jene gänzlich fremde Hinterglasmalerei zu erlernen, spricht einmal mehr für ihre ungebrochene Neugier und Experimentierfreude. Der in Murnau ansässige Heinrich Rambold war einer der letzten Kunsthandwerker in Bayern, der diese im späten 18.Jahrhundert in Süddeutschland entwickelte Technik beherrschte, die in der Tat einige Übung erforderte. Denn gemalt wurde direkt auf die »Rückseite« der Glasscheibe, was bedeutete, dass das Bild, entgegengesetzt zum Gemälde, »rückwärts« aufgebaut werden musste: Zunächst wurden mittels einer Vorlage die Konturen durchgepaust, es folgten Details wie Verzierungen oder Schraffuren, dann erst die Flächen. Das Kopieren historischer Vorlagen und zeitgenössischer Motive des Lehrmeisters reichte Gabriele Münter schon bald nicht mehr. Als sie die Technik beherrschte, begann sie um 1910 mit eigenen Bildern. Sie entwickelte ein ganz eigenständiges Motivreservoir, das mit den Vorbildern nur noch das Verfahren gemeinsam hatte, adaptierte mitunter ihre eigenen Gemälde und griff manchmal sogar auf frühe Motive zurück. So wurde das um 1911 entstandene Glasbild *Lied* augenscheinlich von der Spielzeugserie inspiriert, die sie 1908 in Berlin für ihre Nichte Friedel in eine Linolplatte geschnitten hatte [Abb.43]. »Uf'm Bergli bin i g'sesse / Hän'd Vögli zug'schaut....«, schrieb sie auf das Bildchen und zitierte damit sichtlich heiter und in etwas eigenwilliger Schreibweise den Anfang von Goethes 1811 verfasstem und in Studentenkreisen sehr beliebtem *Schweizerlied*. Gabriele Münter war mitnichten eine naive Künstlerin, sondern sie bediente sich der einfachen Kindlichkeit mancher Volkskunsterzeugnisse, mit Zuneigung und ohne zu karikieren. Bis in die 1930er Jahre hinein hat sie immer wieder einmal eines dieser Glasbildchen als Fingerübung gemalt.[85] In der Münchner Wohnung gab es sogar eine ganze Glasbilder-Wand, die ihr 1913 als Hintergrundfolie für eines ihrer besten figürlichen Interieurgemälde diente [S.126, 129].

Im Dezember 1909 präsentierte sich die *Neue Künstlervereinigung* in München mit einer Ausstellung in der Modernen Galerie von Heinrich Thannhauser zum ersten Mal mit ihren neuen Bildern der Öffentlichkeit. Diese Schau wurde ebenso wie die folgende im September des nächsten Jahres von der gesamten Presse giftig und polemisch verrissen und die Exponate als irrsinnig, schamlos, stümperhaft und vor allem als unmünchnerisch beschimpft. Von den »zugereisten Unruhestiftern« ließ der Kritiker Hermann Eßwein einzig Gabriele Münter gelten, die neben Gemälden auch neun »Handdruck-Gravüren« zeigte – »ganz allerliebste naive Märchendichtungen voll echten lyrischen Zaubers«, wie er fand, um dann fortzufahren: »Es ist einfach nicht zu fassen, wie jemand, dem solche Kabinettstückchen gelingen, dann wieder in der Art dieser selben Gabriele Münter mit närrischen Farben und wüsten Linien auf der Leinwand herumzufuhrwerken vermag!«[86] Bei diesem nur auf den ersten Blick erstaunlichen Lob muss man allerdings berücksichtigen, dass die moderne Druckgrafik, zu der auch ihre frühen Holzschnitte zählen, in deren Linienführung noch der Jugendstil nachklingt, in den vergangenen Jahrzehnten die Sehgewohnheiten verändert hatte und vom breiten Publikum mittlerweile als gemäßigte Moderne akzeptiert wurde, ganz im Gegensatz zu der aktuellen »wüsten« Malerei.[87] Während Gabriele Münter und Kandinsky in der Zeit ihrer Reisejahre sehr abgeschlossen für sich, fast ohne Kontakte nach außen, gelebt hatten, änderte sich das auffällig, nachdem sie 1909 zusammengezogen waren. Nun bestimmten vielfältige Aktivitäten, Beziehungen und Freundschaften ihr Leben. So organisierten sie mit den Mitgliedern der *Künstlervereinigung* unter anderem eine mehrjährige Wanderausstellung durch zahlreiche deutsche Städte. Auf Initiative Kandinskys waren die Bilder zum Jahresende sogar in mehreren russischen Städten zu sehen, und zwar nicht nur die Werke der ersten, sondern später auch der zweiten Ausstellung der Vereinigung.[88]

Für Gabriele Münter bedeutete das Jahr 1910 eine verstärkte Auseinandersetzung mit dem neuen Malstil, die ebenso von dem Bemühen um künstlerische Reife getragen wurde wie von dem Wunsch der Emanzipation von Kandinsky, im Sinne einer Befreiung aus dem immer noch, wenn auch mehr unterschwellig, bestehenden Lehrer-Schüler-Verhältnis. Die beständigen Selbstzweifel festigten dabei zweifellos ihre künstlerische Persönlichkeit. Das Ringen um die Form gehörte dazu und die drängende Frage, wie sie diese finden solle – »was ist überhaupt ›Form‹. Welche ist richtig? Welche falsch?«, schreibt sie im November nach Russland. »Meine Arbeiten scheinen

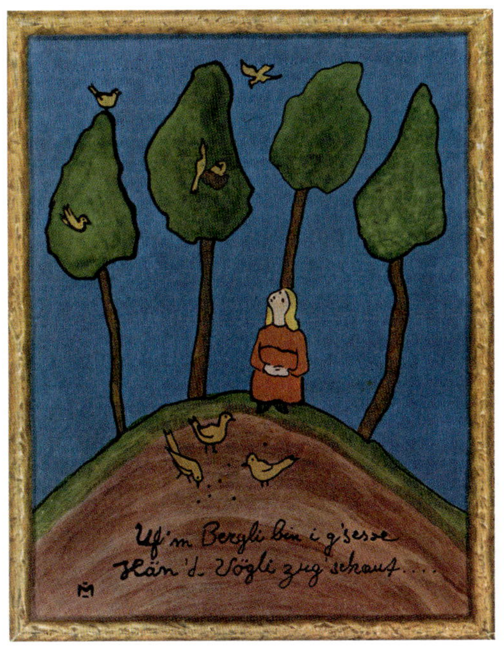

43 Lied, um 1911

mir oft zu verschieden u. dann mein ich auch wieder, daß es doch *eine* Persönlichkeit ist, die das verschiedene macht – u. *sichtbar* eine.«[89] Dürfe ein Künstler überhaupt so »verschieden malen«, mache nicht gerade ein einheitlicher Stil eine Künstlerpersönlichkeit aus? Diese Fragen und Zweifel spiegeln sich in diesem Jahr in ihren Bildern. Nicht erst in Skandinavien ab 1915 verändert sich Gabriele Münters Stil, sondern bereits hier, in der frühen expressionistischen Phase, entstehen ganz gegensätzliche Arbeiten, immer auf der Suche nach der ihr »gemäßen Weise von Malerei« und verbunden durch das Streben nach dem »Geben eines Extraktes«. Ein Gemälde wie *Gegen Abend* von 1909 versinnbildlicht die ganz besondere sommerliche Stimmung kurz vor Sonnenuntergang, gemalt im mächtigen Dreiklang der Grundtöne Rot, Blau, Gelb und zum Farbkreis vereinigt im Zusammenspiel mit Grün, Orange und sparsamem Violett [Abb. 44]. Vor allem in seiner

Farbigkeit steht das Bild den zeitgleich von Kandinsky geschaffenen Landschaften nahe. Die Künstlerin blickt von Norden her auf Murnau und die aufragende Bergfront mit Herzogstand und Heimgarten sowie auf den an der Weggabelung entgegenkommenden Wanderer. Das Bild wirkt mit seinen klar voneinander abgegrenzten, leuchtenden Farbflächen gleichzeitig erhaben und heiter. Die gerundeten Formen von Busch- und Laubwerk sowie die rosigen Schäfchenwolken nehmen den gezackten, kühl-blauen Berggipfeln die Schwere, und der Hügel im warmen Schein der letzten Sonnenstrahlen hält die Waage zwischen Licht und Schatten. Nicht nur die Häuser mit ihren gelben Fassaden und roten Dächern wirken einladend, die ganze Szenerie strahlt Ruhe und friedliche Geborgenheit aus, in welche der zügig ausschreitende Laienbruder ein wenig Bewegung bringt. Obwohl das Bild nichts weiter als eine bemalte Fläche ist, vermittelt es das paradoxe Bedürfnis, sich hineinzubegeben. 24 Jahre später, im bitterkalten November 1933, nahm die Künstlerin das markante Motiv mit der mächtigen Bergfront noch einmal auf und verwandelte es in ein winterliches Gegenstück, eine in tiefem Blauviolett dunkel leuchtende Abendstimmung [S.183].

Im krassen Gegensatz zu dem Gemälde *Gegen Abend* steht die nur wenige Monate später, 1910 entstandene Ölarbeit *Gerade Straße,* die – insgesamt gesehen – ein äußerst verstörendes Gefühl hinterlässt. Obwohl hier eine perspektivisch sich stark verjüngende Straße ins Bild hinein führt, möchte man um nichts in der Welt der Einladung folgen [Abb. 46]. Gabriele Münter nannte das Gemälde auch »Kocheler Landstraße«. Diese Bezeichnung legt die Vermutung nahe, dass hier eine frühe Aufnahme von 1902 Pate stand, die sie während des ersten Sommerkurses der Phalanx-Schule in der oberbayrischen Stadt fotografiert hatte und die eine ebensolche, von jungen Bäumchen gesäumte Landstraße zeigt [Abb. 45]. Alles in dem Bild ist spitz und zackig, eckig und flach, Wolken und Baumkronen, Haus und Berg sind auf einfachste Formen reduziert, die Stämmchen Striche, die der Horizont brutal durchschneidet. Die Farben, dünn und »schmutzig«, fahles Dunkelgrün und rostiges Rotbraun, sind ohne Rücksicht grob verstrichen und erwecken nicht einmal den Anschein von lebendiger Vegetation,

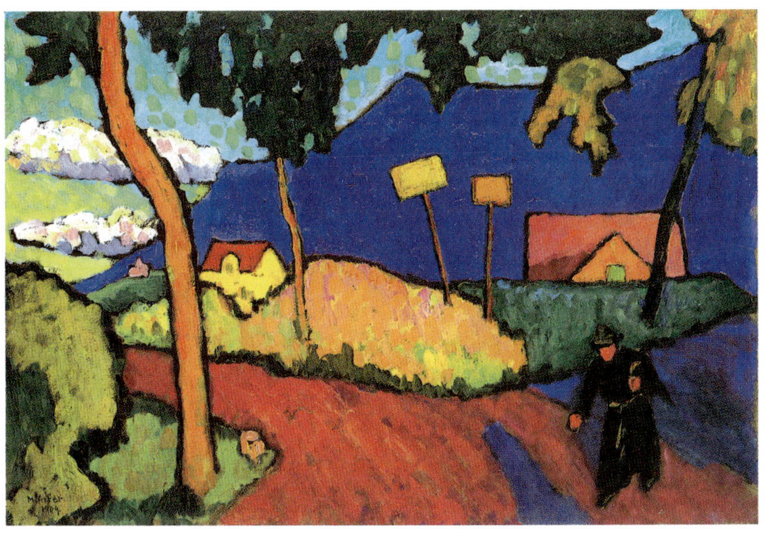

44 Gegen Abend, 1909

die wie mit dem Lineal gezogene Straße besteht aus der blanken
Pappe des Malgrundes. Das Haus erinnert in seiner kubischen Form
entfernt an Tante Annies einfaches Holzhaus in Plainview, das Gabriele Münter 1899 fotografiert hatte, eine ihrer besten Amerika-Aufnah-
men überhaupt [S. 31]. Doch darin wohnte jemand; in dem weißen Gebäude mit rotem Dach gähnen nur leere Fensterhöhlen. Das Gemälde
bildet unübersehbar nicht nur zu der Murnauer »Abendstimmung«
einen extremen Gegensatz, sondern auch zu Kandinskys schemen-
haft-glühenden Farbexplosionen, die in dieser Zeit auf seinem Weg in
die Abstraktion entstanden. Von Gabriele Münters Bemühungen her
betrachtet, sich künstlerisch von dem Gefährten zu lösen, ist das Bild
in seiner Handschrift so weit wie nur möglich von ihm entfernt. »Jawohl, wie du siehst aus meinen Briefen – penidre thu ich. Da ich für
sehr gut halte die Studie Kocheler gerade Strasse, so will ich sie jedenfalls nach Moskau schicken. Da ich sie aber besser nicht machen kann,
habe ich sie größer kopiert – so genau als möglich – aber die kl. Studie
ist doch besser. Ich wollte sie aber doch nochmal haben«, schreibt sie
am 7. November 1910 an Kandinsky in Russland.[90] Sie sandte die Kopie

zur Ausstellung der Künstlervereinigung *Karo Bube* nach Moskau und behielt das Original, von dem sie sich nicht einmal ein paar Monate trennen wollte. Vor dem Hintergrund des Titels und der fotografischen Vorlage aus Kochel, wo 1902 die Liebe zwischen ihr und Kandinsky begonnen hatte, wird verständlich, warum sie gerade dieses Bild für eines ihrer besten hielt – war es doch zugleich ein sichtbarer Beweis für ihre künstlerische Unabhängigkeit.

Zwischen jenen Polen, wie sie *Gegen Abend* und *Gerade Straße* bilden, spielt sich Gabriele Münters neue Malerei ab. Denn auch so schroff abweisende Gemälde, die seltsam aus der Zeit zu fallen scheinen – spröde wie Glas und unbewohnbar wie der Mond –, entstehen im Laufe ihres Schaffens immer wieder. Dazu gehört unter anderem jenes ebenfalls um 1910 entstandene Selbstbildnis *An der Staffelei*, das sich von den anderen um 1909/10 gemalten, eher konventionellen Selbstporträts stark unterscheidet [Abb. 32, S. 69].[91] Gemessen an ihrem Gesamtwerk hat Gabriele Münter sehr wenige Selbstbildnisse gemalt. Denn mit der Abbildung der eigenen Person kam die Künstlerin nicht so gut zurecht. Diese Bildnisse genügten dem künstlerischen Anspruch der zeitlebens extrem selbstkritischen Malerin einfach nicht. Das Porträt an der Staffelei, das sie ganz in die Arbeit versunken zeigt, bildet hier eine Ausnahme. Ebenso wie die »Kocheler Landstraße« ist es in absoluter Formverknappung und ohne jede Tiefenwirkung streng aus einzelnen, schwarz konturierten, geometrischen Flächen aufgebaut, die unvermittelt aneinanderstoßen und auch den hellen Malkittel nicht ausnehmen. Lediglich die angedeuteten Gesichtszüge und die rosige, malende Hand heben sich leicht gerundet von den strengen Kuben ab. Auch die hingewischten Farben gleichen jenen, die sie in *Gerade Straße* verwendete, auffällig, lediglich das Blau erzeugt einen zusätzlichen Effekt. Das Selbstbildnis hat überhaupt nichts Gefälliges oder Narratives, es bleibt unnahbar, spröde und abweisend: ein Experiment im Ringen um die »richtige« Form, die sie in diesem Jahr so sehr beschäftigte.

In all den Jahren, seit ihre Mutter 1897 gestorben war, hatte Gabriele Münter nie ein längerfristiges, eigenes Zuhause gehabt. Deshalb verwundert es nicht, dass sie so begeistert und zielstrebig ihr Haus in

Murnau sogleich in Besitz nahm. Das schloss die Gartenarbeit ebenso
ein wie die sorgfältige Einrichtung der Zimmer, den Aufbau der volks-
kundlichen Sammlung und vor allem die zahlreichen Fotografien vom
Äußeren wie vom Inneren. Die Künstlerin wollte alles dokumentieren,
um es in ihrer Erinnerung auch visuell zu speichern. So kam zwangsläufig zu den Landschaft- und Stadtansichten sowie den Porträts ein
neuer künstlerischer Stoff hinzu, mit dem sie sich bis dahin noch nie
beschäftigt hatte: das Genreporträt. Auch in dieser von ihr entwickelten, besonderen Form ging es um erinnerndes Bewahren. Sie verband

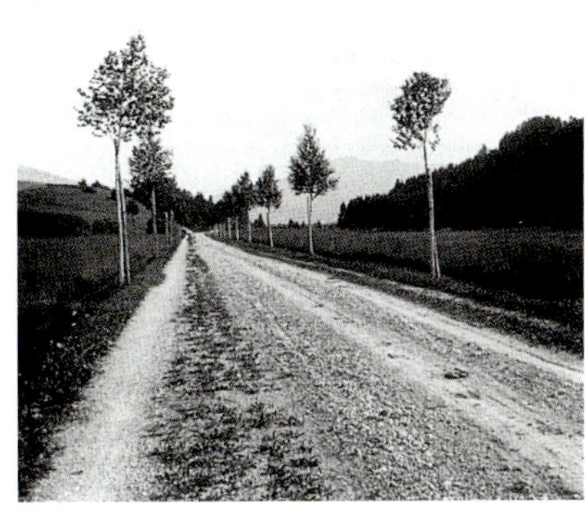

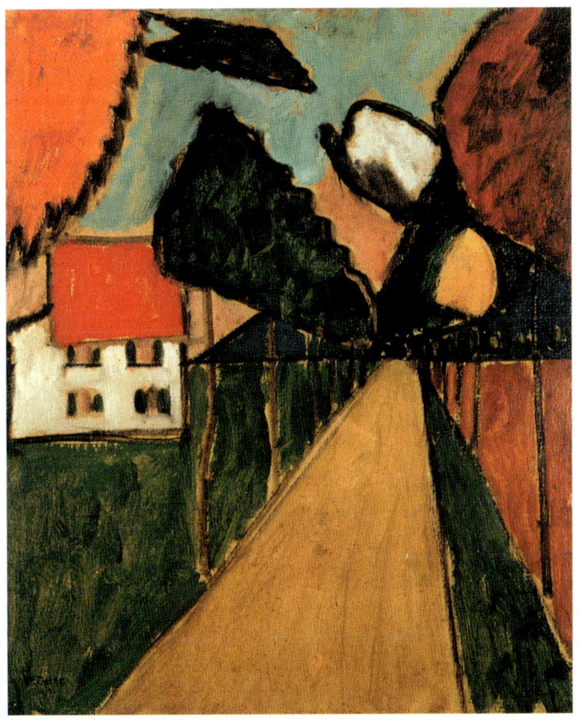

45 Gerade Straße bei Kochel, 1902
46 Gerade Straße, 1910

dabei die traditionsreiche Interieur-Darstellung, die bei ihr immer eine vertraute Umgebung wiedergab – sei es in Murnau, in München oder später in Skandinavien –, mit dem Porträt ihr nahestehender Menschen. Mehr noch als um die physiognomische Ähnlichkeit der Porträtierten ging es der Künstlerin in diesen Arbeiten um den räumlichen Wiedererkennungseffekt, das heißt die möglichst genaue Abbildung des jeweiligen Interieurs. Das erste dieser Erinnerungsbilder, *Nach Tisch* genannt, entstand in den Wintermonaten 1909/10.[92] Es zeigt Kandinsky im Gespräch mit der Malerin Erma Bossi, die im Murnauer Wohnzimmer am Esstisch sitzen: also eine jener geselligen Aktivitäten mit Teetrinken und Kunstgesprächen, wie sie nun so oft in ihrem Haus oder in der Münchner Wohnung stattfanden. Die 1882 bei Triest geborene Erma Bossi war 1905 nach München gekommen, wo sie wie Gabriele Münter an der Damenakademie des Künstlerinnen-Vereins studierte. Gleich nach der Gründung schloss sie sich 1909 der *Neuen Künstlervereinigung* an, lernte die vier Freunde kennen und nahm bis 1911 an deren Ausstellungen teil.[93] Bereits an diesem ersten Genreporträt lässt sich der vielschichtige Entstehungsprozess von Gabriele Münters Gemälden beispielhaft aufzeigen, der sich bei jedem ihrer Werke immer von Neuem so oder ganz ähnlich wiederholte und an dessen Ende ein Bild von einer ungewöhnlich spontanen Ausstrahlung stand, das die Frische eines ersten Versuchs besaß und dem die handwerkliche und geistige Erinnerungsarbeit ebenso wenig anzusehen ist wie die langwierige Vorbereitung. Die Künstlerin hat die Essecke mit der hohen, dunkel gebeizten Holzpaneelwand natürlich auch fotografiert, aber die Aufnahme mit einer Vielzahl von Gegenständen und Bildern zeigt, dass sie im Vergleich zu dem sparsam bestückten Ölbild erst aus späterer Zeit stammt [Abb. 47]. Am Beginn der Arbeit stand auch hier eine schnelle, unbemerkte Bleistiftnotiz der gerade beobachteten Szene im kleinen Skizzenbuch, bei der Kandinsky sich, mit den Ellenbogen auf der Tischplatte, etwas zu seiner Gesprächspartnerin hin neigt. Diese entspannte Haltung des Zuhörens änderte Gabriele Münter auf einer weiteren Studie, in der Kandinsky jetzt in einer dozierenden Pose die rechte Hand hebt: eine entscheidende Variation, die nicht mehr die reale Szene, sondern eine von vielen

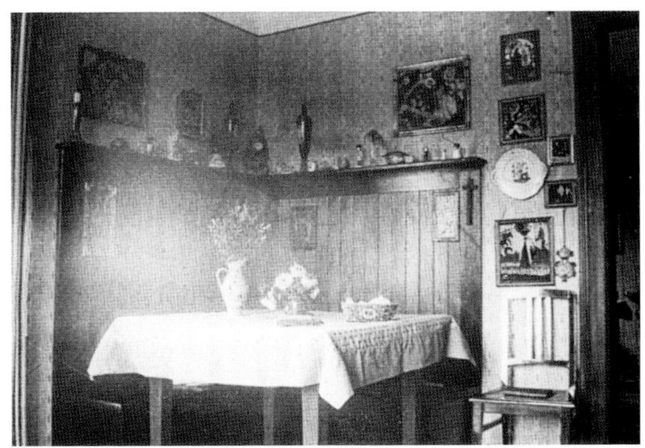

Gesprächssituationen erinnerte, ganz typische Geste des Gefährten wiedergibt.

Vielleicht spielte dabei auch seine etwas lehrerhafte Haltung ihr gegenüber eine Rolle, denn stets ermahnte er sie in seinen Briefen, doch fleißig und »viel energischer« zu malen, dies oder jenes auszuprobieren und nicht zu faulenzen. »Ich hoffe sehr, sehr, daß Du plötzlich wieder fein anfängst«, schreibt er noch 1915 nach Stockholm, in eben jenem Brief, in dem er ihr zeichnerisches Talent und ihre »wiegende Linie« so lobt. Bei solcher Art lenkender Bewunderung meint man die erhobene Hand geradezu vor sich zu sehen. Aber Gabriele Münter war 1910 bereits 33 Jahre alt. So mag auch ein Funken Ironie im Spiel gewesen sein, als sie ihren Liebsten in dieser Pose darstellte, angetan mit seinem oberbayrischen Sepplanzug. In einer dritten Skizze konzentrierte die Künstlerin sich ganz auf den Ort des Geschehens, das heißt die Einrichtung des Raumes um die Essecke herum. Nun endlich ganz sicher, fixierte sie die Darstellung auf einem größeren Papier, um dann ohne eine einzige Unsicherheit und ohne jede Vorzeichnung die in ihrem Gedächtnis fest eingeprägte Szene mit

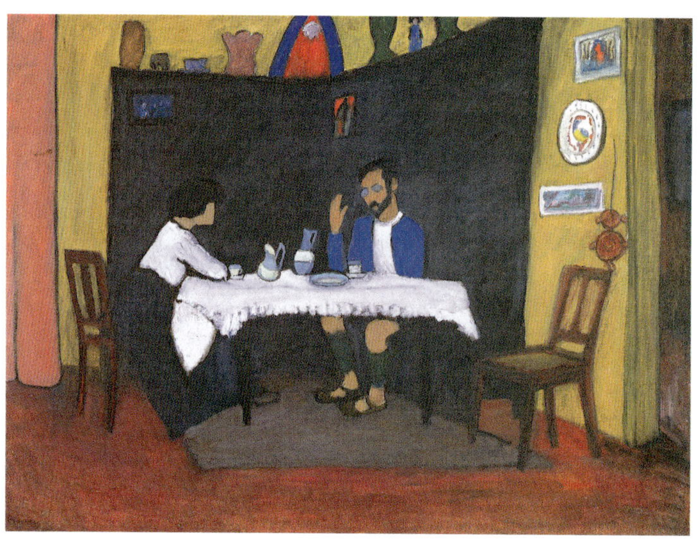

schwarzen Umrisslinien in einem Zug mit dem Pinsel auf eine Pappe zu malen und in einem letzten Schritt die Farbe in dieses feste Gerüst einzufügen.

Zusammenfassend lässt sich festhalten: Während des Prozesses der Bildentstehung nähert sich Gabriele Münter ihrem Motiv und entfernt sich wieder von ihm, umkreist es gewissermaßen und betrachtet es unter verschiedenen Aspekten, bis es ihrer Erinnerung entspricht und gleichzeitig eine über das reale Vorbild hinausgehende Allgemeingültigkeit besitzt. Für Kandinsky zählte das Gemälde zu ihren besten Experimenten im neuen Malstil. Er bewunderte das »transcendente Gespräch«, wie er es einmal nannte, und bat sie im Oktober 1910 brieflich von Russland aus, das Bild unbedingt mit zu der *Karo Bube*-Ausstellung einzureichen. Diesen Wunsch erfüllte Gabriele Münter nicht, stattdessen schickte sie die *Gerade Straße* nach Moskau.[94] Das Gemälde *Nach Tisch* weist im Übrigen im buchstäblichen Wortsinn über sich hinaus. Denn im Winter 1911/12, zu einem Zeitpunkt also, als sie beide bereits aus der *Neuen Künstlervereinigung* ausgetreten waren, nahm sich die Künstlerin das Bild noch einmal vor und schuf in Erinnerung an eine Zeit, die nun der Vergangenheit angehörte, eine fast identische Kopie, nun auf Leinwand, sehr sorgfältig gemalt und in einem größeren Format: ein repräsentatives Gemälde, das nun auch nicht mehr den spontanen Titel *Nach Tisch* trug, sondern von ihr *Kandinsky und Erma Bossi am Tisch* genannt wurde [Abb. 48]. Die beiden Gestalten rücken hier optisch vor der höher gezogenen dunklen Holznische noch näher zusammen, die ganze Szene wirkt intensiver, gleichzeitig intim und voller Spannung. Das »Streben nach künstlerischer Synthese«, das sich die Freunde einst in jenem Sommer 1908 auf die Fahnen geschrieben hatten,[95] Gabriele Münter hat es eingelöst mit diesem Bild.

Ohne mein Zutun kam ich
1909 unter die Gründer der
»Neuen Künstler-Vereinigung
München«, die nächst der
norddeutschen »Brücke« die
Avantgarde des Umsturzes
bildete, der die Kunst unseres
Jahrhunderts einleitete.
Als 1912 sich der Kreis des
»Blauen Reiters« bildete, war
ich von Anfang an ebenso
dabei. Mit den Werken der
allbekannten Meister wurden
meine Arbeiten von Kunst-
händlern vertreten und weit
durch Deutschland und da-
rüber hinaus bekannt gemacht
– von Moskau bis Chicago. Ich
brauchte nichts dazu zu tun.

––––––––––

Gabriele Münter, 1948

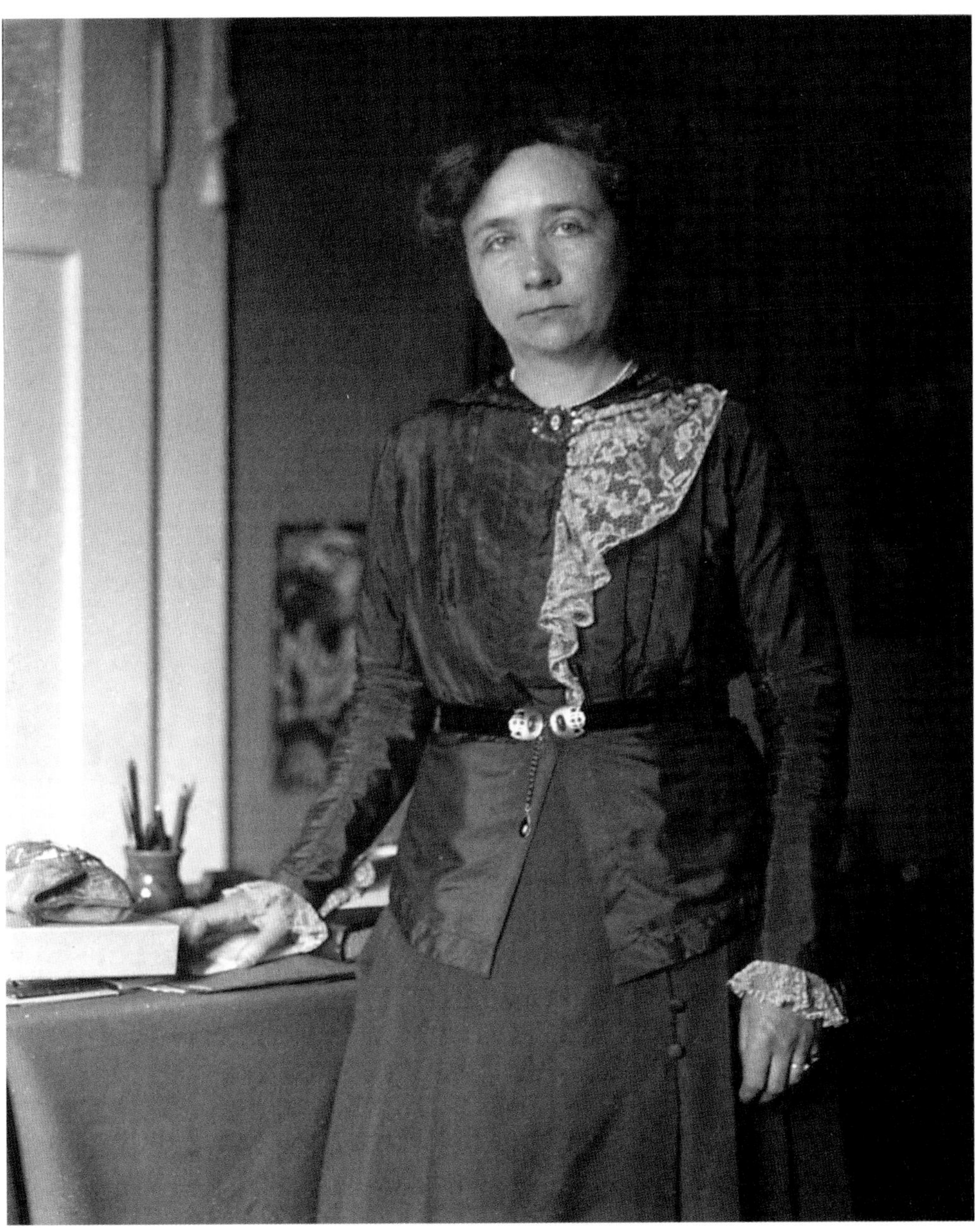

49 Wassily Kandinsky,
Gabriele Münter in der
Ainmillerstraße, um 1912

NEUE MALEREI
UND BLAUER REITER
1911–1914

Die vielen Aktivitäten von Gabriele Münter und Wassily Kandinsky, seit sie 1909 ihren gemeinsamen Hausstand in Murnau und kurz darauf in München gegründet hatten, die Ausstellungsorganisationen, Treffen und Diskussionen wie auch die zunehmenden Spannungen innerhalb der *Neuen Künstlervereinigung,* zudem ihr eigenes Ringen um künstlerische Identität verlangten ihren Tribut, auch im Privaten. Während sie sich »durch Alleinsein« voneinander erholten, beendete die Künstlerin am 17. Mai 1911 in der Ainmillerstraße mit einem Stoßseufzer ihr Tagebuch: »Unser Leben ist sehr bewegt – sehr beschäftigt. Zu vielem, was wir möchten, kommen wir nicht. Ein paar Tage allein sein hilft Zeit sparen. Will diese Tage viel erledigen. Und hoffe daß er viel Genuß hat und sich etwas erfrischt.«[96] Das wollte Kandinsky in Murnau und anschließend im nahen Sindelsdorf tun, »um Marc – unseren neuen feinen Freund« zu besuchen. Sie hatten Franz Marc ein knappes halbes Jahr zuvor bei der Silvestereinladung der »Giselisten« am 31. Dezember 1910 kennengelernt und sich angefreundet. Der Künstler war dann der Vereinigung beigetreten, während Kandinsky etwa gleichzeitig wegen Streitigkeiten in der Gruppe den Vorsitz

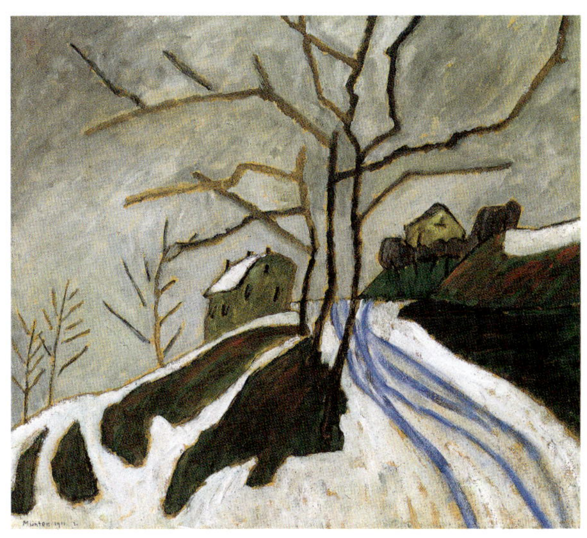

50 Landstraße im Winter, 1911

niedergelegt hatte, und bald schon nach dem Treffen vom Mai schmiedeten die beiden im Sommer neue Pläne.[97]

In den Wintermonaten, Anfang 1911, waren mehrere Gemälde entstanden, die belegen, dass Gabriele Münter im Ringen um die ihr gemäße, »richtige« Form zu einem Ergebnis gekommen war. Hatte doch die starke, geschlossene Konturierung der Bildgegenstände nach Art der französischen Cloisonnisten, wie sie etwa das Stilleben mit den aufgereihten Gefäßen zeigt, ihrer freien, spontanen Linienführung Fesseln angelegt [S. 79]. Die durch diesen Stil bedingte Zusammensetzung der Bilder aus einzelnen, deutlich voneinander abgesetzten Farbflächen wird nun aufgebrochen. Ein Gemälde wie *Landstraße im Winter,* das sich nach der Bleistiftskizze auf Januar datieren lässt, verdeutlicht beispielhaft die substantiellen Veränderungen [Abb. 50]. Gabriele Münter verzichtete hier zwar weder auf die radikale Formverknappung und das zeichnerische Gerüst, das allen ihren Ölarbeiten zugrunde liegt, noch auf den flächenhaften Farbauftrag, doch sie verbindet die Stilmittel miteinander, indem sie diese nicht mehr so stark betont und ihre jeweilige Eigenwertigkeit deutlich zurücknimmt. Das

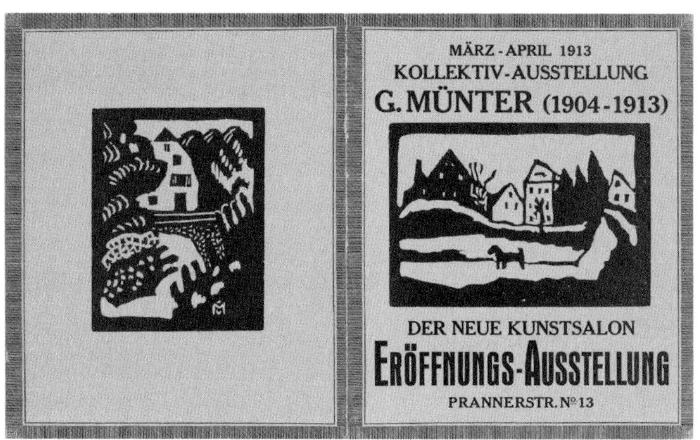

51 Faltblatt zur Ausstellung im
Neuen Kunstsalon München, 1913

Gemälde erscheint deshalb viel einheitlicher – wie aus einem Guss –
und besitzt durch die Verzweigungen der kahlen Äste eine ausgesprochen zeichnerisch-lineare Wirkung. Ganz im Gegensatz zu dem
Gemälde *Gerade Straße*, in das trotz der betonten Perspektive kein
Weg hinein führt, öffnet sich dieses grau-braune Winterbild durch die
Verschränkung von Fläche und Raum zum Hügel hinauf, wobei die
hellblauen Reifenspuren leuchtende Linien ins Weiß des Schnees
ziehen. Gabriele Münter schätzte dieses Bild, das wahrscheinlich eine
Murnauer Landschaft darstellt, sehr und wählte es später als eines
von sechs Gemälden für die über den Jahreswechsel 1911/12 statt-
findende erste Ausstellung des *Blauen Reiter* aus [S.115].

Auch das wenig später entstandene Bild *Das gelbe Haus I* mit seiner
ganz ähnlichen dunklen Winterstimmung basiert auf den neuen, aber
hier leicht variierten Stilmitteln [Abb.52]. Es zeigt den Blick von der
Schloßbergstraße aus auf die Burganlage von Murnau mit dem mächtig aufragenden Westgiebel des mittelalterlichen Wohnturms und
auf das unterhalb gelegene katholische – »gelbe« – Pfarrhaus der
Kirche St. Nikolaus. In diesem Bild konturierte die Künstlerin nur die

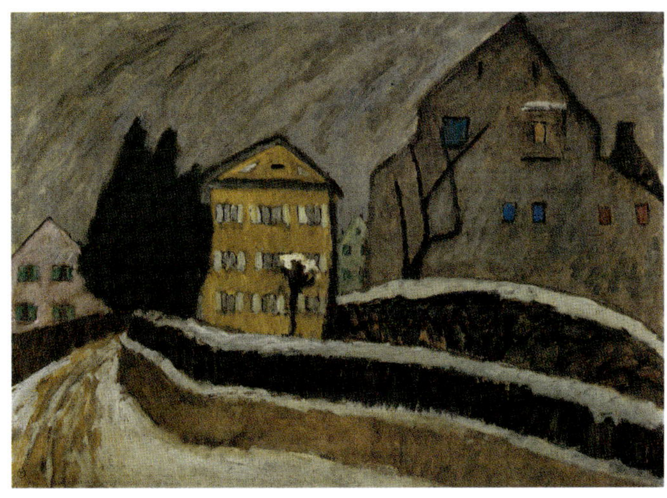

52 Das gelbe Haus I, 1911

Gebäude im Hintergrund, während die vordere Ebene mit Straße und schneebedeckter Burgmauer nicht grafisch, sondern malerisch massiv erscheint. Durch diesen Gegensatz erzielte sie, anders als bei der Winterlandschaft, eine flächenhaft gestaffelte Raumwirkung. Im Laufe ihres Schaffens hat Gabriele Münter immer wieder von ihr wichtigen Werken, seien es Stilleben, Landschaften oder Figurenbilder, Serien und Varianten angefertigt, vor allem auch in unterschiedlichen Farbstimmungen, ja diese Arbeitsweise des »Seriellen« charakterisiert geradezu ihr Œuvre. Das »gelbe Haus« hielt die Künstlerin offensichtlich für so gelungen, dass sie von ihm gleich anschließend eine Neufassung malte. Gegenüber dem mehr »naturalistisch« aufgefassten Vorbild weist dieses Gemälde eine deutlich schematisierte Darstellung auf, wobei Straße und Mauer in ihrer geschwungenen Form wie eine abstrakte Arabeske wirken. Entscheidend aber ist die neue, lichte Farberscheinung, aus der heraus das Pfarrhaus in einem sehr hellen, intensiven Gelb aufleuchtet, kontrastiert durch die blauen und roten Fensterflecken in der Giebelwand. Diese Farbkomposition taucht das Gemälde in eine unwirklich-magische Stimmung, die das Motiv vollkommen verändert. Ein gelber Farbton im Übrigen, der fast jede von Kandinskys immer abstrakter werdenden Murnau-Darstellungen kennzeichnet. Auch dieses Bild wählte sie im Dezember 1911 für die *Blaue Reiter*-Ausstellung aus. Mit der zweiten Fassung aber war ihr Interesse noch lange nicht erschöpft. Vermutlich ebenfalls nur kurze Zeit später übertrug die Künstlerin das Bildmotiv in ein anderes künstlerisches Medium, den Linolschnitt, und wandte sich damit wieder einer Technik zu, die sie zugunsten der Malerei zeitweilig aufgegeben hatte. In der schwarz-weißen Grafik, die das Motiv seitenverkehrt zeigt, griff sie auf das erste Bild zurück und »zoomte« dabei die Gebäude in den Hintergrund, so dass nun die vordere, schneebedeckte Ebene von Straße und Mauer dominiert [Abb. 51].[98] In diese Fläche fügte Gabriele Münter einen kleinen schwarzen Hund ein, der dem Bild mit der spielzeughaft aufgereihten Häuserzeile eine erzählerischhumorvolle Note verleiht und nicht von ungefähr in seiner inszenierten, naiven Kindlichkeit an ihre Hinterglasbilder, wie etwa das *Lied*, erinnert [S. 87]. Die hübsche Darstellung ließ die Künstlerin als grüne Titelvignette auf das Faltblatt drucken, das im Frühjahr 1913 als kleiner Katalog zu ihrer ersten Münchner Einzelausstellung im Neuen Kunstsalon Max Dietzel erschien. Die Rückseite zierte ebenfalls eine einfarbige Druckgrafik: der nach einer Fotografie entstandene und mit seinen geschwungenen Formen ausgesprochen dekorativ wirkende Holzschnitt ihres Murnauer Hauses, das wie in der Aufnahme hinter den Büschen und Bäumen fast verschwindet [S. 2, 84]. Jahrzehnte später hat Gabriele Münter das Bilderpaar vom »gelben Haus« noch einmal hervorgeholt und das geliebte Motiv mit einem Stilleben kombiniert. In diesem 1953 gemalten Werk, das zu den schönsten der späten Jahre zählt, leuchtet das Gelb wie eine Sonne auf, gleich einem fernen Zitat längst vergangener und in der Erinnerung doch gegenwärtiger Zeit [S. 213].

Die Ausstellung in Max Dietzels Galerie fand im März und April 1913 statt, und in diesem Zusammenhang verwendete Gabriele Münter noch ein weiteres, früher entstandenes Gemälde als Spielmaterial – eine Arbeitsweise, die in ihrem Wechsel zwischen den Gattungen und Stilen nicht nur Entwicklungen vorwegnimmt, sondern im Rückblick

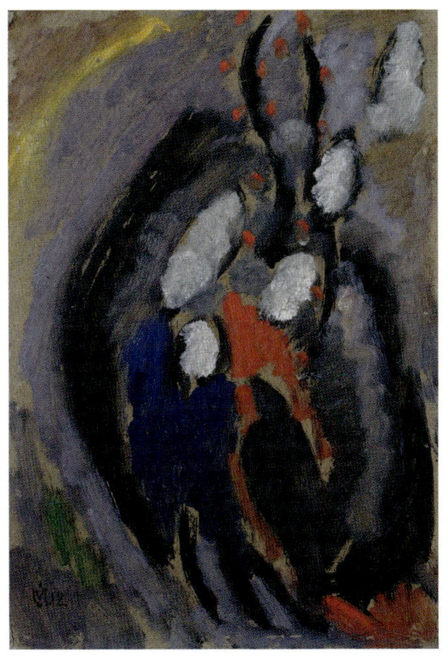

53 Studie mit weißen Flecken, 1912

auch erstaunlich modern anmutet. Das besagte Gemälde mit dem Titel *Stilleben im Kreis* entstand bereits 1911 im Rahmen einer mehrere Werke umfassenden Serie von Stilleben spirituellen Inhalts, für die sie Madonnen und Heiligenfiguren aus der eigenen Sammlung in ihrem Münchner Arbeitszimmer immer wieder neu arrangierte. Diese in der Kunst der frühen Moderne einzigartigen, mystischen Stilleben bilden im Schaffen Gabriele Münters wie auch in der sich formierenden Gruppe des *Blauen Reiter* einen Höhepunkt. Die großformatige Komposition zeigt um eine blaue Vase mit einem Zweig silbrigweißer Weidenkätzchen kreisförmig angeordnet einen bemalten Porzellanvogel mit zwei Madonnenfiguren, die sich in ihrer geschwungenen Form zum Kreis schließen.[99] Die schemenhaft umrissene Gruppe ist wie mit einer Aura aus zerfließenden, violett-rosa schimmernden Farbbahnen umgeben, die keinerlei räumlichen Bezug mehr aufweisen. Die im Titel und in der Darstellung bereits angedeutete, leicht abstrahierte Form löste die Künstlerin in einem weiteren, nun *Studie mit weißen Flecken* genannten Gemälde ein paar Monate später vollständig auf, indem sie die Figuren in abstrakte Chiffren verwandelte, die allerdings eine schattenhafte Erinnerung an ihre einstige Gegenständlichkeit und an die Bildstruktur bewahren [Abb. 53]. Der Vogel ist noch deutlich zu erkennen, während die beiden Figuren zur ovalen Form zusammenfließen und die Weidenkätzchen als silbrige Flecken nun das Bild dominieren. Ein tiefer Blauton, kontrastiert mit einem leuchtenden Rot, erzeugt einen einheitlichen Farbklang. Anlässlich der Ausstellung von 1913 nahm Gabriele Münter das Stillebenmotiv noch einmal auf und übertrug es in einen farbigen Plakatentwurf. In ihm gestaltete sie die Kreisform zu einem bemalten Wandteller um, auf dem sich die beiden Madonnen, der Vogel und die Kätzchenzweige wie naive Bauernmalerei in leuchtenden Farben von dem weißen Steinzeug abheben, auf dem Rand rundum beschriftet mit den Ausstellungsdaten – eine ungewöhnliche Transformation des schönen Motivs, die sowohl die formalen Gestaltungsprinzipien eines Plakats berücksichtigt als auch ihrem Interesse an der Volkskunst entspricht und darüber hinaus zeigt, wie beständig die Künstlerin mit neuen Ideen spielte und mit Farben und Formen experimentierte.

»Das nächtliche Erlebnis von Dunkel und Schatten der kaum erkennbaren Dinge« reizte die Künstlerin, wie sie später notierte, an diesen geheimnisvoll leuchtenden, im weitesten Sinne religiösen Stilleben, die »1910, zwei Jahre, nachdem ich den Schritt zur freien Bildgestaltung getan hatte«, entstanden.[100] Wie stark sie dieses Thema beschäftigte und wie intensiv sie damit rang, lässt sich in den Briefen vom späten Oktober und November an Kandinsky in Moskau nachlesen. Stilleben in »allen Ecken« fand sie in der Münchner Wohnung vor, nachdem sie für die Wintermonate dorthin zurückgekehrt war. »Und der Tisch mit den 17 Madonnen!« Am 3. November 1910 war sie bereits tief in der Arbeit: »Zuerst ein gestern gezeichnetes Stilleben (groß) fertig gemalt – dunkel, impressionistisch – mystisch – gemaalt – kitschisch. Mein Sesseltisch mit viel Madonnen und Blumen. Dann nochmal klein dasselbe von der anderen Seite – Synthese – dann essen – dann nach den Morgen Zeichnungen nochmal das gestrige Stilleben

strenger. u. als ich heute Abend heimkam hab ichs nochmal aufge-
zeichnet – Picassoeinfluß unverkennbar.« Skizze und Vorzeichnungen
schickte sie in dem Brief nach Russland zur Begutachtung mit.[101] Die
Beschreibungen zeigen, wie bewusst sich die Künstlerin mit den
Bildern auseinandersetzte, sie umkreiste, neu formulierte und sich
nicht nur intensiv mit dem Thema, sondern auch mit Farb- und Form-
problemen beschäftigte. Eine Woche später reichte es ihr dann zunächst mit der Mystik, ein Realitätsbezug war wieder gefragt: »Nachmittag gemalt. Fabrik! Und jetzt habe ich die Madonnen in alle Winde
verstreut – es genügt damit. Lege auch ein helleres Deckchen auf's
Tischchen um ein andres Bild zu bekommen.« Sie hatte keine Lust
mehr, »u. überhaupt muß ja auch eine Reaktion kommen nach der
Arbeitswut«.[102]

Aber die Madonnen ließen Gabriele Münter doch nicht los, auch
wenn sie nach dem Jahreswechsel zunächst von den neuen Landschaften wie der *Landstraße im Winter* oder den »gelben Häusern«
stark in Anspruch genommen war. Erst um Ostern 1911, wieder in München, wandte sie sich erneut der »Mystik« zu. So entstand – wahrscheinlich kurz nach dem *Stilleben im Kreis* – jenes heute berühmte
Stilleben, in dem die Künstlerin die gerade gemalte auratische Kreisform buchstäblich als Erscheinung auf der Wand sichtbar werden ließ.
Das großartige *Stilleben mit Heiligem Georg* erwies sich in der Tat als
bildnerische Vision, die ein halbes Jahr später mit der Gründung der
Künstlergruppe um den *Blauen Reiter* in eine andere Wirklichkeit über-
führt werden sollte [Abb. 55]. »Darf einer so wie ich verschieden malen?«, hatte sie in jenem Brief vom 3. November 1910 mit Bezug auf
ihre neuen Stilleben Kandinsky voller Zweifel noch gefragt, nun tat
sie es einfach. Denn wieder wechselte sie den Stil. Nicht nur, dass
diese Gemälde aus dunklen, diffusen Gründen heraus gearbeitet sind,
das Grafische tritt in ihnen deutlich zurück, und die Formen werden
weicher, malerischer, Farben glühen wie leuchtende Punkte hervor.
Besonders charakteristisch für diese Stilleben aber ist ein prägender
farbiger Grundzug: ein tiefes, schimmerndes Blau oder Blaugrün.
Das *Stilleben mit Heiligem Georg* bildet innerhalb der Gruppe einen
ersten Höhepunkt. Einige der Figuren sind hier umrandet, während

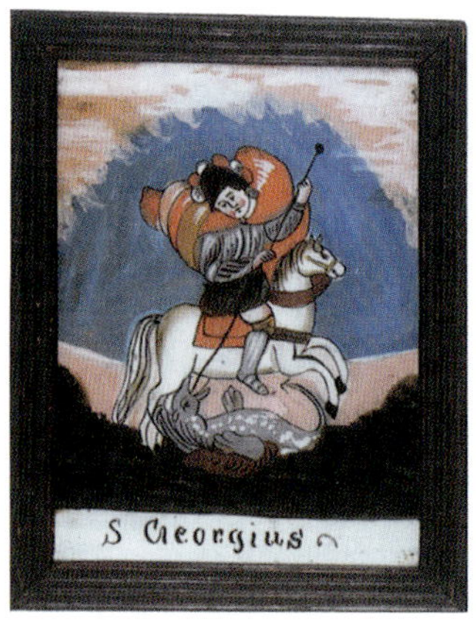

54 Heinrich Rambold,
Heiliger Georg

andere Konturen verschwimmen oder sich im Dunkel des Grundes auflösen. »In der Tat geht es wie ein Atem auf und ab durch das Bild«, schrieb Johannes Eichner 1957 dazu.[103] Gabriele Münter versammelte in diesem Gemälde ihr großes Steinguthuhn, ein häufig in den Bildern auftauchendes Motiv, zwei Hirtenfigürchen und eine kleine schwarze Madonna sowie die große thronende Gottesmutter mit Doppelkreuz, die Kandinsky aus Russland mitgebracht hatte, alle gruppiert um eine blau schimmernde Vase mit roten Blüten. Und bildbeherrschend erscheint der heilige Drachentöter gleich einer Fata Morgana, umgeben von einer kreisrunden Aura aus orangeroten und kobaltblauen Farbschlieren. Dass es sich bei ihm um ein Hinterglasbild handelt, ist nicht sofort erkennbar, und doch hat die Künstlerin hier ebenfalls ein Stück aus ihrer Sammlung »kopiert«, und zwar ganz genau bis in die Einzelheiten, wie ein Blick auf das Original sofort zeigt [Abb. 54]. Handelte es sich doch um ein von dem Glasmaler Heinrich Rambold aus Murnau, bei dem sie um 1909 die Technik erlernt hatte, gemaltes Bild von dem kühnen Reiter auf seinem weißen Pferd. Kandinsky bildete das Gemälde 1912 als Bildbeispiel in seinem Text *Über die Formfrage*

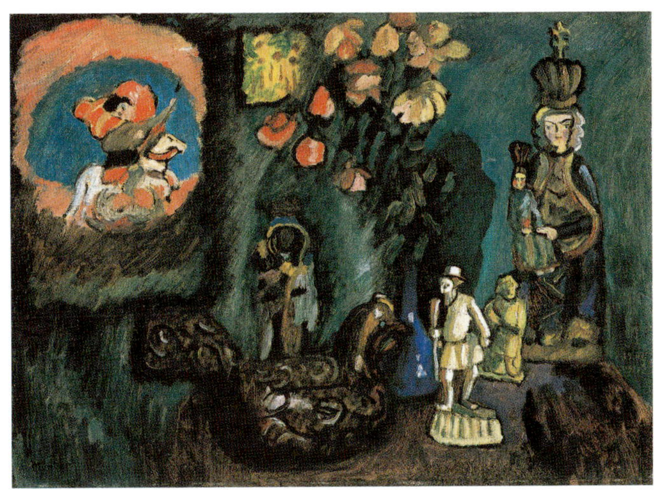

55 Stilleben mit
Heiligem Georg, 1911

im Almanach *Der Blaue Reiter* ab und erhob es damit zu einer Art Programmbild für die geistige Botschaft der neuen, expressionistischen Bewegung. Der Künstler schrieb: »Das Stilleben von Münter zeigt, daß die ungleiche, ungleichgradige Übersetzung der Gegenstände auf einem und demselben Bild nicht nur unschädlich ist, sondern in richtiger Anwendung einen starken komplizierten Klang erzielt. Der äußerlich als disharmonisch wirkende Akkord ist in diesem Falle der Urheber der inneren harmonischen Wirkung«.[104] Noch einmal wird Gabriele Münter den »Heiligen Georg« in seiner Aura malen, 1935, in finsterer Zeit, in dem großartigen Gemälde *Stilleben mit weißem Pferdchen,* in dem sich die verschiedenen Traditionslinien ihrer Kunst vom *Blauen Reiter* bis zum skandinavischen Stil zu einem Erinnerungsbild verbinden [S. 7].

Wie sich im Sommer 1911 herausstellte, hatte das Alleinsein für ein paar Tage im Mai die privaten Spannungen und den Erschöpfungszustand der Beziehung nicht merklich gebessert. So beschlossen Gabriele Münter und Kandinsky, sich für eine Weile zu trennen, was konkret bedeutete: Sie fuhr für gut zwei Monate auf den lange schon geplanten Verwandtenbesuch; zunächst zu ihrer Schwester nach Berlin, anschließend nach Herford und dann ins Rheinland zu ihrem Bruder Carl und seiner Familie. Kandinsky verbrachte den ungewöhnlich heißen Sommer allein in Murnau, wo er im Garten arbeitete und an seinen neuen *Improvisationen* malte, vor allem aber gemeinsam mit Franz Marc den Plan für ein Buch schmiedete, den Almanach, der den Namen *Der Blaue Reiter* erhalten sollte. Für diesen Titel haben Marcs »blaue Pferde«, Kandinskys Begeisterung für wilde Reitereien und der anspielungsreiche Drachenkampf ebenso Pate gestanden wie vielleicht Gabriele Münters emblematisch leuchtendes Gemälde vom »Heiligen Georg«.[105]

Die Künstlerin war am 26. Juni kaum bei Emmy, Friedel und Georg Schroeter in Berlin angekommen, da erwartete sie schon ein Brief aus München, der allerdings keine Freude bereitete. Schrieb Kandinsky doch, mehr oder weniger deutlich, von dauerhafter Trennung. Er würde ihr das Leben mit seinen dunklen Stimmungen nur schwer machen, am besten sei es, wenn ihn die geliebten Menschen verlassen würden, und er wäre »allein und unschädlich«. Sie antwortete postwendend, nicht traurig und verschreckt, sondern erstaunlich energisch, dass leider »so verkehrt« und geradezu unvernünftig sei, was er da schreibe. »Wie kannst du wünschen, dich von deinen Leuten u. mir zurück zu ziehen – wie kannst du denken – damit etwas Gutes zu thun. Wie kannst du denken, mich von dir befreien zu wollen – du weißt doch, daß mein Leben ohne dich leer wäre.« Aber schon beim Schreiben seines Briefes war es ihm offenbar wieder besser gegangen, noch ehe er ihren Brief überhaupt erhalten hatte, denn er kündigte an, dass sie aus Murnau »ein besserer Brief« erreichen würde von ihrem »dummen Was.« In diesem erzählte er dann zwei Tage später mit kleinen Zeichnungen von dicken dunkelroten Erdbeeren, von Gurken und Kartoffeln, vom Gartengießen und seinen nackten Beinen, kurz: von der ganzen Sommerpracht im heißen Murnau, nur ihr Zimmer sei so leer; verschwiegen und doch wissend.[106] Diese Briefe werfen ein sehr intimes Licht auf das Ausmaß von Kandinskys Gemütsschwankungen und auch darauf, wie viel Kraft sie Gabriele Münter gekostet haben mögen und wie viel Energie sie in die Beziehung investiert hat. Ihre

Reakton beweist aber auch, dass sie mit solchen dunklen Gedanken wohl nicht zum ersten Mal konfrontiert wurde.

Ihr selbst ging es gut in Berlin, sie schreibt von Ausstellungsbesuchen in der Nationalgalerie und Secession, von Einkäufen mit ihrer Schwester, um die »Eleganz zu heben«, von »kl. Gesellschaften« bei Schroeters und Fahrten ins grüne Umland, vom Faulenzen und »Kientopp«. Aber sie besuchte auch, wie mit den neuen Freunden aus Sindelsdorf – Maria Franck[107] und Franz Marc – besprochen, den Fabrikanten Bernhard Koehler, Marcs Mäzen, und dessen Bonner Freund August Macke, der mit Koehlers Nichte Elisabeth Gerhardt verheiratet war. Aus der Ausstellung des *Blauen Reiter* wird der passionierte Sammler moderner Kunst später eines ihrer Bilder erwerben, die *Landschaft im Winter*, die sie im Januar 1911 gemalt hatte. Eine Episode im Zusammenhang mit ihrer Berlin-Reise zeigt, dass Gabriele Münter – die sich durchaus der Qualität ihrer Arbeiten bewusst war – »nur« als Frau wahrgenommen wurde. Bernhard Koehler sollte durch Marcs Vermittlung ihr *Gelbes Haus,* auf das sie ja so besonders stolz war, für ein Verkaufsangebot von 400 Mark zur Ansicht erhalten, wie Kandinsky ihr nach Berlin schrieb. Sie bedankte sich und antwortete: »Aber vom Herrn Köhler will ich *500* verlangen fürs gelbe Haus, mindestens.« Kandinsky reagierte etwas pikiert und antwortete auf ihre Forderung unter anderem: »Bedenk auch, daß du eine Frau bist, was außer Vor- auch Nachteile hat.«[108]

Im August 1911 reiste Gabriele Münter zu ihrem Bruder Carl und der Schwägerin Mary nach Bonn. Von hier aus war sie, wie vorher mit Kandinsky und Marc abgesprochen, im Rheinland sozusagen als »Kunstagentin« in Sachen *Neue Künstlervereinigung München* unterwegs. So besuchte sie in Essen Ernst Gosebruch im Museum Folkwang, in Barmen den Leiter des Kunstvereins, Richard Reiche, in Düsseldorf den bekannten Galeristen Alfred Flechtheim und lernte in Köln Emmy Worringer, die Gründerin des einflussreichen Gereonsklub, kennen. Bezüglich der studierten Herren waren ihre Eindrücke von der »sehr energischen und mutigen Reise«, wie Kandinsky sie am 12. August tröstete, eher zwiespältig, doch Anfang des Monats hatte sie in Bonn den zehn Jahre jüngeren August Macke kennengelernt, von dem sie

durch die Sindelsdorfer schon viel gehört hatte. Es war eine Bekanntschaft mit weitreichenden Folgen, denn bald schon, im Herbst, wurde
der Maler in die Vorbereitungen des Almanachs aktiv einbezogen. Sie
verstand sich sehr gut mit ihm und seiner Familie, eine Sympathie, die
auf Gegenseitigkeit beruhte. Das entspannte Miteinander spiegelt
sich in den Fotografien, die Gabriele Münter von dem jungen Paar mit
seinem kleinen Sohn im Garten der Familie Gerhardt machte, wohin
die Künstlerin eigens zu einem Fototermin eingeladen worden war.[109]
Gleichzeitig machte Kandinsky in Sindelsdorf, wo er in der ersten
Augustwoche zu Besuch war, von Maria Franck und Franz Marc zahlreiche Aufnahmen. Von keiner anderen Gruppierung der frühen Moderne existieren auch nur ansatzweise vergleichbare und so viele quali-
tätvolle Fotografien. Das schließt die berühmten Ausstellungsfoto-
grafien und Gruppenaufnahmen ebenso ein wie die interessanten

56 Wassily Kandinsky,
Mitglieder des Blauen Reiter
in München, 1911/1912

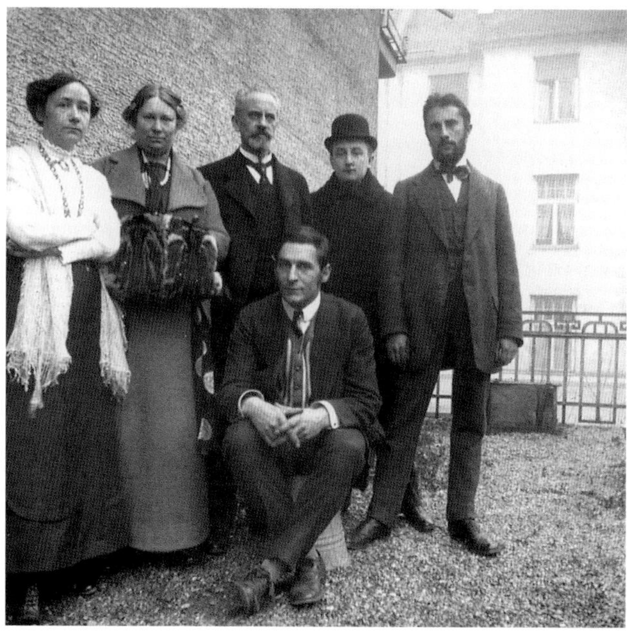

privaten Fotos und die unschätzbaren Raumaufnahmen der Münchner Wohnung sowie des Murnauer Hauses. Sie alle gehören heute zum wertvollen Schatz der deutschen Avantgarde und sind seltene Dokumente zur Entstehung und Geschichte jener künstlerischen Revolution am Anfang des 20. Jahrhunderts. Mit ihnen haben Gabriele Münter und Kandinsky genauso wie mit ihrer Kunst Neuland betreten.[110]

Ende August 1911 fuhr Gabriele Münter wieder nach München, wo Kandinsky sie erwartete. Weiter ging es dann zum Staffelsee, wie er in seinem letzten Brief nach Bonn angekündigt hatte: »u. du genießt Murnau u. Ruhe. Wohlverdient! Und malst hier. Gelt?« Im Herbst, während die Arbeiten am Almanach bei zahlreichen Treffen in Murnau und Sindelsdorf zügig voranschritten, verschlechterte sich das Verhältnis zu den anderen Mitgliedern der *Künstlervereinigung* weiter, wobei die Differenzen sich vor allem am unterschiedlichen Kunstverständnis entzündeten. Ging es der Gruppe um Kandinsky – im Gegensatz zu den mehr pragmatisch agierenden Kollegen – doch um das Geistige, um eine wahrhaftige, echte Kunst, entstanden aus der »absoluten inneren Notwendigkeit«. Alles steuerte auf eine direkte Konfrontation zu, die zum Teil von den »Dissidenten« bewusst herbeigeführt wurde. Am 2. Dezember 1911 kam es zum erwarteten Eklat und zur Spaltung der Vereinigung, vordergründig wegen Kandinskys abstrakter *Komposition V,* die von den gemäßigten Mitgliedern wegen ihrer Größe von etwa zwei auf drei Metern für die noch im Dezember geplante 3. Ausstellung abgelehnt wurde: wegen formaler Vorgaben, die der Künstler einst selbst in die Satzung aufgenommen hatte. Bereits in dieser turbulenten Sitzung traten Kandinsky, Marc und Münter aus, gefolgt von dem Komponisten Thomas von Hartmann und dem Maler Henri Le Fauconnier sowie dem eilig verständigten Alfred Kubin, während Marianne von Werefkin und Alexej Jawlensky trotz ihrer Parteinahme für Kandinskys Gemälde aus Solidarität mit dem neuen Präsidenten Adolf Erbslöh vorerst den Verein nicht verließen, später jedoch wieder mit dem *Blauen Reiter* ausstellten. An Kubin, der im Gegensatz zu den drei »Abtrünnigen« bereits ein bekannter Künstler war, schrieb Gabriele Münter noch am Abend des 2. Dezember einen

»Brandbrief«: »Wir sind ausgetreten nach fruchtlosen Auseinandersetzungen aus dem Anlasse von Verschiedenheiten über Kunst Ansichten u. über die Tätigkeit der Jury.«[111] Gleichzeitig begannen die drei, den wahrscheinlich bereits vorher gefassten Plan einer Gegenausstellung umzusetzen. Mit ihr trieben sie die Konfrontation bewusst auf die Spitze, denn die 14-tägige Schau wurde nicht nur gleichzeitig mit der Vereinsausstellung am 18. Dezember eröffnet, sondern fand wie diese ebenfalls in der Modernen Galerie Thannhauser im Arco-Palais in der Theatinerstraße 7 statt, für die der Galerist drei Räume zur Verfügung stellte. Der Titel lautete: *Die Erste Ausstellung der Redaktion Der Blaue Reiter,* womit die drei »Nicht-Mitglieder der N.K.V.M.«, wie Gabriele Münter es an Kubin formuliert hatte, gleichzeitig auch Reklame in eigener Sache für den bereits konzipierten Almanach machten.

Jeweils von Gabriele Münter und Kandinsky fotografiert, entstanden auf ihrem Balkon in der Ainmillerstraße 36 die beiden einzigen Gruppenaufnahmen vom Kreis des *Blauen Reiter* [Abb. 56]. Da hier neben Maria und Franz Marc, Thomas von Hartmann und dem jungen Maler Heinrich Campendonk auch der alte Bernhard Koehler zu sehen ist, der sogar beim Hängen der Ausstellung mitgeholfen hatte und an der Eröffnung teilnahm,[112] liegt die Vermutung nahe, dass diese Aufnahmen noch im Dezember entstanden, vielleicht sogar am Eröffnungstag, worauf die festliche Kleidung hindeuten könnte. Auf dem von Kandinsky fotografierten Bild steht Gabriele Münter ganz links mit eleganter, hochgeschlossener Bluse und Spitzenschal, Marc sitzt auf dem umgedrehten Eimer, ein Sitzplatz, den auf ihrer Aufnahme Kandinsky einnimmt. Während dieses Treffens entstanden noch weitere Fotografien, darunter eine stark verwackelte der beiden Paare, wohl die einzige Aufnahme aus diesen Jahren, die Gabriele Münter und Kandinsky gemeinsam zeigt.

Für die Ausstellung wählte Gabriele Münter sechs Bilder aus, darunter zwei Stilleben, allerdings nicht, wie zu vermuten wäre, den »Heiligen Georg«, sondern ein gerade entstandenes Gemälde aus der Madonnen-Serie, das innerhalb dieses Motivkreises noch einmal eine ganz neue Seite aufschlägt.[113] Zweifellos bildet das ursprünglich als

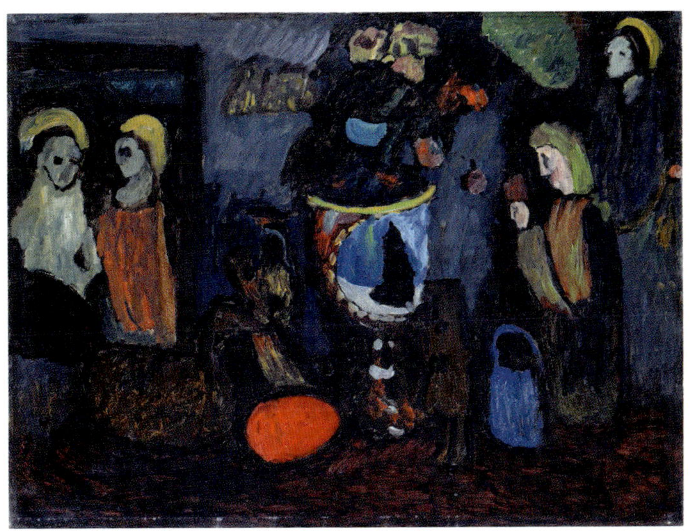

57 Dunkles Stilleben
(Geheimnis), 1911

Stilleben (dunkel) bezeichnete Bild, dem erst später das Wort »Geheimnis« hinzugefügt wurde, einen weiteren Höhepunkt in dieser ganz besonderen Reihe und gleichzeitig auch ihren krönenden Abschluss [Abb. 57]. Dafür, dass die Künstlerin selbst diese Einschätzung geteilt hat, sprechen nicht nur die Auswahl für die Ausstellung und die Abbildung in dem kleinen Katalog, sondern auch, dass sie sich zeitlebens genau an den buchstäblich auslösenden Funken und den Akt der Bildwerdung erinnerte und in einer ihrer raren Notizen festhielt: »Einmal in der Ainmillerstr. in meinem Arbeitszimmer stand ich nach dem Frühstück u. sah dem Rauch der Zigarette nach. Da stand auf dem Tischchen an der Wand von Madonnenfigürchen, Glasbildern, dem von mir bemalten Bäckerglas u. dem roten Stopfei ein Stilleben, dunkel, tief, wie eine Klage. Ich nahm die große Leinwand schnell, machte sie aus einem Farbtopf, der, ich weiß nicht, warum, da stand, schwarz u. malte das Bild. Als es geschehen war u. ich aufschaute schien es mir gut – so, daß ich ›Donnerwetter‹ sagte.«[114] Dieses Stilleben ist ein Solitär, nicht nur innerhalb der Madonnen-Serie, sondern auch in

113

ihrem gesamten Œuvre, und zwar in doppelter Hinsicht. Denn wie ihre Schilderung zeigt, basierte es nicht, wie alle ihre Gemälde sonst, auf einem zugrunde liegenden schwarzen Liniengerüst. Stattdessen arbeitete Gabriele Münter die Figuren, Gegenstände und Blumen aus dem tiefen Schwarz der Leinwand heraus. Sie lösen sich matt schimmernd gleichsam aus dem Dunkel des Bildgrundes und treten, wie es scheint, nur für einen Moment schemengleich hervor. Da die Kontur fehlt, wirken die Madonnen seltsam animistisch, nicht wie kleine Holzfiguren, sondern wie geisterhaft verlebendigte Erscheinungen. Ein traumhaft mystischer Hauch durchweht das Bild und verleiht ihm eine neue Realität. Gabriele Münter mag die visionäre Kraft und die Einzigartigkeit der Bildwerdung gespürt haben – ein Moment, der sich nicht wiederholen ließ. Denn sie schreibt weiter: »Aber eine Klage war es nicht, es war ein Geheimnis. Vielleicht kam das von der Schwärze? Ich habe dann eine Pappe genommen, mehr Quadrat die Sache zusammengerückt u. es mit Grau, statt Schwarz – u. mit weniger gesunden Linien noch mal gemalt, um die Klage zu erreichen. Es schien mir damals, daß es mir gelungen war.« Die Transzendenz des Bildes verlangte geradezu nach einem sachlichen Gegenstück. Also fertigte die Künstlerin wie beim »gelben Haus« direkt anschließend eine zweite Fassung in anderer Stimmung an, nur folgte in diesem Fall die realistische Variante der geheimnisvollen Bilderfindung und nicht umgekehrt. Diesem in kühlem Graublau gehaltenen *Stilleben Klage* fehlt jeder mystische Zug, die konturierten Objekte weisen nicht über sich hinaus, sie sind genau das, was sie darstellen. Gabriele Münter hatte das Potential ihrer Madonnen bis an seine Grenzen und über sie hinaus ausgelotet und konnte sich neuen künstlerischen Herausforderungen zuwenden.

Die immer wieder als Geburtsstunde der Moderne in Deutschland bezeichnete Ausstellung der Redaktion des *Blauen Reiter* vereinte etwa fünfzig Werke von zwölf Künstlern und zwei Künstlerinnen, eine repräsentative Auswahl der neuesten Kunstmanifestationen, die, wie es Kandinsky in der kleinen Katalogbroschüre formulierte, dem Zweck diente, »in der *Verschiedenheit* der vertretenen Formen zu zeigen, wie der *innere Wunsch* der Künstler sich mannigfaltig gestaltet«.[115]

In lediglich 14 Tagen gelang es, die Ausstellung vorzubereiten, Künstler dafür auszuwählen und sie zur Teilnahme aufzufordern sowie schließlich ihre Werke zusammenzustellen. Dazu mussten viele Briefe geschrieben und Telegramme verschickt, Gespräche geführt und Bildvorlagen beschafft, Werke gehängt und Kärtchen beschriftet werden. Im Rahmen der von der Gruppe vehement propagierten Internationalität der neuen Kunst bestand das größte Verdienst der Ausstellung darin, den französischen Maler Robert Delaunay dafür zu gewinnen.[116] Durch seine Vermittlung gelang es sogar, zwei Bilder des kurz zuvor verstorbenen und als Vater der Moderne verehrten »Zöllners« Henry Rousseau auszustellen.

Mindestens so berühmt wie die Schau selbst sind heute die sechs einzigartigen Fotografien der Ausstellung von Gabriele Münter. Sie geben weit mehr als eine kursorische Impression der Räume wieder. Gabriele Münter fotografierte ganz offensichtlich mit der Absicht,

58 Erste Ausstellung des Blauen Reiter in München, 1911/12

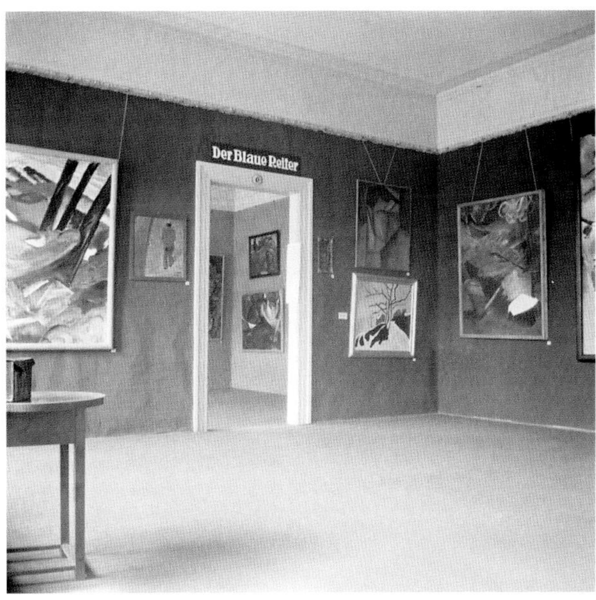

neben den Bildern die Ausstellung selbst als wichtiges Kunstereignis detailliert zu dokumentieren. Die Aufnahmen zeigen eine zwar bunt gemischte, aber trotz der kurzen Vorbereitungszeit ungewöhnlich sorgfältig inszenierte und großzügige Hängung, die einen ausgesprochen einheitlichen Eindruck vermittelt. Diese Geschlossenheit wurde formal vor allem durch die Wandbespannung mit sehr dunklen Papierbahnen erreicht, von denen sich die weißen, gewölbten Decken und die Türrahmen sehr gut abhoben, ebenso wie die farbige Bilderpracht in schlichten Rahmen. Inhaltlich demonstrierte die Inszenierung die im Katalog herausgestellte, innere Gemeinsamkeit in der Verschiedenheit, wobei die Dominanz der spektakulären großen Gemälde von Delaunay, Marc und Kandinsky hervorgehoben wurde, um die sich die kleineren Bilder gruppierten. Gabriele Münters versiertem, kamerageschultem Blick gelang es, diese Intention zu verdeutlichen. Dabei vermitteln die ausgewählten Bildausschnitte mit den Durchblicken und klug postierten Tischchen immer einen authentischen Raumeindruck. Die Aufnahme vom zweiten Raum zeigt rechts unten neben der Tür ihre Schneelandschaft *Landstraße im Winter* vom Januar 1911 [Abb. 58].

Mit dem »dunklen Stilleben« beendete Gabriele Münter als Höhepunkt und Abschluss zugleich ihre mystisch aufgeladenen Madonnen-Bilder. Die religiösen Motive weichen in den ab 1912 entstandenen Stilleben weltlichen Gegenständen. Das Bildrepertoire verändert sich auffällig und mit ihm vor allem die Farbigkeit. Wieder einmal wechselte sie den Stil, und der Umbruch erfolgte so radikal, dass man von einer ganz bewussten Entscheidung ausgehen kann. Die neuen, ungewöhnlich hellen, zuweilen grellbunten Farben – viel Orange, Lachsrot, mattes Hellblau oder Gelbgrün – sind dünnflüssig mit deutlich sichtbarem Pinselstrich zügig verstrichen. In einem stilistisch sehr ungewöhnlichen und besonders dekorativen Gemälde innerhalb dieser Farbexperimente greift die Künstlerin das um 1908/09, etwa bei den *Äpfeln auf Blau* [S. 74], erprobte Stilmittel eines dominierenden Farbakkords wieder auf. Die *Schwarze Maske mit Rosa* benennt bereits im Titel die beiden Hauptfarben: Schwarz und Rosa – ein »lasziver« Farbton, der in unzähligen Mischungen von dunklem Rotviolett bis

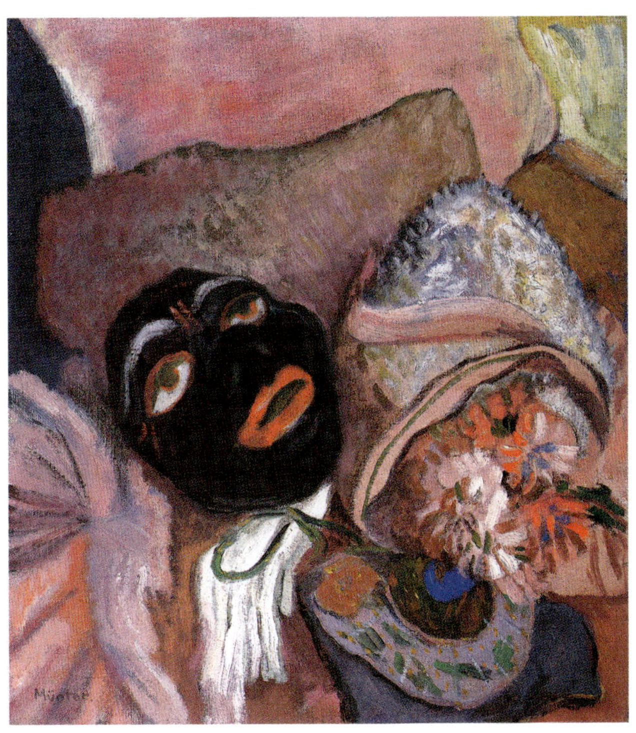

59 Schwarze Maske
mit Rosa, 1912

zu weißlichem Hellrosa auf dem Bild durchdekliniert wird [Abb. 59]. Mit der ausdrucksstarken, unheimlich wirkenden schwarzen Maske, die inmitten einer üppigen Kissenlandschaft liegt, taucht ein bis dahin nicht verwendetes Motiv auf. Dieses raffinierte Gemälde erregte, wie sich noch zeigen sollte, große Aufmerksamkeit.

Die *Blaue Reiter*-Ausstellung bei Thannhauser schloss nach kurzer Verlängerung am 3. Januar 1912 und wanderte von München weiter nach Köln. Bereits am 12. Februar eröffnete der Redaktionskreis unter dem Titel *Schwarz-Weiß* die zweite Schau, die nur Arbeiten auf Papier zeigte und dieses Mal in der Kunst- und Buchhandlung von Hans Goltz in der Brienner Straße 8 stattfand. Beteiligt waren hier auch Alfred Kubin und Paul Klee, den die Gruppe gerade kennengelernt hatte.[117]

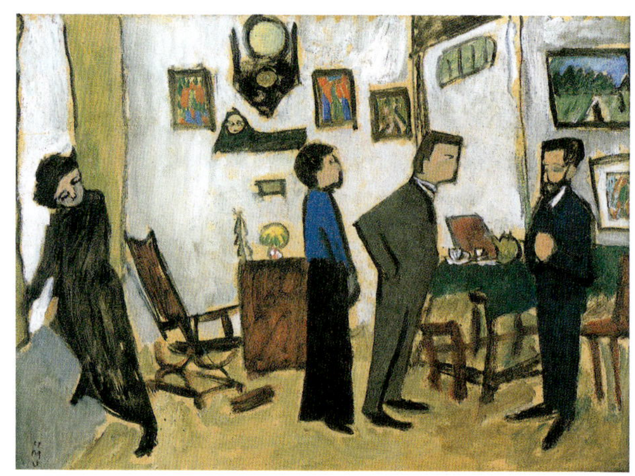

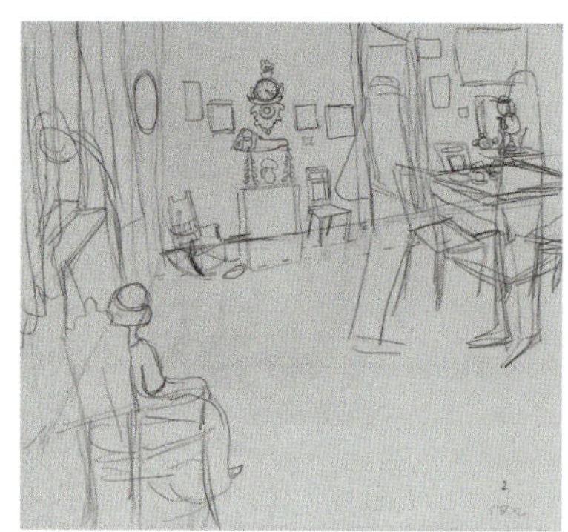

Eine weitere Ausstellung fand nicht statt. Der Almanach erschien erst im Mai, zu dem anvisierten Folgeband kam es wegen finanzieller Probleme nicht mehr, im Frühjahr 1914 zog Kandinsky sich schließlich zurück, was das Ende der Redaktion des *Blauen Reiter* bedeutete. Schon kurz nach Schließung der ersten Münchner Schau war es innerhalb der Gruppe zu ernsthaften Verstimmungen gekommen. Auch aus den seitenlangen Briefen der beteiligten Personen wird deren Ursache nicht recht klar, viele Kleinigkeiten kamen wohl zusammen. August Macke, der die Ausstellung nach Köln vermittelt und erst dort im Gereonsklub gesehen hatte, war wenig begeistert, fühlte sich von den Reden über den »Beginn des großen Geistigen« abgestoßen, vor allem aber von dem veränderten Verhalten seines Freundes Franz Marc und dessen »blinder« Begeisterung für Kandinsky.[118] Diese Beobachtung traf sicher zu, denn für Marc war der ältere Russe mit seinen schöpferischen Visionen der Gott am Kunsthimmel, um dessen Gunst er sich leidenschaftlich bemühte und dabei keinen Nebenbuhler duldete, schon gar nicht eine Frau. So reagierte er zunehmend eifersüchtig auf Gabriele Münter und ihre Nähe zu Kandinsky, aus der

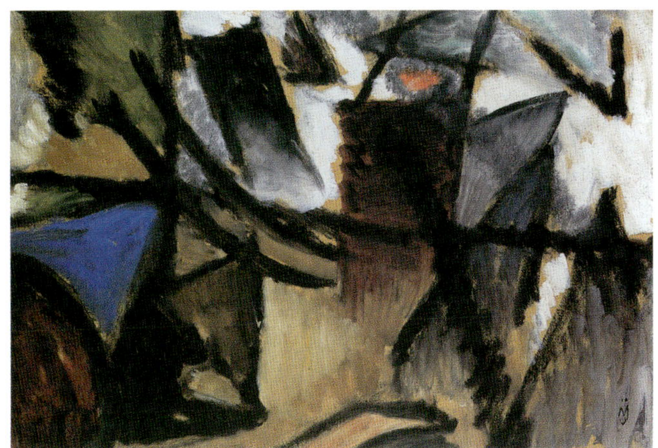

heraus sich seine wütenden Attacken gegen sie durchaus erklären – auch wenn ihr nicht immer verbindlicher, bisweilen schroffer Umgangston sicher zu dem Zerwürfnis beigetragen haben mag. Noch nach dem ersten Treffen mit Kandinsky am Silvesterabend 1910 hatte Marc begeistert an seine spätere Frau Maria Franck geschrieben, wie »völlig gefangen von diesem feinen innerlich vornehmen Menschen« er gewesen sei. »Daß *den* die kleine Münter [...] ›glühend‹ liebt, das kann ich ganz begreifen«.[119] Diese gönnerhafte Haltung des jüngeren Kollegen wird die Künstlerin wohl im Lauf der kommenden Monate immer deutlicher gespürt haben. Er behandle sie »wie einen Stuhl« und habe sich ihr gegenüber »ganz besonders merkwürdig« verhalten, rügte Kandinsky ihn am 20. März 1912 – ein Brief, in dem auch sein aufgestauter Unmut über Marc zum Ausbruch kommt. Er selbst sei sehr irritiert über den veränderten, »kalten« Ton. Gabriele Münter zog sich zurück, fühlte sich übergangen und durch Marcs Kritik an ihren neuen Bildern auch als Künstlerin missachtet. In einem wütenden Brief acht Tage später an Macke bezeichnete Marc sie gar als »dieses Frauenziefer«, das er »direkt kaputt schlagen« könne.[120] Man versöhnte sich schließlich, zumindest äußerlich, und Kandinsky und Marc arbeiteten weiter zusammen. Vor dem Hintergrund dieses unerfreulichen Zerwürfnisses setzte sich Gabriele Münter Anfang April 1912 erneut mit Figuren im Interieur auseinander und versuchte für die Darstellung die »richtige« Form zu finden.

Es war nach dem Gemälde *Nach Tisch* erst das zweite Mal, dass sie sich mit diesem Bildthema beschäftigte. Nur handelte es sich jetzt nicht um die Murnauer Essecke, sondern um das Münchner Wohnzimmer mit Teetisch. Dabei ist die Einrichtung des Raumes mit der auffälligen Uhr exakt wiedergegeben, wie einige Fotografien zeigen. Die größte künstlerische Herausforderung bestand bei diesem neuen Erinnerungsbild darin, dass hier – im Gegensatz zu dem Gemälde von 1909/10 – nicht nur vier statt zwei Personen in eine Beziehung zu setzen waren, sondern auch das sich dadurch verändernde Verhältnis von Figur und Raum definiert werden musste. Wie das überraschende Ergebnis nach einem langwierigen Prozess zeigt, führte die Suche zu keinem die Künstlerin wirklich befriedigenden Ergebnis. Dargestellt ist in dem Gemälde *Nach dem Tee* der Besuch des Kunsthändlers Hans Goltz, in dessen Galerie die zweite Ausstellung des *Blauen Reiter* mit den Arbeiten auf Papier bis zum 2. April stattgefunden hatte. Der Galerist kam mit seiner Frau und deren Freundin.[121] Wie üblich gingen der Malerei flüchtige, von den Anwesenden meist gar nicht bemerkte Notate ins kleine Skizzenbuch voraus. Es folgten insgesamt zehn großformatige Vorzeichnungen, darunter eine auf den 5. April 1912 datierte [Abb. 61]. In ihnen veränderte Gabriele Münter die Personenkonstellationen in der gleichbleibenden Raumansicht immer von Neuem und fand keine Lösung, im Gegensatz zu dem Gemälde von Erma Bossi und Kandinsky, in dem die Figurenkomposition gleich mit der ersten Zeichnung »stimmte«. Dementsprechend malte sie das Motiv schließlich in zwei Varianten. Das eine, skizzenhafte Bild zeigt Kandinsky und Goltz ins Gespräch vertieft am Tisch, während die Frauen abseits sitzen. Auf dem anderen, detaillierter ausgearbeiteten Gemälde *Nach dem Tee II* stehen alle vier Figuren, die Männer wieder zusammen, die Frauen vereinzelt, nicht einbezogen [Abb. 60]. Aber die »richtige« Form hatte Gabriele Münter auch hiermit nicht gefunden. Nach drei

Wochen intensiver, sicher auch frustrierender Arbeit entschloss sie sich am 25. April 1912 zu einem ebenso radikalen wie überraschenden Schnitt: Sie nahm eine neue Pappe, legte ein schwarzes Liniengerüst an und malte in einem Zug, ohne Zögern und Korrekturen, eine abstrakte Komposition, in deren Linien, Flächen und Farbformen sie das Interieur gleichwohl wie eine schemenhafte Erinnerung an seine einstige Gegenständlichkeit bewahrte [Abb. 62]. Im Prozess der Abstrahierung entfernte Gabriele Münter also nur das, was ihr solche großen Schwierigkeiten bereitet hatte: die Figuren. Der Raum wurde »seiner menschlichen Bewohner beraubt«, nur die Bildstruktur blieb übrig. Wie die Künstlerin später mehrfach betont hat, war es eine ganz bewusst gefasste Entscheidung, »bei der Natur« zu bleiben und nicht – wie Kandinsky – den Weg in die Abstraktion zu gehen. Zugespitzt könnte man vielleicht sogar sagen: Je mehr Kandinsky den Gegenstand auflöste, desto fester wurde ihre Form. Sich direkt auf dieses Gemälde beziehend, schreibt sie 1956: »Aber manches mal, wenn ich mit einer Bildaufgabe nicht gut fertig wurde, erlaubte ich es mir zu ›abstrahieren‹«.[122] In diesem Sinne führten die Auseinandersetzung mit dem Bildmotiv und das Ringen um die Form Gabriele Münter letztendlich bei dem genau datierten Gemälde *Abstraktion* schließlich doch zu einer interessanten malerischen Lösung, auch wenn diese ganz anders ausfiel als geplant. Wer mag, kann in Bezug auf die Konflikte vom März 1912 das Figureninterieur, in dem die Männer sich angeregt miteinander unterhalten, während die Frauen nicht beteiligt sind – steif hinter den beiden stehend die eine, zurückgezogen an der Fensterbank die andere –, als eine Art Sinnbild für die marginale weibliche Rolle im Kunstdiskurs der Moderne betrachten und als Verweis der Künstlerin auf ihre eigene Situation.[123] Genauso übergangen hatte sie sich wohl gefühlt.

Kurz vor dem Zerwürfnis hatte Franz Marc Ende Februar 1912 überraschend ein Telegramm aus Berlin von dem Verleger Herwarth Walden erhalten mit dem Angebot, die *Blaue Reiter*-Kollektion in der Eröffnungsausstellung seiner neuen Galerie zu zeigen, die allerdings bereits 14 Tage später stattfinden sollte. Walden, dessen auch überregional bekannte Zeitschrift *Der Sturm* seit Frühjahr 1910 im eigens dafür gegründeten Verlag erschien, hatte sich gemeinsam mit seiner zukünftigen, zweiten Frau, der Malerin Nell Roslund, entschlossen, auch Ausstellungen zu veranstalten.[124] Eigentlich wollte er nur Bilder Oskar Kokoschkas zeigen, lud dann aber den Künstlerkreis ebenfalls dazu ein. Nun hatten die Münchner ja, wie sie mit ihrer Konkurrenzausstellung bei Thannhauser bewiesen hatten, einige Übung mit kurzfristigen Planungen. Obwohl bis dahin keinerlei Kontakte zum *Sturm* bestanden, sagten sie ihre Beteiligung zu. Aus diesem beiderseitigen Spontanentschluss entwickelte sich in den nächsten Jahren eine äußerst fruchtbare Zusammenarbeit. Der umtriebige neue Galerist schickte nicht nur die Ausstellung zwei Jahre lang auf Wanderschaft, sondern zeigte auch fast alle *Blaue Reiter*-Künstler in großen Einzelkollektionen. Mit Walden erhielten die oftmals angefeindeten Künstler der Avantgarde einen engagierten Kämpfer für ihre Sache und zudem einen Galeristen, der ihre Werke nicht nur ausstellte, sondern auch verkaufte. Die deutlich erweiterte Münchner Schau, darunter Paul Klee sowie die »Giselisten« Marianne von Werefkin und Alexej Jawlensky, wurde am 12. März 1912 in der Gilka-Villa in der Tiergartenstraße eröffnet. Bis Mai 1913 veranstaltete Walden danach 13 Ausstellungen in der Königin-Augusta-Straße 51, darunter im Oktober eine von Kandinsky und im darauf folgenden Januar von Gabriele Münter. Danach wurde das Haus in der Potsdamer Straße 134a zum ständigen Domizil und berühmten Zentrum der *Sturm*-Bewegung. Hier befanden sich unter einem Dach sowohl Galerie, Redaktion und Verlag als auch die Wohnung des Ehepaares Walden.

Ebenfalls im März 1912 schickte Gabriele Münter *Kandinsky und Erma Bossi am Tisch*, ihre große, zweite Fassung von dem Gemälde *Nach Tisch*, die sie gerade fertiggestellt hatte, nach Paris zum Salon des Indépendants. Den Sommer verbrachten die beiden wieder gemeinsam in Murnau. Wann genau in diesem Jahr Kandinsky das schöne Porträt der Künstlerin in der Ainmillerstraße fotografierte, ist nicht bekannt [Abb. 48, S. 97]. Möglicherweise entstand es, kurz bevor er Anfang Oktober wieder zu seiner jährlichen Reise nach Russland aufbrach. Die Aufnahme zeigt Gabriele Münter in ihrem Arbeitszimmer in einer eleganten Seidenbluse mit kostbarem Spitzenjabot und schmalen langen Ärmeln, deren Spitzenbesatz ihre schönen Hände betont. Ohne ein Lächeln, ernst und stolz blickt sie in die Kamera. »Früher meinte ich immer, ich wäre häßlicher als andere Leute, jetzt sehe ich, daß ich passabel bin.« Diesen Satz schrieb Gabriele Münter mit dem Zusatz, jahrelang schon hätte sie gern eine gute Fotografie von sich, zwar erst 1926 in ihr Tagebuch.[125] Aber bereits diese Aufnahme erfüllte den Wunsch aufs Beste. Es ist das Porträt einer Künstlerin, die sich ihrer Profession und des Wertes ihrer Arbeit ganz bewusst ist.

Am 2. Oktober 1912 wurde in der *Sturm*-Galerie Kandinskys erste große Einzelausstellung eröffnet. Auf dem Weg nach Russland fuhr der Künstler von München aus vier Tage später zunächst nach Berlin, um Walden zu treffen, den er bis dahin noch nicht persönlich kannte. Bei dieser Zusammenkunft kam auch der Plan einer Münter-Ausstellung zur Sprache, wie aus einer Postkarte hervorgeht: »Vieles besprochen. W. besucht dich Anfang November. Deine Collektion im Prinzip

63 Plakat zur Ausstellung
in der Sturm-Galerie Berlin, 1913

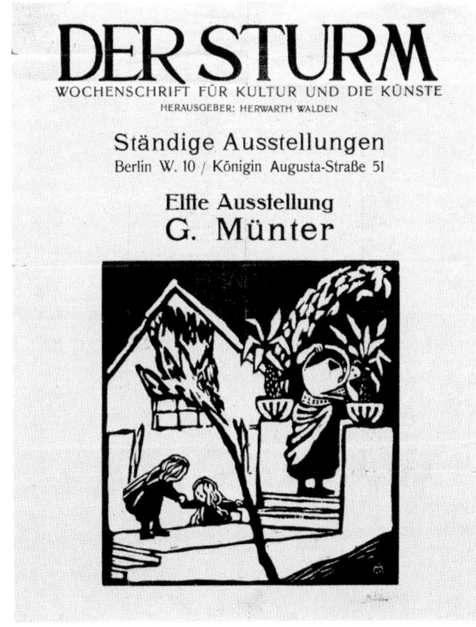

genommen.« Sie war erfreut und schrieb dankbar postwendend: »Du hast gut gewirkt auf ihn – wie viel Verstand u. Gefühl hat er?« Das weitere Geschehen erschließt sich aus den Briefen nach Russland und aus der Korrespondenz mit Walden. Am Sonnabendvormittag, dem 26. Oktober, besuchte Walden, der zum Aufbau seiner Futuristen-Ausstellung bei Thannhauser eine Woche in München war, Gabriele Münter in der Ainmillerstraße. Abends gab sie ein Essen, zu dem auch das Ehepaar Marc kam. Sonntags war der Galerist abermals bei Gabriele Münter, und sie zeigte ihm viele Arbeiten. »Er ist sehr nett u. gefällt mir gut – nur ein *bischen* süß ist er gegen mich«, schreibt sie an Kandinsky. Er, Walden, habe ihre Arbeiten sehr und »ehrlich« gelobt. »Er sagte gelb habe er nie in solcher Vollendung gesehen, wie bei mir. Meine Persönlichkeit wäre für ihn übrigens dieses warme gelb.« Jedenfalls sei ihre *Sturm*-Ausstellung mit anschließender Wanderung für Januar verabredet, und sie würde sich ab jetzt von ihm vertreten lassen. »Es sieht so aus, als wenn ich ihm sympatisch bin.« Sie half dann beim Hängen der »Futuristen«, gemeinsam mit den »Giselisten«, zu denen es inzwischen wieder einen guten Kontakt gab, und Paul Klee. Ende November gratulierte sie Nell und Herwarth Walden zu ihrer Heirat.[126]

Während seines Besuchs hatte der Galerist Gabriele Münter auch gebeten, umgehend einige Holzschnitte anzufertigen. Es gehörte inzwischen zu den Galerieprinzipien, für die Ausstellungen intensiv in der Zeitschrift zu werben, und zwar mit Originalgrafiken der jeweiligen Künstler. Sie schuf in kurzer Zeit fünf Schwarz-Weiß-Holzschnitte: *Bauarbeit, Blumengießen, Neujahrswunsch 1913, Bauernfamilie* und *Habsburger Platz*. Schon in der ersten Novemberwoche war sie fertig und schickte, wie Walden es wünschte, die Holzstöcke nach Berlin. Vier Jahre waren seit der intensiven Beschäftigung mit dem Holzschnitt vergangen, aber die Arbeiten lassen erkennen, dass sie nichts verlernt hatte. Auffällig gegenüber den schwungvollen Vorstudien ist in den Grafiken ein vereinfachender, naiv anmutender Stil, der den Vorstellungen des *Blauen Reiter* nach dem Echten und Wahrhaftigen in der Kunst entsprach, die Walden damals teilte. Die erste Grafik erschien noch im November als *Sturm*-Titelbild in der damals wöchentlich

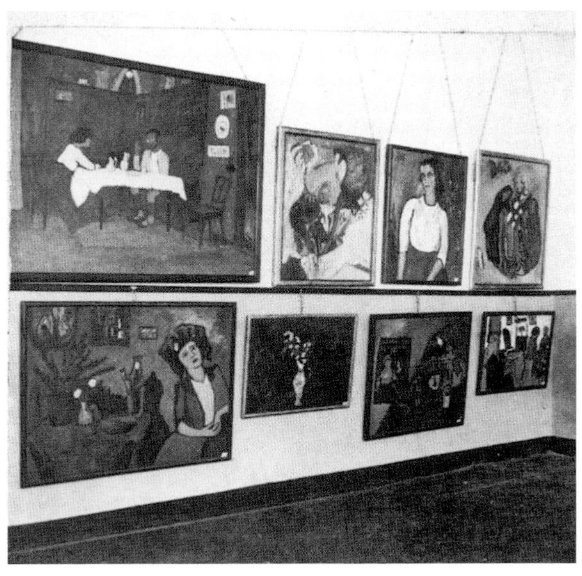

64 Ausstellung im
Neuen Kunstsalon, München, 1913

herausgegebenen Zeitschrift, die zweite folgte auf der letzten Innen-
seite im Dezember und diente gleichzeitig als Ausstellungsplakat, das
rückseitig mit der Werkliste bedruckt war [Abb. 63].[127] Gabriele Münter
hat das Gartenmotiv mit seiner auffälligen Diagonale sehr sorgfältig
mit zahlreichen Skizzen und Entwürfen in Tusche und Bleistift vorbereitet, bis es ihren Vorstellungen entsprach. Wie für Kandinsky war
es auch für sie die erste große Einzelausstellung in Berlin. Sie war als
Retrospektive angelegt und versammelte 84 Arbeiten von 1904 bis
1913. An der Eröffnung am 6. Januar 1913 nahm die Künstlerin, wie das
von Nell Walden ab diesem Jahr geführte Gästebuch zeigt, nicht teil.
Aber im Juli, während des Besuchs bei ihrer Schwester, war sie bei den
Waldens eingeladen und trug sich mit »München, 21. Juli 1913« in das
Buch ein.[128]

Eines der Plakate verwendete Gabriele Münter dazu, die rückseitige
Werkliste mit handschriftlichen Anmerkungen zu Verkaufspreisen und
Besitzern zu versehen sowie mit Notizen zu der geplanten zweiten

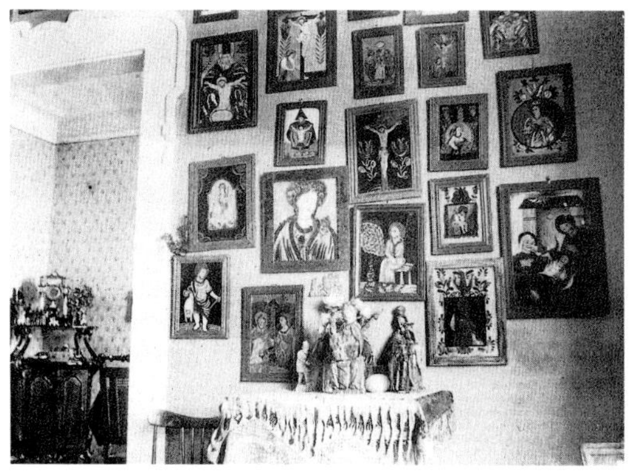

Ausstellungsstation in München. Das Plakat ist nicht nur ein wichtiges historisches Dokument, sondern seine Verwendung zeigt auch, wie praktisch und gleichzeitig ökonomisch die Künstlerin arbeitete. Walden nahm aus der Berliner Schau etwa zwanzig Bilder für eine Ausstellung in Kopenhagen heraus, und in der verkleinerten Form wanderte die Kollektion in die bayrische Hauptstadt, in der der Galerist Max Dietzel mit ihr Ende März 1913 in der Prannerstraße 13 seinen Neuen Kunstsalon eröffnete. Auch hier, in München, war es Gabriele Münters erste Einzelpräsentation. Das Katalogfaltblatt ziert auf der Vorderseite ihr Holzschnitt nach dem Gemälde *Das gelbe Haus* und hinten die schöne Vignette der Murnauer Villa [S.100]. Es gibt zwei Fotografien von der Ausstellung, mit denen die Künstlerin die Hängung der Stilleben, Interieurs und Porträts dokumentierte [Abb.64]. Erkennbar ging es ihr bei der Präsentation darum, sowohl die Stilvielfalt zu verdeutlichen als auch das Hauptwerk *Kandinsky und Erma Bossi am Tisch* hervorzuheben. Dazu gruppierte sie die in zwei Reihen ober- und unterhalb einer umlaufenden Paneelleiste angeordneten Bilder um das große, repräsentative Figurenstück herum.[129] Die Fotografie zeigt oben rechts das *Stilleben im Kreis* von 1911, nach dem sie

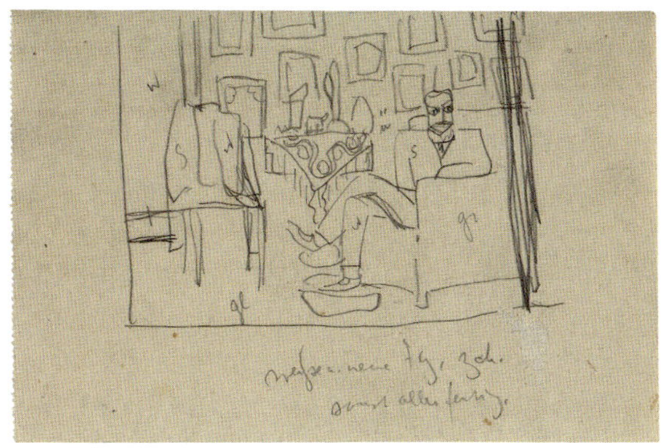

66 Entwurf zu:
Mann im Sessel, um 1913

den »naiven« Entwurf für ein Plakat anfertigte, und darunter das im April 1912 gemalte Interieur *Nach dem Tee II*.

Seit 1903 waren Gabriele Münter und Kandinsky ein Paar. Seine Ehe war bereits 1911 geschieden worden, aber die versprochene »Legalisierung« ihrer beider Beziehung durch Heirat betrieb der Gefährte gleichwohl nicht konsequent. Sein Zögern stellte für die Künstlerin zunehmend ein Problem dar, vor allem auch ihren Verwandten gegenüber, die seit Jahren zu einer Eheschließung drängten, hauptsächlich wegen des bürgerlichen Status von Ehe und Familie. Immer wieder sah sie sich den Geschwistern gegenüber in einer Rechtfertigungsrolle. Das Thema betreffend, schrieb sie im Juli 1913 nach Russland, wohin Kandinsky dieses Mal bereits im Sommer gereist war: Vielleicht habe er ja gute Gründe gegen das Heiraten, aber eigentlich sei »es doch nur eine Form, die durch unser Leben bedingt wird u. wenn sie auch lästig ist – es ist doch richtig da wir nun einmal in solchen Zuständen u. unter solchen Menschen leben, daß wir diese Form mitmachen – wenn auch spät«. Vor dem Hintergrund ihrer direkten Art und Lebenshaltung, mit der sie Konventionen sehr kritisch betrachtete oder ablehnte, erscheint diese Einstellung plausibel. Denn der Grat zwischen gesellschaftlicher Anerkennung und Ablehnung war damals sehr schmal für eine ledige Frau in »wilden Verhältnissen« – viel mehr als für einen Mann. Sie hatte es einfach satt, die »kleine Münter« und das »Fräulein« zu sein, wollte mit ihm reisen und im Hotel »legal« und nicht heimlich (wenn überhaupt) zusammenwohnen, ohne Angst vor der Polizei bei der Anmeldung, wollte einfach in diesem Punkt die bürgerliche Sicherheit von Trauschein und Ehe.[130] Das aber blieb ein Wunsch. Noch Jahrzehnte später, in der patriarchalisch geprägten, bundesrepublikanischen Nachkriegszeit, sollte sie immer wieder daran erinnert werden, dass eben nicht sie das »Recht auf den Titel« hatte, sondern eine ganz andere Frau: Nina Kandinsky, die der einstige Gefährte 1917 in Moskau geheiratet hatte.

Anfang Juli 1913 war Kandinsky wieder über Berlin nach Russland gereist, um mit dem *Sturm*-Galeristen die weitere Organisation einer Ausstellung zu besprechen, die bereits Anfang März während eines Besuchs von Nell und Herwarth Walden in München und Sindelsdorf verabredet worden war. Die Planung des gewaltigen Unternehmens trug deutlich konspirative Züge, galt es doch, in Konkurrenz zu dem verhassten Widersacher, dem mächtigen Berliner Kunsthändler Paul Cassirer, zu treten. Die Eröffnung dieser internationalen Kunstausstellung nach dem Vorbild des Pariser Salon d'Automne, die unter ihrem Namen *Erster Deutscher Herbstsalon* als paradigmatisches Dokument der frühen Avantgarde in die Kunst- und Kulturgeschichte einging, fand am 20. September statt.[131] Kandinsky, gerade aus Russland zurück, und Gabriele Münter, Maria und Franz Marc sowie – extra angereist aus Paris – Sonia und Robert Delaunay nahmen neben vielen anderen an dem festlichen Ereignis teil. Etwa neunzig Künstler aus zehn Ländern zeigten in dem 1200 Quadratmeter großen Saal über 350 Arbeiten aller Kunstgattungen. Gabriele Münter – eine von sieben Künstlerinnen – war mit sechs repräsentativen Gemälden ausgezeichnet vertreten. Eines der Bilder beeindruckte Walden ganz besonders: ihr rosafarbenes Stilleben mit der schwarzen Maske, das sie noch nicht in ihrer Berliner *Sturm*-Ausstellung gezeigt hatte, sondern erstmalig im März bei Dietzel in München [S.117]. Der Galerist war so angetan von dem hervorragenden Gemälde mit seinen delikaten Farben, dass er es

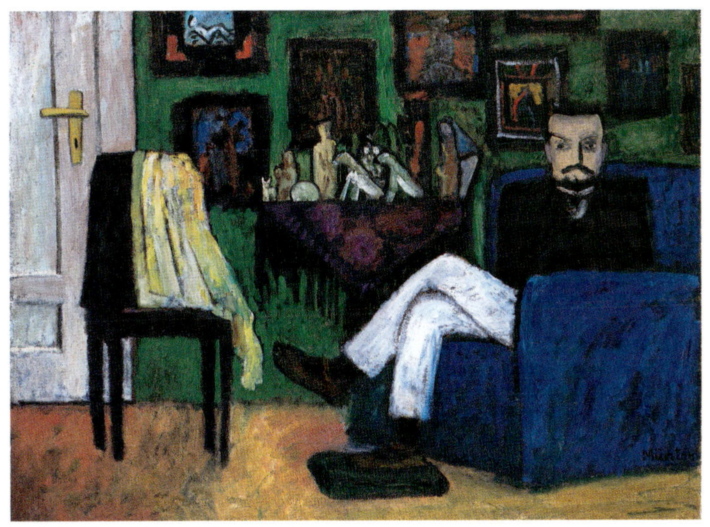

67 Mann im Sessel
(Paul Klee), 1913

im Katalog abbildete und später sogar eine *Sturm*-Postkarte davon drucken ließ. Die Künstlerin stellte im Herbstsalon auch ein ganz neues, gerade entstandenes figürliches Interieur aus, ein weiteres Erinnerungsbild, gemalt erst im Frühjahr in der Ainmillerstraße. Das großformatige Gemälde *Mann im Sessel* zeigt Paul Klee, den nach der *Schwarz-Weiß*-Ausstellung zum Freund gewordenen Künstler und gern gesehenen Gast. Er sitzt in ihrem Arbeitszimmer vor der Wand mit den Hinterglasbildern und dem Madonnen-Tischchen, ein stimmungsvolles Arrangement, das Gabriele Münter natürlich auch fotografiert hat [Abb. 65]. 1952, anlässlich des Ankaufs des Gemäldes durch die Bayerischen Staatsgemäldesammlungen, schrieb Gabriele Münter für die Zeitschrift *Die Kunst und das schöne Heim* einen kurzen, aber sehr aufschlussreichen Text über die Entstehung des Bildes und ihre Arbeitsweise: »Einmal – es war 1913 – als die ersten warmen Tage kamen, erschien Paul Klee in der weißen Hose, die wir als Zeichen des Sommers fröhlich begrüßten. Als er in meinem Denksessel saß und sich mit Kandinsky unterhielt, sah ich plötzlich ihn im Zimmer und das

129

Zimmer mit ihm ganz bildhaft. Ich nahm mein kleines Skizzenbuch, das ich immer zur Hand habe, und machte schnell und unbemerkt eine Notiz. Die weiße Hose stand im Mittelpunkt des Bildes, und der Mann war in lauter Rechtecken mit dem Sessel und den Bildern an der Wand verwachsen. Von seiner Stirn rechts im Bild bis zur Türklinke links schwang ein großer Bogen, und bis in Einzelheiten klangen alle Formen wundersam zusammen.«[132] Durch die erste, spontane Skizze und die folgenden Zeichnungen wurde also das im Kopf bereits fertige Bild nur noch fixiert, bis es in der Erinnerung so fest verankert war, dass es lediglich auf die Leinwand übertragen werden musste, ohne Korrektur »in einem Zug«. Meistens brauchte es für diesen Prozess mehrerer Zeichnungen, bei diesem Gemälde aber genügte eine einzige Skizze [Abb. 66]. Und diese »Notiz« ist mindestens so interessant wie das fertige Ölbild, unterscheidet sie sich doch von früheren, meist zarten, feingliedrigen Vorstudien durch einen ungewohnt zügigen, ganz sicheren und freien, wie hingeworfenen Strich. Deutlicher als andere zeigt diese Skizze den Weg, auf dem Gabriele Münter ihr zeichnerisches Talent weiterentwickeln wird, hin zur »Meisterin der reinen Linie«.[133]

Wie so oft weist auch dieses Gemälde kleine, aber entscheidende Veränderungen auf [Abb. 67]. Diese betrafen aber, anders als bei *Nach Tisch*, nicht die Komposition, sondern eine von der Realität abweichende farbige Gestaltung. Denn in Wirklichkeit war die Tapete grau, wie sich Gabriele Münter noch 1952 erinnerte. Auch der Sessel hatte diese Farbe, wie nicht nur aus ihrem Text, sondern ebenso aus der Skizze hervorgeht, auf der sie wie fast immer bei ihren Entwurfszeichnungen die Farbwerte kurz notierte, in diesem Fall »gr« für Grau. In ihrer »Erinnerung« schreibt sie dazu: »Frei und nach eigenem Gesetz ist das Bild entstanden, gestützt auf meine Bleistiftskizze und geschöpft aus der Palette. Nach dem Naturanblick habe ich mich nicht mehr gerichtet. Das ›Modell‹ fehlte im Sessel, und die Atelier-Tapete, die ich vor mir hatte, war in Wirklichkeit grau, der Sessel auch. Statt dessen hat im Bild wie von selbst die Wand das geheimnisvolle Grün und der Sessel das schwere Ultramarin bekommen.« Wieder einmal verwendete die Künstlerin damit jenen fulminanten und geliebten Farbakkord, den sie um 1908/09 in dem Stilleben *Äpfel auf Blau* zum ersten Mal visualisiert hatte [S. 74]. Die Farben verwandeln das Gemälde, in dem sie nicht zuletzt mit Glasbildern und volkstümlichen Madonnen auch der Zeit des *Blauen Reiter* gedachte. Noch einmal hat Gabriele Münter dem 1909 im Gründungszirkular der *Neuen Künstlervereinigung* formulierten Credo von der künstlerischen Synthese aus äußeren Eindrücken und inneren Erlebnissen in einem Werk gültige Gestalt verliehen.

Das große gemeinsame Interesse an der Entstehung eines Bildes in allen seinen Facetten und am künstlerischen Prozess unter Einschluss der Fotografie bildete zwischen Gabriele Münter und Wassily Kandinsky vom Beginn der Beziehung an ein geistiges Band, das vielleicht mehr als alles andere ihr künstlerisches Miteinander charakterisierte. Diese Anteilnahme am Werk des anderen erreichte im November 1913 einen ungewöhnlichen Höhepunkt. So wie die Künstlerin im Frühling dieses Jahres in dem einzigartigen Gemälde *Mann im Sessel* für sich ihre künstlerische Entwicklung in einem Bild zusammengefasst hatte, dokumentierte sie jetzt mit ihrer Kamera die Bildwerdung von Kandinskys abstraktem Hauptwerk, der *Komposition VII*, die in nur vier Tagen Ende November in der Münchner Wohnung entstand – ein sehr intimer Akt, der nicht nur von der engen Zusammenarbeit des Künstlerpaares, sondern von Vertrauen und Liebe zeugt.[134] Mit der Trennung von Kandinsky sollte Gabriele Münters Interesse an der Fotografie erlöschen. Auch deshalb erscheint diese einzigartige Dokumentation im Rückblick wie ein Abschluss, ja Abgesang auf die gemeinsame Zeit, die bald schon vorbei sein würde.

Der Krieg zerriß 1914 unseren
Kreis. Von 1915–1920 lebte ich
in Skandinavien, hatte dort
für mich allein große künstlerische Erfolge, verlor aber die
Fühlung mit dem Kunstleben
in Deutschland. Als ich zurückkehrte, blieb ich fremd und
rührte mich kaum, wieder zur
Geltung zu kommen. Auf meinem Wanderleben in Pensionszimmern wurde auch nicht
viel aus dem Malen, dafür
pflegte ich in dem Jahrzehnt
von 20–30 in aller Stille die
Zeichnung in meinem
Skizzenbuch.

Gabriele Münter, 1948

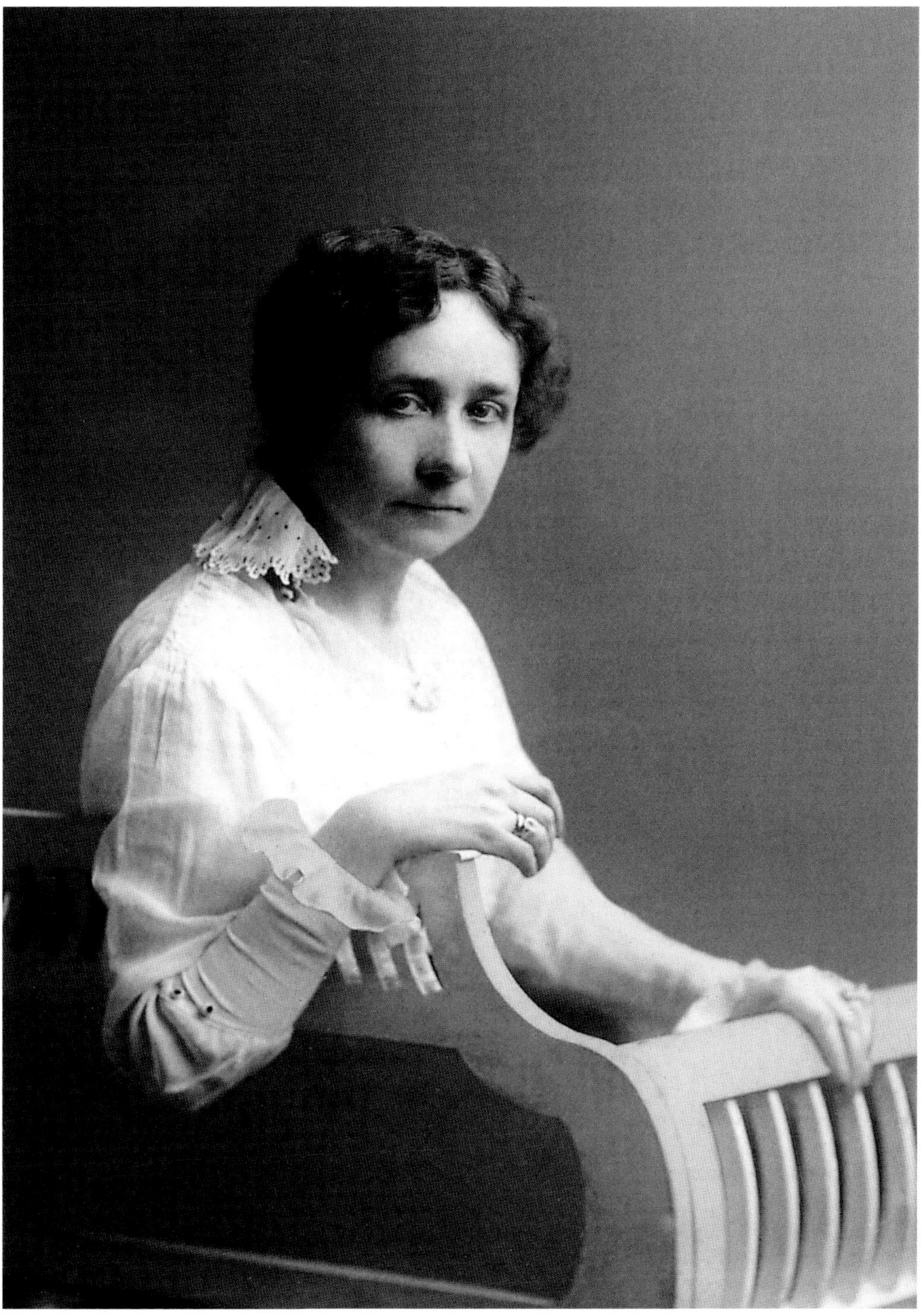

68 Anonym,
Gabriele Münter in Stockholm, 1917

SKANDINAVISCHER STIL
UND PORTRÄTZEICHNUNG
1915–1928

Am 28. Juni 1914 wurde der österreichische Thronfolger Franz Ferdinand in Sarajevo ermordet. Das Attentat lieferte den willkommenen äußeren Anlass für den Beginn des Ersten Weltkriegs, den Wilhelm II. und seine Generäle für notwendig hielten, weil das Kaiserreich damit zur Weltmacht aufsteigen würde. Am 28. Juli erklärte Österreich-Ungarn Serbien den Krieg, der Generalmobilmachung Russlands folgte am 1. August die deutsche Kriegserklärung an das Zarenreich und am 3. August an Frankreich. Über Jahre gewachsene kulturelle Beziehungsgeflechte waren gleichsam über Nacht zerrissen, und in allen beteiligten Ländern gab es plötzlich viele »feindliche Ausländer«. Zu ihnen gehörte Kandinsky, den die Nachricht vom Kriegsbeginn in Murnau erreichte, wo er mit Gabriele Münter die Sommermonate verbrachte. Sofort kehrten die beiden nach München zurück, um von dort aus bereits am 6. August gemeinsam in die Schweiz zu reisen. Ende November fuhr der Künstler von Zürich aus auf abenteuerlichen Wegen nach Russland, während Gabriele Münter erst im Januar 1915 wieder nach München zurückkehrte, die gemeinsame Wohnung in der Ainmillerstraße auflöste und auch ihr Haus in Murnau für eine lange Abwesenheit herrichtete, um dann ins neutrale Skandinavien aufzubrechen. Denn die beiden hatten vereinbart, sich dort im

Sommer zu treffen. Bei dieser Entscheidung spielten vor allem die sehr guten Kontakte ihres Galeristen Herwarth Walden nach Schweden und Dänemark eine Rolle, wo beide bereits durch *Sturm*-Ausstellungen bekannt waren. Das alles geschah von Gabriele Münters Seite zielstrebig und mit großer Selbstverständlichkeit, die von niemandem, auch von Kandinsky nicht, in Frage gestellt wurde. Aber so selbstverständlich, wie es scheint, war ihr Tun keineswegs. Denn für die 38-jährige Künstlerin gab es als Deutsche keinen Anlass zur Emigration, sie war nicht verheiratet mit dem russischen »Feind«, zudem gehörte ihr das Murnauer Anwesen, in dem sie hätte wohnen können, um auf das Kriegsende und auf Kandinsky zu warten. Aber Gabriele Münter hielt an der Beziehung fest, glaubte mehr denn je an seinen Schwur, sie zu heiraten, und an ihre »Gewissensehe«, obwohl Kandinsky bereits in der Schweiz die gemeinsame Lebensgemeinschaft für beendet erklärt hatte. Allerdings war dies in den vergangenen Jahren schon so oft geschehen, wie also sollte sie es jetzt, in dieser existentiellen Situation, glauben, zumal er ihr gleichzeitig erneut die Eheschließung »hoch und heilig« versprach?[135] Schon einmal, 1904, war sie mit Kandinsky in eine ungewisse Zukunft aufgebrochen und hatte mit ihm ein jahrelanges, unstetes Wanderleben geführt. Gleiches tat sie auch jetzt und verließ Deutschland.

Obwohl es »so schön« in Murnau gewesen sei, habe sie keine Ruhe gehabt, sondern sei so schnell es nur ging, wieder nach München gefahren, schrieb Gabriele Münter im Mai 1915 an Maria Marc: »Räumen Räumen Packen Packen – Ende der Woche kommen die Möbel zum Spediteur und ich fahre zuerst nach Berlin. Dann voraussichtlich Stockholm – oder zuerst Kopenhagen, wenn ich Zeit habe bis Kandinsky kommt. Bekam heute Telegramm – wenigstens daß er gesund ist weiß ich jetzt.«[136] Und kurz vor der Abreise aus Berlin am 3. Juli berichtet sie in einem weiteren Brief, dass ihre Schriftstücke und Notizen bereits versiegelt und gestempelt auf dem Weg seien und sie sich freue auf Skandinavien. Davon, dass sie sich auf eine längere Abwesenheit einrichtete, zeugten auch eine Bildersendung jüngerer Arbeiten nach Stockholm, die Herwarth Walden für sie abschickte, und nicht zuletzt ihr Eintrag ins Gästebuch anlässlich des Besuches in der Potsdamer Straße 134a. Neben ihren Namen schrieb sie: »Europa, 12. Juni 1915«. Ganz in diesem Sinne notierte Gabriele Münter zwei Jahre später in Stockholm in ihrem kleinen Damenkalender: »Ich lebte im Prophetenstand – jetzt bin ich Weltkind geworden.«[137] Unter den neuen, ihr sehr wichtigen Bildern befand sich auch eine Serie mit neun, von ihr als »unbeschreibbare Form- und Farbenstudien ohne Gegenstände« bezeichneten, abstrakten Studien, die vermutlich gerade erst im März in München in rascher Folge entstanden waren.[138] Gemalt vielleicht in Erinnerung an den fernen Lebensgefährten und als ein Zeichen der inneren Verbundenheit. So, gleichsam in der Abstraktion, konnte sie sich ihm ganz besonders nah fühlen.

Immer wieder einmal in den vergangenen Jahren hatte sie solche Studien angefertigt, und zwar nicht nur, wenn sie mit einem gegenständlichen Motiv Schwierigkeiten hatte wie 1912 mit dem Interieur *Nach dem Tee,* sondern auch ganz frei, gleichsam als spielerische Fingerübung [S. 119]. In einem dieser auf Pappe gemalten Bilder, lapidar bezeichnet mit *Abstrakte Studie,* griff Gabriele Münter das Motiv der Kreisform, das sie bereits 1911 im *Stilleben im Kreis* beschäftigt hatte, wieder auf [Abb. 69]. Das runde Formgebilde, aus dem wie das Auge eines Zyklopen ein schwarzer Punkt blickt, dominiert als dramatisches Kraftzentrum die von den schwarzen Bahnen des zugrunde liegenden Zeichengerüstes durchschnittene Bildfläche. Hell leuchtende Farben in Blau, Gelb, Zinnoberrot und Violett, die zum Rand hin verblassen, betonen die gewaltige Hauptform zusätzlich. Sie stehen ganz im Zeichen jenes neuen Stils, mit dem die Künstlerin um 1912 den *Blauen Reiter,* seine hochgespannte Innerlichkeit und religiöse Mystik hinter sich gelassen hatte.

Bei ihrem Besuch in Berlin hatte Walden von der gerade beendeten, ersten deutschen Ausstellung der schwedischen Expressionisten in seiner *Sturm*-Galerie erzählt. Darunter war auch das Ehepaar Isaac Grünewald und Sigrid Hjertén, das Gabriele Münter bald schon kennenlernen sollte.[139] Von Kopenhagen aus, wo sie vergeblich auf Nachricht von Kandinsky wartete, fuhr Gabriele Münter Mitte Juli 1915 nach Stockholm und fühlte sich dort sofort heimisch. Am Stureplan im Herzen der Stadt mietete sie ein helles Pensionszimmer bei der freundlichen Louise Palm. Bereits am Einzugsabend notierte sie: »Mir scheint so was schönes, famoses sympathisches wie Stockholm habe ich noch nicht gesehen. Wie von einem besseren Stern.«[140] Die kleine Wohnung wurde nicht nur mit den persönlichen Gegenständen, die sie nach und nach um sich versammelte, in Besitz genommen, sondern mehrfach auch mit Bleistift und Pinsel in der Erinnerung verankert. So zeigt etwa eine flotte Zeichnung im Skizzenbuch ein behagliches Interieur mit Sessel und Truhe, einer Spiegelkommode und dem Arbeitstisch vor dem mit luftigen Gardinen gerahmten Fenster, Bilder hängen an den Wänden, und überall finden sich die kleinen Dinge arrangiert, mit denen die Künstlerin das Zimmer in ihr neues Zuhause verwandelte. Im Frühjahr 1916 zog ein neuer, typisch schwedischer Gast bei der leidenschaftlichen Sammlerin am Stureplan ein: ein weißes, aus Holz geschnitztes, rundliches Pferdchen, ein »Dalahäst«, benannt nach der Provinz Dalarna, in der diese folkloristischen Figuren angefertigt werden.[141] Sie verewigte das entzückende, über und

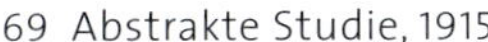

69 Abstrakte Studie, 1915

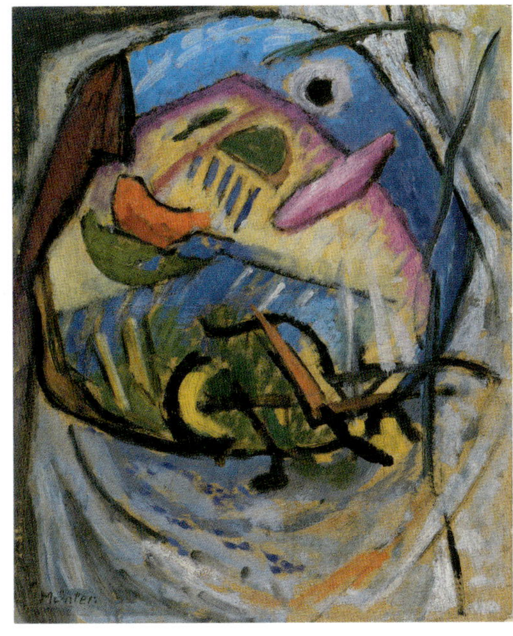

über bunt bemalte Kinderspielzeug auf einem Aquarell inmitten von kleinen Vasen mit Frühlingsblumen, gelben Primeln und blauen Veilchen [Abb. 70]. Wenig später malte sie ein Stilleben, auf dem ebenfalls das kleine Dalapferd dargestellt ist, gemeinsam mit einem weißen, gelb-orange gefleckten Keramikhund. Auch diese Figur, ein typisch englischer »Kaminhund«, der sich seit dem 19. Jahrhundert überall in Europa großer Beliebtheit erfreute und die verschnörkelten Kaminaufsätze in den bürgerlichen Salons zierte, taucht hier zum ersten Mal im Bildrepertoire der Künstlerin auf. Vielleicht hatte sie ihn gerade erworben oder geschenkt bekommen.[142] Der drollige Hund jedenfalls, der sich nun auf einem schlichten hölzernen Wandbord in Gabriele Münters kleinem Zimmer wiederfand, blickt von diesem keineswegs standesgemäßen Platz genauso aristokratisch-versnobt herab, als säße er auf einer großartigen Marmorkonsole [Abb. 71]. Gerade die versteckte Ironie dieses Gegensatzes mag die Künstlerin gereizt haben. Durch die raffinierte Untersicht verstärkte sie diesen Effekt noch, so dass die beiden Figuren von eigentlich geringer Dimension vor der

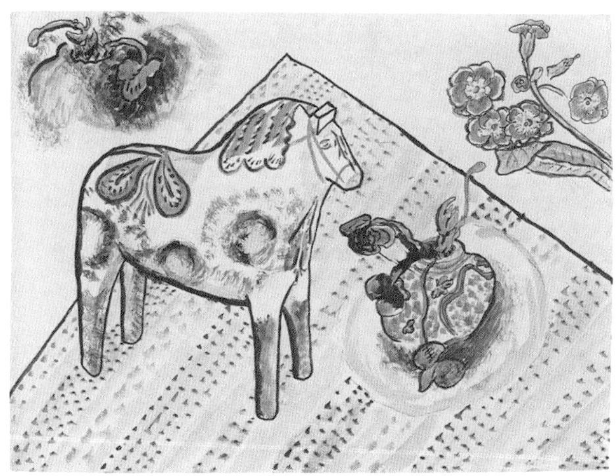

Berglandschaft in edlem Goldrahmen geradezu unangemessen monumental erscheinen. Mit diesem wunderschönen Gemälde knüpfte sie einerseits an ihre neuen, ab 1912 entstandenen und in Stil, Farbwahl und Thematik deutlich veränderten Stilleben an, die mit den vergeistigten Madonnen aus der *Blauen Reiter*-Phase nichts mehr gemein haben. Andererseits zeigt das in jeder Hinsicht heitere Stilleben nicht einfach nur irgendwelche weltlichen Dinge, sondern mit den beiden Tieren zwei ganz neue, gerade in ihren Besitz gelangte Figuren, die deshalb für Gabriele Münter in besonderer Weise mit ihrem freundlichen Gastland verbunden waren. Beide Sammlungsobjekte nahmen von nun an, gleichsam als Symbol für die skandinavischen Jahre, einen festen Platz in ihrem Werk ein.[143]

Kaum war Gabriele Münter im Juli 1915 in Stockholm angekommen, begann sie voller Neugier und mit großer Offenheit, die Stadt zu erkunden. Sie fuhr ins nahe Umland, lernte bald erfolgreich Schwedisch und sah sich vor allem in der Kunstszene um, die vom dekorativen Expressionismus der Matisse-Schüler dominiert wurde. Diese

70 Pferd und Blumen,
um 1916

71 Stilleben mit
geflecktem Hund, 1916

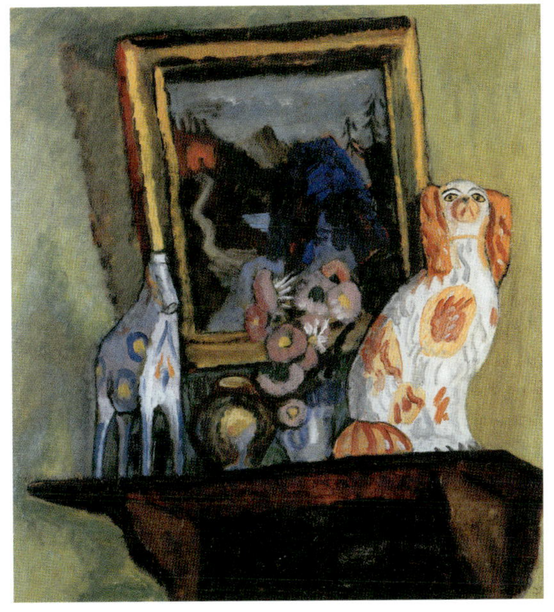

jungen schwedischen Maler gehörten als Anhänger der französischen Moderne der 1907 gegründeten Vereinigung *De Unga* (Die Jungen) an. Viele von ihnen waren um die Jahrhundertwende nach Paris gegangen und hatten an der Académie Matisse studiert, bei dem hochverehrten Meister, der wie kein anderer diese ganze Künstlergeneration beeinflusste. Dazu gehörte auch der Gabriele Münter wohl bekannte Carl Palme, der seinerzeit mit ihr bei Kandinsky an der »Phalanx« studiert hatte.[144] Der maßgebliche Kunsthändler für diese Avantgardisten hieß Carl Gummeson, Waldens Partner in Stockholm. Zu ihm und in seine in bester Gegend am Strandvägen gelegene Galerie führte einer der ersten Wege Gabriele Münters. Dort stellte gerade Franz Marc, von Walden vermittelt, aus. Es folgte eine Schau mit Bildern Carl Palmes, der ihr ein guter Freund und Begleiter durch das Stockholmer Kunstleben wurde. Und bereits anschließend, im Oktober 1915, gab Gummeson ihr gern die Gelegenheit, sich an einer Gemeinschaftsausstellung von drei schwedischen Künstlerinnen und einem Künstler zu beteiligen, ein ungemein schneller Einstieg in den Kulturbetrieb, der selbst Walden erstaunte. Die Schau machte vor allem bekannt, dass sich Gabriele Münter für längere Zeit in Stockholm aufhielt. Dies elektrisierte die jungen Künstler geradezu, zumal sie den *Blauen Reiter* durch Waldens Engagement gut kannten. Lilly Rydström, eine Mitausstellerin, berichtete Jahrzehnte später in Erinnerung an diese Zeit, wie rasch sich die ältere Künstlerin in den Avantgardekreisen etablierte und als anerkannte Vertreterin der internationalen Moderne bald schon großes Ansehen genoss. So kam der bekannte Maler Isaac Grünewald am Eröffnungstag regelrecht in den Ausstellungsraum gestürzt und »assimilierte« die Künstlerin. »Und bald hatte sie die ganze Avantgarde von ›De Unga‹ um sich herum versammelt. Aber Gabriele Münter verfügte über einen außerordentlich feinen Spürsinn für Kunst und Künstler. Sie suchte selbst die ›minores‹ auf, die Scheuen und Leisen. In ihrer Wohnung am Stureplan veranstaltete sie kleine intime Tee-Einladungen, wo die Kunstdiskussionen ruhig aber gründlich waren.«[145] All das spricht dafür, wie integriert, anerkannt und geachtet Gabriele Münter in Schweden war, und zwar nicht nur in Künstlerkreisen. Auch von der Kritik wurde sie, wie

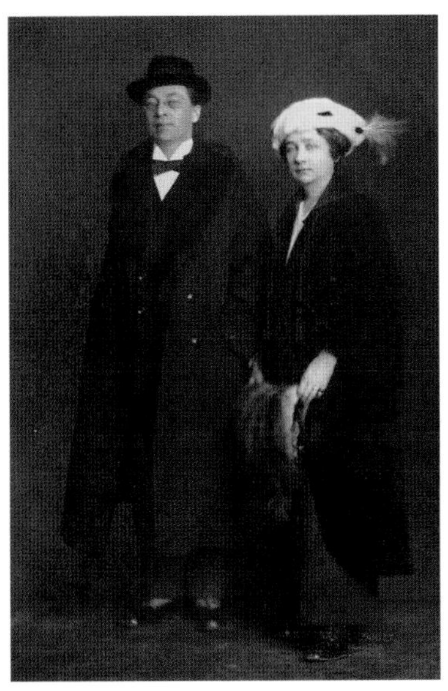

72 Anonym, Gabriele Münter und
Wassily Kandinsky in Stockholm, 1916

das positive Presseecho auf ihre zahlreichen Ausstellungen zeigt, als
außergewöhnliche Künstlerin gewürdigt – zum ersten Mal in ihrem
Leben. Alles schien ihr nun zu glücken. Noch im Oktober 1915 zeigte
Der Sturm in Berlin bereits die zweite große Münter-Ausstellung, und
in Stockholm erreichte sie nach intensiven Verhandlungen bei Gummeson je eine Einzelausstellung für Kandinsky und sich selbst im
Februar und März 1916. Sie hatte also nach Kräften gewirkt und für ihn
und seine Kunst geworben. So avancierte die Eröffnung am 1. Februar
in Anwesenheit des Künstlers zum gesellschaftlichen Ereignis. Denn
schließlich war Kandinsky, sehnlichst erwartet, doch nach Stockholm
gekommen, am 23. Dezember 1915. Überall wurde er von Gabriele
Münters neuen Freunden herzlich aufgenommen, bei den Palmes,
dem Paar Grünewald-Hjertén, dem Psychiater Poul Bjerre und seiner
Frau Gunhild. Einladungen folgten, große Abendessen mit der kulturellen Elite Stockholms. Sie lernten sogar Prinz Eugen kennen, der
sich für beider Malerei interessierte, und waren auf seinem Schloss

Waldemarsudde zu Gast. Vielleicht bot dieser festliche Anlass die Gelegenheit zum Besuch eines Fotoateliers [Abb. 72]. Die beiden repräsentativen Aufnahmen, die hier entstanden, einmal in Hut und Mantel, einmal in Abendgarderobe, waren die ersten gemeinsamen Fotografien des Künstlerpaares überhaupt, und es sollten auch die einzigen bleiben. Seltsam fremd stehen die beiden hier nebeneinander.

Gabriele Münters Ausstellung eröffnete am 1. März 1916 und gab mit 26 Gemälden einen Überblick über ihr Schaffen, darunter so zentrale Bilder wie *Gerade Straße, Kandinsky und Erma Bossi am Tisch, Stillleben mit Heiligem Georg* und *Nach dem Tee* [S. 91, 94, 107, 118]. Die Schau wurde ein großer Publikumserfolg, und alle großen Zeitungen berichteten: Der Starkritiker Gregor Paulsson beschrieb die Künstlerin im *Stockholms Dagblad* als »radikale Malerin« und Preußin: »Da gibt es ein gut Teil von dem Stolz-Zarten zu finden, von dem hellen, doch festen Dur-Klang, der sogar der Wehmut Haltung gibt, mit einem Wort etwas von dem klassischen Element der preußischen Kultur.«[146] Anlässlich der Ausstellung widmete Kandinsky ihr seine Schrift *Über den Künstler,* ein bereits 1913 verfasster und nun ins Schwedische übersetzter Text.[147] Er blieb bis zum Ende ihrer Ausstellung und fuhr am 16. März 1916 mit dem Versprechen, im Herbst mit den Heiratspapieren wiederzukommen, zurück nach Moskau. Als Gabriele Münter »ihren Mann« frühmorgens am Bahnhof verabschiedete, ahnte sie nicht, dass sie ihn nie wiedersehen würde. Er schrieb noch sporadisch bis ins nächste Jahr hinein, dann brach der Kontakt ohne irgendeine Erklärung ab. Kandinsky heiratete im Februar 1917 die junge Nina Andrejewskaja, die er im September 1916 kennengelernt hatte.

Zu zahlreichen schwedischen Freunden hielt Gabriele Münter über die Jahre Kontakt, darunter auch zu Carl Palme, mit dem sie nach dem Zweiten Weltkrieg in einem intensiven Briefwechsel versuchte, die »heroische Zeit« des *Blauen Reiter* zu rekonstruieren. Über Kandinsky schrieb sie: »Nach seiner Rückreise damals aus Stockholm blieb er in Rußland, schwieg und verheiratete sich mit einer Russin. Damit verletzte er seine oft, noch in Stockholm ausgesprochene Überzeugung und seinen Grundsatz, daß unsere Ehe untrennbar u. durch Gewissen fester begründet sei als durch amtliche Urkunden. Für mich war seine

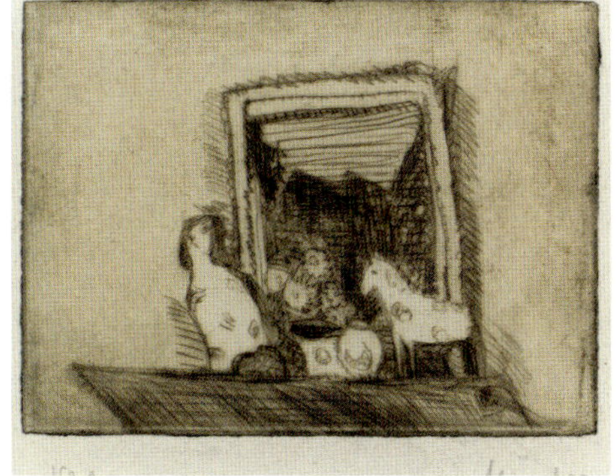

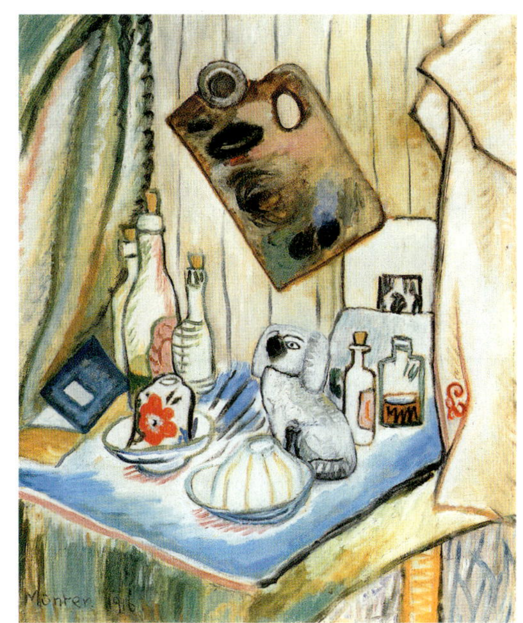

73 Stilleben mit Palette, 1916
74 Stilleben, 1916

Untreue gegen sich u. mich unausdenkbar u. ein schwerer Schlag. Dies Trübe in der Person hat aber meine Erinnerung an den großen Künstler nicht getrübt.«[148]

Noch in Stockholm hatte Kandinsky einige Radierungen angefertigt, und nach seiner Abreise beschäftigte Gabriele Münter sich ebenfalls mit der für sie neuen Kaltnadelradiertechnik. Es entstand eine Serie von sieben, auf kleine Zinkplatten radierten Arbeiten, die sie in einer Auflage von je zehn Exemplaren auf Büttenpapier druckte.[149] Wie so oft bei ihren Druckgrafiken und Glasbildern griff sie bei drei der Radierungen auf Gemälde zurück, allerdings nicht auf ältere, sondern auf die ganz neuen schwedischen Bilder, die nun in einer intensiven Schaffensphase in rascher Folge entstanden. Die Grafiken fertigte sie in engem Zusammenhang mit den Gemälden an, als wollte sie die Wirkung der neuen, ungewohnten Arbeit mit der Radiernadel im direkten Vergleich mit der ihr vertrauten Malerei testen. Für die erste Radierung verwendete die Künstlerin gleich das gerade gemalte Interieurmotiv aus ihrem Pensionszimmer mit Pferdchen und Kaminhund, das vermutlich das erste in Schweden entstandene Stilleben überhaupt war, als Testobjekt [Abb. 74]. Obwohl die feinlinigen Schraffuren und geschwungenen Linien in der *Stilleben* genannten Grafik noch etwas unbeholfen wirken, gelang es Gabriele Münter, die Vorlage vereinfacht, aber exakt wiederzugeben. Die einzige Korrektur gegenüber dem Gemälde war der Technik geschuldet: Sie besteht darin, das Dalahäst wegen der besseren Erkennbarkeit von der Seite zu zeigen. Die bereits im Umgang mit der Technik viel sicherer gearbeitete dritte Radierung, *In Erwartung,* erschien der Künstlerin offensichtlich als so gelungen, dass sie diese – sozusagen im umgekehrten Verfahren – auf dem nächsten Stilleben abbildete. Dieses Interieur – ebenfalls ein Blick in ihr Pensionszimmer am Stureplan – ist ein sehr intimes Bild, zeigt es doch ihren Arbeitsplatz, gekennzeichnet durch die Palette an der Wand, ein blaues Tagebuchheft und, halb verdeckt, durch die neue Radierung, gleichsam als Beweis für ihre künstlerische Arbeit. Ein Kaminhund vervollständigt das Gemälde [Abb. 73]. Die Kaminkonsolen in den bürgerlichen Salons zierte immer ein identisches Paar dieser Hunde, und auch Gabriele Münter besaß zwei Exemplare, die allerdings überhaupt nicht zusammenpassten. Das hier erstmals abgebildete, niedliche Pendant war viel kleiner und bestand aus weißem Steinzeug mit schwarzer Schnauze. Noch 1949 blickt das Hündchen verschmitzt aus einem ihrer schönen, späten Blumenstücke [S. 203]. Befand sich das erste in Schweden gemalte Stilleben mit Pferd und Hund noch ganz in der Tradition der ab 1912 entstandenen »weltlichen« Interieurs in satten leuchtenden Farben mit flotten, kurzen Pinselstrichen und bildete damit eine Art Bindeglied zwischen Deutschland und Skandinavien, so deutet sich in dem *Stilleben mit Palette* mit seinen sparsam verstrichenen, verblassten Farben, die einen hellen, vereinheitlichten Bildeindruck vermitteln, bereits der Stilwandel an.

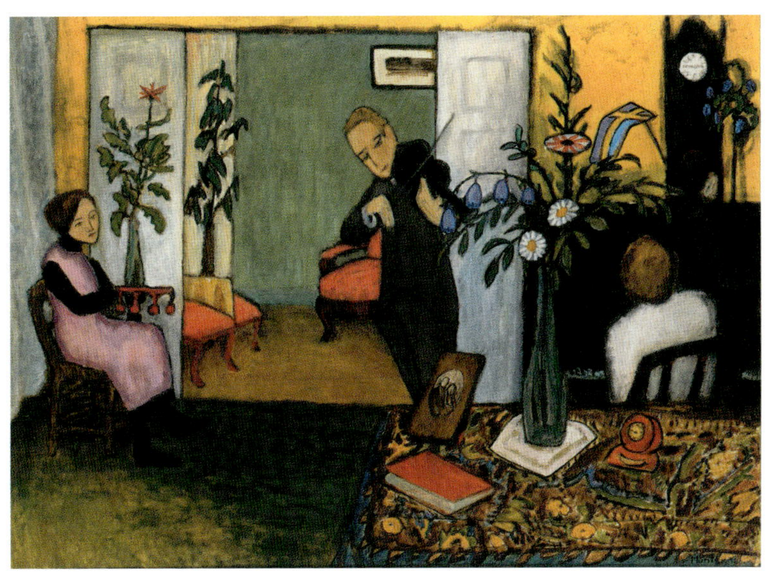

75 Musik, 1916

Gabriele Münter war jetzt fast 40 Jahre alt und immer noch eine Person, »die das verschiedene macht«. Um den 1. Juli 1916 zeichnete sie zahlreiche Entwürfe von einem privaten Musikabend im elterlichen Stadthaus ihrer Freundin Thyra Wallin in ihr Skizzenbuch.[150] Vermutlich entstand das große Ölgemälde *Musik* direkt anschließend, noch vor ihrer am 8. Juli beginnenden Reise nach Norwegen. Das auch »Geschwister Wallin« genannte Bild zählte bereits in Skandinavien zu ihren bekanntesten Werken [Abb. 75]. Es zeigt den weiten Blick vom Musikzimmer einer eleganten Wohnung durch die geöffnete Schiebetür in den angrenzenden Raum. Zwei Frauen, die eine am Klavier, die andere, bei der es sich um Thyra Wallin handeln könnte, bequem sitzend, lauschen einem Geige spielenden Mann, der den Mittelpunkt der Komposition bildet. Blumen in schlanken Vasen dekorieren das Zimmer, auf dem Tisch mit der gemusterten Brokatdecke ist ein kleines Stilleben mit Uhr, rotem Buch und einer Porträtfotografie in ovalem Rahmen arrangiert, alles gemalt in dünn und gleichmäßig verstrichenen Mischfarben aus Grün- und Ockertönen mit kräftigen roten Akzenten. Als Hommage an ihr freundliches Gastland fügte die Künstlerin die schwedische Fahne ins Bild ein, wie sie es schon einmal getan hatte: mit der amerikanischen Nationalflagge 1909 auf dem *Stilleben rot* [S.19]. Das *Musik*-Gemälde reiht sich in die Figureninterieurs ein, die in zwangloser Folge ab 1911 entstanden. Aber welch ein Unterschied besteht zu diesen Bildern, zeigten sie nun die bäuerlich->primitive« Lebenswelt des Murnauer Hauses oder die mit bayrischer Volkskunst überreich dekorierte Schwabinger Wohnung. In direktem Gegensatz dazu stellte Gabriele Münter hier ein modernes, städtisches Interieur dar, das dem urbanen Milieu der Großstadt Stockholm am Beginn des 20. Jahrhunderts entsprach. Dieser neue Zug war nicht nur äußerlich bedingt durch ihre Lebenssituation, sondern folgte einem inneren Bedürfnis nach künstlerischer Neuorientierung. Dafür spricht vor allem die deutlich veränderte Figurenauffassung. Waren ihre Gestalten früher, wie etwa bei *Nach dem Tee II*, eckig-spitze, ganz flache Silhouetten ohne jedes Volumen, so sind sie nun mit weich fließenden, geschwungenen Linien umfangen und in ihrer Körperlichkeit sparsam modelliert. Zudem stellte sie, wie hier bei *Musik* den Tisch im Vordergrund, vermehrt Gegenstände des Interieurs im Anschnitt dar, um den Raum zu entgrenzen.

Dieser grundlegend neue, »skandinavische« Stil hängt zweifellos mit Gabriele Münters freundschaftlichen Beziehungen zu den jungen Künstlern um *De Unga* zusammen. Bereits während des einjährigen Aufenthaltes in Paris 1906/07 hatte sie in den Pariser Ausstellungen die fauvistischen Farbexperimente und auch Henri Matisse' Bilder bewundert, ein Eindruck, der nun mit zeitlicher Verzögerung, beeinflusst durch den elegant-dekorativen, französischen Expressionismus der schwedischen Matisse-Schüler, ihre Malerei inspirierte. Neben der Beziehung von Figur und Raum, der reinen, leuchtenden Farbe und der vereinfachten Form, die ja schon lange auch ihre Gemälde kennzeichneten, galt ihre Aufmerksamkeit nun vor allem dem flächig-dekorativen, arabeskenhaft linearen Zeichenstil von Matisse. Nicht zuletzt deshalb bewunderte sie Sigrid Hjertén und ihre in dieser Art gemalten schlanken Frauenfiguren. Die beiden Künstlerinnen freundeten sich an. Oft war Gabriele Münter zu Gast in ihrem Atelier mit dem Blick auf

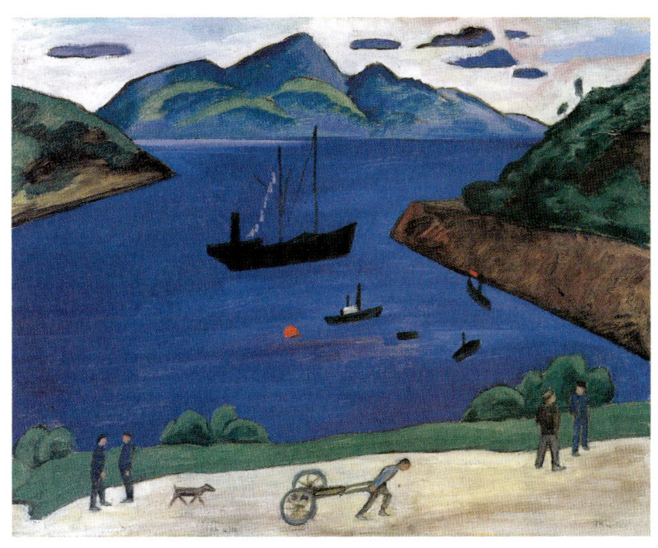

die berühmte, vielfach dargestellte Schleuse, die sie in einer ihrer Radierungen festhielt, ebenso wie Ivan, den kleinen Sohn des Künstlerpaares, in einem Gemälde.[151] Eines der schönsten Bilder im neuen Stil, *Narvik-Hafen*, entstand auf der für sie wunderbaren, dreiwöchigen Eisenbahnreise durch Nordschweden bis zur Küstenstadt Narvik in Norwegen, wo sie die Skizzen für ihr Hafen-Bild zeichnete. Danach fuhr die Künstlerin zurück an der norwegischen Küste entlang bis in die Hauptstadt Christiania, in der Walden unter dem Titel *Kandinsky – Gabriele Münter* einige der zuvor in Stockholm ausgestellten Werke zeigte. Weiter ging es über Göteborg bis nach Südschweden, wo sie vom 26. Juli bis zum 9. September 1916 bei Carl Sundbeck auf Hof Arnäsholm zu Gast war. Ganz erfüllt von den unvergesslichen Eindrücken malte sie hier mehr als fünfzehn Bilder, darunter mehrere Familienporträts und auch das *Narvik-Hafen* genannte Gemälde, das in seiner harmonischen Komposition mit den sanft geschwungenen Landschaftsformen und der leuchtenden, spiegelglatten Wasserfläche, in der eine rote Boje blitzt, wie ein Sinnbild für die majestätische Schönheit der nordländischen Natur erscheint [Abb. 76]. Als sie das

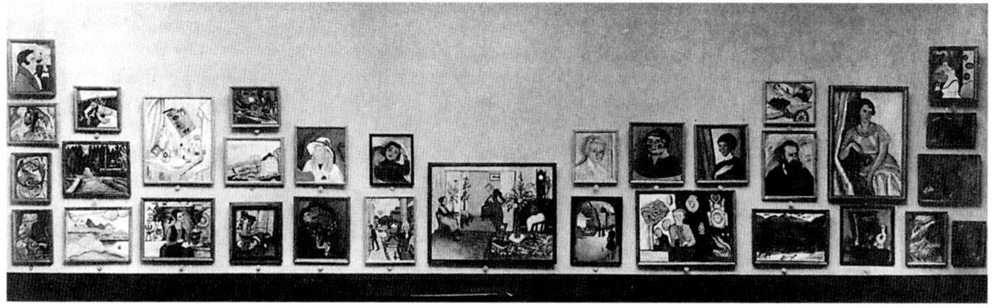

77 Ausstellung in der
Liljevalchs Konsthall
Stockholm, 1917

Werk im Oktober mit zahlreichen Porträts in Stocksund nahe Stockholm, wo sie vorübergehend wohnte, ausstellte, schrieb Gregor Paulsson: »Dann ein Bild vom Meer, ein tiefblaues Meer, umrahmt von satten grünen Ufern, ein Bild, das zeigt, daß Münter in die nordische Meeresnatur eindringen und das ihr eigene sehen konnte.«[152] Der Kritiker traf hier scharfsichtig einen Punkt, der ihre »französischen« Bilder unverwechselbar macht und sie abgrenzt von der mehr oberflächlichen, dekorativen Leichtigkeit der schwedischen Künstler um Grünewald und Sigrid Hjertén: eine innere und tiefere Ernsthaftigkeit im Umgang mit dem Motiv.[153] Finanziell ging es Gabriele Münter in dieser Zeit nicht gut. Die kleine Rente wurde von der Inflation dezimiert, es gab kriegsbedingte Notstände bis hin zu Hungerstreiks, verkaufen konnte sie nur hin und wieder ein Auftragsporträt. Zu dieser Unsicherheit kam das beständige Warten auf Kandinsky hinzu. Hatte er noch im Juni 1916 versprochen, im Oktober zu kommen, so verschob er im September die Reise nach Schweden bis ins nächste Frühjahr, und so ging es weiter. »Himmel, welch ein Alter!«, schrieb er in Bezug auf seinen bevorstehenden 50. Geburtstag am 4. Dezember 1916 nach Stockholm. »Und noch ist mein Leben nicht geordnet und wird es wohl nie sein.«[154] Von der tatsächlichen »Neuordnung« seines Lebens erfuhr Gabriele Münter nichts. Noch im Juni 1917 endete eine der nun sehr spärlichen Nachrichten, eine Postkarte, mit den Worten: »Ich küsse deine Hände, dein Kandinsky.« Es war ein letztes Lebenszeichen ihr gegenüber. Nach der Oktoberrevolution brachen alle Verbindungen zusammen. Ob er überhaupt noch lebte, wusste Gabriele Münter nicht. Ende des Jahres schickte sie eine offizielle Suchmeldung nach Moskau, die sie mit Kandinskys Unterschrift erst im September 1918 erreichte.

Leben und Werk sind in der Lebenswirklichkeit nicht zu trennen, aber sie sind nicht dasselbe. Beide fallen nie in eins, auch nicht bei Gabriele Münter. Sie war zweifelsohne in Schweden um 1917 in einer nur allzu verständlichen Lebenskrise, in einer Schaffenskrise aber war sie nicht. Dass sich ihr Stil hier so stark veränderte, lag an der neuen städtischen Umgebung, an den Anregungen durch die schwedischen Künstler, an ihrer ungebrochenen Neugier und Experimentierfreude. Der *Blaue Reiter* war für Gabriele Münter endgültig Geschichte geworden. Andere Bilder entstanden hier, darunter einige ihrer besten. Ein Blick auf das Werk macht das deutlich, wenn man etwa die drei von tiefem Ultramarin dominierten Landschaften *Gegen Abend, Narvik-Hafen* und *Der blaue Staffelsee*, entstanden 1909, 1916 und 1923, miteinander vergleicht [S. 89, 147, 157]. Jedes der Bilder ist »verschieden«, aber unverkennbar ein Münter-Gemälde und ein Meisterwerk.

Am 30. Januar 1917 eröffnete in der Liljevalchs Konsthall in Stockholm mitten im Krieg ein ebenso ehrgeiziges wie beeindruckendes Ausstellungsprojekt, gemeinsam veranstaltet vom Verein schwedischer Künstlerinnen und der Vereinigung Bildender Künstlerinnen Österreichs. Hierzu wurde Gabriele Münter mit Sigrid Hjertén und Malin Gyllenstierna eingeladen. Gemeinsam teilten sich die drei einen Raum und vertraten die neueste »Moderne«. Gabriele Münter zeigte 32 Werke, die fast ausschließlich 1916 entstanden waren. Sie inszenierte die Arbeiten auf »ihrer« Ausstellungswand, von der sich eine Fotografie erhalten hat, nach der gleichen Weise wie 1913 ihre erste Münchner Schau im Kunstsalon von Max Dietzel, indem sie um das große, zentrale Mittelbild *Musik* die anderen – übereinander platzierten – Porträts, Landschaften, Stilleben und Figureninterieurs herum gruppierte [Abb. 77]. Alle wichtigen Bilder waren vertreten: Das *Stilleben mit geflecktem Hund* und das *Stilleben mit Palette*, das *Kinderbildnis Ivan, Maiabend in Stockholm*, die *Kinder im Sportwagen* und das Figurenbild

Im Uhrmacherladen, nach denen die Künstlerin die Radierungen Nr. 2 und 4 anfertigt hatte, sowie *Narvik-Hafen.* Ganz links auf die Wand hängte sie mit der *Abstrakten Studie* wie eine Demonstration jenes Bild, das noch in Deutschland, 1915 direkt vor der Abreise nach Skandinavien, entstanden war [S. 137]. Die Ausstellung wanderte von Stockholm nach Helsingborg, wo sie bis Mai gezeigt wurde. Gabriele Münter war mit ihren 40 Jahren eine anerkannte und geachtete Künstlerin, ein Selbstverständnis, das sich auch in einigen Atelieraufnahmen spiegelt, die sie in Stockholm von sich anfertigen ließ. Eine dieser Porträtfotografien zeigt sie in einer eleganten Spitzenbluse auf einer weißen Holzbank. Die Hand locker auf die Lehne gestützt, blickt sie den Betrachter mit einem ganz leisen Lächeln ruhig und gespannt zugleich an [Abb. 68, S. 133].

Gleichzeitig zu ihrer Präsentation stellte die Künstlerin ab dem 3. Mai 1917 in der Stockholmer Ciacelli-Galerie ganz neue, erst im März entstandene Arbeiten aus, in denen sie sich zum ersten Mal verschlüsselt mit ihrer Beziehung zu Kandinsky auseinandersetzte. Es entstand – auf den Spuren von Matisse und seinem Hauptmotiv, der weiblichen Figur im Innenraum oder am Fenster – eine Reihe eindringlicher Frauengestalten im Interieur, wobei die klassische Schönheit des Modells – die Freundin Gertrude Holz – jeweils genau herausgearbeitet wurde. Die symbolhaften Titel *Sinnende, Zukunft* [S. 186] und, in zwei Fassungen, *Krank* als Metaphern von Warten, Hoffen, Leiden weisen dabei deutlich über das Persönliche hinaus.[155] Im Sommer 1917 wohnte Gabriele Münter bei verschiedenen Freunden in Westschweden. Dort entstanden im Rückgriff auf die 1909 erlernte Technik zahlreiche Hinterglasbilder nach schwedischen Motiven, die ihren skandinavischen Stil in vereinfachter Form sehr gut wiedergeben. Darunter befindet sich eine Version der quadratischen, zweiten Fassung des Gemäldes *Krank,* in der das »Kranksein« sich versinnbildlicht in der fragilen, von dekorativen Blumen gerahmten Frauengestalt mit den eckig-dünnen Armen [Abb. 78]. Die Künstlerin selbst mochte sich so fühlen wie ihre Figur, sie hatte große Geldsorgen und wusste nicht, wie es weitergehen sollte. In dieser Zeit begann sie auch, ihre Werke mit dem Doppelnamen Münter-Kandinsky zu signieren, wie sie überhaupt

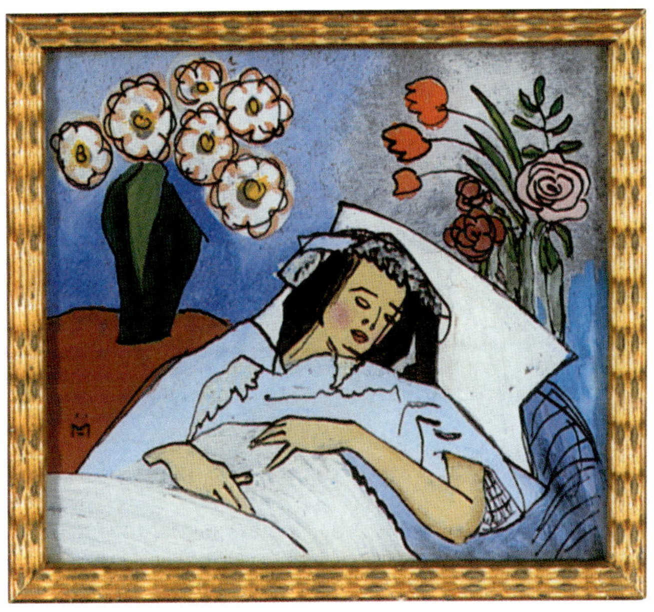

78 Krank, 1917

in Schweden als Künstlerin und Ehefrau des russischen Künstlers bekannt war. Im November schrieb sie ratsuchend nach Berlin an Waldens, die ihr mit ihren schwedischen Kontakten schon mehrfach geholfen hatten. Zudem bereiteten sie für Dezember eine weitere große *Sturm*-Ausstellung vor, in der die Künstlerin zusammen mit Gösta Adrian-Nilsson (GAN) und Paul Klee mit 50 Werken prominent vertreten war. Die beiden rieten ihr davon ab, nach Dänemark zu fahren oder auch nach München. »Ich finde, Du kommst am besten nach Berlin«, antwortete der Kunsthändler, »denn es wird jeden Tag schwieriger im Ausland zu sein, denn den Neutralen geht es selbst so schlecht, und da sehen sie ungern Fremde, und bald geht es uns hier mit Lebensmitteln wie in Schweden.«[156] Und in Berlin hätte sie immerhin ihre Freunde. Aber Gabriele Münter wollte wegen Kandinsky, dessen Rückkehr sie noch immer erwartete, in Skandinavien bleiben und entschloss sich, doch nach Kopenhagen zu gehen, auch weil sie sich dort bessere Ausstellungsmöglichkeiten und damit nicht zuletzt Verkäufe erhoffte.

Tatsächlich hatte sie in Kopenhagen 1918 und 1919 ihre beiden bis dahin größten Ausstellungen in Skandinavien, mit enormem Publikumserfolg, der sie in den Künstlerkreisen der dänischen Hauptstadt bekannt machte. Zunächst wohnte sie bei Nell Waldens Schwester, der Dichterin Anna Roslund, danach wieder in Pensionszimmern. Die Einzelausstellung in Den Frie Udstilling versammelte im März 100, von 1908 bis 1918 entstandene Gemälde, 20 Hinterglasbilder und die sieben Radierungen. Und allen Sorgen zum Trotz, erlernte Gabriele Münter anlässlich dieser Ausstellung auch noch die, neben Holzschnitt und Radierung, dritte klassische druckgrafische Technik, die Lithografie. Sowohl das Titelbild des Katalogfaltblatts, eine schöne

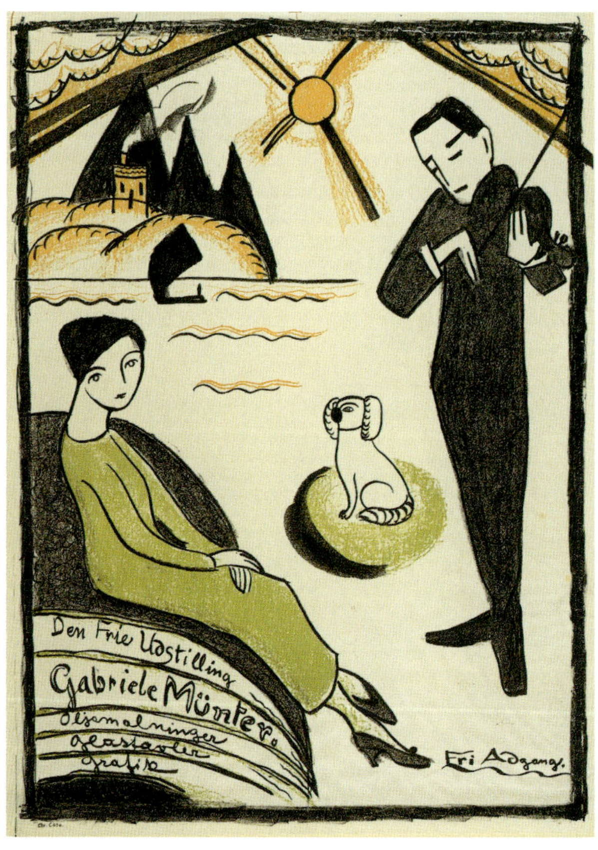

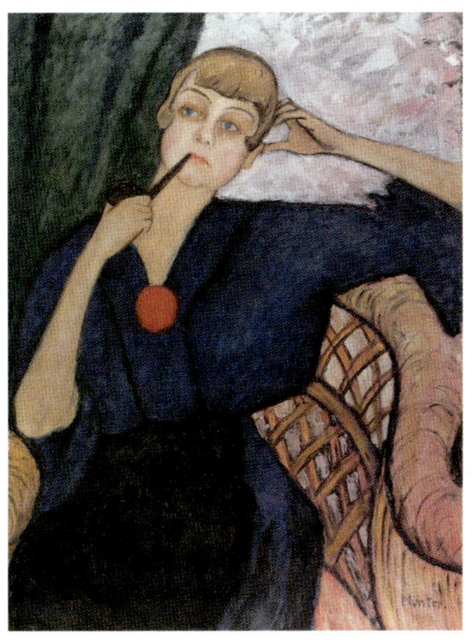

79 Plakat für die Ausstellung
in Kopenhagen, 1919

80 Anna Roslund, 1917

Berglandschaft, entstand als Steindruck als auch das großformatige, dekorative Plakat. Es wurde sogar in zwei Farbvarianten – schwarz/gelb und schwarz/gelb/grün – gedruckt und diente mit geänderten Daten bei der folgenden großen Ausstellung im Oktober 1919 im Ny Kunstsal ebenfalls als Plakat. Einen ersten Entwurf, der sie wegen der darin aufgenommenen Petroleumlampe wohl zu sehr an die Murnauer Jahre erinnerte, während Palette und Kaminhund das frühe schwedische Stilleben von 1916 zitierten, verwarf sie wieder. Stattdessen entschied sie sich selbstbewusst für eine kunstvolle Replik ihres inzwischen auch in Kopenhagen bekannten Hauptwerks *Musik*. Dabei erscheinen der Geiger und die der Musik lauschende Frau, beide von weichen, elegant geschwungenen und durchgängigen Konturen umschlossen, durch den beidseitig gerafften Vorhang wie auf einer Theaterbühne. Sie sind Bildzitat und Bühnenbild in einem, hinter sich den Prospekt mit Bergen, Meer und dem typischen Wolgaschiff, wie sie es einst 1905 in Tunis gestickt hatte. In der Mitte des Plakats thront auf einem runden Paradekissen der niedliche Kaminhund [Abb. 79].

Die vielen Porträts, die in Schweden auch aus Verkaufsgründen entstanden, bildeten ein bis dahin in Gabriele Münters Schaffen wenig gepflegtes, großstädtisches Sujet, das sie bald souverän beherrschte.

Der »französische« Stil mit seiner einheitlichen Flächenwirkung in klaren Farben und der geschwungenen, linearen Umrisszeichnung erreicht in diesen schwedischen Bildnissen um 1918 einen ersten Höhepunkt.[157] Ein herausragendes Beispiel dieser neuen Malkultur stellt das Porträt von Nell Waldens Schwester, Anna Roslund, dar, das die Künstlerin kurz vor der Jahreswende 1917 in Kopenhagen malte, während sie bei ihr wohnte [Abb. 80]. Die 1891 im südschwedischen Landskrona geborene Schriftstellerin und Musikerin, die Gabriele Münter bereits seit 1915 aus Stockholm kannte, war eine emanzipierte, selbstbewusste Frau aus den der Moderne zugewandten Künstlerkreisen. So hat die Malerin sie auch dargestellt: lässig in den Korbsessel gelehnt, mit kurzem, modischem Haarschnitt und der Pfeife im Mund, in legerer Kleidung, den Kopf leicht in die Hand gestützt. Die Gesichtszüge mit den großen, hellblauen Augen und gezupften Brauen sind fein herausgearbeitet. Der schwere grüne Vorhang schließt die Szene nach links ab und bildet gleichzeitig mit dem tiefblauen Kleid jenen kräftigen Farbklang, den Gabriele Münter so schätzte und durch alle Schaffensphasen in immer neuen Varianten durchspielte. Vor allem Porträts wie dieses außerordentliche Bildnis führen in direkter »Linie« zu den »Menschenbildern in Zeichnungen«, die bald schon in großer Fülle entstanden. Denn sie bildeten die Basis, auf der die Künstlerin, hindurchgegangen durch die Schule der Malerei und der grafischen Drucktechniken, ihr Zeichentalent und die Linienkunst weiter vervollkommnete, um in den 1920er Jahren mit ihren meisterhaften Porträtzeichnungen einen Höhepunkt in ihrem Schaffen zu erreichen.

Anfang 1920 entschloss sich Gabriele Münter doch, nach Deutschland zurückzukehren, und begann, ihre Bilder zu verpacken und nach München zu schicken. Am 28. Februar verließ sie Kopenhagen und verbrachte zunächst zwei Monate bei ihrer Schwester in Berlin. Der Krieg war zwar am 9. November 1918 mit der Kapitulation des Deutschen Reiches, der Abdankung des Kaisers und der Ausrufung der Republik beendet worden, aber die vier Jahre mit ihren furchtbaren Schlachten, Entbehrungen und Millionen von Toten hatten tiefe Spuren hinterlassen und ein verwüstetes Land, in dem die Künstlerin sich zutiefst fremd fühlte. Sie kam in eine völlig veränderte Welt und musste sich

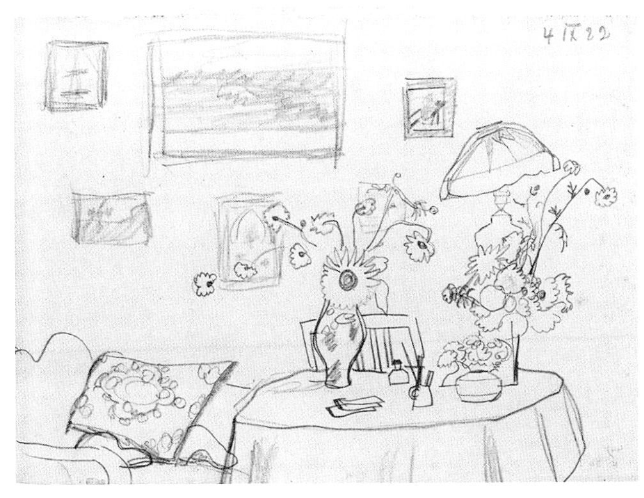

81 Wohnraum in Murnau, 1922

mühsam neu orientieren. In die Hauptstadt war sie auch deshalb zuerst gereist, um etwas über Kandinsky zu erfahren, aber außer Gerüchten wusste niemand etwas. So fuhr sie nach München und lebte den Sommer über in ziemlicher Einsamkeit und Anspannung in Murnau, zumal die Familie Streidl, von der sie 1909 das Haus gekauft hatte, inzwischen dort wohnte und bis 1921 nur langsam auszog.

Im September 1920 verbrachte Gabriele Münter zum ersten Mal einige Tage auf Schloss Elmau, einem in Oberbayern bei Garmisch am Fuß des Wettersteinkamms gelegenen Kurhotel, das der Theologe und Schriftsteller Johannes Müller mitten im Weltkrieg 1916 erbaut hatte und im anthroposophischen Geist Rudolf Steiners betrieb. Es gefiel der Künstlerin dort so gut, dass sie zum Jahreswechsel wiederkam und auch begann, die Kurgäste im Skizzenbuch zu porträtieren. Bis 1927 bot ihr Elmau, diese »Insel gegen die Zeit«, mehrfach einen Zufluchtsort. Vermutlich bei diesem letzten Aufenthalt lernte sie den Kunsthistoriker und Leiter der Kunsthalle Mannheim, Gustav Friedrich Hartlaub, kennen, dem ihre ebenso markanten wie vollendeten Umrissporträtzeichnungen sehr gut gefielen: eine interessante und vor allem folgenreiche Begegnung.[158]

Mehr als alle anderen Orte war die Murnauer Villa mit ihrem gemeinsamen Leben mit Kandinsky verbunden, gingen hier die Gespenster des *Blauen Reiter* um. An die schönen Erinnerungen, die das Haus ebenfalls für sie beherbergte, mag die Künstlerin gedacht haben, als sie am 4. September 1922 jene anmutige Zeichnung schuf, die mit ihrer ebenso spontanen wie trefflichen Sicherheit nachdrücklich unter Beweis stellt, dass sie ihre zeichnerische Kraft nicht verloren hatte [Abb. 81]. Genau dieses schöne Interieurmotiv mit dem geschwungenen Sofa und dem kleinen Tisch hatte sie 1910 in einer wunderbaren Abfolge von verschiedenen Rottönen gemalt. Die hohe schlanke Lampe steht noch immer auf dem kleinen Tisch, nun halb verborgen von üppigen Blumensträußen, und auf der Sofalehne liegt das gleiche bestickte Kissen, ganz so, als strahlte etwas von der friedlichen Harmonie herüber aus vergangenen Zeiten. Die Zeichnung bannt die guten und bösen Geister, hält sie fest und vertreibt sie zugleich.

Erst ab Herbst 1920 erfuhr Gabriele Münter langsam nach und nach durch briefliche Kontakte mit Ludwig Baehr, einem Mittelsmann, einige Details über Kandinskys Leben in der jungen Sowjetunion, seine Ämter, die Ehe, den kleinen, bereits 1920 verstorbenen Sohn. Über sie, Gabriele Münter, habe er nie gesprochen, erklärte Baehr auf ihre Nachfrage.[159] Auf diesem Weg erreichte sie im Juli 1921 auch die Nachricht von der bevorstehenden Ausreise des Künstlers mit seiner Frau Nina, am 24. Dezember schließlich kamen sie in Berlin an. Von dort aus berief Walter Gropius Kandinsky bereits zum 1. Juni 1922 als Lehrer an das Staatliche Bauhaus in Weimar. Gabriele Münter zog wieder nach Murnau – denn wo sonst sollte Kandinsky sie suchen –, fest überzeugt davon, dass er sich persönlich mit ihr aussprechen würde, wie Baehr versichert hatte. So wartete sie: auf ein Treffen, eine Aussprache, Erklärungen, aber Kandinsky meldete sich nicht, kein Wort, keine Nachricht kam von ihm. Stattdessen erhielt sie von der Münchner Transportgesellschaft, bei der sie 1915 die Hinterlassenschaft aus der Ainmillerstraße eingelagert und all die Jahre die Gebühr bezahlt hatte, die Anfrage, ob diese Sachen herausgegeben werden könnten, zwei Herren seien dort gewesen, um Bilder abzuholen. Ihre Antwort war »nein«. Sorge und Schmerz verwandelten sich

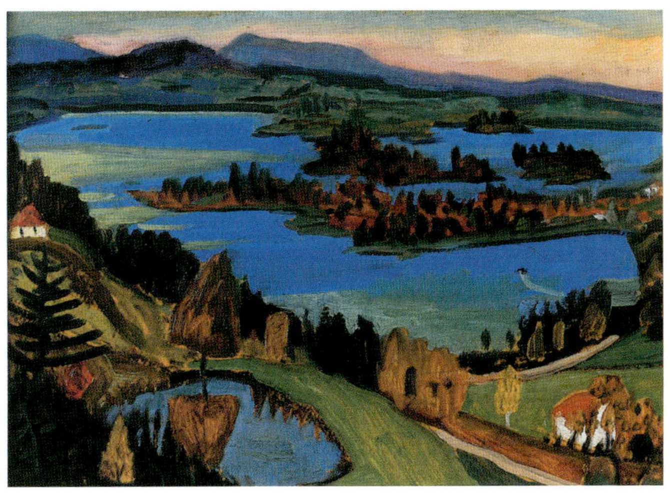

82 Der blaue Staffelsee, 1923

nun in Zorn und schließlich in Hass, der ihr Leben vergiftete. Sie nahm sich in München einen Rechtsanwalt, dem sie im April 1922 schrieb: »Alles in mir wehrt sich gegen die gehässige Übergehung meiner Person und das gehässige Schweigen Kandinskys.« Im folgenden Juni entschloss sich die Künstlerin zu einem radikalen Schritt, über Wochen schrieb sie Kandinsky einen 40 Seiten langen Brief, der Anklage und schonungslose Selbstreflexion in einem war. Am 13. Juli schickte sie ihn ab, und der Künstler antwortete am 27. Juli aus Weimar, allerdings aus der größtmöglichen Distanz, indem er die einstige Lebensgefährtin mit »Sie« anredete und ihnen beiden allzu vereinfachend die Schuld am Scheitern der Beziehung gab. Er wollte sich nicht aussprechen, sie nicht sehen, sondern sie »materiell« für den Bruch des Eheversprechens entschädigen, damit ihr existentielles Anliegen bewusst missverstehend. Dieser Brief war der letzte persönliche Kontakt zwischen beiden, während der von Anwälten geführte Rechtsstreit um die Bilder andauerte und erst 1926 mit einem Vergleich endete. Der Künstler bekam 26 Kisten mit seiner Habe zurück, darunter etwa ein Dutzend Gemälde, und räumte »Frau Gabriele Münter-Kandinsky« dafür an allen 1915 zurückgelassenen Arbeiten das »bedingungslose

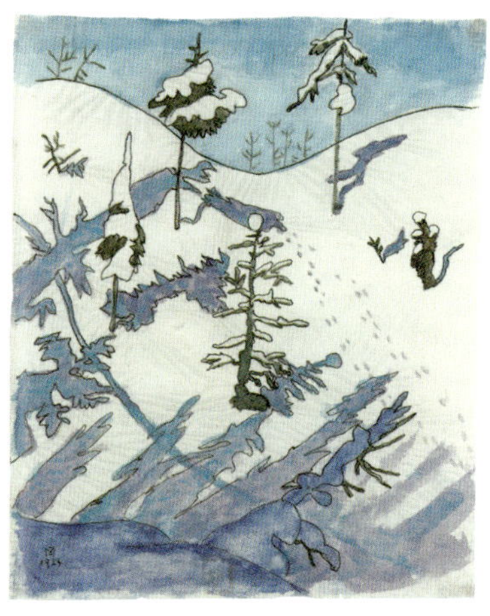

83 Baumschatten am Hügel, 1924

Eigentumsrecht« ein. Im März 1923 begann sie, ein mehrere Hefte umfassendes Tagebuch zu führen, dessen Titel *Beichte und Anklage* genau
den Inhalt umreißt und das sie im Spätherbst 1926 abbrach.

Gabriele Münter mochte verzweifelt und von Hass durchdrungen
sein, und doch malte sie. Denn ihre Schaffenskraft hatte die Künstlerin
keineswegs verloren. Obgleich sie ihre Unfähigkeit zu arbeiten im
Tagebuch beklagte, so sprechen doch die Werke, die in diesen Jahren
entstanden, eine andere Sprache. Dass sie weniger malte und der
Schwerpunkt der künstlerischen Arbeit sich mehr auf die Zeichnung,
auch auf Aquarellstudien und Druckgrafiken verlagerte, hing zum Teil
einfach mit den äußeren Umständen, dem ruhelosen Leben in Münchner und später Berliner Pensionszimmern ohne eigenes Atelier, zusammen. In den Sommer- und Herbstmonaten, die sie überwiegend
in Murnau verbrachte, aber wanderte sie durch die Landschaft und
malte. So entstand, vermutlich im September 1923, das Gemälde
Der blaue Staffelsee, von der Ludwigshöhe aus gesehen mit den optisch verwachsenen kleinen Inseln: ein weiter Blick im Abendlicht, klar
gegliedert mit kompakten Farbflächen und ganz konzentriert auf den
farbigen Hauptkontrast von leuchtendem Kobaltblau und Grün in
vielen Schattierungen [Abb. 82]. Bereits Anfang diesen Jahres war sie

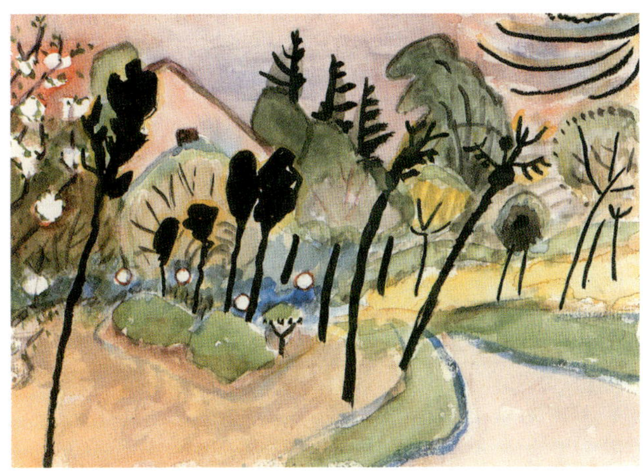

wieder auf Schloss Elmau gewesen, wo weitere Bleistiftskizzen von Gästen entstanden, und auch den folgenden Jahreswechsel verlebte sie dort und blieb sogar bis Ende März 1924. Sie unternahm lange Wanderungen durch die tief verschneite Berglandschaft und zeichnete viel, wobei das verzweigte Geäst der jungen Nadelbäume sie offensichtlich besonders faszinierte. Dieses Interesse an grafischen Strukturen hatte immer schon viele ihrer Arbeiten gekennzeichnet, wie am prägnantesten wohl die *Landstraße im Winter* von 1911 zeigt [S.99]. Im Winter 1924 entstand in Elmau auch eine Federzeichnung auf Pergament von schneebedeckten dünnen Tannenstämmchen, die ihren ganz eigenen, unvergleichlichen Reiz aus der Verbindung mit der Aquarellfarbe gewinnt. Denn Gabriele Münter aquarellierte die Zeichnung nicht nur, sondern sie legte in einem weiteren Arbeitsschritt den im Gegenlicht aufscheinenden zarten Schatten eines kleinen Baumes ohne jede Überschneidung darüber [Abb. 83]. Der lange Schatten aus blauvioletter Wasserfarbe mit türkisfarbenen Einsprengseln »wächst« gleichsam diagonal in die Bildfläche hinein und den Schneehügel hinauf, teils nur ganz dünn mit dem Pinsel verstrichen, teils mit der Feder zu bizarren Gebilden geformt. Eigentlich besteht die kunstvolle Komposition *Baumschatten am Hügel* aus zwei Arbeiten, einer Baumzeichnung und einem Schattenaquarell, die beide in ihrer Eigenart gleichwertig bestehen bleiben, um sich für einen flüchtigen Augenblick kraft der künstlerischen Imagination zu einem fragilen »Gesamtkunstwerk« zu verbinden. Die Diagonale gehört im Übrigen zu Gabriele Münters frühesten grafischen Gestaltungsmerkmalen. Bereits 1899 in Texas hatte sie bei dem von ihr inszenierten fotografischen Selbstbildnis mit der diagonalen Wirkung – in diesem Fall mit einem langen Pflanzenstiel – gespielt [S. 15]. Nach einigen der winterlichen Motive aus Elmau fertigte Gabriele Münter Radierungen an, und ein einsamer Baum diente sogar als Vorlage für eine Lithografie, jene Drucktechnik, die sie erst 1918 in Kopenhagen erlernt hatte. Vor allem aber verwendete sie den Steindruck dazu, um von mehreren der in Elmau ab 1920 gezeichneten Porträts der Kurgäste Druckgrafiken zu erarbeiten, die zeigen, wie gut diese Technik dafür geeignet ist, die Bildnisse umzusetzen. Einige dieser frühen, vor 1924 entstandene Arbeiten weisen mit ihren sparsamen Linien und der durchgezogenen Umrisskontur sogar auf die charakteristischen Porträts voraus, die nur wenig später in großer Zahl entstanden. Vielleicht war es also gar nicht die Bleistiftzeichnung, die Gabriele Münter den Weg zu den Linienbildnissen öffnete, sondern deren Umsetzung in die Lithografie mit ihrer durch das technische Verfahren bedingten Konzentration auf eine sehr klare grafische Struktur.[160]

Gabriele Münters intensive Auseinandersetzung mit bestimmten Motiven, die ihren Niederschlag von Beginn der künstlerischen Tätigkeit an in zahlreichen Variationen, Kopien und ganzen Serien fand – oft in unterschiedlichen Techniken und über Jahre hinweg –, zieht sich durch das gesamte Schaffen der Künstlerin, ja wurde zu einem prägenden Charakteristikum ihres Œuvre. Eine solche Folge entstand 1923/24. Im Frühjahr 1923, während einer intensiven Arbeitsphase, malte sie in Murnau einen verwilderten Garten mit jungen Akazien. Genau ein Jahr später, ebenfalls im Mai, nahm sie sich die Skizzen und Vorzeichnungen für eine zweite Fassung des Gemäldes wieder vor und fertigte neue Zeichnungen sowie das sehr flüssige, wunderschöne Aquarell *Garten mit Akazien* an, das wie ein heiter-frühlingshaftes Pendant zu dem winterlichen Blatt *Baumschatten am Hügel* erscheint, das sie kurz zuvor in Elmau geschaffen hatte [Abb. 84]. Waren es da die grafischen Strukturen der kleinen, dünnen Tannen, so sind es nun die gekappten, markanten Baumkronen, die sie herausarbeitete. Diese zum Abschluss auf das fertige Aquarell gemalten schwarzen Silhouetten heben sich wirkungsvoll von dem ebenso zart wie schwungvoll in Rosa, Grün und Gelb getuschten Blatt ab und verbinden sich doch, genau wie bei dem ebenfalls in zwei Arbeitsschritten gefertigten Winterbild, zu einer spannungsvollen Einheit. Beide Aquarelle sind ganz eigenständige Werke, die Gabriele Münter auf der Höhe ihrer Kunst zeigen.

Resignation und Entmutigung der Künstlerin, wie sie sich in der Tagebuchbeichte spiegeln, hatten neben dem Zorn über Kandinskys »Verrat« noch andere Ursachen.[161] So sehr sie sich auch um Ausstellungsmöglichkeiten und damit um Verkäufe bemühte, Museen und Kunsthändler anschrieb oder aufsuchte: Es gelang ihr nicht, an die Erfolge in Skandinavien anzuknüpfen. Dort war sie die geachtete, bekannte Vertreterin der internationalen Avantgarde gewesen, die fast mühelos ihre Arbeiten zeigen konnte, selbst dann noch, als sich die wirtschaftliche Situation aufgrund des andauernden Krieges auch in den neutralen Nordländern massiv verschlechterte. Hier, in Deutschland, hatte sie als Künstlerin den Anschluss gleich doppelt verloren, wie sie bereits 1922 feststellen musste. »Mit meiner Kunst geht es mir als alleinstehender Frau auch dreckig – eigentlich geschätzt, verstanden wird mein Talent ebenso wenig wie meine Person, und daß ich zu den Pionieren der neuen Kunst gehört habe, ist längst vergessen. Die mit und hinter mir standen, sind jetzt lauter Berühmtheiten, ich bin aus allem heraus – eine von tausend malenden Frauen, die nirgends dazugehört und nirgends zur Ausstellung kommt.«[162] Was der Freund Arthur Segal, dessen Kunstkreis sie sich 1926 in Berlin anschloss, ihr zur Situation der deutschen Künstler schrieb, konnte kein Trost sein, denn sie wusste selbst, dass es angesichts der materiellen Not keine Solidarität gab und sich die Künstler gegenseitig bekämpften. Aber die Frauen würden von den Männern, so Segal, »noch mehr in den Hintergrund gedrängt, weil sie eine zusätzliche Konkurrenz sind«.[163]

Dabei hatte 1920 alles so gut begonnen. Schon im Dezember richtete ihr die Galerie Thannhauser, in der ein Jahrzehnt zuvor der *Blaue
Reiter* reüssiert hatte, eine große Retrospektive aus, mit der die Zurück-
gekehrte vom Publikum und von der Presse freudig begrüßt wurde.
Diese Münchner Schau wanderte im Februar 1921 weiter nach Frank-
furt am Main, wo sie im Kunstsalon Schames ebenfalls mit guter
Resonanz gezeigt wurde. Der bekannte Kunsthistoriker und Publizist
Wilhelm Hausenstein schrieb dazu am 27. Februar 1921 in der *Frankfur-
ter Zeitung*, dass der positive »Eindruck einer wirklichen persönlichen
Originalität« sich gefestigt habe. Doch danach klappte nichts mehr.
Sie versuchte sogar, allerdings vergeblich, das Murnauer Haus zu ver-
mieten, packte schließlich Ende Oktober 1925 die Koffer und ging nach
Berlin, nicht zuletzt in der Hoffnung, in der Hauptstadt wieder eine
anerkannte Stellung zu finden im Kunstbetrieb. Das gelang immerhin
zum Teil. Sie besuchte Ausstellungen, Galerien, Vorträge und Lesun-
gen, ging ins Kino und Theater, Freundschaften zu zahlreichen Berliner
Künstlerinnen, wie etwa zu den Malerinnen Grete Csaki-Copony und
Lou Albert-Lasard, der einstigen Freundin Rainer Maria Rilkes, bahnten
sich an.[164] Vor allem aber entstanden nun in großer Zahl ihre Porträtzeichnungen, die auf der »reinen Linie« und dem »puren Umriss« be-
ruhten, wie Hartlaub später formulieren sollte.[165] Einige der Bildnisse
mögen an die Zeichner des *Simplicissimus* erinnern, andere an Matisse. Und doch sind sie etwas ganz Eigenes, gründen im künstlerischen
Selbst, weil es Gabriele Münter in ihnen gelingt, »Fremdes abzu-
stoßen« und »Wesensnahes sich anzuverwandeln«. Die einzigartigen
Zeichnungen bilden innerhalb ihres Werkes einen in sich auch zeitlich
abgeschlossenen, eigenständigen Bereich, für den es in der Kunst der
Moderne nichts Vergleichbares gibt. Sie selbst schrieb im Jahre 1952
darüber: »Da war das Skizzenbuch mein Freund, und die Zeichnungen
der Niederschlag meiner Augenerlebnisse. Gerade damals waren die
Menschen das, was mich an der Welt am meisten interessierte. Im
Konzert, bei Tisch, auf der Eisenbahn habe ich sie beobachtet und meistens heimlich gezeichnet, ohne daß sie es merkten. Manche haben
mir auch ›gesessen‹. Aber auch da entstanden nur Skizzen, Werke des
Augenblicks, Abrisse in ein paar Strichen. ›Ausgearbeitet‹ habe ich

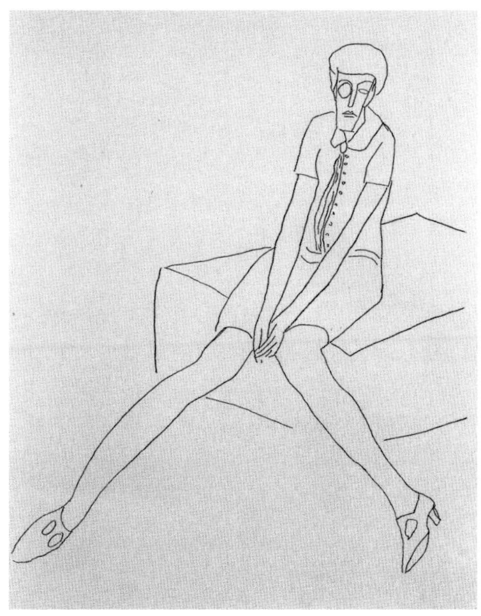

solche Studien nachträglich nicht. Sie waren, wenn sie in glücklicher Stunde entsprangen, auf Anhieb vollendet. Sie enthielten, was ich auszusagen hatte, und brauchten nichts weiter, um Bild zu sein.«[166]

Beispielhaft steht hierfür ihre nach 1926 entstandene Zeichnung der Schriftstellerin und Journalistin Sylvia von Harden [Abb. 85], an die sich heute niemand mehr erinnerte, wenn nicht Otto Dix die auffällige Erscheinung in seinem berühmten Gemälde von 1926 im Stil der Neuen Sachlichkeit verewigt hätte. Ein Vergleich beider Arbeiten zeigt die fundamental gegensätzliche Porträtauffassung.[167] Für Dix verkörperte Sylvia von Harden die zeittypische emanzipierte Intellektuelle, die er in der karikaturhaften Physiognomie zugespitzt darstellte. Es handelt sich also bei seinem Porträt keinesfalls um eine persönliche Charakterstudie, sondern um ein Rollenbild. Der Künstler zeigt einen Typus, Gabriele Münter dagegen karikiert nie, sondern arbeitet durch Weglassen das Wesentliche, den inneren Kern des Modells heraus. Sie stellt eine sehr dünne Frau mit hageren Gesichtszügen, Monokel und langen Beinen dar und erreicht so eine verblüffende Ähnlichkeit. Ganz

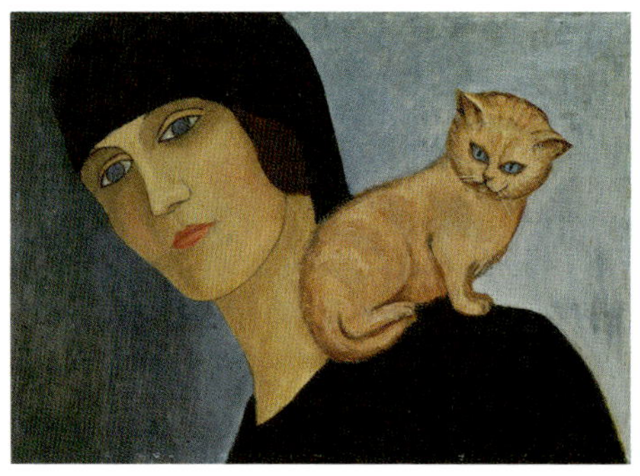

86 Röschen, um 1926

im Gegensatz zu Dix habe sie nie »den Menschen unserer Zeit« dargestellt, weil es ihn nicht gibt. »Einzig die bleibende Erscheinung fesselte mich am Menschen – die geprägte Form, in der sich sein Wesen ausspricht [...]. Für dies Unsichtbare, worauf es ankommt, ist das sichtbar Körperliche das natürliche Symbol.«[168] Gleichwohl war sie hier in der Zeichnung dem »Zeitgeist« der Neuen Sachlichkeit, wie Dix ihn in seinen Arbeiten dieser Jahre verkörperte und Hartlaub in seiner berühmten, gleichnamigen Ausstellung der Kunsthalle Mannheim 1925 zusammenfasste, näher als in der Malerei.[169] Der großstädtische neue Stil mit seiner überscharf dargestellten Wirklichkeit und gläsernen Schärfe blieb Gabriele Münter immer fremd. Obwohl sie sich, zeitlebens für Experimente offen, in ihm versuchte, blieb ihr stilistischer Ausflug in die Neue Sachlichkeit – kurz und wenig erfreulich – im Äußerlichen stecken. »Das Tödliche für alle Kunst ist die Manier«, konstatierte sie ihr Scheitern nüchtern, denn sie empfand ebenfalls sehr wohl jene von einem Kritiker bemängelte »Starrheit trotz koloristischer Eindringlichkeit«. Stets ihre eigene schonungsloseste Kritikerin, bezeichnete Gabriele Münter ihre zweifelhaften, »neusachlichen« Bemühungen unumwunden als Kitsch. Beispielhaft macht ein Gemälde wie *Röschen* im Vergleich mit der Porträtzeichnung Sylvia von Hardens schmerzhaft deutlich, dass der Künstlerin zeichnerisch mühelos gelang, das Wesentliche der Dargestellten einzufangen, während sie im Malerischen über die glatte Oberfläche nicht hinaus kam [Abb. 86].

Was Hartlaub 1952 in Bezug auf ihre Zeichenkunst als »Weglassen« herausarbeitete, den Verzicht auf Binnenlinien, Modellierung, Akzentuierung sowie das Unterbrechen, Abschneiden und Ins-Leere-Laufen von Linien – kurz den »Akt der Abstraktion« –, ist ein zentrales Charakteristikum der Zeichnungen. Es lässt sich an zwei nach 1925 entstandenen Porträts, die wiederum Pendants bilden, sehr gut nachvollziehen. In dem mit *Sitzende Dame* bezeichneten Blatt wendet sich die junge Frau im Sessel entspannt dem Betrachter zu [S.25]. Verglichen damit bleiben in der folgenden Variante mit dem Titel *Kokett* durch radikales Weglassen nur ein paar Striche übrig: verdichtet zum Extrakt, gleich einem »Piktogramm« für kokettes Lauschen [Abb.87]. Dabei spielt gerade in dieser Arbeit der ironische Blick auf das eigene Geschlecht eine Rolle. Aber Hartlaub weist in seinem Text noch auf ein weiteres Kennzeichen von Gabriele Münters Linienkunst hin, das die Zeichnungen in ihrer Gesamtheit einzigartig macht: »Diese Zeichnerin hat

87 Kokett, um 1928

88 Junge Dame
im Sessel, 1929

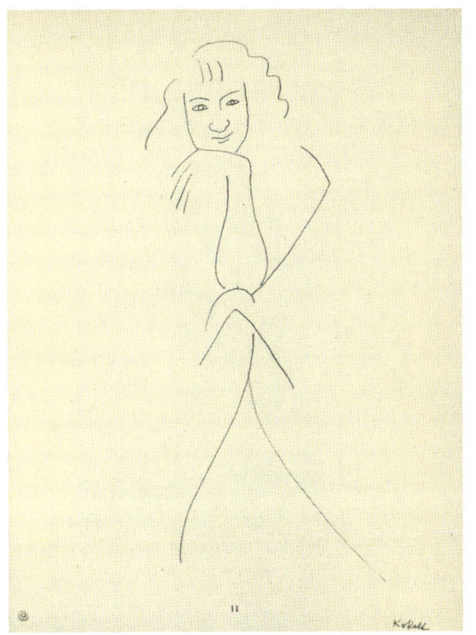

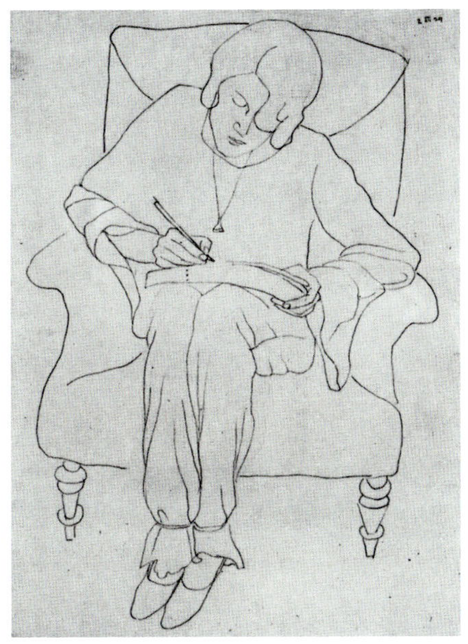

keine feste Manier. Immer von der Eigenart der dargestellten Person ausgehend [...], findet sie für jede doch eine besondere Behandlung: vom Fließenden zum Zackigen, vom Widerstandslos-Weichen zum Kantig-Eckigen, von sprödem Staccato zur Kantilene.« Damit umschreibt der Kunsthistoriker 1952 genau jene Überzeugung der Künstlerin, nach der das »Porträt unserer Zeit« es nicht mit dem Typus, sondern mit dem Individuum zu tun habe. So erfindet sie denn in jeder ihrer Zeichnungen die Linie neu. Deshalb auch »passt« zu der emanzipierten, weltoffenen und extravaganten Journalistin Sylvia von Harden der neusachliche Stil so gut und wirkt in keiner Weise aufgesetzt, während sich auf einer anderen, sehr schönen, im Dezember 1929 entstandenen Zeichnung, die eine ganz in sich ruhende, versunken schreibende junge Frau zeigt, der bequeme Polstersessel gleichsam um die in weichfließenden Linien dargestellte Figur schmiegt [Abb. 88].

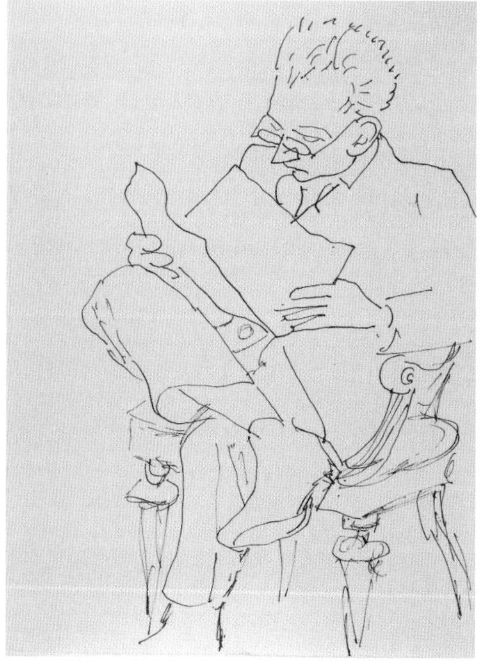

89 Johannes Eichner lesend, um 1928/30

Im Winter 1926 erfuhr Gabriele Münter mit Genugtuung, dass drei ihrer frühen Gemälde aus der Zeit des *Blauen Reiter* neben Kandinsky, Marc und Campendonk in der großen *International Exhibition of Modern Art* im New Yorker Brooklyn Museum und in Philadelphia ausgestellt wurden. Schon im Oktober hatte sie im Braunschweiger Schloss eine größere Gemäldekollektion und auch einige Zeichnungen zeigen können, und das Jahr 1927 brachte weitere Beteiligungen. Mit fünf Bildern nahm sie im Juni an der Ausstellung *Die schaffende Frau in der bildenden Kunst* teil, einem großen Projekt, das 40 Künstlerinnen im Berliner Künstlerhaus in der Bellevuestraße versammelte, und danach wurde sie aufgrund ihrer zuvor geknüpften Kontakte zu verschiedenen Malerinnen vom Verein der Berliner Künstlerinnen zur Teilnahme an deren Herbst-Ausstellung eingeladen.[170] Am Silvesterabend 1927 lernte die Fünfzigjährige bei einem befreundeten Maler den neun Jahre jüngeren Kunsthistoriker und Philosophen Dr. Johannes Eichner, einen Junggesellen und Hagestolz wie aus einem Spitzweg-Gemälde, kennen.[171] Eine Begegnung mit weitreichenden Folgen. In den folgenden Monaten näherten sich die beiden vorsichtig einander an: ein erster Atelierbesuch, gemeinsame Treffen und Gespräche, Briefe. Aus dieser Zeit des Kennenlernens stammt das Porträt des zierlichen, kleinen Mannes mit dem komplizierten Charakter, das wiederum eine zeichnerisch ganz anders aufgefasste Persönlichkeit zeigt: von ihr mit einer Feder gezeichnet, so spitz wie seine Nase, eckig und unruhig, mit fahriger Linie, ein »sprödes Staccato«, wie Hartlaub es später formulieren wird [Abb. 89].

Langsam entwickelte sich eine Partnerschaft aus Distanz und Vertrautheit, Respekt und Ironie, in der beide das abstandswahrende »Sie« kultivierten, obwohl sie schließlich in Murnau auch zusammenlebten. Ihre Freundschaft dauerte bis zu Eichners Tod 1958. Im August 1929 besuchte er Gabriele Münter erstmals in Murnau und blieb, bis sie Ende Oktober zu ihrer zweiten großen Reise nach Paris aufbrach.

Seit 1931 lebe ich in Murnau,
wo ich schon 1909 ein Anwesen
erworben hatte, und male. Um
die neuesten Kunstrichtungen
habe ich mich nicht bekümmert.
Die Diktatur, die mich seit 1937
zwang, mein künstlerisches
Dasein zu verbergen, und der
Krieg vollendeten meine Zurück-
gezogenheit, ohne meine Arbeit
zu hemmen oder zu verbiegen.

Gabriele Münter, 1948

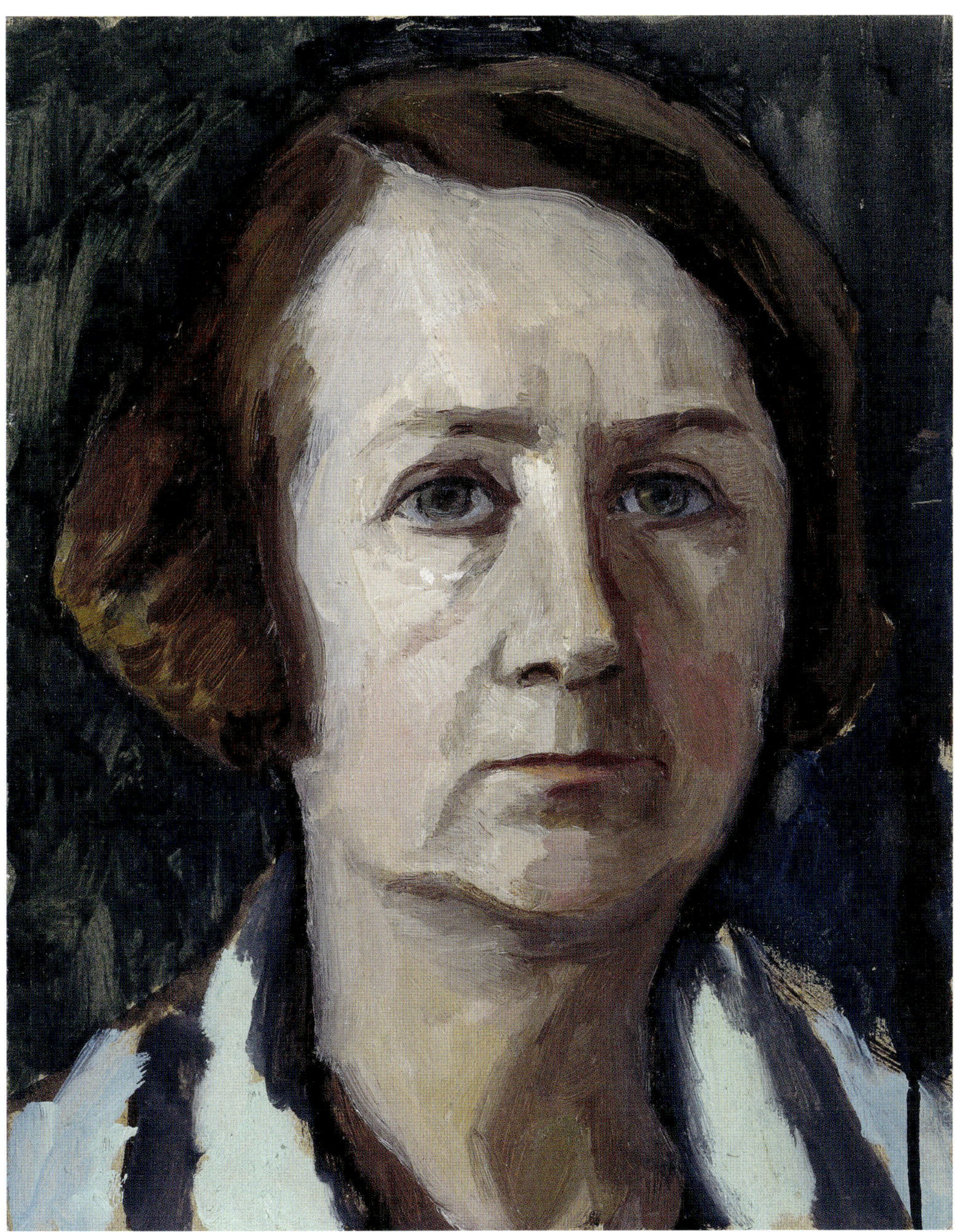

90 Selbstbildnis, 1934

EXPRESSIV-VITALE SACHLICHKEIT 1929–1945

Im April 1931 erschien in der Zeitschrift *Der Kunstwanderer* ein Aufsatz von Margot Riess mit dem Titel *Vom Wesen weiblichen Künstlertums,* in dem die Autorin einer »weiblichen Kunst« nachspürt. Diese erkennt sie vor allem in der charakteristischen Haltung der Künstlerin zum Werk, zur Kunst und zu einzelnen Kunstgattungen. »So scheint uns das Besondere weiblichen Künstlertums vor allem in dem zu liegen, was man als künstlerisches Ethos bezeichnen kann.« Sie diskutiert diesen Aspekt am Werk unterschiedlicher Malerinnen und Bildhauerinnen und konstatiert: »Das eigenartig verhaltene Temperament Gabriele Münters wiederum lebt sich auf allen Gebieten der Malerei aus.«[172] Diese Schlussfolgerung bestätigt einmal mehr die anerkannte Stellung und Bekanntheit der Künstlerin. Vielleicht hat Margot Riess gerade diese Einschätzung des Werkes gewonnen oder bestätigt gefunden durch eine Ausstellung in der Berliner Galerie Rudolf Wiltschek, in der Gabriele Münter im Winter 1930 einige ihre gerade in Paris und Südfrankreich entstandenen und von der Presse begeistert gefeierten Arbeiten gezeigt hatte. Kurz vorher, Anfang November, war sie aus Frankreich nach Berlin zurückgekehrt, gemeinsam mit Johannes Eichner. Er war im Juli zu ihr nach Paris gefahren, von wo aus die beiden zwei Monate später zu einer Reise nach Südfrankreich aufgebrochen waren. Schon während des Rechtsstreits mit Kandinsky hatte Gabriele Münter um 1926 langsam begonnen, sich innerlich von ihm zu lösen und das Trauma der Trennung zu verarbeiten. Die neue, freundschaftliche Beziehung zu Eichner trug sicher dazu bei, Abstand zu gewinnen. Aber erst die Reise nach Paris, zu der sie von Murnau aus Ende Oktober 1929 aufbrach, führte dann zu einer »Befreiung«, die sich künstlerisch in einem wahren Schaffensrausch Bahn brach. Nach den eher verkrampften Versuchen im Stil der Neuen Sachlichkeit aus den späten 1920er Jahren, die ihrem malerischen Temperament so widersprachen und bloße »Manier« blieben, fand die Künstlerin zu einer vitalen Malkultur zurück. In dieser neuen, gefestigten Malerei in kräftigen Farben und mit bewegtem, flottem Pinselstrich erwachte die eigene, expressionistische Tradition zu neuem Leben. Zugleich finden sich Anklänge an den großstädtischen »französischen« Stil der skandinavischen Periode und seine Sujets, verbunden mit einem kühl-sachlichen Blick, der die Verarbeitung der jüngsten deutschen Malerei verrät, und ihrem in den »Menschenbildern« zur Meister-schaft weiterentwickelten Zeichentalent. All diese verschiedenen

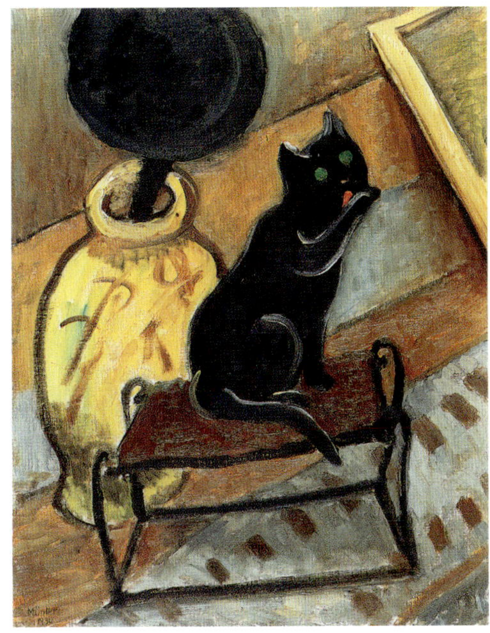

91 Kater und Hut, 1930

Richtungen, durch die sie in einem Vierteljahrhundert ihres Schaffens gegangen war, vereinen sich zu einem von großer Souveränität und müheloser Sicherheit der künstlerischen Mittel getragenen neuen, »Pariser Stil«, der nicht zuletzt vom Esprit der französischen Metropole mit seinen vielfältigen Anregungen und Motiven inspiriert war. Ein wunderbares Beispiel dafür liefert das 1930 gemalte Interieur *Kater und Hut,* das im Vergleich mit der glatten neusachlichen Malerei, die die Figuren oft wie tot erscheinen ließ, die große Veränderung zeigt [Abb. 91]. Der vitale schwarze Kater behauptet frech seinen Platz auf dem Beistelltisch in einem Bistro, das Ganze gemalt in einer breiten Skala von Beige- und Brauntönen. Die ungewöhnliche Aufsicht und der enge Bildausschnitt zitieren ebenso wie das monochrome Farbenspiel lustvoll und ironisch zugleich ihre späten Stilleben der *Blaue Reiter*-Zeit, wie etwa die »müde Orgie« in Rosa mit der schwarzen Maske [S. 117], deren Stelle hier der sehr lebendige Kater einnimmt. Der angeschnittene Rahmen erinnert an Matisse' instabile, entgrenzte Raumgefüge, das dekorative Interieur mit der bauchigen Bodenvase an Skandinavien und die klare flächige Bildstruktur an die Neue Sachlichkeit. Jedes dieser Zitate beruht aber nicht auf »fremden«, einfach übernommenen Einflüssen, sondern wird aus dem eigenen Werk geschöpft. Gerade deshalb erscheint die kleine Szene wie aus einem Guss. Gemalt hat die Künstlerin, wie aus ihrem Arbeitsheft hervorgeht, nach einer Skizze vom Februar, »spät abend« am 25. April 1930. Diese Hefte begann Gabriele Münter hier in Paris. Sie sollte sie bis ins Alter sehr gewissenhaft zu führen, nach einem mit der Jahreszahl kombinierten Nummernsystem, wie sie es in München bei Paul Klee gesehen hatte: »Wie er seine Arbeiten von jedem Jahresanfang an durchgehend numerierte und sich notierte, wodurch gleich ein Katalog seines Œuvres entstand, schien mir so zweckmäßig, daß ich es später ähnlich machte.«[173]

Zugleich mit der Arbeit an Gemälden setzte sie in einer Fülle von Bleistiftzeichnungen in Skizzenbüchern und auf Einzelblättern ihre Porträtstudien fort, deren knappen Zeichenstil in purem Umriss sie in den 1920er Jahren meisterlich entwickelt hatte. Zu diesen Zeichnungen gehört das am 2. Dezember 1929 entstandene, schön ausgearbeitete

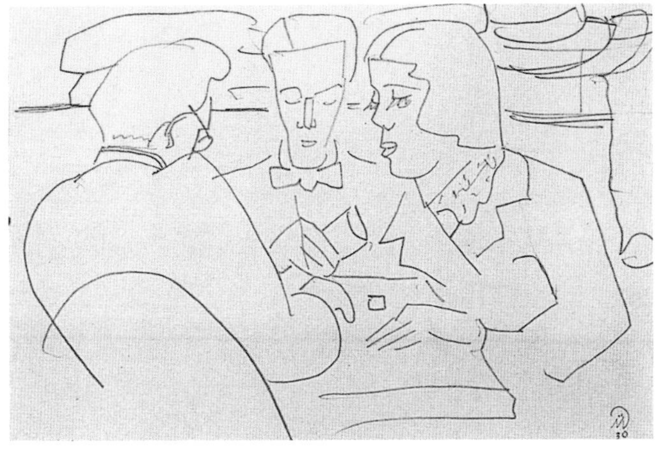

92 Würfelspieler, Pariser Café, 1930

Porträt *Junge Dame im Sessel* [S.165]. Oft aber waren es nun auch mehrfigurige Szenen aus Pariser Cafés, wie die konzentriert ins Spiel vertieften *Würfelspieler,* die sie mit ein paar Strichen aufs Papier bannte [Abb.92]. Ganz nebenbei und zwanglos entstand so ein lebendiges Bild des urbanen Großstadtlebens. Zahlreiche Zeichnungen arbeitete sie zu Gemälden aus. Das seit ihrer Ankunft ab Oktober 1929 geführte Bilderheft beweist zudem, in wie rascher Folge die Bilder in Paris entstanden, eines kühner als das andere. Am 15. Juni 1930 malte Gabriele Münter danach bereits das 71. Gemälde, das – wie fast alle – nicht vor der Natur entstand, sondern nach eine Skizze meist abends oder an Regentagen in ihrem Pensionszimmer. Drei Tage zuvor hatte die Künstlerin im Park von Saint-Cloud, von dem sie bereits 1906/07 sehr angetan war, den *Tisch im Gartencafé* skizziert, der wiederum ein treffliches Beispiel für den leichten, unangestrengten Pariser Malstil ist [Abb.93]. Die flüchtige Grundierung lässt die braune Pappe durchscheinen, die Farbe ist zügig verstrichen, so wie um 1909 in ihren Landschaften und Stilleben. Aber der erste Eindruck von einer großen Spontaneität täuscht, denn das Bild ist vor allem farblich sehr sorgfältig komponiert. Die drei Grundfarben Rot, Blau und Gelb bilden in der intensiven

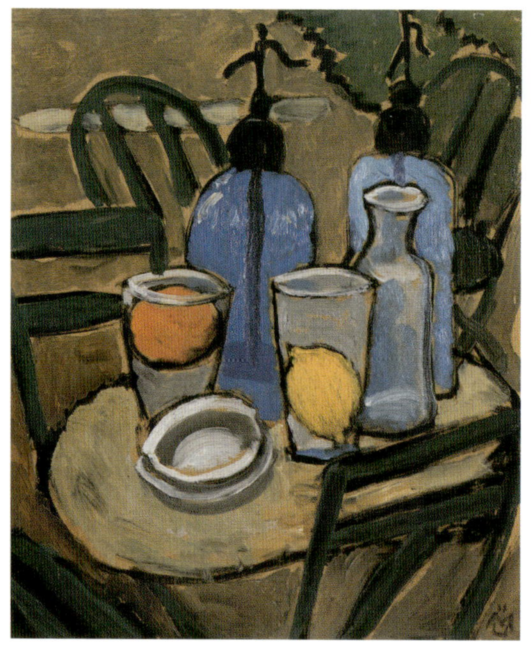

93 Tisch im Gartencafé, 1930

Leuchtkraft von Orange, Siphonflasche und Zitrone den Hauptakkord, ergänzt durch das Grün der Gartenstühle und die weißen Lichtreflexe auf den Gläsern, wobei sich die einzelnen Gegenstände auf der ovalen Tischplatte zu einem gefestigten und stark konturierten Ensemble zusammenfügen, dessen gebundene Ausdrucksform sich von der expressiven Vorkriegsmalerei deutlich unterscheidet und insgesamt den »Pariser Stil« kennzeichnet.

In Gesellschaft von Johannes Eichner, dem pedantischen, peniblen »Ei«, wie sie ihn nannte und in den Briefen auch als »Opapa« neckte, fand Gabriele Münter zu dem locker-ironischen, spontanen und unkonventionellen Umgangston ihrer Jugend zurück. Seine Ratschläge, wie sie malen sollte – weniger herb, mehr idyllisch und dekorativ, mit »innerlichster Einfühlung« –, erfreuten sie dagegen weniger und verunsicherten oft nur. »Ja, wenn ich höre«, schrieb sie ihm schon 1932, »daß ich Bilder malen *muß* – große, schöne, und daß ich das Rennen mitlaufen muß, Reklame machen, ausstellen, klappern, dann werde ich ganz welk.« Später, in Murnau, empfand sie seine zunehmende Einmischung, seine Korrekturen auch direkt im Atelier, während sie malte, oftmals nur noch als zutiefst störend. »Ei war viel beim Malen bei mir und tat mit und gab an, wie gewöhnlich … Sollte Wolke ändern – ich seh's nicht ein«.[174] Im Grunde blieben ihm ihre revolutionäre Malerei und die Moderne, die sie mitgestaltet hatte, zeitlebens fremd. Er beäugte sie misstrauisch, wobei die Abneigung gegen den *Blauen Reiter,* insbesondere gegen die abstrakte Kunst Kandinskys, zweifellos auch persönlich motiviert war. Bereits im Juli 1929 hatte Gabriele Münter Eichner eine Generalvollmacht über ihr Vermögen erteilt, das er akribisch verwaltete. Der Verkauf eines den drei Geschwistern gehörenden Berliner Grundstücks brachte eine stattliche Vorauszahlung und gute Zinserträge, die ihr ein sorgenfreieres Leben und auch den Pariser Aufenthalt ermöglichten. Mit der Vollmacht über ihre Geldgeschäfte aber hatte sie Schwester und Schwager, die ihr immer wieder selbstlos finanziell geholfen hatten, ausgeschlossen. Wegen des genannten Verkaufs, der insgesamt eher desaströs verlief, betrieb Eichner die Entzweiung zwischen Gabriele Münter und ihrer Familie, der er nicht traute, und spielte sie gegeneinander aus.[175] Sie trug schwer an dem Zerwürfnis mit Schroeters, das bis zu Emmys Tod 1946 andauerte, während Eichner bald nur noch ziemlich anmaßend von »unserem Vermögen« und »unserem Planen« sprach. Trotzdem arrangierte sie sich, seine distanzierte Haltung ihr gegenüber entsprach ihren eigenen Gefühlen. Am 19. Februar 1930 schrieb sie dem so gut wie mittellosen Kunsthistoriker: »Wir haben eine freundschaftliche Gemeinschaft, in der jeder das gibt, was er hat.«

In Paris wohnte sie im Künstlerviertel Montmartre und lebte hier zusehends auf. Die täglichen Briefe an Eichner nach Berlin vermitteln ein anschauliches Bild ihrer Aktivitäten. »Ich funktioniere wie eine Maschine«, jubelt sie. »Ich bin froh, daß ich arbeitsbesessen bin.« Sie war erstaunt über die wiedergekehrte, volle Schaffenskraft und die Selbstverständlichkeit, mit der alles gelang, aber auch etwas skeptisch angesichts dieser Veränderung: »Nachts in der Metro eine Dame in Rot und Schwarz mit hellem Pelzkragen notiert, heute vormittag gemalt. Ganz einfach und stark. Das ist es, was ich kann. Ob es genügt, weiß ich nicht. Aber für jetzt zeigt es mir einen Weg.« Die Künstlerin besann sich auf ihre Stärken, fand wieder zu ihrer »Wütigkeit«, zum »Geben eines Extraktes«, wie sie es 1911 formuliert hatte, und erkannte ganz klar: »Banalität, ›saubere Arbeit‹ sind Gefahren für mich!« Sie war ins Wasser gesprungen und dabei »nicht ersoffen«, sondern diesem Bad frei und selbstsicher entstiegen.[176] Sie ging in Ausstellungen, ins Café du Dôme, machte Atelierbesuche, traf nach zwölf Jahren den schwedischen Freund Isaac Grünewald wieder, besuchte Hans Arp sowie die Münchner Freundin Konstanze Schwedeler und malte von Lou Albert-Lasard, die sie im Cabriolet durch die Metropole kutschierte, ein Porträt. Die *Pariser Zeitung* veröffentlichte eine, stolz an Eichner geschickte, Notiz: »Frau Gabriele Münter-Kandinsky ist in Paris zu Studienzwecken eingetroffen«, und Weile Barkany, eine bekannte Sängerin, lud ihr zu Ehren zum Tee mit illustren Gästen. »Plötzlich bin ich in der Pariser Gesellschaft!«

Kein Lob aus berufenem Mund hat Gabriele Münter je so stolz gemacht wie 1906 in Paris das von Théophile Steinlen angesichts ihrer Bleistiftskizzen.[177] In Erinnerung daran belegte sie noch einmal in der Akademie Grande Chaumière am Montparnasse einen Kurs, in dem ihre meisterhaften Zeichnungen wiederum große Bewunderung hervorriefen und mit Matisse, Picasso und Rodin verglichen wurden. Anfang Juli 1930 traf Johannes Eichner in Paris ein, und auf seinen Wunsch hin zogen sie sofort in eine »standesgemäßere« Wohnung im bürgerlichen Vorort Meudon um, bevor sie zwei Monate später an die Côte d'Azur reisten. Die reiche südliche Landschaft, ihr Licht und die Farben bezauberten die Künstlerin. Sie kaufte eiligst Malwerkzeug, wieder entstand ein Bild nach dem anderen. Waren es bei der Abreise aus Paris 85 gewesen, so vollendete sie am 2. Oktober 1930 in Sanary-sur-Mer, wo die beiden sechs Wochen verbrachten, das 100. Gemälde. Daneben zeichnete Gabriele Münter ununterbrochen, nicht nur mit dem Bleistift, sondern auch mit Kreide, deren weicher, satter Strich der üppigen Vegetation des Midi optimal entsprach. Die Architektur der kleinen Orte interessierte sie. Ungewöhnlich »hingehauen« und urwüchsig fing sie mit einem Blick den Marktplatz des kleinen Fischerdorfes

Sanary mit Brunnen und Skulptur vor der aufragenden Häuserkulisse mit dem Kohlestift ein [Abb. 94]. Von dort aus fuhren Gabriele Münter und Johannes Eichner Ende Oktober über Paris nach Berlin zurück, wo die Künstlerin wieder im Pensionszimmer wohnte, bevor sie am 1. April 1931 nach Murnau zurückkehrte. Sie kümmerte sich zunächst um Garten und Haus, stellte dann in der Münchner Neuen Secession aus und richtete, wie schon einmal 1928, im September in der Murnauer Buchhandlung Wiegelmann eine kleine Ausstellung ein. Unter den hier gezeigten Gemälden befand sich wahrscheinlich auch die kurz zuvor entstandene Ansicht ihres Hauses [Abb. 95]. Zum ersten Mal hatte Gabriele Münter die Villa im Sommer 1910 gemalt, zwar in Öl, aber Grün, Gelb, Dunkelrot und Violett wirken in ihrer hellen Farbigkeit und dem lockeren Pinselstrich eher wie ein Aquarell. Ganz anders nun im Spätsommer 1931: Obwohl ebenfalls von Osten her gesehen, ruht das nach vorn zum Bildrand verlagerte hellblaue Gebäude mit dem gelben Sockel jetzt als fest gefügter Architekturkörper inmitten der vom ersten Rotbraun des Herbstes gefärbten, üppigen Vegetation. Die kompakten, von fließenden Konturen umschlossenen Flächen in weicher Malweise und aufeinander abgestimmten Farben, in denen Grün und Braun sowie ein kühles Hellblau vorherrschen, vereinen sich zu einem harmonischen Ganzen, das an die expressionistische Tradition erinnert, aber gleichwohl die in Paris entwickelte gebundene Ausdrucksform fortsetzt. Gabriele Münter wollte offensichtlich das

94 Sanary-sur-Mer, 1930

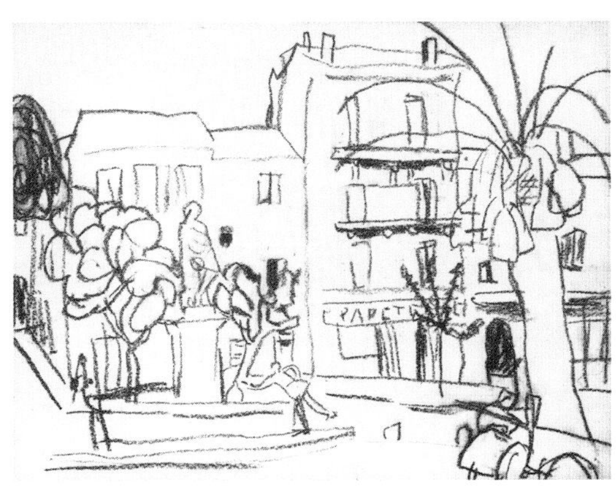

»Bildnis« eines Heimes schaffen, ein Geborgenheit und friedliche Ruhe ausstrahlendes Sinnbild. Das ist ihr mit diesem Gemälde in jeder Hinsicht gelungen, betont noch durch die kleine rote Figur am geöffneten Fenster, die das Haus zu einem freundlichen Zuhause macht. Gerade dieses Detail zeugt von jenem menschenfreundlichen Grundzug in der Kunst Gabriele Münters, der von Beginn an viele ihrer Werke prägt. Schon 1899 milderte sie in der Fotografie von dem einfachen texanischen Holzhaus ihrer Tante Annie die abweisende Monumentalität durch offene Türen und zwei Stühle, die signalisierten: Das ist ein Zuhause, hier wohnt jemand [S. 31]. Gustav Friedrich Hartlaub hat im Zusammenhang mit seiner Ausstellung *Neue Sachlichkeit* solche Gemälde einmal durchaus positiv als »angenehme Museumsstücke« bezeichnet. Zeitlebens experimentierte Gabriele Münter mit den unterschiedlichen Wirkungen eines Motivs, indem sie es in andere künstlerische Gattungen übertrug. So hatte sie schon 1913 nach einer der zahlreichen Fotografien ihres Hauses einen kleinen, dekorativen Holzschnitt angefertigt und als Abbildung für das Katalogfaltblatt ihrer großen Münchner Ausstellung im Kunstsalon Dietzel verwendet [S. 100]. Dieses Wechselspiel wiederholte die Künstlerin nun 1931. Die nach dem Gemälde in eine postkartengroße Linolplatte geschnittene Grafik fasst die neue, flächig gebundene Malerei konzentriert zu einem in sich geschlossenen Ensemble von weißen und schwarzen Flächen zusammen und verleiht der Ansicht des Hauses damit einen geradezu emblematischen Charakter von großer Ausdruckskraft [Abb. 96].

In dieser Zeit Anfang der 1930er Jahre, in einer Phase großer Produktivität, begann Gabriele Münter verstärkt damit, die neuen Bilder in zwei oder mehreren Fassungen zu malen. Einige von ihnen finden noch nach Jahrzehnten einen großartigen Nachklang im Alterswerk. Zu den eindrucksvollsten freien Nachempfindungen der späten Jahre gehört neben der Variation des »Gelben Hauses« ein im Herbst 1931 gemaltes Bild, das 1959 in einem ihrer letzten Gemälde überhaupt eine Fortsetzung von großer Kühnheit erfährt [S. 222]. Aber bereits die gemalte Vorlage erweist sich als bedeutender Wurf [Abb. 97]. Der *Weg zur Fürstalm,* einer Ausflugsgaststätte bei Murnau, zeigt eine farbenprächtige gebirgige Landschaft, in der das frühe Interesse der Künstlerin an

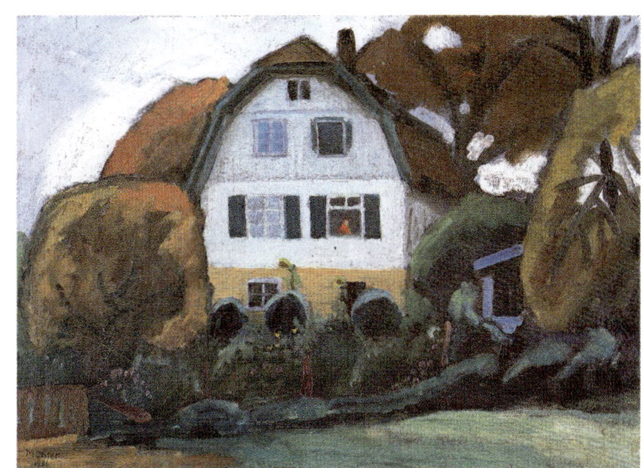

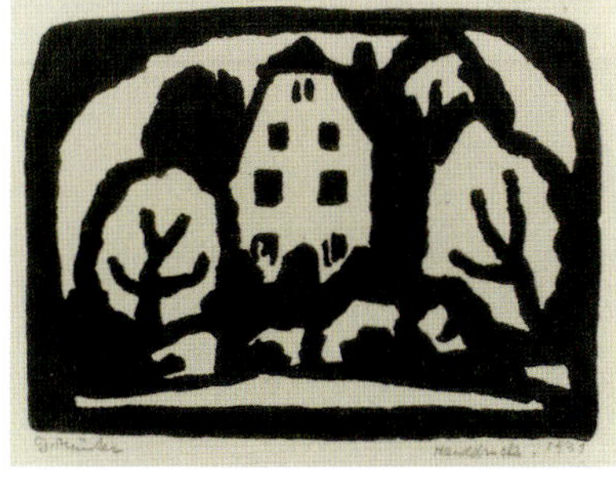

großflächigen Form- und Farbstrukturen wieder lebendig wird. Durch die gleichzeitig locker und gefestigt wirkende schwarze Konturzeichnung entsteht ein insgesamt erstaunlich abstrakter Bildeindruck von urwüchsiger Kraft und großer Unmittelbarkeit, verstärkt durch die mit breitem Pinselstrich heftig »hingehauenen« Ölfarben in herbstlichem Grün, Gelb und Rot mit leuchtenden Blau-Weiß-Akzenten von Himmel und Wolken. Form und Farbe verbinden sich in dem am 10. Oktober 1931 gemalten, grandiosen Werk zum expressiven »Extrakt«. Gabriele Münter war so erfreut über das gelungene Ergebnis, dass sie sogleich auch vor diesem Werk einen Linolschnitt anfertigte, in dem sie das Motiv sehr frei umsetzte und die abstrakte Wirkung der dunkelgrünen Schattenstreifen herausarbeitete.

Lange schon vor 1933 warf die Nazi-Diktatur ihre dunklen Schatten voraus, begannen die »Blut und Boden«-Ideologen den Kampf gegen die Weimarer Republik und die verhasste Moderne mit allen nur erdenklichen demagogischen Mitteln zu führen. Gabriele Münter war

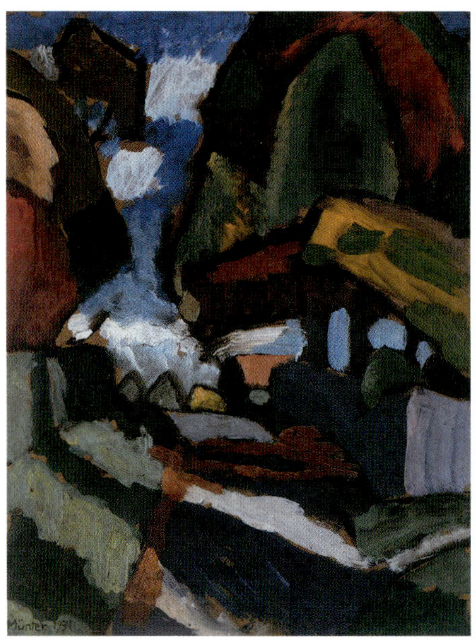

97 Weg zur Fürstalm, 1931

eine aufmerksame Zeitungsleserin und eine aufrechte Demokratin, die als politisch interessierter Mensch die Zeichen der Zeit mit wachsender Sorge und mit Entsetzen beobachtete. Im März 1932 fand sie am Haus einige nazistische Propagandablätter mit Hetzparolen, die zur Wahl Adolf Hitlers zum Reichspräsidenten aufriefen. »Es kann einem übel werden«, notierte sie. »Wenn es nur nicht, statt des Endes, der Anfang für Nazi-Tätigkeit wird.« Zwar gewann Paul von Hindenburg diese Wahl, aber das erhoffte Ende der braunen Ideologie brachte sie nicht, im Gegenteil.[178] Seit Hitler Anfang Mai 1923 in der Murnauer Turnhalle eine mit Begeisterungsstürmen aufgenommene Rede gehalten hatte, galt die oberbayrische Kleinstadt als »Nazi-Hochburg«, was nicht zuletzt 1931 eine von SA-Trupps organisierte wüste Saalschlacht anlässlich einer sozialdemokratischen Veranstaltung erschreckend deutlich unter Beweis stellte.

In dieser Zeit, als Gabriele Münter voller Schaffenskraft die großartigen Gemälde im neuen expressiven Stil schuf, erreichte sie im November 1932 die von ihr freudig begrüßte Einladung zu einer großen, für Mai 1934 geplanten Ausstellung der *Neuen Künstlerver-einigung München,* die sie 1909 mitgegründet hatte. Auch Kandinsky wollte daran teilnehmen. Er wohnte seit Kurzem in Berlin, denn das Bauhaus war von der NSDAP aus Dessau vertrieben und gerade im Oktober 1932 in der Hauptstadt als Privatinstitut neu eröffnet worden. Am 10. Juli 1933 kam die Absage der Jubiläumsschau: Die Weimarer Republik existierte nicht mehr, Hitler war seit dem 30. Januar Reichskanzler, in Berlin hatte der Reichstag gebrannt, die totale Macht der NSDAP war durch »Gleichschaltung« und »Ermächtigungsgesetz« gefestigt.[179] In den letzten Monaten waren fast alle fortschrittlichen Museumsdirektoren, darunter Hartlaub, entlassen, Künstler wie Heinrich Campendonk und Paul Klee aus ihren Lehrämtern entfernt worden, und im April 1933 hatten in der Kunsthalle Mannheim mit der Ausstellung *Kulturbolschewistische Bilder* – der ersten von vielen bis 1937 folgenden Hetzveranstaltungen – Diffamierung, Ausverkauf und Vernichtung der Moderne begonnen. Schon im März 1933 floh Paul Klee in die Schweiz, wohin er im Dezember endgültig emigrierte, im selben Monat wie Kandinsky nach Frankreich.[180]

In Berlin, wo Eichner die Wintermonate verbrachte, und in Murnau, wo Gabriele Münter im eiskalten Haus die Wärme des einzigen Kachelofens suchte, formierten sich wie überall im neuen deutschen

98 Gertrud Haff,
Gabriele Münter und Johannes Eichner
in Murnau, 1933

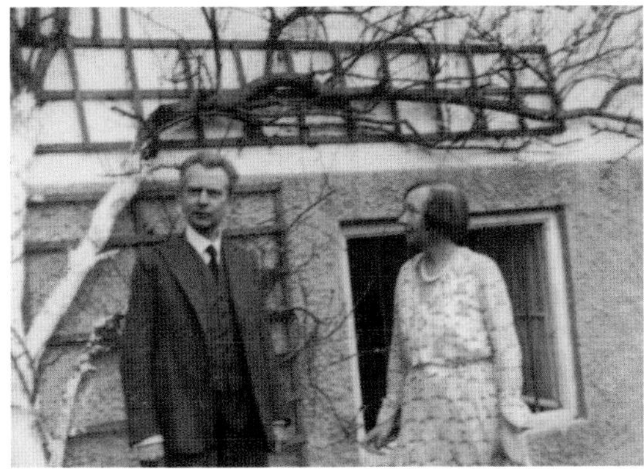

Reich die »Volksgemeinschaft« und das »gesunde Volksempfinden«. Im Frühling und Sommer 1933 begann der Freund während seines langen Besuchs damit, die Kunstbestände im Haus zu sichten, den »Papierkram« zu ordnen und die Künstlerin auszufragen. Aus dieser Zeit datieren viele von Gabriele Münters Notizzetteln mit Erinnerungen, die sie für Eichner aufschrieb. Auch eine der wenigen Fotografien, die beide zusammen zeigt, entstand in diesem Frühling [Abb. 98]. Aufgenommen von der Freundin Gertrud Haff, steht das zierliche Paar vor dem gelben Sockel der Villa, sie – mit modisch kurzer Frisur und Perlenkette – ihm zugewandt, er wie stets sehr korrekt gekleidet, etwas unwirsch in die Kamera blickend. Schon im Winter hatte Eichner aus Berlin riesige Bilderkisten aus verschiedenen Lagerräumen nach Murnau geschickt, die Gabriele Münter in wehmütiger Rückschau auf die »heroischen« Jahre des *Blauen Reiter* auspackte. »Die Zeiten haben sich geändert«, schrieb sie am 13. Februar 1933 an den Freund in Berlin. »Kann man noch einen Glauben haben an die Kunst und ihre Notwendigkeit?« Trotz der politisch äußerst angespannten Situation gelang es, vor allem dank Eichners emsigen Bemühungen, die Ausstellung *Gabriele Münter. 1908–1933* mit 50 Arbeiten zu organisieren – die erste große Schau seit Braunschweig 1926 –, die im April im Bremer Paula-Becker-Modersohn-Haus eröffnet wurde und danach über zwei Jahre durch deutsche Museen und Kunstvereine wanderte.[181] Wie schwierig es inzwischen auch für Gabriele Münter geworden war, ihre Werke auszustellen, zeigte sich im Januar 1934 auf der dritten Station im Jenaer Kunstverein, wo auf Druck der Nazis in einer Veranstaltung diskutiert wurde, ob diese Kunst öffentlich noch tragbar sei. Um überhaupt ausstellen zu können, war sie, auch auf Eichners Rat hin, am 1. Januar dieses Jahres Mitglied der im September 1933 von Joseph Goebbels gegründeten »Reichskammer der bildenden Künste« geworden, mit der die »Gleichschaltung« der Kunst und die Kontrolle der Künstler weiter forciert wurden.[182]

Die Schaffenskraft der Künstlerin aber war ungebrochen, und auch die stetige Weiterentwicklung ihres Stils blieb eines der künstlerischen Hauptanliegen. Nach den grandiosen expressiven, bis an die Grenzen der Abstraktion getriebenen Landschaften von 1931 zeigen

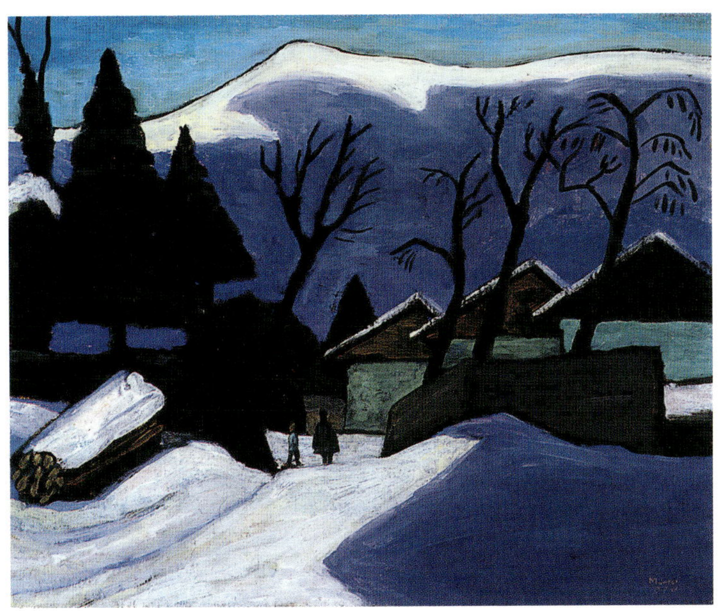

99 Drei Häuser im Schnee, 1933

die Gemälde von 1933 wieder gefestigte, klare Kompositionen, die mehr an die ebenfalls 1931 gemalte Ansicht ihres Hauses erinnern. Nun aber werden in einer glatten, beruhigten Malweise in wenigen Farben die mit schwarzen Konturen umschlossenen Formen voneinander abgrenzt und zusammengefasst – ganz so, als wollte Gabriele Münter der Nazi-Diktatur ihren ungebrochenen Formwillen entgegensetzen. Das im bitterkalten winterlichen Murnau am 27. November 1933 entstandene Gemälde *Drei Häuser im Schnee*, gemalt nach einer zwei Tage vorher angefertigten Skizze, zeigt diesen reifen Stil der 1930er Jahre in vollendeter Weise und ist zweifellos ein Hauptwerk [Abb. 99]. Es erscheint darüber hinaus in seiner dunklen Abendstimmung wie ein frappierendes Winter-Pendant zu dem frühen expressionistischen Hauptwerk *Gegen Abend* vom Sommer 1909 [S. 89]. Zeigen doch beide Gemälde einen ganz ähnlichen Blick auf die mächtige Bergfront des Heimgartens. War es in dem Sommerabend-Bild der faszinierende Zusammenklang der Hauptfarben Blau-Gelb-Rot, der Gabriele Münters künstlerische Fantasie inspirierte, so ist es nun, ein Vierteljahrhundert später im Winter 1933, der monochrome Farbklang von tiefem Blauviolett mit leuchtenden Weißhöhungen und sparsam gesetzten blaugrünen Akzenten, in den die kahlen Äste, wie schon in den Winterbildern der Vorkriegszeit, ein grafisches Muster zeichnen. Jahreszeiten-Pendants wie diese beiden wunderbaren Gemälde oder auch die beiden grazilen Landschaftsaquarelle aus Elmau und Murnau von 1924 bilden innerhalb von Gabriele Münters seriellen Arbeiten eine reizvolle Facette und zeigen einmal mehr den ausgesprochen modernen Umgang der Künstlerin mit ihrem Werk, das sie nie als abgeschlossen betrachtete, sondern als immerwährenden Prozess. Zu dieser spielerischen Haltung passt auch, dass sie sich angesichts der klaren, großzügigen Komposition der Schneelandschaft auf ihre Glasbilder besann, die sie 1917 in Schweden zum letzten Mal angefertigt hatte. So übertrug sie das Motiv mittels der alten Technik der Hinterglasmalerei in eine andere künstlerische Gattung. Sie fertigte dieses Mal eine exakte Kopie des Gemäldes an, allerdings nicht ohne ganz wenige, aber charakteristische Veränderungen: Der Bildausschnitt wurde in dem erprobten »Zoom-Effekt« näher gerückt und die Form stärker vereinfacht. Vor allem aber erreichte sie durch niedliche Schneeflecken auf den Tannen und kleine Fenster in den drei versetzten Häusern eine naive Wirkung. Nun war sie allerdings alles andere als eine »naive« Künstlerin – vielmehr stellte sie damit ihr Glasbild bewusst in die Tradition dieser alten Volkskunstmalerei, von der sie sich hatte inspirieren lassen.

Vom Anfang ihrer Bekanntschaft an hatte Eichner versucht, Gabriele Münters Malstil in eine bestimmte Richtung zu drängen, nicht so »hingehauen«, wild, ungestüm und frei sollte er sein, kurzum: mehr vornehm realistisch und weniger expressiv. Er bezeichnete ihre »ursprünglichen Anlagen« als »einfach, natürlich, deutsch, fern von jedem Raffinement«. Das schrieb er im August 1932 in *Westermanns Monatsheften* in einer Bildbesprechung des Blumenstücks *Zinnien und Tigerlilien,* aber schon ein Jahr vorher, anlässlich der kleinen Ausstellung in der Buchhandlung Wiegelmann, hatte er dem *Murnauer Tagblatt* zu Gabriele Münters künstlerischer Entwicklung anvertraut:

»Sie folgte ihrem schlichten Wesen, verwandt jener Volkskunst, die unbeholfen erscheint und doch Wesentliches ausdrückt.«[183] Die Beispiele zeigen, dass der Kunsthistoriker, lange bevor eine solche Charakterisierung nach 1933 angesichts der Nazi-Diktatur bittere Notwendigkeit im Überlebenskampf wurde, begonnen hatte, sich ein bestimmtes Bild vom schlichten, naiven »Wesen« und »unbewussten« Schaffen der Künstlerin zu konstruierten. Diese Vorstellungen von der liebenswert-harmlosen, volksnahen Malerin propagierte Eichner zielstrebig und tilgte nach 1933 zusätzlich und sorgfältig jeden auch nur entfernten Hinweis auf eine – künstlerische wie biografische – Nähe zur »zersetzenden Systemkunst«, zum »Kulturbolschewismus« und zu den »entarteten Schmierfinken« des *Blauen Reiter*. Gabriele Münter, die zunächst diesem Tun eher nachsichtig-belustigt zusah, musste – nach Hitlers Machtübernahme und je mehr die nazistische Kulturpolitik ihre Kontur gewann – erkennen, dass die Methode des Freundes die einzige Möglichkeit bot, um als Künstlerin überhaupt existieren zu können.[184] Obwohl sie dies durchaus wusste, ließ sie sich weder in ihrem künstlerischen Anspruch noch in ihrer offenen, direkten Art verbiegen. Das expressionistische »Oh, Mensch«-Pathos allerdings war ihr von jeher zutiefst fremd, denn im Gegensatz dazu beruhte ihre grafisch orientierte Linienkunst in Zeichnung und Malerei immer auf einer sachlichen Grunddisposition. Aber wie meilenweit entfernt war diese Kunst von dem kruden, kleinbürgerlichen Naturalismus der »neuen deutschen Kunst«. Rein gar nichts verband Gabriele Münter damit, obwohl sie 1941 der Münchner Ärztin und Freundin Flora Scherer solche zeichnerische Nähe bezüglich ihrer neuen Bilder andeutete, um sogleich fortzufahren, dass diese »scheinbar harmlosen Arbeiten immer noch doppelbödig, interessant und viel schwieriger sind, als die Durchschnittsmalerei der Zeit, mit der sie einige äußere Ähnlichkeit aufweisen«.

Gabriele Münter jedoch musste Bilder verkaufen, sie ausstellen und »im Geschäft« bleiben, konnte sich nicht zurückziehen, denn die äußerst mageren Zinserträge ihres Kapitals boten kein Auskommen. Finanzielle Einschränkung und Geldmangel waren sowieso an der Tagesordnung. Ganz anders aber als Eichner, dessen misanthropische

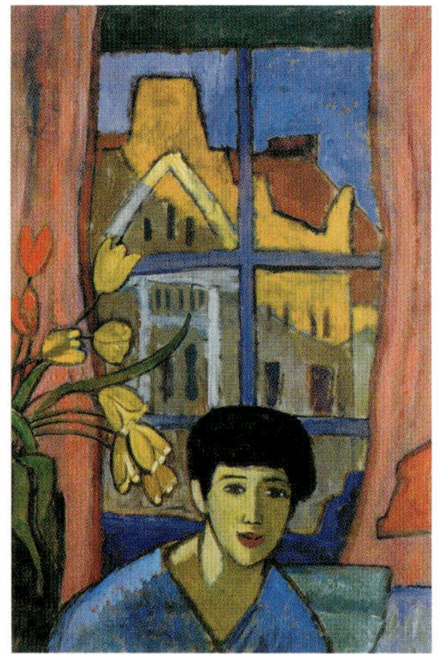

Haltung und apodiktische Rechthaberei sie zunehmend bedrückten, kannte sie keine Zukunftsangst. Als viel schlimmer empfand sie seit 1933 mehr denn je die künstlerische Isolation in Murnau, fernab von Freunden und jeglicher Kultur. Diese Einsamkeit verdichtete sich im März 1934 zu einem ihrer eindringlichsten Gemälde, das wie kein anderes als Sinnbild grenzenlosen Verlassenseins erscheint, dessen einzige Zeugen ein paar Meisen sind [Abb.101]. Schon einmal war die Künstlerin in Murnau in solcher Einsamkeit gefangen gewesen, am Beginn der 1920er Jahre, bevor sie es nicht mehr aushielt und 1925 nach Berlin floh.[185] Aber die Zeiten hatten sich dramatisch verändert, denn nun kam die politische Situation hinzu, die Nazi-Diktatur, die ihr die Luft zum Atmen nahm. Zwar gab es Eichner, doch er war fern, in der Hauptstadt, mit Ratschlägen zum Malen, die sie nicht brauchte und die nicht halfen. Der frostklirrende Winter, der die erstarrte, schneebedeckte Natur auch noch im März in seinen eisigen Klauen hielt, wurde ihr zum Symbol für die Erstarrung und Kälte in einem Deutschland, das nicht mehr das ihre war. Und sie, die Künstlerin, konnte diesmal nicht entfliehen, sich nicht auf die Position der neutralen Beobachterin zurückziehen, weil es diese nicht mehr gab.[186] Nun

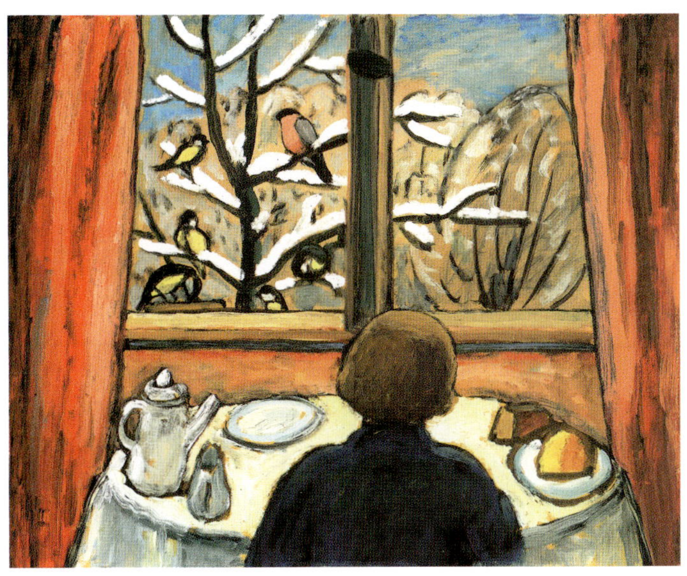

ist sie selbst im Bild, den schmalen Rücken dem Betrachter zugewandt, sitzt sie am Tisch, blickt aus dem Fenster auf die Vögel im kahlen Baum. Diese ihre Anwesenheit, die das Gemälde zu einem Selbstbildnis macht, ist es, auf der die große Unmittelbarkeit, Intensität und Ausstrahlung beruht. Die Meisen waren allerdings im Bild zuerst da, schon ein paar Monate vorher hatte Gabriele Münter sie mit dem Blick durch das Fenster gemalt, in zwei Fassungen, eine dritte folgte im Zusammenhang mit dem Selbstbildnis 1934.

Formal gesehen, gehört das *Frühstück der Vögel* zu den Figurendarstellungen im Interieur, wie Gabriele Münter sie vor dem Ersten Weltkrieg in Murnau und München sowie später in Skandinavien zahlreich gemalt hat. Das große, französische Thema der Fensterbilder als Schwellen des Übergangs zwischen innen und außen, auf denen Matisse seine weiblichen Figuren positionierte, hat sie vor 1934 aber nur ein Mal aufgegriffen, und zwar 1917 in Stockholm in dem Gemälde *Zukunft* [Abb.100].[187] Motivisch erscheinen beide Bilder, genauso wie die beiden Murnauer Landschaften von 1909 und 1933, als Jahreszeiten-Pendants und von der Komposition her sehr ähnlich: Die Fenster sind jeweils von einem roten Vorhang gerahmt, auf dem einen

Interieur ist Frühsommer mit Blumen und Großstadthäusern im Sonnenlicht, auf dem anderen Winter mit wärmender Kaffeekanne und Vögeln auf verschneiten Zweigen. Zudem hat Gabriele Münter auf beiden Bildern die weibliche Figur ganz an den unteren Bildrand gerückt, aber während die junge Frau 1917 mit dem Ausdruck verhaltener Hoffnung aus dem Bild blickt, wendet sich die Künstlerin 1934 wie erstarrt ab, das Innere wird zum Gefängnis, aus dem es keinen Übergang nach außen gibt. Und trotzdem schreibt sie an Eichner: »Gemessen an anderen geht es uns doch wahrhaftig blendend!«[188] Da war er wieder, ihr mit ironischem Understatement gepaarter Wille, sich nicht unterkriegen zu lassen. Und gaben nicht die munteren Meisen aller Erstarrung zum Trotz ein Zeichen? Die schonungslose Darstellung ihrer menschlichen wie künstlerischen Situation schloss für die fast 60-Jährige den Blick in den Spiegel mit ein: Ihr 1934 entstandenes Selbstbildnis bedeutete gerade in diesen finsteren Zeiten einen Akt der Selbstvergewisserung. Es zeigt das ungeschönte Porträt einer Frau in mittleren Jahren, ernst und gefasst, mit leichtem Stirnrunzeln und schmalen Lippen [Abb. 90, S. 169]. Die glatte Frisur ist nur angedeutet, das helle, verschattete Gesichtsoval vor einem dunklen, blaugrün zügig verstrichenen Fond und die Physiognomie sind mit weichem Pinselstrich großflächig erfasst. Nichts lenkt von der mit feinen Linien herausgearbeiteten Augenpartie ab. Wach, klar, sehr konzentriert und direkt schaut die Künstlerin sich selbst und damit auch ihr Gegenüber an. Keine Spur von Naivität oder Schlichtheit liegt in diesem Blick, Sorge vielleicht, aber auch Stärke und Kraft.

Ende 1935 entstand ein weiteres Jahreszeiten-Pendant, mit dem die Künstlerin ein lange zuvor in der gleichen druckgrafischen Technik entstandenes, charakteristisches Motiv wieder aufgriff: die Heuhocken im Murnauer Moos, die sie um 1910 in einem Farbholzschnitt dargestellt hatte. Der damals aus drei Holzstöcken angefertigte effektvolle Druck zeigt die aufgetürmten Heuhaufen in spätsommerlicher Abendstimmung. Nun, ein Vierteljahrhundert später, Ende 1935, schnitt sie das Motiv als winterliches Gegenstück in eine kleine Linolplatte [Abb. 102]. Einerseits knüpfte sie damit inhaltlich an ihren Vorkriegs-Expressionismus an, andererseits ging es aber vor allem darum, den neuen, klar gegliederten, flächenhaften Malstil in die Druckgrafik zu übertragen, um seine Wirkung in einem anderen Medium zu erproben, wie sie es bereits mit dem Gemälde von ihrem Haus getan hatte. Noch konsequenter aber als 1931 reduzierte sie jetzt im kräftigen Schwarz-Weiß-Gefüge des Linolschnitts, überarbeitet mit zartblauen Wasserfarben, die Struktur der malerischen Ausdrucksformen bis zum »Extrakt«. Es war vor allem die monumentale Wirkung der tief verschneiten Hocken, die sie interessierte: Ganz nach vorn gerückt, verdichten sie sich in bedrängender Staffelung zu einem beeindruckenden Sinnbild von der Macht des Winters. Gabriele Münter druckte das Motiv auf eine Postkarte, die sie als Neujahrsgruß für 1936 verschickte. Es war ihre letzte Druckgrafik überhaupt – im Rückblick betrachtet ein überaus würdiger, sinnfälliger Abschluss. Die winterlichen Hocken indes beschäftigten die Künstlerin in zahlreichen Variationen und Techniken weiter bis in die 1950er Jahre hinein: in Ölgemälden und Glasbildern, Aquarellen und Zeichnungen.

Es verwundert überhaupt nicht, dass Gabriele Münter sich nach 1933 wegen der vielen kursierenden Gerüchte und der Schicksale verfemter Kollegen, vor allem aber angesichts der massiven Angriffe auf die Moderne zunehmend mit dieser ihrer Vergangenheit beschäftigte, die ihr zudem im Murnauer Haus auf Schritt und Tritt begegnete.

102 Neujahrswunsch, 1935

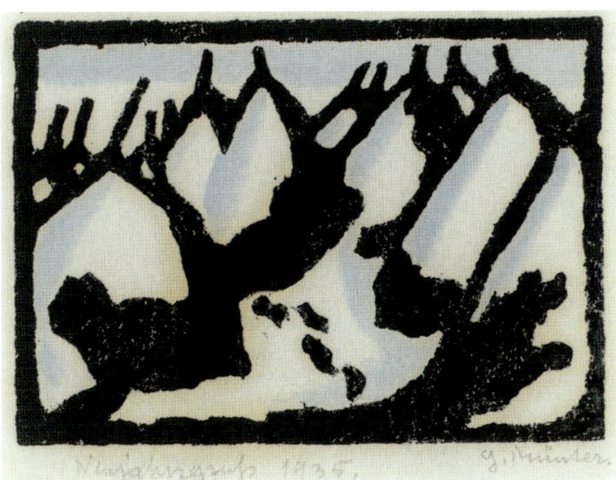

Nach dem erfolgreichen Start ihrer Wanderausstellung im April 1933 in Bremen war sie mit Eichner zu einer längeren Reise nach Südtirol und an die oberitalienischen Seen aufgebrochen – es sollte ihre letzte Auslandsreise bis zum Ende der Nazi-Diktatur sein –, wo zahlreiche Skizzen, Aquarelle und Zeichnungen entstanden, nach denen sie im Herbst eine Reihe schöner Landschaften in ihrem neuen, gefestigten Stil anfertigte. Ihre Überlegungen, Deutschland zu verlassen und zu emigrieren, lehnte Eichner ganz entschieden ab, und so fuhren sie im Sommer zurück. Auch deshalb fiel es ihr nach der Reise ziemlich schwer, in einem Deutschland, das sich so stark verändert hatte, zudem allein in Murnau wieder Fuß zu fassen und zum Arbeiten zu kommen. So notierte sie im Oktober auf einem kleinen Zettel: »Fast täglich Wunsch oder Anlauf. Dienstag Abend sah ich Blumen Hund und Bild überm Harmonium – schnell Leinwand u. malen – ein Anfang.«[189] Es war der geliebte kleine weiße Kaminhund aus Schweden, der da vor dem alten Hinterglasbild inmitten von Blumensträußen stand [Abb.103]. 1916 in Stockholm hatte Gabriele Münter ihn zum ersten Mal auf dem *Stilleben mit Palette* dargestellt [S.143]. Lange schon hatte sie kein Figurenstilleben mehr gemalt. Nun in der Rückbesinnung auf die künstlerisch so erfolgreichen skandinavischen Jahre, die sich mit dem Hund verbanden, entstand ein erstes Erinnerungsbild, das in seinen dunkel-samtigen Farbtönen und mit dem Heiligenbild gleichzeitig die große Zeit des *Blauen Reiter* heraufbeschwört. Es sollte nicht das Einzige bleiben, galt es doch mehr denn je, für sich selbst die Erinnerung zu bewahren und hinüberzuretten in eine neue Zeit. Diese würde kommen, davon war die Künstlerin fest überzeugt, und daraus zog sie ihre Kraft.

So malte sie 1935 ein weiteres Erinnerungsbild, das *Stilleben mit weißem Pferdchen*, das zweifellos als Schlüsselwerk betrachtet werden kann [S.7]. Vereinen sich hier doch mit dem Glasbild vom »Heiligen Georg«, den bunten Vögeln und dem weißen Dalapferd in der Rückschau die unterschiedlichen Traditionslinien ihrer Kunst von Murnau und München bis Stockholm, vom Expressionismus bis zum skandinavischen Stil, von den Heiligen- und Madonnen-Bildern bis zu den Blumenstücken im neuen Malstil mit fließenden Konturen und intensiven Farbfeldern.[190] Es entstand ein Werk von großer Homogenität und Harmonie, gemalt von einer Künstlerin, die sich der souveränen Beherrschung ihrer künstlerischen Mittel in jeder Hinsicht absolut sicher war. Der tapfere Drachentöter erinnert an den *Blauen Reiter*, das Holzpferd verband sich mit Schweden. 1916 hatte sie es in Stockholm mehrfach dargestellt. Als Symbol für die skandinavischen Jahre nahm es nun, 1935, auf dem Gemälde einen Hauptplatz ein, während die üppig gefüllte Vase auf die Gegenwart verwies. Gemalt hat Gabriele Münter das Bild tagsüber, und so stehen denn Blumen und Figuren in hellem Sonnenlicht, und an der Wand leuchtet der »blaue Reiter«.[191]

Im Sommer 1935 endete Gabriele Münters Wanderausstellung nach über zwei Jahren in der Stuttgarter Galerie Valentien. Es mutet schon ziemlich bizarr und auch unheimlich an, wie das Werk der Pionierin des Expressionismus und maßgeblichen Mitbegründerin des *Blauen Reiter* selbst in der bürgerlichen Kunstpresse bis zur Unkenntlichkeit umgedeutet, verharmlost und letztlich in das »Volkstümlich-Bodennahe« eingepasst wurde, wie die Zeitschrift *Die Weltkunst* unter ebenso geschickter wie gewundener Vermeidung der aggressiven Nazi-Terminologie im Juni in ihrer Ausstellungsbesprechung vorführte. Es hätte sich nun geklärt, schrieb der anonyme Rezensent, dass die Künstlerin mit der »Formsystematik damaliger ›Ismen‹« nichts zu tun habe. »Die gelöstere, naturhaftere Haltung Gabriele Münter's ist

103 Stilleben mit Hinterglasbild und Hund, 1933

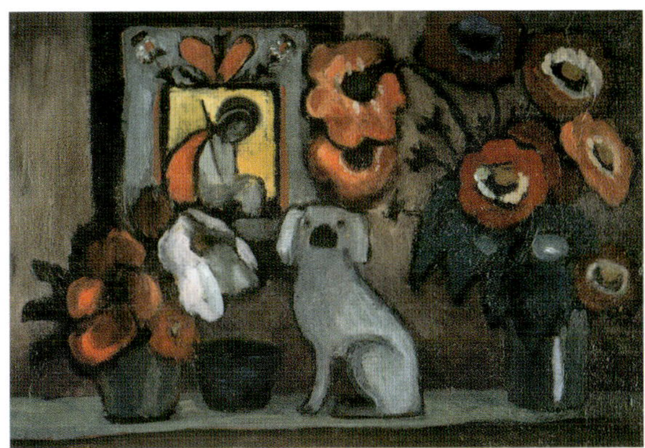

unbemüht ein Ausdrucksorgan für Lebensströme in Volk, Zeit und Ich [...]. Schöpferische Lebendigkeit aber bekommt das Gesamtwerk wie das Einzelbild durch immer neues, echtes Ergriffensein von der Welt und triebhaft quellendes Gestalt-Schauen«.[192] Wie sehr hat sie solcherart waberndes Pathos gehasst. Auf Drängen Eichners beteiligte sie sich 1936 an der Wanderausstellung *Die Straßen Adolf Hitlers in der Kunst*, aber ihrem dafür gemalten *Blauen Bagger*, mit dem sie sich sehr abgemüht hatte, fehlt der geforderte Heroismus vollständig, wie ein Holzspielzeug steht er in der Baugrube für die Olympiastraße nach Garmisch. Einen Hoffnungsschimmer bildete Anfang 1936 die Bereitschaft des Leiters des Münchner Kunstvereins, ihr anlässlich des 60. Geburtstages eine Ausstellung auszurichten, die dann im März 1937 stattfand, ohne große Resonanz und Aufsehen.[193] Bis gegen Ende der Schau in der Presse die gefährlichen Stichworte »Blauer Reiter«, »abstrakte Formsprache« und »Brücke-Kreis« fielen. Das hatte zur Folge, dass am letzten Tag der bayrische Kultus-Staatsminister und stramme Parteigenosse Adolf Wagner in die Ausstellung stürmte und sich lautstark über die Präsentation solcher »Machwerke« empörte. Lediglich das Ende der Schau verhinderte wahrscheinlich deren Schließung. Denn München bereitete sich auf das Großereignis der Nazi-Eröffnungsschau im »Haus der Deutschen Kunst« vor, in dem ganz andere Werke propagiert werden sollten.

Ende 1935 hatte Gabriele Münter sich entschlossen, ihr Haus zu verkaufen, um »Murnau mit allen Mängeln und Umständen und Isoliertheit« zu entfliehen und trotz aller politischen Bedenken nach München zu ziehen. Energisch begann sie, für sich und Eichner, der weiterhin in Berlin lebte, eine Wohnung zu suchen, aber er wollte keinen Ortswechsel, sondern weiterhin den Sommer in Murnau verbringen. Seine Maßregelungen und apodiktischen Anleitungen aus der Ferne hatten inzwischen ein solches Ausmaß erreicht, dass ihr im März 1936 der Geduldsfaden riss und sie ihm mitteilte, dass sie auch allein umziehen würde. Sofort lenkte Eichner ein, und dann ging alles ganz schnell. Er entschloss sich, nach Murnau zu übersiedeln, ließ das Haus auf eigene Kosten winterfest ausbauen und gründlich modernisieren, mit einer eigenen Wohnung für sich und einem Atelier mit großen Südfenstern. Als Ausgleich für die Renovierung erwarb er das Haus im Juli 1936. Die einst im Sommer 1909 als ländliches Refugium und Rückzugsort für sich und Kandinsky gekaufte »Russen-Filla«, wie sie damals von den Murnauern rasch getauft worden war, gehörte Gabriele Münter nicht mehr.[194] Sie kam im September aus München zurück und sah erleichtert, dass ihre Bedenken unbegründet gewesen waren, denn alles war sehr schön und angenehm geworden.

Inzwischen wurde es immer schwieriger, Werke zu verkaufen, obwohl sich die Künstlerin nach Kräften bemühte. Sie malte sehr viel, aber die Bilder stapelten sich im Haus, das der »Werkstatt eines fleißigen Werkers« glich, wie sie schon im Sommer 1935 im Tagebuch notierte, »aber Verstopfung, chronisch. Von jeher kein Absatz, das Haus füllt sich, nichts geht hinaus«. Bis in die 1930er Jahre hatte Gabriele Münter keine reinen Blumenstücke gemalt, nun begann sie – aus der Not geboren – damit. Auf ihren in langen Schaffensjahren entstandenen, ungezählten Stilleben gibt es zwar viele Blumen in Vasen und Töpfen, aber diese fügen sich immer in die unterschiedlichen Arrangements von vielerlei Gegenständen ein und beanspruchen nie eine herausgehobene Stellung. Dabei hatten Blumenstücke als eigenständige Gattung innerhalb der Stillebenmalerei seit den alten Niederländern eine lange Tradition, und daran knüpfte die Künstlerin jetzt an. Oft bot in den kommenden Jahren der Blumenbilder-Verkauf die einzige Geldquelle: Morgens nach Auftrag rasch gemalt, abends als Geschenk überreicht, hingen sie in zahlreichen guten Stuben von Murnau bis München. Neben diesen schnellen Broterwerbsarbeiten aber baute die Künstlerin das Genre zu einem ganz eigenständigen, anspruchsvollen Werkkomplex aus, dem sie bis ins hohe Alter immer wieder neue Facetten abgewann. Mit *Rosa Tulpen auf blauem Grund* schuf sie noch in Paris im Sommer 1930 eines der ersten reinen Blumenbilder, ab Mitte des Jahrzehnts dann entstanden sie in großer Zahl. Die Blumen sind stets großflächig erfasst, in leuchtenden Farbtönen, doch in ihrer individuellen Eigenart erkennbar. Sie liebte alle Blumen, besonders jedoch schon seit ihrer Kindheit in Herford die anspruchslosen Bauernzinnien mit ihren runden Blütenköpfen, deren kraftvolle und »verblichene« Farben sie an alte Stoffe erinnerten.[195] Eines dieser großartigen, ausgearbeiteten Stilleben, *Blumen in der Nacht,* entstand 1941, getaucht »in ein merkwürdiges, naturfernes Licht«, wie Eichner 1957 schreibt [Abb.104]. Es sei wirklich in der Nacht gemalt, fügte er hinzu, aber der ungewöhnliche Titel gibt ganz sicher auch einen Hinweis auf die Entstehung in bedrückender Zeit, der »Nacht des Krieges«. Die Künstlerin wird ihm, dem nörgelnden »Ei«, nicht immer alles von ihrer existentiellen Verfassung erzählt haben. So beschreibt er etwa das *Frühstück der Vögel* vom März 1934 gegen jeden Augenschein nicht als Sinnbild für ihre isolierte künstlerische Situation in Murnau, sondern als heiteres Bild.[196] Aber er war nicht dabei, als Gabriele Münter es malte, und von ihrer Einsamkeit erfuhr nur das Tagebuch. Die *Blumen in der Nacht* erwarb Carl Georg Heise 1949 für die renommierte Hamburger Kunsthalle: Es war Gabriele Münters erstes Gemälde in einem deutschen Museum.

Nach der Ausstellung im Münchner Kunstverein, die im April durch Wagners Ausfälle mit großem Schrecken endete, begleitete die Künstlerin ihre Bilder nach Stuttgart. Dort wagte es der Galerist Fritz Valentien, ihr noch einmal, wie schon zwei Jahre zuvor, eine Ausstellungsmöglichkeit zu bieten, und zwar in der politisch »fatalen« Gesellschaft des Bauhaus-Künstlers Oskar Schlemmer und des 1914 im Krieg getöteten, einstigen *Blaue Reiter*-Kollegen August Macke, was schon einigen Mut verlangte.[197] Gabriele Münter fühlte sich in diesem freieren geistigen Klima unter Gleichgesinnten wohl, lebte sichtlich auf und blieb bis zum Ende der Ausstellung. Sie traf Emmy Dresler, die alte Studienfreundin von der »Phalanx«, und die Berliner Malerin Grete Csaki-Copony wieder und schloss neue, anregende Bekanntschaften. Diese Stuttgarter Ausstellung im Königsbau sollte bis in die frühe Nachkriegszeit ihre letzte sein. Schon im Oktober 1933 hatte Hitler bei der Grundsteinlegung für das »Haus der Deutschen Kunst« München zur »Hauptstadt der Deutschen Kunst« erklärt. Kurz nachdem Gabriele Münter von ihrer Stuttgarter Reise wieder in Murnau eingetroffen war, am 18. Juli 1937, wurde nun mit einer pompösen Feier und gigantischen Kunstschau dieses monumentale Gebäude vom »Führer« eröffnet. Einen Tag später begann jene gruselige Veranstaltung in den Hofgarten-Arkaden, die unter dem Titel *Entartete Kunst* in die Ge-

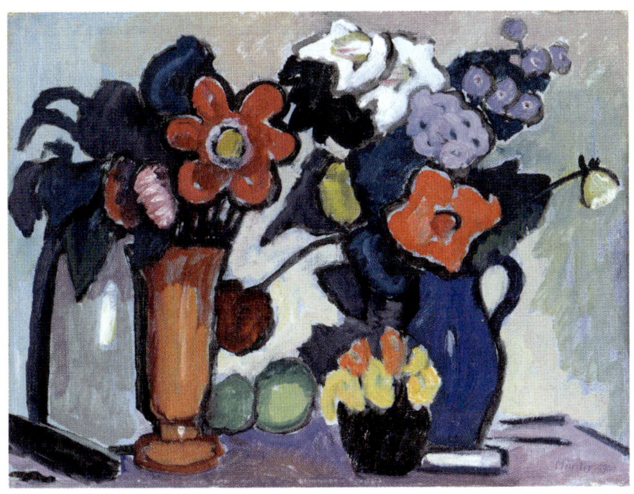

schichte eingegangen ist und nach den Vorstellungen der nazistischen Machthaber der verhassten Moderne ein für alle mal den Gar-
aus machen sollte.[198] Mit tiefem Entsetzen wanderte Gabriele Münter
in stickiger Luft und im Gedränge der Besuchermassen durch die neun
Horrorkabinette. Lange blieb sie sicher vor Kandinskys *Improvisation
10* stehen, hatte sie doch die Entstehung dieses frühen abstrakten
Gemäldes miterlebt. Von ihr hingen hier keine Bilder – ganz einfach
deshalb, weil nie ein deutsches Museum eines erworben hatte.[199]

Kurze Zeit später räumte sie mit Eichner das Bilderlager in München und versteckte die Kisten mit Kandinskys Frühwerk in einem hinter Regalen verborgenen Kellerraum ihres Hauses, das sich nun, ganz
so, als hätte ihr »Ei« es 1936 vorhergesehen, als wahrhaft sicherer Hort
erwies, denn ab 1940 fielen Fliegerbomben auf München und legten
die Metropole in Schutt und Asche. Den Widerschein der brennenden
Stadt konnten sie nachts vom Murnauer Hügel aus am Himmel sehen.
Kandinsky starb im Dezember 1944 im französischen Exil. Am 29. April
1945 endete das »Tausendjährige Reich« nach zwölf langen Jahren
auch in Murnau: Die Amerikaner nahmen den Ort kampflos ein –
Gabriele Münter hatte auch diesen Krieg überlebt.

Ich male immer noch so, wie
mir der Pinsel gewachsen
ist. Gegen die jüngeren Jahre
ist wohl die Keckheit zurückgegangen und die Zahl der
lichteren und ausgeglicheneren
Bilder gewachsen.

Gabriele Münter, 1948

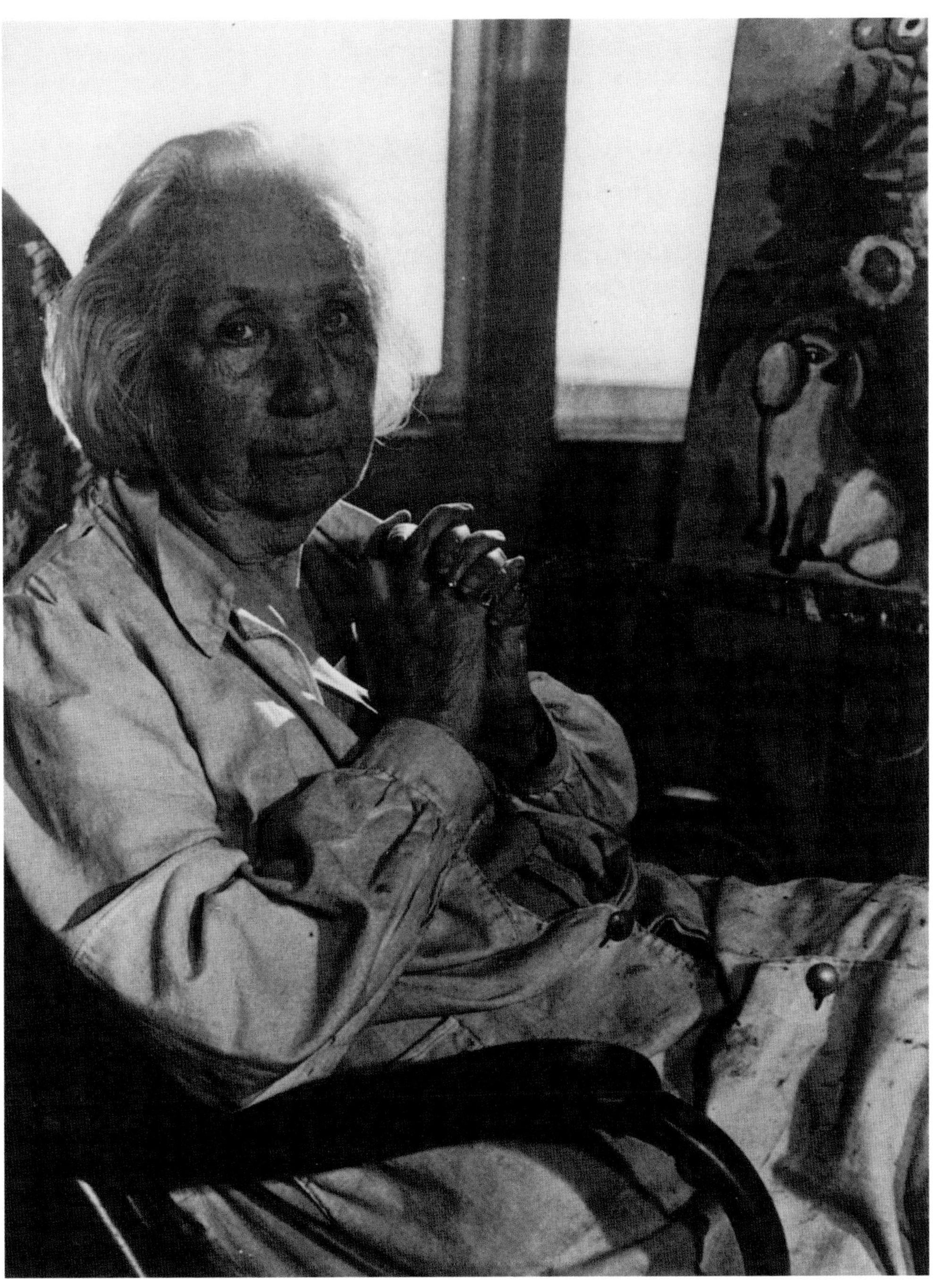

105 Gerhard Ritter,
Gabriele Münter in Murnau, 1957

ABSTRAKTION
UND IMPROVISATION
1946–1962

Als Gabriele Münter im März 1934 ihr *Frühstück der Vögel* malte, hatte
in Murnau Eiseskälte geherrscht. Am 18. Januar 1948, einen Monat vor
ihrem 71. Geburtstag, gab es Tauwetter im Dorf. So lautet der Titel
eines an diesem Tag entstandenen kleinen Gemäldes, auf dem die
Künstlerin dieses seltene Ereignis festhielt, damit aber sicherlich
zugleich metaphorisch über das Wetterphänomen hinaus auch das
politische »Tauwetter« im Blick hatte. Die formale Gestaltung, vor
allem aber die ungewöhnliche farbige Komposition bestätigt diese
Vermutung. Zwar zeigt das Bild *Tauwetter im Dorf* eine genau zu loka-
lisierende Straßengabelung am Burggraben in Murnau mit einem
Häuserensemble nach Norden hin, allerdings – wie so oft in ihren
Werken – mit einigen charakteristischen Veränderungen, denen der
tatsächliche Natureindruck sich unterordnet [Abb. 106]. Um eine geschlossene, monumentale Wirkung der frontal gesehenen Häuser-
gruppe zu erreichen, rückte sie die vier perspektivisch hintereinander
gestaffelten Gebäude enger zusammen und band das gelbe Haus in
der Mitte mit seinem hohen Giebeldach und breiten Balkon durch
eine extreme Untersicht entschieden mit ein. Weil sich aber das gelbe
Haus in seiner behäbigen Form diesem Vorhaben widersetzte, kappte
Gabriele Münter es einfach in der Breite, so dass auf wundersame

Weise nun ein schmales, hohes Haus entstand, das sich in die kompakte Architekturform einordnet: gleichsam »umflossen« von der ebenso
schwungvollen wie eleganten, an eine Jugendstilarabeske erinnernde
Straßenführung. Durch das Farbenspiel in Grau-Violett enthebt die
Künstlerin das Motiv dann endgültig der Realität. Der matte, puderige
Pastellton schafft eine unwirklich-geheimnisvolle Atmosphäre, in
der das gelbgrüne Haus wie eine auratische Erscheinung magisch
leuchtet, während überall die aufgeschaufelten weißen Schneeberge
schmelzen. Ein menschenleeres Bild wie von einem anderen Stern
und nach Jahrzehnten wieder eine reine Architekturdarstellung.
Schon 1908 hatte Kandinsky das Motiv gemalt, Gabriele Münter zwei
Jahre später, mit Figuren und in lockerem Pinselstrich. Nun, 1948,
malte sie noch am selben Tag eine zweite Fassung und einen Monat
später eine dritte.

Verhaltene Aufbruchsstimmung herrschte in der Nachkriegszeit in
Deutschland nach den Jahren der Nazi-Diktatur auch in der Kunst und
im Kulturbetrieb, wobei seit 1948, mit Beginn des Kalten Krieges, im
unversöhnlichen Kampf der Systeme im »freiheitlichen« Westen nicht
zuletzt eine ernsthafte demokratisch-kulturelle Erneuerung weitgehend auf der Strecke blieb. Denn viel zu viele hatten mitgemacht

106 Tauwetter im Dorf, 1948

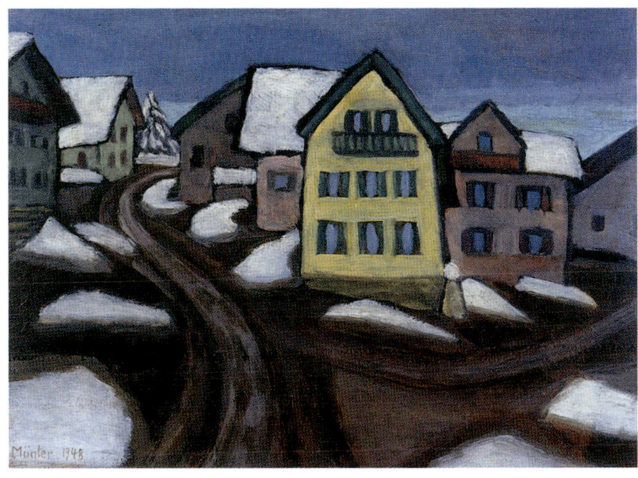

oder weggesehen und wollten nicht erinnert werden an ihre Verstrickungen, an Anpassung oder gar Kollaboration, sondern diese nur zu schnell vergessen machen und zur Tagesordnung übergehen. Diese Abwehr der eigenen Geschichte kennzeichnete in besonderem Maße die Aktivitäten der Kulturrepräsentanten in der bayrischen Hauptstadt. Im September 1949 fand nach langer Vorbereitung im Münchner Haus der Kunst die aufwendige Gedächtnisausstellung *Der Blaue Reiter* statt. Damit rehabilitierte die Stadt nach den Jahren der Verfemung die Künstler der Moderne und leistete ein Stück Wiedergutmachung. Gleichzeitig aber bemühten sich die Verantwortlichen intensiv, Münchens berüchtigtes Image als »Kunststadt« des Nazi-Regimes und Ort der Ausstellung *Entartete Kunst* zu verdrängen und stattdessen die bayrische Metropole als Zentrum der Moderne zu etablieren. Mit dem Untertitel »München und die Kunst des 20. Jahrhunderts« versuchten Stadt und Siegermächte, nahtlos an die nun wieder gefragte Vergangenheit und avantgardistische Tradition anzuknüpfen. Just im pompösen, 1937 eingeweihten Gebäude von Adolf Hitlers »Leistungsschauen der deutschen Kunst« wurde mit der expressionistischen Künstlervereinigung – wie es im Katalog heißt – »das letzte und bedeutendste Kapitel seiner [Münchens] Kunstgeschichte« glanzvoll in Szene gesetzt.[200]

Als Mitbegründerin des *Blauen Reiter* gehörte Gabriele Münter zwar dem 1948 in München gegründeten Ehrenausschuss dieser ersten bedeutenden Nachkriegsausstellung an. Doch sie war zeitlebens eine bescheidene Person, die in ihrer gradlinigen, wenig verbindlichen Art gesellschaftliche Konventionen, Aufdringlichkeit und jegliche Repräsentation verachtete. Sie wollte nicht im Mittelpunkt stehen. Gleichwohl konnte sie offen und herzlich auf andere zugehen und freundlich, aber bestimmt ihre Interessen und Meinungen vertreten. Obwohl die Künstlerin den Wert ihrer Kunst genau kannte, machte sie nie viel Aufhebens davon und spielte vor allem ihre Stellung im Gefüge der Avantgarde eher herunter, auch wenn sie nun, nach Kriegsende, ihren maßgeblichen Anteil an der Entwicklung des deutschen Expressionismus, der sie in der nazistischen Eiszeit gleichwohl immer mit Stolz erfüllt hatte, nicht mehr verbergen musste. In der

Ausstellung war sie dann mit nur neun Bildern vertreten. Denn das Interesse galt den »großen« Toten – Wassily Kandinsky, August Macke, Franz Marc, Paul Klee, Alexej Jawlensky – und nicht der weißhaarigen, 72-jährigen Malerin, die offenkundig bloß als Randerscheinung angesehen wurde, bestenfalls gefragt als eines der letzten noch lebenden Mitglieder des *Blauen Reiter*, als Zeitzeugin also.[201] Ihre Würdigung in dem für damalige Verhältnisse opulenten Katalog bestand aus einem lapidaren Satz über zwei Künstlerinnen: Im Gegensatz zu den Erneuerern der Kunst hätten Marianne von Werefkin, die 1938 in Ascona gestorben war, und Gabriele Münter sich »keine Probleme« gestellt, »ihre Malerei bleibt einfach und naturhaft«. Falscher könnte es nicht sein, genauso wie die Behauptung: »Geschlossenheit, Dichte und Einfachheit kennzeichnen ihr Wesen und ihr Werk«, wie es der Mitbegründer der Zeitschrift *Das Kunstwerk*, Leopold Zahn, 1951 formulierte und damit Leben und Schaffen kurzerhand gleichsetzte.[202]

Eine Fotografie zeigt die Künstlerin während der unter großer öffentlicher Beteiligung am 3. September 1949 eröffneten Ausstellung, die zweifellos ein glanzvolles gesellschaftliches Ereignis in der vom Krieg gezeichneten Stadt darstellte. Einmal mehr verdeutlicht die Aufnahme trefflich Gabriele Münters bescheidene Zurückhaltung. Dem Anlass entsprechend, war sie festlich gekleidet. Im hellen, einfachen Jackenkleid mit passendem Hut und Perlenkette, das Katalogbuch unter dem Arm, die Tasche über der Schulter, steht sie da: inmitten von ebenso feierlich gestimmten Menschen, eine Besucherin unter vielen anderen; nicht im Mittelpunkt, sondern unauffällig am Rande. Der hofierte Ehrengast der Vernissage war eine andere Frau, die eigens aus Paris angereiste Nina Kandinsky. Ihr, der glamourösen Witwe und Erbin des großen Künstlers, galt alle Aufmerksamkeit, die sie ganz selbstverständlich und lächelnd für sich in Anspruch nahm. Ehrerbietig wurde sie von Ludwig Grote, dem Initiator und Veranstalter, durch die Ausstellung geführt, während sich Gabriele Münter mit Johannes Eichner unters Publikum mischte und für sich allein ein Wiedersehen mit den Werken feierte, von denen sie so viele kannte. Maria Marc hatte sie schon am Tag zuvor nach langer Zeit wiedergesehen.[203] Nach der Eröffnung war das Murnauer Paar von den Grotes zum Essen

geladen, gemeinsam mit dem Kunstschriftsteller Will Grohmann, der
später ein Kandinsky-Buch veröffentlichte, Elisabeth Erdmann-Macke
sowie dem befreundeten Ehepaar Franz und Juliane Roh. Die letzten
beiden hatten die Ausstellung mitinitiiert und engagierten sich im
Münchner Kulturleben für die moderne Kunst. Gabriele Münter kannte Franz Roh bereits seit 1932. Damals war er nach Murnau gereist, um
über ihre Glasbildersammlung zu schreiben. Er kam zusammen mit
Kurt Schwitters, der den scharfzüngigen Publizisten als »Ne-roh der
Kunstkritik« bezeichnete und der Künstlerin riet, doch lieber Flachs
anzubauen statt zu malen. Franz Roh arbeitete nach dem Krieg auch
für die ambitionierte Zeitschrift *Das Kunstwerk,* und vermutlich war er
es, der Gabriele Münter 1948 dazu ermuntert hatte, etwas über ihr
Leben und Werk zu schreiben, und dann die Platzierung des Textes
in der Kunstzeitschrift ermöglichte. Der Beitrag erschien im Juli, im
Vorfeld der großen Ausstellung, und war der erste je veröffentlichte
Text der Künstlerin.[204]

Gabriele Münters große Motivgruppe der Blumenstilleben, die sie
bereits um 1930 zu malen begann und in den folgenden Jahren stetig
weiterentwickelte, prägte ihr Nachkriegswerk und führte es zu einem
weiteren künstlerischen Höhepunkt von großer Reife und Intensität.
Für diese Bilder, die nun in Fülle entstanden, verwendete die Künstlerin unterschiedlichste Werkzeuge und Medien: Bleistift, Feder, Kugel-
schreiber, Pinsel; Ölfarbe, Tusche, Aquarell und Tempera; Papier, Karton
und Leinwand. All diese Arbeiten zeichnen ungebrochene Lebendigkeit, jugendlicher Schwung und ein hochentwickeltes, delikates Farb-
empfinden aus. Vor allem aber gewann die Künstlerin diesem einen
Motiv eine ungeahnte, erstaunliche stilistische Vielfalt ab. Damit
steht sie nicht zuletzt in der langen Tradition dieses Genres, das auch
in der Moderne weiterwirkte. Was Gustav Friedrich Hartlaub für die
Zeichnerin und ihre Porträts so treffend festgestellt hat, trifft ebenso
und in besonderem Maße auf dieses Sujet zu: Sie »hat keine feste
Manier«, sondern fand für jede charakteristische Eigenart der Blumen
eine besondere Form, »vom Fließenden zum Zackigen, vom Widerstandslos-Weichen zum Kantig-Eckigen, von sprödem Staccato zur
Kantilene«.[205] Deshalb wirken diese, ja nur auf einen einzigen, ganz

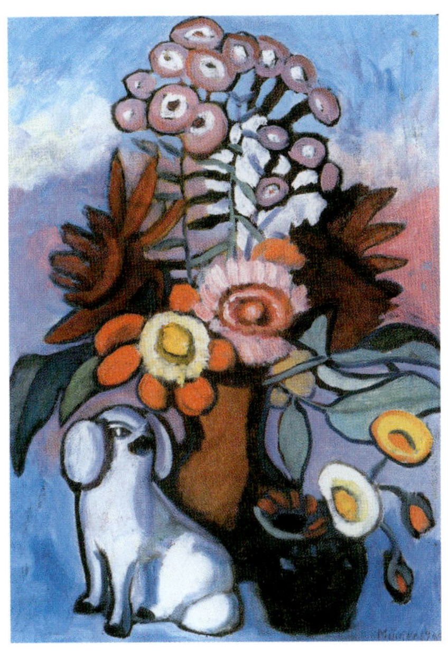

107 Heiteres Blumenbild, 1949

unspektakulären und schlichten Bildgegenstand konzentrierten, Bilder nie langweilig. Im Gegenteil, sie erscheinen so leicht und frisch
und neu, als wären der Künstlerin gerade die Augen aufgegangen und
sie hätte voller Staunen eine Blume erblickt. Drei anschauliche
Beispiele, entstanden 1949, 1951 und 1957, ausgewählt aus einer Fülle
von Arbeiten, mögen die Spannbreite des Sujets wenigstens ansatzweise verdeutlichen. Oft sind ihre Blumenstücke in unterschiedlichen
Farbstimmungen gemalt wie die großartige, ungestüme Stillebenserie aus der frühen expressionistischen Phase von 1909, deren Werke
sie alle nach dem vorherrschenden Farbton benannte: Rot, Blau, Grau
oder Gelb [S.19, 74]. Dazu zählt 1949 das Leinwandgemälde *Heiteres
Blumenbild* mit seinem hellen, wolkig-himmelblauen Grund, auf
dem die roten Blumen des prächtigen Straußes in der großen Vase
einen geheimnisvollen, rosigen Widerschein hinterlassen [Abb.107].
Die schwarze Konturzeichnung ist sorgfältig, aber zügig mit weichen
Pinselzügen ausgemalt, wobei die Künstlerin die sich in einer ganzen
Skala von Rottönen entfaltenden Blüten mit technischer Raffinesse

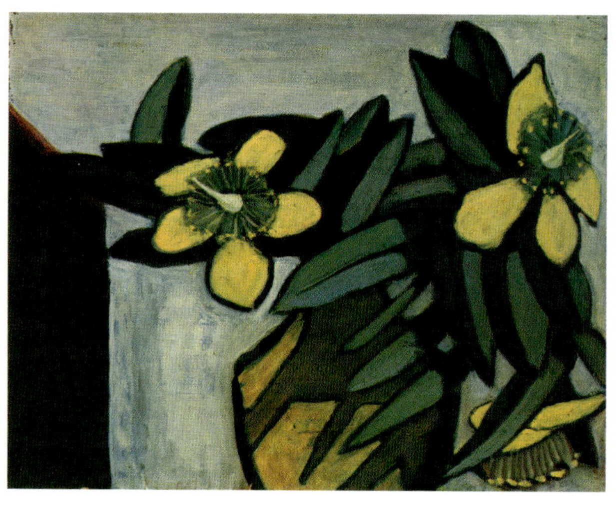

plastisch herausgearbeitet und ihnen damit eine Art Eigenleben verliehen hat. Und sie ging noch einen Schritt weiter und hob das Bild durch den kleinen, seit Stockholm immer wieder dargestellten weißen Kaminhund mit seinem verschmitzt lächelnden Blick bewusst aus der Fülle der Blumenstücke heraus. Solche verlebendigten Figuren hatte Gabriele Münter bis dahin nur in einer Werkphase geschaffen, um 1911, in wenigen ihrer dunklen, traumhaften Madonnen-Stilleben [S.113]. Hier nun durchweht allerdings kein mystischer Hauch das Bild, sondern heitere Gelassenheit. Als sich die Künstlerin 1957 anlässlich ihres 80. Geburtstages mit Malkittel im Murnauer Atelier fotografieren ließ, stand das Gemälde mit der geliebten Hundefigur neben ihr auf der Staffelei [Abb. 105, S.197].

Eine ganz andere stilistische Eigenart und malerische Stimmung kennzeichnet das zwei Jahre später entstandene Bild *Gelbe Blüten,* obwohl es ebenfalls mit Ölfarben gemalt wurde [Abb.108]. Das Gemälde beruht ganz auf dem Kontrast von Haupt- und Nebenfarbe, Gelb und Grün, in unterschiedlichen Helligkeitsabstufungen und Mischungen, der ihm eine ebenso kühle wie spröde Anmutung verleiht. Die ausgesprochen tektonische Wirkung entsteht durch eine deutlich

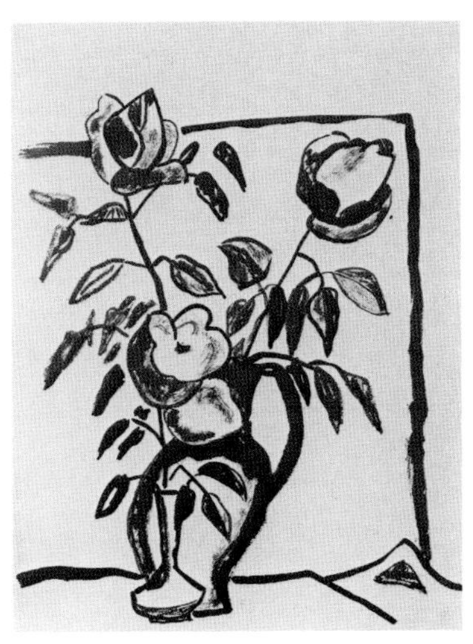

109 Rosenstilleben in
zwei Vasen, um 1957

zeichnerisch-grafische Grunddisposition, denn alles ist hier kantig,
spitz und scharf, von der Vase, dem Ornament, den dunkelgrünen,
fleischigen Blättern bis zu der merkwürdigen geometrischen Form
ganz links – ein Eindruck, der auch durch die gelb-grünen Blüten nicht
gemildert, sondern im Gegenteil noch verstärkt wird. Die Farbe erscheint durch den gleichmäßigen Auftrag und die akkuraten Schatten
auf den langen Blättern ebenso kompakt wie körperhaft, wie die
Komposition insgesamt seltsam unbelebt und starr: die Pflanze als
Architektur und Monument. Wie anders wirkt dagegen die schwarze,
um 1957 entstandene Tuschpinselzeichnung *Rosenstilleben in zwei
Vasen* in ihrer lebendigen, dynamischen Ausstrahlung, schwungvoll
hingeworfen in ein paar Minuten und doch vollendet [Abb.109]. Die
Rahmung gibt dem Blatt und den voll erblühten Rosen Stabilität
und Halt, während die zierliche Miniaturvase mit der einzelnen Blüte
einen Akzent zu dem dicken bauchigen Bauernkrug setzt. Johannes
Eichner hat in seinem 1957 erschienenen Buch diese späten Blumenbilder sehr gut beschrieben und im Werk der Künstlerin verortet.
»Da Gabriele Münter nunmehr weniger in die Welt hinauskommt,
schrumpfen ihre Motive [...]. Es bleiben die Blumen, die vom Garten ins

Haus kommen, unerschöpflicher Reichtum von Farben. Ist nicht gleich eine Leinwand bereit, so greift die Malerin, wie schon in früheren Jahren, zu Papier, auf dem sie mit Öl arbeitet. Meist bleibt der Hintergrund weiß. Da hat sich eine duftige Malerei herausgebildet, in Andeutungen, die viel weißes Papier innerhalb der Umrisse stehenläßt und die Farben als kräftige Flecken daraufsetzt.«[206] Damit spielt er vor allem auf die auch von Sammlern sehr geschätzten späten Ölstudien auf Papier an, auf denen Gabriele Münter oft nur die farbigen Blütenköpfe in Umrissen wie hingetupft auf das Blatt malte. Unentwegt brachte Eichner Sträuße ins Haus, so dass sie stöhnte: »Er bringt zuviel. Das ist nicht alles malbar!«[207] Ihre Hinwendung zu den leichter zu handhabenden Papierarbeiten um die Mitte der 1950er Jahre, die sie im Sitzen malen konnte, war dem Alter geschuldet und auch einem Unfall im Herbst 1951. Sie war gestürzt und litt seitdem an Gleichgewichtsstörungen, die das Arbeiten im Freien und im Stehen sehr erschwerten.

Die eigentliche »Wiederentdeckung« der Künstlerin begann nach ihrer eigenen Überzeugung mit der Münchner Ausstellung des *Blauen Reiter* 1949 und wurde in den kommenden Jahren unterstützt von einer von Eichner konzipierten, mehrjährigen Wanderausstellung mit 60 Gemälden und auch Zeichnungen durch 22 Städte, die 1950 im Braunschweiger Kunstverein begann und Gabriele Münter in Westdeutschland weithin bekannt machte. Ihrem neuen »Ruhm« verdankte sie in diesem Jahr auch die Beteiligung an der 25. Biennale in Venedig, auf der drei Gemälde gezeigt wurden. Gemeinsam mit Eichner fuhr sie aus diesem Anlass in die Lagunenstadt. Diese Anerkennung und die zunehmende Bekanntheit ihrer Bilder mögen 1951 dazu geführt haben, den Versuch zu wagen, etwas aus ihrem Werk zu veröffentlichen. Da Farbreproduktionen in dieser Zeit noch sehr teuer waren und die Bilder zudem in eine Klischieranstalt transportiert werden mussten, erschien die Publikation eines Buches mit farbigen Gemäldeabbildungen wenig erfolgversprechend, wenn nicht gänzlich aussichtslos. Außerdem galt es ja auch, einen Verlag zu finden, der das Wagnis überhaupt eingehen würde. So kam nur ein Buch mit Schwarz-Weiß-Reproduktionen in Frage. Und was war da besser geeignet als

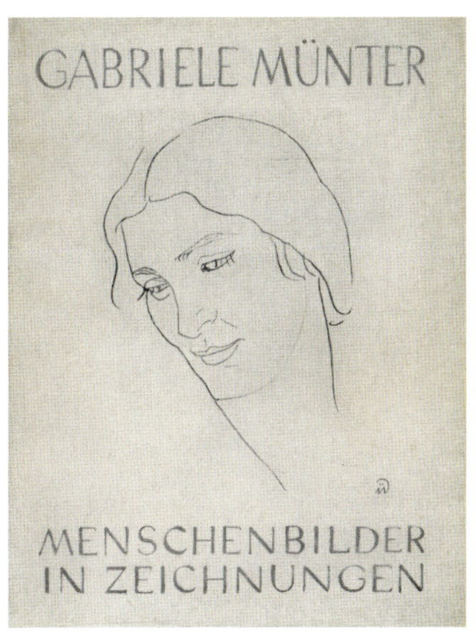

110 Buchumschlag zu:
Menschenbilder in
Zeichnungen, 1952

ihre in den 1920er Jahren, vor allem in den großartigen Porträts bis zur Perfektion entwickelten, ganz eigenständigen Umrisszeichnungen, mit denen die Künstlerin während des Paris-Aufenthalts von 1929/30 so viel Bewunderung erregt hatte. Diese Arbeiten boten sich auch deshalb an, weil die Zeichnung von Anfang an das künstlerische Fundament ihrer Arbeit überhaupt bildete.

Mit Konrad Lemmer fand sich im Frühjahr 1951 ein ambitionierter Verleger, der sich mit seinem Engagement für die Moderne, darunter auch für den Expressionismus, bereits einen guten Ruf erworben hatte. Er hatte den traditionsreichen Rembrandt-Verlag in Berlin-Zehlendorf übernommen und repräsentativ ausgestattete Bücher über Käthe Kollwitz, Franz Marc, Erich Heckel und Max Pechstein herausgebracht. Lemmer erklärte sich bereit, auch den Porträtband von Gabriele Münter mit den Erinnerungen der Künstlerin zu verlegen, und zwar als hochwertige Broschur, die es gestattete, die als Lichtdrucke reproduzierten Blätter in der Originalgröße abzubilden. Allerdings hatte er für seine Bücher bis dahin immer renommierte Kunsthistoriker, Museumsleute oder Kunstschriftsteller als Autoren gewonnen, wie etwa für die moderne Kunst Klaus Lankheit, Paul Ortwin Rave oder Edwin Redslob. Es galt also, auch für dieses Buch einen bekannten Autor zu finden. Aus dieser Vorgabe erklärt sich, dass der ehemalige Direktor der Kunsthalle Mannheim, Gustav Friedrich Hartlaub, den die Nazis 1933 aus dem Amt gejagt hatten, das Vorwort des Buches verfasste.[208] Denn Gabriele Münter erinnerte sich an die Bekanntschaft mit dem berühmten Kunsthistoriker bei ihrem letzten Aufenthalt auf Schloss Elmau im September 1927. Sie kam gerade von einer Schweiz-Reise zurück, bei der sie auch die einstige Mitstreiterin Marianne von Werefkin in Ascona besucht hatte, die dort in der Künstlerkolonie lebte, völlig verarmt, aber stolz wie immer schon. Damals in Elmau hatte Hartlaub ganz besonders ihre Zeichnungen gelobt, die wie immer auch bei diesem Aufenthalt entstanden.[209]

So nahm sie Anfang September 1951 Kontakt zu dem in Heidelberg lebenden Kunsthistoriker auf und bat ihn um ein Vorwort. Nach seiner positiven Resonanz schickte sie ihm die 21 ausgewählten Zeichnungen sowie ihr eigenes Manuskript, das sie für die Publikation verfasst hatte. Der sich anschließende lebhafte Briefwechsel zwischen Gabriele Münter, Johannes Eichner und Hartlaub lässt den Verlauf der Buchentstehung bis zum Erscheinen kurz vor Weihnachten lebendig werden.[210] Unter den nach Heidelberg gesandten Zeichnungen, die dann im Buch veröffentlicht wurden, befanden sich auch das Porträt Sylvia von Hardens sowie das um 1928 entstandene und von der Künstlerin mit *Kokett* bezeichnete Blatt, das Hartlaub zu seiner Theorie vom »Weglassen« inspirierte [S. 163, 165]. Am 1. Oktober, nachdem die Sendung wohlbehalten wieder in Murnau eingetroffen war, schreibt Gabriele Münter an Hartlaub, wie sehr es sie freue, dass er »bei der Veröffentlichung für sie [die Zeichnungen] eintreten« wolle. Sie merkt an, dass es schön wäre, wenn er aus den beiden Aufsätzen von Eichner über ihr Werk, die dieser mit weiteren Erläuterungen geschickt hatte, etwas gebrauchen könne. »Ich habe alles selbst geprüft u. es kann als authentisch gelten, was dort steht.« Schon eine Woche vorher, am 24. September, hatte Eichner Hartlaub wissen lassen, dass er »gar nicht eifersüchtig« sei, wenn sein Wissen »von anderen verwertet« würde. Zwei Monate später erhielt die Künstlerin dann endlich vom

111 Brief von Gabriele Münter an
Gustav Friedrich Hartlaub, 1951

Verlag auch Hartlaubs Manuskript und las es mit »hoher Befriedigung«: »Es ist so sorgfältig und verständnisvoll eingehend«, schreibt sie am 27. November 1951. Nur an einer Stelle bat sie um eine kleine Änderung. »Sie schreiben, [...] daß ich zum Stoßtrupp der Münchner Kunstrevolutionäre, aber nicht zu den Führern gehört habe. Das ist unbedingt richtig, und doch hat die Einschränkung, die für die Charakterisierung u. Bewertung meiner Arbeit nicht unmittelbar wichtig ist, eine merklich abkühlende Wirkung auf den, der nicht schon orientiert ist. Kann man diese paar Worte nicht weglassen«. Hartlaub kam der Bitte gerne nach und formulierte die Passage ganz neu, doch zeigt gerade dieser Änderungswunsch besonders deutlich, wie sehr Gabriele Münter sich ihrer öffentlichen Wahrnehmung als Randfigur des *Blauen Reiter* bewusst war und wie sehr es sie schmerzte, zwar als

Zeitzeugin gefragt, als Künstlerin aber um ihren Anteil gebracht zu sein. Wie hatte sie schon 1922 geschrieben: »und daß ich zu den Pionieren der neuen Kunst gehört habe, ist längst vergessen«.[211] Diese Einschätzung stimmte immer noch, trotz aller Ehrungen.

Die ersten Exemplare des schmalen, sorgfältig gemachten Porträtbandes mit der schönen Kopfstudie einer nachdenklich und nach innen lauschenden Frauenfigur auf dem Umschlag erreichten die Künstlerin am 17. Dezember 1951 [Abb. 110]. Sie war »angenehm überrascht über das würdige Ereignis«, wie sie tags darauf sichtlich gerührt an Hartlaub schrieb [Abb. 111].[212] Als Zeichen ihrer großen Dankbarkeit widmete Gabriele Münter ihm die vermutlich 1927 entstandene Zeichnung einer der jungen Helferinnen aus Elmau, zur Erinnerung an diese Zeit. In ihrem klaren, fließenden Umriss und der formvollendeten sorgfältigen Zeichnung findet sich in der hockenden Frauengestalt wohl am besten jenes »Widerstandslos-Weiche« verkörpert, das Hartlaub ebenfalls in den Blättern entdeckt hatte [Abb. 112]. In diesem Sinn war es ein sehr passendes Geschenk, das sich bestens in das Buch eingefügt hätte.

Die Entstehung des Porträtbandes hatte sich ziemlich schleppend gestaltet, was Gabriele Münter vor allem aus einem Grund bedauerte, wie aus ihrem Brief vom 1. Oktober an Hartlaub hervorgeht: »Uns ist die Verzögerung deshalb sehr ärgerlich, weil nun die Zeichnungen schwerlich noch zur Ausstellung in Hannover kommen können, wo ihnen Dr. Hentzen gerne ein Kabinett gegeben hätte.« Damit bezieht sie sich auf die Wanderausstellung ihrer Werke, die am 13. Oktober in der renommierten Kestner-Gesellschaft eröffnet werden sollte, und zwar als Doppelausstellung gemeinsam mit Arbeiten von Paula Modersohn-Becker. Das vom Kustos Alfred Hentzen in dem kleinen Katalog entworfene Bild der beiden Künstlerinnen stellt geradezu exemplarisch die abschätzige Bewertung dieses »Frauenschaffens« unter Beweis, wie Gabriele Münter es nach 1945 schmerzlich berührt immer wieder erfahren musste, wenn sie nicht als Pionierin des Expressionismus, sondern als bloße »Mitläuferin« und Randerscheinung wahrgenommen wurde. Es sei »der stille verhaltene Ton im Konzert der ›Neuen Kunst‹«, der beider Werk auszeichne, rühmt Hentzen, eine

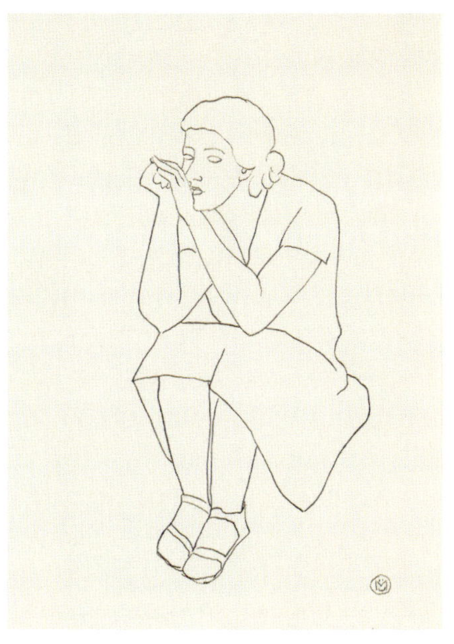

112 Hockende, um 1927

zum Klingen gebrachte, »innerlich verwandte frauliche Stimme«. Und über Gabriele Münters »stille Kunst« schreibt er in Bezug auf die Münchner Ausstellung des *Blauen Reiter* von 1949, dass »ihre Bilder neben denen der großen und berühmten Meister der Gruppe einen ehrenvollen Platz« behaupten würden.[213] Abfälliger hätte man es kaum formulieren können.

Am 19. Februar 1952 feierte Gabriele Münter ihren 75. Geburtstag. Aus diesem Anlass hatte Eichner, wie aus einem Brief an Hartlaub hervorgeht, es übernommen, »von Museums- und Ausstellungsleitern, von namhaften Kunstschriftstellern und Künstlern« Äußerungen darüber zu sammeln, »was an ihr und ihrem Schaffen den einzelnen Kenner und Künstler am meisten berührt [...]. Aphoristische Prägnanz, kein Jubiläumspathos würde die Künstlerin, die das Einfache liebt, am meisten erfreuen«.[214] Diese Sammlung, zu der auch Hartlaub »ein paar Zeilen« beisteuerte, wurde dann in einer Mappe überreicht. Später erhielt die Jubilarin als Geschenk sogar eine Auswahl von

24 Glückwünschen in gedruckter Form. Eine sehr schöne Porträtfotografie leitet den Reigen der Gratulanten ein, der mit der Abbildung ihres Gemäldes *Blumen in der Nacht* von 1941 endet, ihrem ersten Bild in deutschem Museumsbesitz überhaupt [S. 195]. Carl Georg Heise, der es 1949 als Direktor der Hamburger Kunsthalle erworben hatte, schreibt dazu im Jubiläumsheft: Das Bild »hat sich jene großartige Frische des Aufbruchs erhalten, die viele der Mitstrebenden von damals nur allzu früh verloren haben. Die reife Kunst dieser Malerin verdient ihre repräsentative Vertretung in jedem deutschen Museum«. Gerade dieser Glückwunsch wird Gabriele Münter ganz besonders gefreut haben und ebenso die Bitte des ehrwürdigen Kunsthistorikers Wilhelm Worringer »um ein Geschenk für ihre Freunde«, das heißt: »Um eine längst erwartete und verdiente Sammelausstellung all ihrer alten und neuen Werke an einer ihrer würdigen, repräsentativen Stelle in der Münchener Wahlheimat!«[215] Dieser Wunsch ging im Mai 1952 in Erfüllung. Die Ausstellung bedeutete das größte Geburtstagsgeschenk und eine Genugtuung der besonderen Art, war sie doch, nach langem Warten, die erste in München seit jener berüchtigten Schau von 1937 im Kunstverein, in der Adolf Wagner am letzten Tag getobt hatte. Bei der Präsentation handelte es sich zwar um die vor zwei Jahren konzipierte Wanderausstellung, die aber durch einen neuen Katalog mit einem Vorwort von Eichner ein besonderes Gewicht erhielt.[216] Wenig später erwarben die Bayerischen Staatsgemäldesammlungen ihr großes Porträt von Paul Klee, das sie 1913 gemalt hatte [S. 129]. Diese Ehrung bot Gabriele Münter den Anlass zu einer dritten und letzten Veröffentlichung.

Der kurze Text erschien mit der Farbabbildung des Gemäldes im November 1952 in der Zeitschrift *Die Kunst und das schöne Heim,* die von Franz Roh mitherausgegeben wurde. Dabei ließ sich die Künstlerin einen Hinweis nicht nehmen: »Ein Porträt von Klee zu malen, hatte ich nicht im Sinn, deshalb nannte ich das Bild auch nur ›Mann im Sessel‹. Doch ist Klee von seinen Bekannten nach mehr als einem Lebensalter, als das Bild 1949 in der Münchener Ausstellung ›Der Blaue Reiter‹ hing, auf den ersten Blick erkannt worden.«[217] Im folgenden Jahr endete ihre Wanderausstellung im heimatlichen Herford, in dem

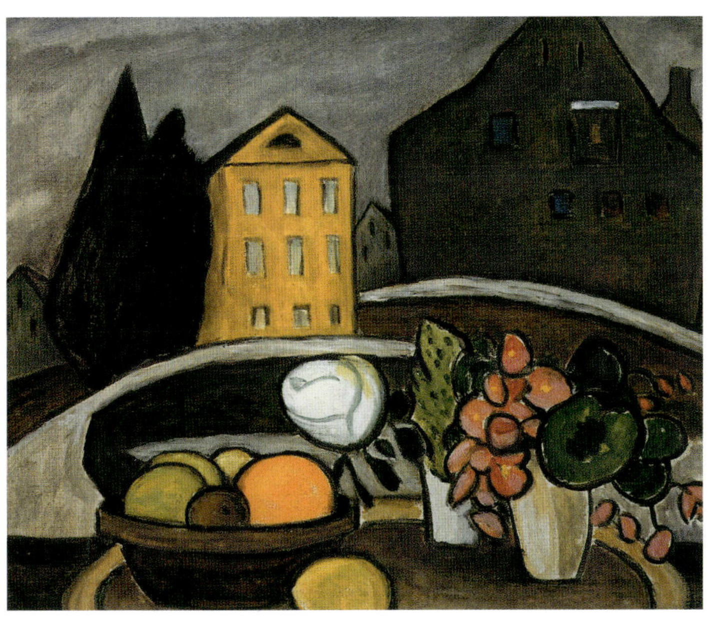

113 Stilleben am Fenster, 1953

ihr Vater 1826 geboren wurde und aufwuchs, bevor er in die Neue Welt zog, und wo sie ihre Kindheit verbrachte: ein passender Abschluss. All diese im Ganzen gesehen erfreulichen Ereignisse mögen den Ausschlag gegeben haben, sich 1953 noch einmal an ein großes Leinwandgemälde zu wagen, das zu den schönsten Arbeiten ihres heiter-gelassenen Spätwerks zählt [Abb. 113]. Auf ebenso überraschende wie meisterliche Weise fasste Gabriele Münter in ihm ihre expressionistische Kunst der Vorkriegszeit und die expressive Sachlichkeit ihres neuen gefestigten Stils der 1950er Jahre zusammen. Dazu bediente sie sich wie schon so oft eines ihrer frühen Werke aus der Zeit des *Blauen Reiter,* und zwar des von ihr so geschätzten Gemäldes *Das gelbe Haus* von 1911. Dieses Mal aber schuf sie keine Variation – etwa in Form der Jahreszeiten-Pendants –, sondern kombinierte die Architekturdarstellung mit einem anderen Sujet, einem Stilleben. Das winterliche Motiv mit der mächtigen Murnauer Burgfassade und dem Pfarrhaus hatte Gabriele Münter ja schon damals zu einer zweiten,

213

magisch leuchtenden Fassung angeregt und später noch zu einem Linolschnitt [S.100]. Die zweite Gemäldevariante kopierte sie nun sehr genau bis hin zum Bildausschnitt und zu den Farben, wobei allerdings der neuen Arbeit durch den kompakten Farbauftrag die flirrend-geheimnisvolle Ausstrahlung gänzlich fehlt. Über ein im Bildvordergrund auf einem ovalen Tischchen arrangiertes Stilleben mit Früchten und Blumen fällt der Blick auf »das gelbe Haus«. Im Gelb und Orange von Zitronen und Apfelsine spiegelt sich der leuchtende Farbton des schmalen Hauses, während die Rose und die beiden Vasen sich mit dem Weiß des Schnees verbinden. Dazu setzen das Rot und Grün der blühenden Pflanze einen kräftigen Akzent. *Stilleben am Fenster* nannte die Künstlerin das Gemälde, aber was so eindeutig erscheint, erweist sich als raffiniertes Vexierbild. Denn ob es nun einen Fensterblick von innen nach außen darstellt oder den Blick auf das an der Wand hängende Gemälde vom »gelben Haus«, wofür die exakte Kopie spricht, ist nicht mit letzter Sicherheit auszumachen. So oszilliert das Bild von 1953 nicht nur zwischen den Zeiten, sondern auch zwischen Imagination und Wirklichkeit.

Schon in der Zeit des *Blauen Reiter* hatte Gabriele Münter hin und wieder abstrakte Kompositionen gemalt, etwa wenn sie »mit einer Bildaufgabe nicht gut fertig wurde«, wie 1912, als sie nach vielen unbefriedigenden Versuchen das Figureninterieur *Nach dem Tee* am 25. April in ein abstraktes Gemälde übertrug [S.119].[218] Obwohl die Künstlerin, nach ihren eigenen Worten, diese »Versuche« nicht sonderlich schätzte, zeigte sie das Gemälde in der zweiten Jahreshälfte 1954 in der von dem Münchner Galeristen Otto Stangl veranstalteten, spektakulären Ausstellung *Kandinsky, Marc, Münter. Unbekannte Werke,* die mit großem Erfolg über sechzig Werke der drei »blauen Reiter« bis 1912 präsentierte und anschließend in Essen, Köln, Frankfurt am Main und Bremen zu sehen war. Im Sommer 1955 widmete ihr die legendäre, aufs Engste mit der Berliner Kunst der unmittelbaren Nachkriegszeit verbundene Galerie Gerd Rosen in ihren Räumen am Kurfürstendamm eine eigene große Ausstellung.[219] Auch hier stellte Gabriele Münter die *Abstraktion* aus und verkaufte sie direkt aus der Schau heraus für 3000 Mark an die Berliner Nationalgalerie. Einige

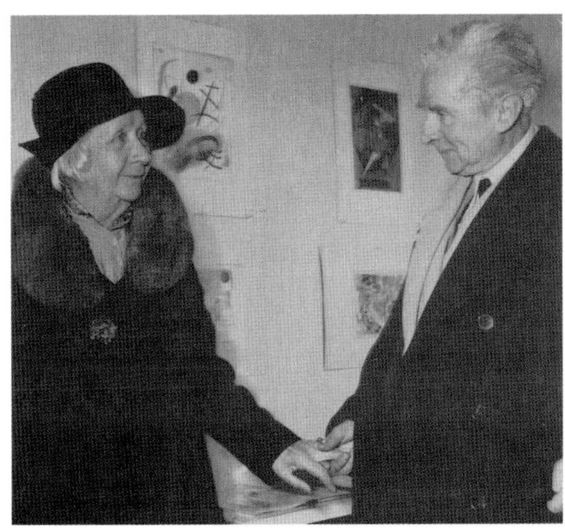

114 Anonym, Gabriele Münter und
Johannes Eichner in der Galerie Stangl,
München, 1954

der im Laufe der Jahre entstandenen abstrakten Arbeiten waren aber
auch ganz frei gemalt, ohne Bezug auf ein Gegenstandsmotiv. Dazu
gehört etwa die Serie von neun, 1915 noch in Deutschland entstandenen *Abstrakten Studien,* die Walden nach Schweden geschickt hatte,
wo Gabriele Münter sie mehrfach ausstellte [S.137]. Ganz unbekannt
war diese stilistische Gruppe mit abstrakten Kompositionen innerhalb ihres Werkes also nicht. Gleichwohl überraschte die Künstlerin
ihr Publikum – noch vor der Ausstellung *Kandinsky, Marc, Münter* – in
der am 19. Februar 1954 in der Galerie von Otto Stangl eröffneten
Schau *Improvisationen 1952–1954* mit einem ganzen Raum voller abstrakter Blätter, kleinformatige Arbeiten, in dünner, heller Ölfarbe auf
Papier gemalt. Sie ähneln in Technik und Material den Blumenstücken,
entstanden wie diese seit Anfang der 1950er Jahre in großer Zahl und
bilden schließlich eine ganz eigenständige Werkgruppe. Auch diese
Papierarbeiten ließen sich gut im Atelier und im Sitzen malen. Die
abstrakten Improvisationen boten nicht nur eine Abwechslung zu den
Blumenbildern, sondern stellten auch eine Herausforderung dar, denn
die »Möglichkeiten reizen, das Talent zu üben«.[220] Eine vermutlich
anlässlich der Eröffnung aufgenommene Fotografie der Künstlerin,

gemeinsam mit Johannes Eichner, veranschaulicht die in Passepartouts gerahmten Studien und ihre Präsentation in der Galerie [Abb. 114]. Sie selbst schreibt dazu 1952 in einer Notiz für den Freund: »In den letzten Jahren, wo die naturfreie Malerei eine Epidemie geworden ist hat es mich gepackt u. ich bin oft ›gegenstandslos spazieren gegangen.‹ – So habe ich Mappen gefüllt mit freien Studien aus Form u. Farbe, die Möglichkeiten scheinen unerschöpflich zu sein. Aber auf große Formate möchte ich verzichten. Die Verantwortung dem Naturvorbild gegenüber fällt weg – man ist freier und leichter im ›Gegenstandslosen‹.«[221]

Was Hartlaub für ihre Porträtzeichnungen festgestellt hat und was ebenso die Blumenstücke kennzeichnet, trifft auch auf dieses Sujet zu: eine große stilistische Vielfalt. Stets liegt den kleinen Ölarbeiten auf Papier eine zeichnerische Struktur zugrunde, auf der sich das freie, leichte Spiel von Form und Farbe entfaltet. Liniengebilde strukturieren meist die Blätter und geben ihnen Halt, während ganze Paletten unterschiedlichster Farbflecken mit raschem Pinselstrich dazwischengesetzt sind, ohne die zeichenhaften Formen zu überlagern. Obwohl die Künstlerin in der Notiz für Eichner größere Formate für solche Arbeiten ausschloss, so konnte sie doch nicht widerstehen und malte hin und wieder sorgfältig ausgearbeitete abstrakte Gemälde, wie eine Arbeit vom Juli 1952 zeigt [Abb. 115]. Ganz anders als in der »spontanen«, improvisiert wirkenden Fleckenmalerei der Papierarbeiten vereinigte sie hier kompakte, geschlossene Farbflächen zu einer kalkulierten Komposition, die der gefestigten Malweise in den Landschaften, Architekturdarstellungen und Stilleben dieser Jahre nahesteht. Neben dem Titel *Schwarz weiß rot grün,* der nur die Farben benennt, verwendete sie auch die Bezeichnung *Schwarz entzweit,* die eine inhaltliche Deutung suggeriert. Vor einem weißlich-hellblauen Fond finden sich rechts und links zwei gedrungene Formelemente in tiefem Schwarzblau, umgeben von einer Vielzahl kleinteiliger, »geometrischer« Formen in Rot und Hellgrün, die, nach der Lesart des zweiten, von Gabriele Münter gewählten Titels, die einst geschlossene, dunkle Form gespalten haben. Allerdings lässt das Gemälde noch eine weitere, sogar ins Politische spielende Interpretation zu: dass sich nämlich hier

216

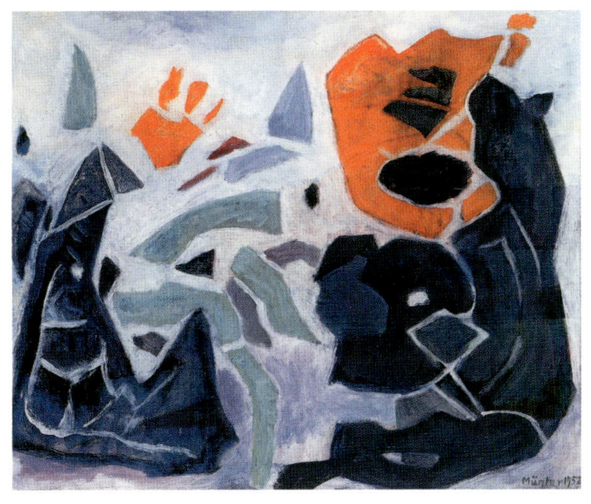

115 Schwarz entzweit, 1952

zwei Elemente, Formen, Strukturen oder auch »Systeme« feindlich, eben »entzweit«, gegenüberstehen.

Im Sommer 1955 fand im Museum Fridericianum in Kassel die der internationalen Kunst des 20. Jahrhunderts gewidmete Ausstellung *documenta* statt. Dabei praktizierten die Organisatoren die inzwischen im westlichen Nachkriegsdeutschland vielfach erprobte Verbindung von neuer Kunst mit den während der Nazi-Diktatur verfemten »Klassikern« der Moderne, für die sich beim Publikum inzwischen ein gewisses Verständnis entwickelt hatte.[222] Die Ruine des Museums erwies sich für den künstlerischen Leiter Arnold Bode als idealer Ort für die Inszenierung der ersten *documenta* in ihrer Mischung aus Improvisation und Bedeutungslenkung. Denn die Schau beanspruchte mit der Rehabilitierung der Moderne zweifellos politisches Gewicht als Nachweis für Deutschlands Wiedereintritt in den Chor der westeuropäischen Kulturnationen. Dabei ging es nicht um rationale Informationsvermittlung, sondern um das emotionale Erlebnis von Kunst. Beteiligt waren 147 Künstler aus sieben Ländern, darunter nur sieben Künstlerinnen, zu denen auch Gabriele Münter gehörte.[223] Neben Kandinsky, Marc, Macke, Klee und Campendonk war damit der innere

Kreis um den *Blauen Reiter* versammelt. Sie alle zählten nun zu den »großen älteren Meistern«. Von Gabriele Münter waren lediglich zwei Gemälde ausgestellt, *Abendsonne* von 1908 aus dem Besitz Bernhard Sprengels in Hannover und das um die Jahreswende 1909/10 entstandene *Stilleben grau*. Das Bild gehört zu der frühen expressionistischen Stillebenserie, die Gabriele Münter in unterschiedlichen Farbstimmungen gemalt und nach den jeweils vorherrschenden Tönen Blau, Rot, Gelb oder wie hier Grau benannt hatte. In seiner strengen Form- und Farbreduktion zählt es zu den besten Arbeiten im neuen Stil, in denen Gabriele Münter zum »Geben eines Extraktes« gelangte.

Die in der Ausstellung mit ihren abstrakten Improvisationen bei Otto Stangl Anfang 1954 aufgenommene Fotografie zeigt auf anrührende Weise mit dem liebevollen Blick und der zarten Geste des Händehaltens, dass sich die mittlerweile ein Vierteljahrhundert andauernde Beziehung der nun 77-jährigen Künstlerin zu Johannes Eichner mit der Zeit doch sehr verändert hatte. Beide sorgten sich um den anderen, und auch der Gefährte lernte die Zweisamkeit im Alter zu schätzen, die von gegenseitigem Vertrauen, von Wertschätzung und Rücksichtnahme geprägt war. Kleine Geschenke sollten ihr Freude machen, wie die ihr gewidmeten Gedichte oder die Glückwunschsammlung zum 75. Geburtstag, die er akribisch im Geheimen vorbereitete. Zudem versuchte er weiterhin rastlos, Ausstellungen zu organisieren, Texte über sie zu veröffentlichen oder vorteilhafte Verkäufe zu tätigen. Mit ebenso großer Energie, wie er während der Nazi-Diktatur jede Nähe der Künstlerin zum *Blauen Reiter* und zur »entarteten« Kunst in seinen Artikeln und Ausstellungsvorbereitungen verleugnet hatte, bemühte er sich nun in der Nachkriegszeit darum, ihre Beteiligung an der expressionistischen Revolution herauszustellen und die Versuche um Anpassung vergessen zu machen. Dabei gingen seine Korrekturen am Münter-Bild so weit, sie als verfolgte und von Ausstellungsverbot bedrohte Künstlerin darzustellen.[224] Ein Bemühen, das einen sehr zwiespältigen Eindruck hinterlässt, denn Gabriele Münter hat trotz mancher Repression und materieller Not während der Nazi-Zeit weder zu den verfolgten noch zu den mit Ausstellungsverbot belegten oder als »entartet« gebrandmarkten Künstlern gehört.

1956 erhielt die betagte Künstlerin den mit 3000 Mark dotierten Kulturpreis der Stadt München für Malerei. »Endlich«, schrieb die Kunstjournalistin Juliane Roh, und dass die Ehrung »eine Selbstverständlichkeit« sei.[225] Im Juni des Vorjahres hatte der Konservator der Bayerischen Staatsgemäldesammlungen Hans Konrad Röthel die Künstlerin erstmals in Murnau besucht. Denn immer noch befanden sich die Kisten mit dem künstlerischen Nachlass von Kandinskys Frühwerk verborgen im Keller. 1914 hatte Gabriele Münter diese in München eingelagert, später, nach der Ausstellung *Entartete Kunst* von 1937, nach Murnau geschafft und dort versteckt. Nun aber, je älter sie wurde, wuchs die Sorge um diesen Schatz, getragen von einem Verantwortungsgefühl für die Bilder. Was sollte mit ihnen geschehen? Gemeinsam beschloss das Paar, dass die Werke in Form einer Stiftung zusammenbleiben sollten am Ort ihrer Entstehung, in München. Röthel, zu dem beide Vertrauen gefasst hatten, erschien ihnen als geeignete Person, diese Stiftung vorzubereiten. Ihr 80. Geburtstag am 19. Februar 1957 bot den würdigen Rahmen für diese in der neueren Museumsgeschichte beispiellose Schenkung an die Städtische Galerie München im Lenbachpalais, deren Direktor Röthel inzwischen war.[226] Die Stiftung, mit der die Stadt umgehend zur internationalen Kandinsky-Metropole avancierte, feierte mit der am Vorabend von Gabriele Münters Geburtstag eröffneten großen Doppelausstellung *Kandinsky und Gabriele Münter. Werke aus fünf Jahrzehnten* das grandiose Ereignis. Aber der Wahrnehmung von Gabriele Münters künstlerischem Œuvre hat diese Schenkung nicht gut getan. Erst trat die Künstlerin nach 1945 zunehmend hinter den »großen Meistern« zurück, nun verdeckte der Ruhm als Stifterin ihr Werk vollends. Das begann bereits mit der Gewichtung der Ausstellung, in der 177 Werke Kandinskys und 61 Arbeiten von ihr gezeigt wurden. Röthel schrieb dazu im Vorwort, es würde »durch die Gegenüberstellung der Werke der antipodischen Freunde ein Grundmotiv der modernen Malerei überhaupt angeschlagen: die Dialektik nämlich von Spiritualität und Naivität«. Zudem druckte er Kandinskys Rückblick auf den *Blauen Reiter* ab, der 1930 im *Kunstblatt* erschienen war und in dem er Gabriele Münter mit keinem einzigen Wort erwähnte.[227] Und wieder war es

Juliane Roh, die jüngere Freundin und promovierte Kunsthistorikerin, die in der Zeitschrift *Das Kunstwerk* eine hymnische Eloge auf Kandinsky verfasste und sich dabei zu folgenden Sätzen verstieg: »Sein dreizehn Lebensjahre umfassendes frühes Oeuvre wird begleitet vom bescheideneren Lebenswerk der Jubilarin, dessen Licht sich an der strahlenden Nova des Meisters entzündete. Man kann jetzt verstehen, daß die Malerin für lange Zeit resigniert den Pinsel ruhen ließ, als diese Sonne ihr nicht mehr leuchtete. Ihr ursprüngliches, doch zaghaftes Talent bedurfte der befeuernden Gegenwart des rastlos Vorwärtsstürmenden, um dem eigenen Wagemut zu trauen.«[228] Mehr als alles andere hat dieser Blick auf Gabriele Münter nach ihrem Tod die Rezeption des Werkes geprägt.

In April 1957 erschien im Münchner Bruckmann-Verlag Johannes Eichners Buch *Kandinsky und Gabriele Münter. Von Ursprüngen moderner Kunst.* Eigentlich als Monografie über das Werk der Künstlerin schon um 1940 konzipiert, hatte der Autor es angesichts der sensationellen »Entdeckung« von Kandinskys Frühwerk erweitert – ein Versuch, der in seinem Spagat zwischen der privaten Nähe zu der Künstlerin und dem Bemühen um wissenschaftliche Objektivität nur scheitern konnte. Seine ursprüngliche Absicht einer Würdigung der Künstlerin und ihres eigenständigen, bedeutenden Werkes erschien durch die biografische und künstlerische Verklammerung mit Kandinsky nur als einseitige Parteinahme respektive Voreingenommenheit. Gleichwohl bietet das Buch in seiner Detailkenntnis eine überaus ergiebige Fundgrube an Informationen, Materialien und Quellen, wozu vor allem die hier erstmals ausführlich zitierten Briefe Kandinskys an Gabriele Münter gehören, und zur Entwicklung der neuen Kunst nach der Jahrhundertwende, zumal alle diese Zeugnisse und Erinnerungen durch die Mitwirkung und Prüfung der Künstlerin als authentisch gelten können. Sie selbst sah die Entstehung des Buches, das der Gefährte als sein Lebenswerk betrachtete, mit gemischten Gefühlen, bewunderte aber die große Arbeit und antwortete auf die Frage, ob sie sich in dem Buch wiedererkenne, lapidar: »So sind nun einmal die Schriftsteller, sie vermischen Dichtung und Wahrheit.«[229] Eine Woche vor ihrem 81. Geburtstag, am 11. Februar 1958,

starb Johannes Eichner überraschend während einer Augenunter-
suchung im Münchner Universitätsklinikum an einem Hirnschlag.

Aber der nimmermüde Einsatz des Freundes für ihre Kunst wirkte
über seinen Tod hinaus. Denn im Sommer 1961 überraschte die Künstlerin das Angebot für eine Ausstellung in der Kunsthalle Mannheim,
der einstigen Wirkungsstätte von Gustav Friedrich Hartlaub. Johannes Eichner hatte bereits Anfang 1957, noch während der Doppelausstellung im Lenbachhaus, bei Walter Passarge angefragt. Damals aber
war die Ausstellung wegen der Erkrankung des Direktors nicht zu-
stande gekommen. Nun, mehr als drei Jahre später, kam Heinz Fuchs,
der neue Leiter, auf das Angebot zurück und nahm Kontakt zu Hans
Konrad Röthel in München auf, der nach Eichners Tod die Organisation
ihrer Ausstellungen übernommen hatte. Die am 29. September 1961
von ihm eröffnete Schau versammelte 60 Arbeiten von 1906 bis 1957
und gab damit einen repräsentativen Werküberblick. Eine Fotografie
vermittelt – auch im Blick auf ihre früheren Ausstellungsinszenie-
rungen – einen sehr guten Eindruck von der damals ausgesprochen
modernen Präsentation mit ihrer lockeren, puristischen Hängung auf

116 Hans-Joerg Soldau,
Ausstellung in der
Kunsthalle Mannheim, 1961

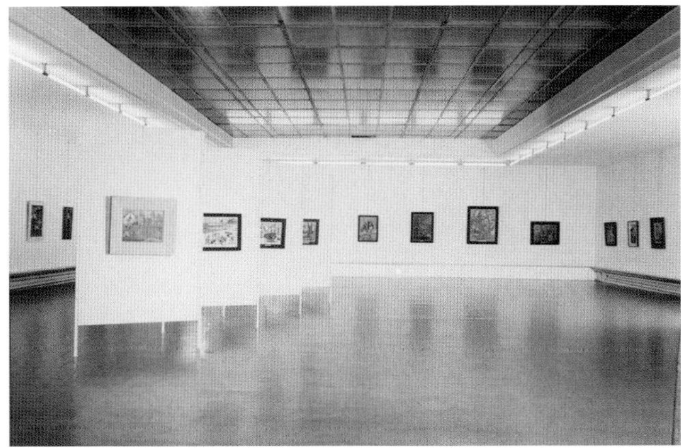

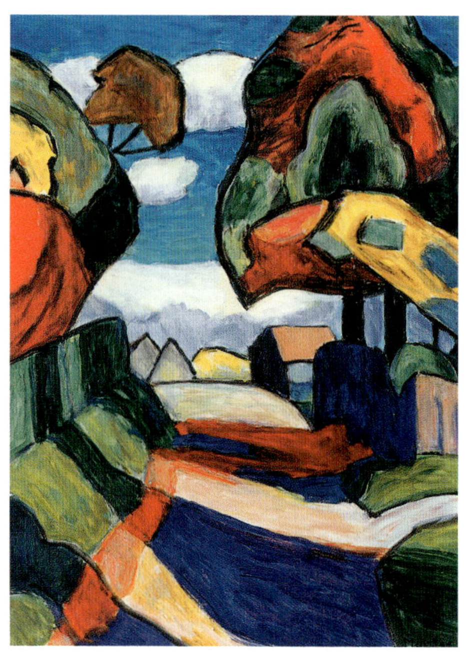

weißen Wänden und der indirekten Beleuchtung [Abb.116]. Es gab einen kleinen Katalog mit 18 Abbildungen und einer kurzen Einführung der Kunstjournalistin Doris Schmidt. Alle Zeitungen der Region berichteten ausführlich und sehr positiv über das Ereignis, der Süddeutsche Rundfunk sendete sogar einen Radiobericht.[230] Am 8. Oktober schrieb die Künstlerin mit ihrer schönen Hand, die immer noch nicht zitterte, einen Dankesbrief an den Direktor, in dem sie um weitere fünf Kataloge bat, die sie natürlich bezahlen würde, und natürlich geschenkt bekam.

Trauer über den Verlust des Freundes und Dankbarkeit für die mit ihm verbrachten Jahre hielten sich in den Jahren nach Eichners Tod die Waage, begleitet von dem Wunsch, dass ihr das Sterben auch so schnell gelänge, »ohne Umstände«. Sie malte weiter ihre Ölstudien mit Blumen und abstrakten Improvisationen. Und hin und wieder entstand sogar ein Gemälde, wie im Oktober 1959 die großartige

Nachempfindung der 1931, ebenfalls im Oktober, gemalten Murnauer Landschaft *Weg zur Fürstalm* [S.180]. Das neue Bild trägt den Titel *Weg im bunten Oktober,* mit dem die 82-jährige Malerin auch einen sinnfälligen Ausdruck für den »Herbst« ihres Künstlerinnenlebens gefunden hat [Abb.117]. Obwohl Gabriele Münter das Motiv bis in die Details genau auf die Leinwand »kopierte«, entstand ein vollkommen anderes Bild. Denn die 28 Jahre zuvor mit heftigem, verwischtem Pinselstrich in herbstlich gedeckten Farbtönen gemalte Landschaft von erstaunlich abstrakter Wirkung erscheint nun mit den betont kubischen und in die Fläche gestapelten, spröden Formen wie gebaut und ruft Erinnerungen an schroff-archaische Bilderfindungen wie die 1910 gemalte *Gerade Straße* wach [S.91]. So seltsam unbewohnt wirkt auch dieses letzte große Alterswerk, in seiner Künstlichkeit verstärkt durch die grellbunten, naturfernen Farbfelder und das auffällige zeichnerische Gerüst. Wie hatte Kandinsky 1913 über die Gabe der Zauberhand und Zeichenkunst geschrieben: Die Farbe könne eine »tote Zeichnung« zwar vertuschen, die Schwarz-Weiß-Reproduktion aber lege sie bloß.[231] In diesem Sinne findet man in Gabriele Münters Gemälde *Weg im bunten Oktober* auch noch einmal »den Zeichner«, wie sie es ausgedrückt hat. Die Mannheimer Schau vom Oktober 1961 sollte ihre zu Lebzeiten letzte Ausstellung in einem deutschen Museum sein. Ihr Wunsch nach Eichners Tod ging in Erfüllung: Sie starb friedlich und schnell, »ohne Umstände«, am 19. Mai 1962 im 86. Lebensjahr in ihrem Haus in Murnau.

Im März 1960, in den letzten Wintertagen, hat Gabriele Münter mit dünnen Ölfarben die Eichenallee zum Murnauer Moos hin, die gleich hinter ihrem Haus begann, auf ein Blatt Papier gemalt [Abb.118]. Die schlanken Bäume, die ihre kahlen, noch mit Schnee bedeckten Äste in den goldenen Abendhimmel strecken, leuchten, kündend schon vom Frühling, in einem unwirklichen, durchscheinenden Türkis, und der Pfad führt ins Helle, Weite. Vielleicht ist sie so gegangen, die Künstlerin, auf ihrem letzten Weg, ins Licht.

Von nun an bemühte ich mich
nicht mehr um die nachrechen-
bare »richtige« Form der Dinge.
Und doch habe ich nie die Natur
»überwinden«, zerschlagen oder
gar verhöhnen wollen. Ich stellte
die Welt dar, wie sie mir wesentlich schien, wie sie mich packte.
Man sagte, meine Bilder seien
bescheiden und innerlich. Viele
dunkle, nächtliche waren dabei, und manchmal war um die
schlichten Dinge etwas wie
ein Geheimnis. Später nannte
man mich oft verwandt mit
Munch, doch handelte es sich
dabei nicht um Einflüsse, sondern um gelegentliche Gleich-
gestimmtheit. Man darf nicht
vergessen, daß andre Bilder von
mir aus unbeschwerter Augen-
lust stammten, auch gibt es hin
und wieder drollige Züge. Ich
bin nicht auf eine dauernde
Stimmung festgelegt und stülpe
der Welt keine vorgefaßte Welt-
anschauung über.

———————

Gabriele Münter, 1948

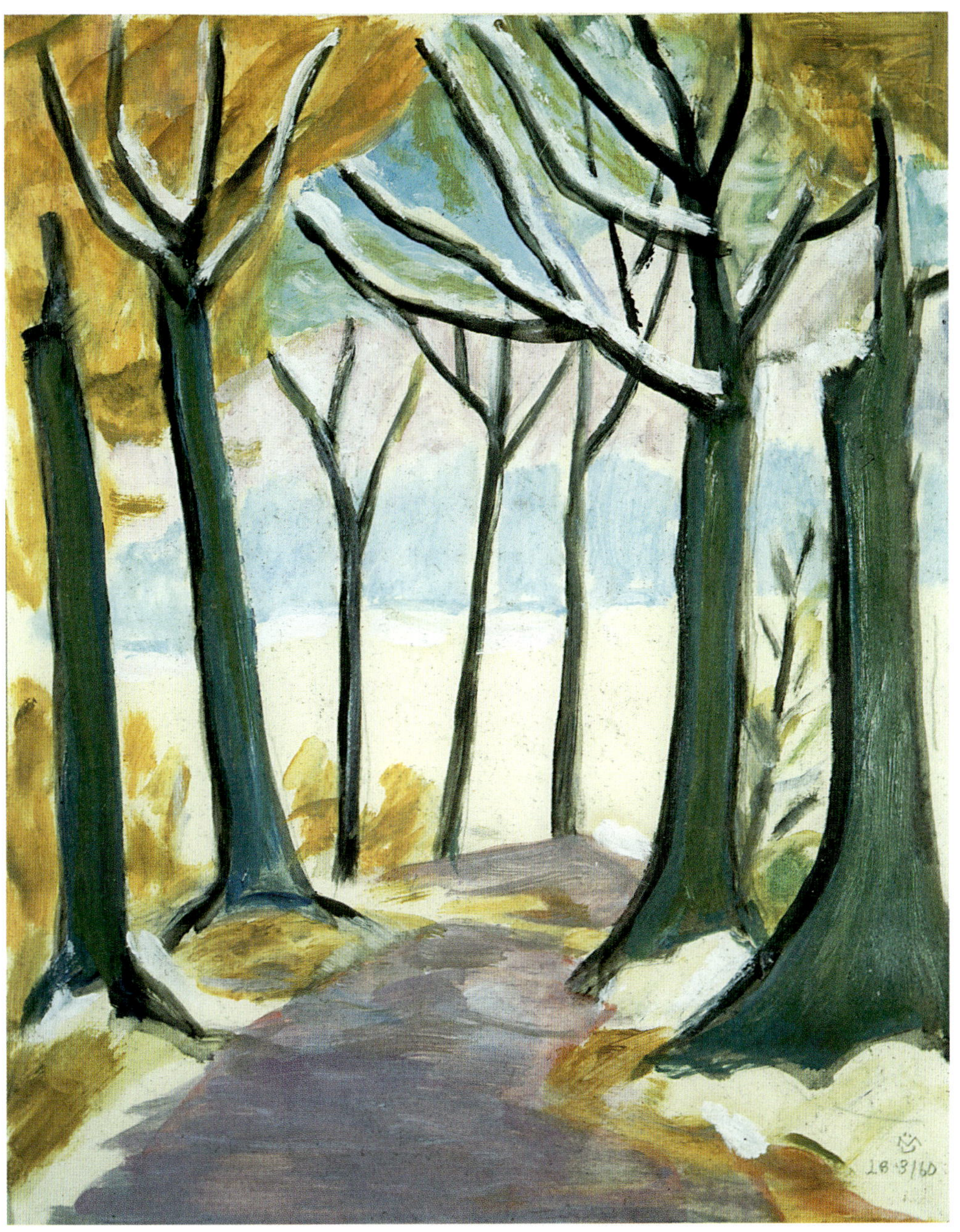

118 Kottmüllerallee
in Murnau, 1960

GABRIELE MÜNTER
UND IHR PUBLIKUM

NACHWORT

»Da ist ein selbständiger Künstler mit einem außerordentlich saftigen Malertemperament, geschlossen in der Form, voll von eigentümlicher Stimmung [...]. Kurz gesagt: Hier ist etwas so Ungewöhnliches wie eine Persönlichkeit kennenzulernen.« *August Brunius, 1916*

»Münters weibliche Kraft war angewiesen auf die Bestätigung durch den Partner als lebensnotwendige Ergänzung. Als diese fortfiel, zerrann ihr Zutrauen zu sich selbst und ihre schöpferische Möglichkeit war zerstört. Trotz Anstrengung und Mühe erreichte sie in der Malerei nicht mehr, was vorher scheinbar mühelos gelang.« *Rosel Gollek, 1977*

In ihrem Beitrag für die Zeitschrift *Das Kunstwerk,* der unter dem Titel *Gabriele Münter über sich selbst* als erster von drei veröffentlichten eigenen Texten erschien, hat die Künstlerin 1948 ihr Leben und Schaffen kurz in chronologischer Folge dargestellt.[232] Die einzelnen Abschnitte des Berichts leiten fortlaufend die sieben Kapitel dieses Buches ein. An einer Stelle hat Gabriele Münter die zeitliche Abfolge unterbrochen und eine Passage eingefügt, in der sie sich mit der Bewertung ihrer Arbeit durch Publikum und Kritik auseinandersetzt. Dieser Abschnitt wurde aus der Chronologie herausgelöst und leitet jetzt dieses Nachwort ein [S. 224], in dem es um die wesentlichen Prinzipien und Strukturen der Beurteilung von Gabriele Münters Kunst geht und um die Fortschreibungen sowie Veränderungen, die diese im Laufe des 20. Jahrhunderts erfahren haben. Kaum eine andere Künstlerin ist wie sie in immer neue Raster und Schubladen gepresst worden; kein Klischee, das nicht bedient worden wäre, wobei sich die Sicht auf ihr Leben und Werk in seiner Einseitigkeit stetig verhärtet hat und Blickwechsel sowie neue Perspektiven bis heute erst vereinzelt vorhanden sind. Zwei unterschiedliche Hauptlinien sind es, die dann in den späten 1950er Jahren ineinandergreifen und die Rezeption bestimmen.

Kontrárer als in den zwei Zitaten lässt sich die Einschätzung der Malerei von Gabriele Münter kaum formulieren. Beide Positionen, verfasst 1916 und 1977 – also im Abstand von mehr als sechzig Jahren –, beziehen sich auf ein und dieselbe Werkphase: auf die der Jahre des Ersten Weltkrieges und der frühen Zwischenkriegszeit. Die Malerin lebte damals in Skandinavien, von wo sie erst 1920 nach Deutschland zurückkehrte. Das eigentlich Überraschende ist indes nicht die Gegensätzlichkeit der Urteile, sondern die Wandlung von einer positiven zu einer negativen Bewertung. Das Lob stammt aus der Feder von August Brunius, geschrieben in einer Ausstellungskritik im *Svenska Dagbladet* vom 6. März 1916.[233] Die schöpferische Begabung Gabriele Münters erschloss sich dem einflussreichen Kunstkritiker aus ihrem Werk selbst, im direkten Gegenüber mit den zum großen Teil erst in Schweden entstandenen Bildern, die Carl Gumeson in seiner Stockholmer Galerie zeigte. Andere zeitgenössische Autoren sahen in Gabriele Münter eine zwar radikale, aber trotzdem »ernsthaft suchende Künstlerin« und bewunderten ihre »auf Überzeugung gegründete Form«.[234] Die 39-jährige Malerin befand sich auf dem Höhepunkt ihres Schaffens, sie war als internationale Avantgardistin anerkannt und hatte in einem Kreis junger Künstlerinnen und Künstler in der skandinavischen Kunstszene einen Platz gefunden. Mit bemerkenswerter Energie organisierte sie eigene Ausstellungen und arbeitete intensiv. Die Bilder, die jetzt in großer Zahl entstanden, hatten eine neue, bewusst sperrige Struktur, kantige Formen und klare Konturen grenzten das Dargestellte voneinander ab und hoben damit dessen Vereinzelung hervor. Raumillusion wurde durch perspektivische Verzerrung zerstört. Nicht mehr Landschaft und Stilleben wie bis 1914, sondern Porträt und Figurenkomposition standen nun im Mittelpunkt. So wie Gabriele Münter mit solchen Bildern einen neuen Ton in die schwedische Kunst einbrachte, verdankte sie dieser auf der anderen Seite viele Anregungen. Nicht nur inhaltlich, auch stilistisch ging sie neue Wege. Ihre Malerei wurde heller und dekorativer, gewann an Komplexität, Distanziertheit und Kühle. Damit war sie auch Ausdruck jener weltoffenen und anregenden, aber zugleich von Einsamkeit und Anonymität geprägten städtischen Kultur und Gesellschaft, in der die

Künstlerin nun lebte. Unabhängig von ihrem Lebensgefährten, Wassily Kandinsky, der bei Kriegsbeginn nach Russland zurückgekehrt war, entstand in den fünf skandinavischen Jahren ein neuer Stil. Obwohl Gabriele Münters Beziehung zu Kandinsky hier kein Geheimnis war – allein schon deshalb nicht, weil sie sein Werk und seine Ideen unermüdlich zu propagieren suchte –, sah die Kritik in ihr eine starke, unabhängige Künstlerpersönlichkeit. Als Anhängsel jedenfalls ist Gabriele Münter in Skandinavien nie verstanden worden.

Die Künstlerin nennt in ihrem Text von 1948 in Bezug auf die Bewertung ihres Werkes nur einen Künstler, den Norweger Edvard Munch, den August Brunius in der zitierten Kritik vom März 1916 wohl zum ersten Mal als Einflussquelle erwähnt, eine Sichtweise, die Gabriele Münter zu Recht zurückweist. Und doch gibt es überraschende Gemeinsamkeiten: Beide verband der »moderne Blick«, die frühe Auseinandersetzung mit der Fotografie etwa und ihre Einbeziehung ins künstlerische Schaffen. Und beide haben lebenslang in allen Werkphasen immer wieder bestimmte Motive aufgegriffen, dem jeweiligen Interesse angepasst und sie auch in andere künstlerische Medien übertragen. Nicht mehr das singuläre Werk stand im Mittelpunkt, sondern der Werkprozess.[235]

Wie sich Beurteilungen ins Gegenteil verkehren, wenn sich Interessen verschieben, Prioritäten anders gesetzt oder Bewertungskriterien neu definiert werden, lässt sich in diesem Zusammenhang exemplarisch am oben zitierten Urteil von Rosel Gollek aus dem Jahr 1977 ablesen.[236] Die Kunsthistorikerin interpretiert die in Schweden und Dänemark entstandenen Werke Gabriele Münters retrospektiv als Zeugnisse einer Zeit, in der sich auch für die Malerin selbst das Ende ihrer Lebens- und Arbeitsgemeinschaft mit Kandinsky abzuzeichnen begann. Im Rahmen dieses Deutungsmusters, das nach dem Zweiten Weltkrieg entstand und bis in die 1990er Jahre hinein bestimmend bleiben sollte, fungierte ihr Aufenthalt in Skandinavien als Präludium für die Zeit der Weimarer Republik, in der die Künstlerin nach Meinung der Autorin in Einsamkeit und Isolation – seit der endgültigen Trennung von Kandinsky ohne jeglichen menschlichen Halt – nicht nur ihr Selbstwertgefühl, sondern auch ihre künstlerische Identität verlor.

Es folgte eine umfassende Lebens- und Schaffenskrise, die zu einem unsteten Wanderleben führte und im reduzierten Werk zu einem deutlichen Qualitätsverlust. Entsprechend interpretierten Gollek und andere die Skandinavien-Bilder als Vorboten einer »langen künstlerischen Ohn-macht« und als Ausdruck von ängstigend »ins Bewusstsein drängenden Ahnungen«. Das bedeutet im Klartext: Die Vereinzelung der Figuren auf den Bildern entspricht der Einsamkeit der Künstlerin und umgekehrt. Das Vokabular der Bildbeschreibungen unterstreicht diese Interpretation, charakterisiert mit Adjektiven wie »fremd«, »unruhig«, »unangenehm«, »schief«, »unbequem« und »welk«.[237] In einer Vermischung von Leben und Werk wird nicht nur die Biografie Gabriele Münters untrennbar mit der Kandinskys verbunden, sondern auch ihre Kunst ausschließlich an der ihres zeitweiligen Partners gemessen.

In diesem Zusammenhang muss die Frage gestellt werden, inwieweit die Kenntnis der Vita überhaupt zum Verständnis der Kunst beiträgt oder ob die einseitige Beurteilung eines Werkes als Folge der biografischen Befindlichkeit nicht gerade die Sicht auf das Œuvre beeinträchtigt. Denn wie die gegensätzlichen Interpretationen der in Skandinavien entstandenen Bilder von Gabriele Münter zeigen, werden dadurch spekulativen Deutungen des Werkes Tor und Tür geöffnet. Darüber hinaus hat die Bindung ihres Werkes an die Beziehung zu Kandinsky dazu beigetragen, dass nur die während der gemeinsamen Jahre bis 1914 entstandenen Bilder als innovativ und originär angesehen wurden. Allein die Partnerschaft galt als Garant für die künstlerische Kraft der Malerin – das gesamte spätere Werk dagegen als meist vergebliche Suche nach einem neuen Stil, als qualitativ weniger wert oder als bloße Wiederholung ohne neue Ansätze.

Noch im Ausstellungskatalog der großen Retrospektive von 1992, die das gesamte Lebenswerk zeigte, wurde die erste Zeit in Murnau und München als produktivste, stärkste Phase im Leben der Malerin bezeichnet, denn ihr Talent habe, wie es im Vorwort heißt, immer »in deutlicher Relation zu produktiven Arbeitsbedingungen und lebensgeschichtlichen Schwankungen« gestanden.[238] Die Betrachtungsweise veränderte sich also kaum, obwohl Gabriele Münters Werk durch die inzwischen erschienene, umfangreiche Paarbiografie von Gisela Kleine und die Dissertation von Sabine Windecker in vielen Punkten eine Neubewertung erfahren hatte.[239]

Aus Sicht der Interpreten blieb Gabriele Münter ihr Leben lang die Schülerin eines Genies. Hier setzte sich ein Deutungsmuster fort, das bereits in der bundesrepublikanischen Nachkriegszeit die Rezeption ihres Werkes zunehmend prägte. Denn je mehr die abstrakte Malerei Kandinskys, wie die Abstraktion überhaupt, als bedeutendste Innovation der Moderne gefeiert wurde, desto stärker geriet die Künstlerin immer tiefer in den langen Schatten des »großen« Russen, gefragt und hofiert nur als Zeitzeugin und hochherzige Stifterin.[240] Spätestens mit der Kenntnis von Kandinskys Frühwerk, das Gabriele Münter durch ihre Stiftung von 1957 zugänglich gemacht hatte, wurde sie zu einer Fußnote in dessen Leben. An seiner »strahlenden Nova« entzündete sich ihr bescheidenes Werk. Nun erst könne man verstehen, »daß die Malerin für lange Zeit resigniert den Pinsel ruhen ließ, als diese Sonne ihr nicht mehr leuchtete«.[241] Die Wurzeln dieses Rezeptionsmusters reichen allerdings bis in die Weimarer Republik zurück, und das hat ebenfalls mit dem Aufstieg Kandinskys zum berühmten Künstler und Bauhaus-Lehrer zu tun.

Denn solche negativen Urteile, die dem tiefen Misstrauen gegenüber weiblicher Kreativität entspringen, haben eine lange Tradition. 1928 veröffentlichte Hans Hildebrandt sein überaus populäres Buch *Die Frau als Künstlerin*, das die Beurteilung der Kunst von Frauen stark beeinflusste und in eine bestimmte Richtung lenkte, die die Rezeption von Gabriele Münters Werk nicht nur in den 1950er Jahren prägte, sondern bis heute nachwirkt. In Bezug auf die Malerin schreibt er: »Gabriele Münter etwa hat Kandinsky wohl eine geraume Strecke begleitet. Sie hat die ersten Umbildungen der Formen mitgemacht, hat die gesteigerte Farbigkeit mit ihrer Offenbarung innerer, geistiger Werte angenommen und ihr die Deutung ihres eigenen Empfindens gegeben. Aber sie konnte sich nicht entschließen, mitzuwandern in das Reich der Abstraktion.«[242] Sie hat ihn also nur begleitet, war aber weder selbst kreativ noch innovativ, denn vor der eigentlichen Pioniertat, ihm in die Abstraktion zu folgen, schreckte sie zurück.

Hildebrandts Argumentation diente zwei Zielen. Zum einen konstruierte der Autor eine teleologische Entwicklung der Kunst, die in der Abstraktion ihren Höhepunkt erreichte: ein Gipfel, für dessen Erstürmung es einer vorauseilenden genialen Persönlichkeit wie eben Kandinsky bedurfte. Dieses »Allerhöchste hat eine Frau als gestaltende Künstlerin noch nie erstrebt, geschweige denn erreicht«, weil ihr dazu die »unerbittliche Folgerichtigkeit« fehlte. Zum anderen lieferte Gabriele Münters Unvermögen, ihrem Lehrer in die Abstraktion zu folgen, Hildebrandt den Schlüssel zu einer nach Geschlechtern unterteilten »Zwei-Klassen«-Kunstgeschichte: hier die Künstler der Avantgarde, da die geistig minderbemittelte »Frauenkunst«. Angesichts einer stetig wachsenden Zahl von Künstlerinnen und Studentinnen an den Kunstakademien seit 1918 ließ sich zehn Jahre danach das irritierende Problem weiblicher Kreativität nicht mehr leugnen. Es bedurfte nun neuer, subtilerer Strategien, um es zu »widerlegen«. Wie lange gerade eine Verständnis heuchelnde Beschäftigung mit »Frauenkunst« à la Hildebrandt wirkte, zeigt dann die Rezeption von Gabriele Münters Werk nach 1945.

Auch die zweite Hauptlinie der Wertung ihres Schaffens entwickelte sich in den Jahren um 1930 und wurde von dem Kunsthistoriker Johannes Eichner, ihrem Lebenspartner, begründet. Ausgehend von der Begeisterung der Künstler um den *Blauen Reiter* für den Primitivismus und die Volkskunst, konstruierte er ein »Wesen« der Künstlerin, indem er die von der Gruppe um 1910 propagierten Werte wie Ursprünglichkeit, Intuition und Naivität nicht nur mit der Person der Künstlerin verknüpfte, sondern damit auch ihr Werk charakterisierte. Nach seinen Vorstellungen malte Gabriele Münter ohne jede Reflexion aus ihrem Instinkt heraus, »ohne nach Herkunft, Sinn und Zweck ihres Tuns zu fragen«, und war damit eine »echte Primitive«, wie er später, 1957, in seinem Buch *Kandinsky und Gabriele Münter* formulierte.[243] Abgesehen von der Frage, ob dieses Bild von der Malerin, mit dem Eichner im positiven Sinn einen Gegenpol zu Kandinsky aufbauen wollte, überhaupt zutraf und nicht nur auf der Projektion bestimmter Ideale von Weiblichkeit beruhte, erfuhr diese Sichtweise im spießigen Muff der 1950er Jahre eine fatale Akzentverschiebung. Denn in dieser

Zeit wurde sowohl im Rückfall auf zutiefst patriarchalische Strukturen des 19. Jahrhunderts als auch in Anknüpfung an nationalsozialistische Vorstellungen das Bild von der Frau als Gattin, Hausfrau und Mutter fortgeschrieben. Begriffe wie »Instinkt« und »Naivität« wurden nun aus dem ursprünglichen Zusammenhang der Wertevorstellungen des *Blauen Reiter* herausgelöst und ebenso platt wie erfolgreich umgedeutet zu grundlegenden Eigenschaften der weiblichen »Natur« Gabriele Münters. Damit aber beschrieben sie keinen positiven Wert, keine Qualität mehr, sondern nur noch das Fehlen von männlichem »Geist«. Aus Anlass von Gabriele Münters 85. Geburtstag rühmte ein Autor: »Der Gegensatz zwischen Mann und Frau, Geist und Natur, leidenschaftlich experimentierender und instinktiv verharrende Weltsicht ist hier [im *Blauen Reiter*] aufs schönste fruchtbar geworden.«[244] Dabei sagen im Übrigen Formulierungen wie »weibliche Note«, »einfältig reines Herz« oder »fraulich ruhender Pol« in Bezug auf Gabriele Münter sicherlich mehr über den »Geist« der Herren aus als über die Künstlerin und wirken heute einfach nur noch lächerlich.

In den wenigen Ausstellungen nach dem Tod Gabriele Münters 1962 lag der Schwerpunkt weiterhin auf den vor 1914 geschaffenen, expressionistischen Arbeiten und auf der Rolle des »Meisters«. Damit aber wurde kein Interesse für ihr Werk geweckt, sondern nur das stereotype Bild von der »Frau an seiner Seite« zementiert. Dieser Circulus vitiosus wurde für ein breiteres Publikum erst im neuen Jahrtausend aufgebrochen, mit sogleich überraschenden Erkenntnissen. Mehrere Ausstellungen und Kataloge belegten sowohl Gabriele Münters Eigenständigkeit im Medium der Druckgrafik eindrucksvoll als auch erstmals überhaupt ihren Rang als Pionierin der Fotografie.[245]

Im Verlauf einer Geschichte voller Intoleranz und Vermessenheit ging das Wissen von »einem außerordentlich saftigen Malertemperament« und von der künstlerischen Persönlichkeit Gabriele Münters verloren. Es scheint mehr als an der Zeit zu sein, dieses Wissen wieder in Erinnerung zu rufen und im kulturellen Gedächtnis zu verankern. Dazu möchte dieses Buch einen Beitrag leisten.

ANMERKUNGEN

*   Gabriele Münter, *Gabriele Münter über sich selbst*, in: Das Kunstwerk, Jg. 2, H. 7, Juli 1948, S. 25. – Jedes der folgenden Kapitel wird mit einer Passage aus diesem Text eingeleitet, so dass er fortlaufend gelesen werden kann. Etwa in der Mitte des Beitrages, zwischen den Textauszügen der Kapitel »Aufbruch in den Expressionismus« [S. 68] und »Neue Malerei und *Blauer Reiter*« [S. 96], hat Gabriele Münter die Chronologie ihrer Ausführungen unterbrochen und über den Stellenwert ihrer Arbeit im Gefüge der Moderne nachgedacht. Diese Textpassage wurde aus der ursprünglichen Abfolge herausgelöst und an den Beginn des Nachwortes gestellt [S. 224].

1   Carl Friedrich Münter wurde am 19.12.1826 in Herford geboren. Sein Vater war königlicher Steuereinnehmer. – Die Angaben zur Familiengeschichte und zur Amerika-Reise Gabriele Münters wurden folgenden Publikationen entnommen: Johannes Eichner, *Kandinsky und Gabriele Münter. Von Ursprüngen moderner Kunst*, München 1957; Gisela Kleine, *Gabriele Münter und Wassily Kandinsky. Biographie eines Paares*, Frankfurt am Main 1990; Helmut Friedel (Hg.), *Gabriele Münter. Die Reise nach Amerika. Photographien 1899–1900*, mit Beiträgen von Annegret Hoberg, Isabelle Jansen, Daniel Oggenfuss und Ulrich Pohlmann (Ausst.-Kat. Städtische Galerie im Lenbachhaus, München), München 2006.

2   Gabriele Münter notierte ihre Erinnerungen auf Zetteln und losen Blättern. Fünf längere und datierte Manuskripte wurden erstmals in Friedel, a.a.O. (wie Anm. 1), im Anhang veröffentlicht: Gabriele Münter, *Erinnerungen an Amerika*, S. 217–220: 15.11.1956 [Text 1]; 15.4.1956 [Text 2]; 26./27.3.1959 [Text 3]; 6.4.1956 [Text 4]; ohne Datum, von Münter überschrieben: »Eichner Entwurf zu Mü.Autobiogr.« [Text 5].

3   Edouard Roditi, *Dialoge über Kunst*, Wiesbaden 1960. Darin: *Gabriele Münter*, S. 146–171, Zitat S. 152. – Roditi führte Ende der 1950er Jahre mit zehn internationalen Künstlern und zwei Künstlerinnen, Gabriele Münter in Murnau und Hannah Höch in Berlin-Heiligensee, Gespräche. Einige von ihnen erschienen zunächst separat. Dann wurden die zwölf Gespräche aus dem Englischen ins Deutsche übersetzt und vom Insel-Verlag veröffentlicht. Laut Einleitung war es Roditis Ziel, »in einem Bande eine Auswahl grundlegender Anschauungen zu vereinigen, auf welchen die Philosophie der modernen Kunst beruht«.

4   Gabriele Münter, Text 1, a.a.O. (wie Anm. 2).

5   Gabriele Münter, Notizen vom 24.2.1957 und 10.8.1956. Erstmals veröffentlicht in: Annegret Hoberg, *Gabriele Münter in Amerika*, in: Friedel, a.a.O. (wie Anm. 1), S. 15.

6   *Gabriele Münter. Menschenbilder in Zeichnungen*, zwanzig Lichtdrucktafeln, mit einer Einführung von G. F. Hartlaub und mit Erinnerungen der Künstlerin *(Bekenntnisse und Erinnerungen)*, Berlin 1952, Texte n. pag. Vgl. die Abb. des Buchumschlages [S. 207].

7   Gabriele Münter, Text 2, a.a.O. (wie Anm. 2).

8   Gabriele Münter, *Erinnerungen. 1956 Anfang*, Manuskript. Erstmals veröffentlicht in: Hoberg, a.a.O. (wie Anm. 5), S. 15.

9   Vgl. dazu: Kleine, a.a.O. (wie Anm. 1),
S. 51ff.: »In Ellas übervollem Miniaturkalender
wurde am 14. Juni 1897 nur eine Eintragung
vorgenommen und dick unterstrichen: *Mein
Rad*.«

10   In ihren Miniaturkalendern für die Jahre
1898, 1899 und 1900 hat Gabriele Münter
die wichtigsten Reisedaten in Kurzform
notiert. Erstmals veröffentlicht in: Hoberg,
a.a.O. (wie Anm. 5), S. 16f. Lebenslang hat sie
diese sehr beliebten winzigen Kalender
geführt. – In dem Buch *Gabriele Münter.
Die Reise nach Amerika* von Friedel, a.a.O.
(wie Anm. 1), S. 223, findet sich eine
Landkarte der Vereinigten Staaten mit der
eingezeichneten Reiseroute der Schwestern.

11   Wie Gisela Kleine recherchierte, wurde
die Bahnstation, an der sich eine Handvoll
Familien angesiedelt hatte, 1938 geschlossen; 1947 lebten noch 18 Einwohner in Guion,
danach verschwand der Name von der
Landkarte. Kleine, a.a.O. (wie Anm. 1), S. 82
und 679, Anm. 32.

12   Es sind sieben Skizzenbücher erhalten,
die sich alle im Archiv der Gabriele
Münter- und Johannes Eichner-Stiftung,
München, befinden (im Folgenden zitiert als
GM-JE-St.). Dazu kommen circa fünfzig
Einzelzeichnungen im Nachlass. Vgl. Hoberg,
a.a.O. (wie Anm. 5), S. 29, Anm. 18.

13   Zu den Zeichnungen vgl. auch: Erich
Pfeiffer-Belli, *Gabriele Münter. Zeichnungen
und Aquarelle*, mit einem Katalog von Sabine
Helms, Berlin 1979.

14   Gabriele Münter, *Bekenntnisse und
Erinnerungen*, a.a.O. (wie Anm. 6).

15   Wann genau Gabriele Münter die
Kamera bekam, ist unklar. Kleine folgend,
wurde bislang die Meinung vertreten, dass
sie den Fotoapparat zu ihrem 22. Geburtstag
am 19.2.1899 in Moorfield erhielt, Kleine,
a.a.O. (wie Anm. 1), S. 69. Dem widerspricht
eine bislang unbekannte Äußerung Münters
von 1956, a.a.O. (wie Anm. 8): »Dann in Guion
schenkte mir Emmy einen Codac ›Bulleye
No. 2‹ 9 x 9 cm und ich photographierte
anstatt zu zeichnen.« Demnach hätte sie
die Kamera erst im Februar 1900 bekommen. Hoberg belegt anhand der Fotografien
überzeugend, dass sich die Künstlerin hier

wohl im Datum geirrt hat. Sie vertritt die
Meinung, dass Münter die Kamera im Laufe
des Jahres 1899, vermutlich in Marshall,
Texas, bekommen habe. Hier waren die
Schwestern vom 8. Juni bis Mitte Juli 1899.
Hoberg, a.a.O. (wie Anm. 5), S. 24–26.

16   Vgl. dazu: Helmut Friedel (Hg.), *Gabriele
Münter. Das druckgraphische Werk*, mit
Beiträgen von Annegret Hoberg, Isabelle
Jansen, Margarethe Jochimsen, Brigitte
Salmen und Christina Schuler (Ausst.-Kat.
Städtische Galerie im Lenbachhaus,
München; August Macke Haus, Bonn;
Schlossmuseum Murnau), München,
London, New York 2000, Werkverzeichnis
(WV) Nr. 32–36, jeweils mit Abb. und
Kommentar.

17   Die Fotografien und erhaltenen
Negative befinden sich im Nachlass der
Künstlerin im Archiv der GM-JE-St. Sie
wurden erstmals 2006 in einer repräsentativen Auswahl veröffentlicht und
ausgestellt. Vgl. Friedel, a.a.O. (wie Anm. 1).

18   Hoberg, a.a.O. (wie Anm. 5), S. 11.

19   Gabriele Münter, Text 4, a.a.O.
(wie Anm. 2).

20   Roditi, a.a.O. (wie Anm. 3), S. 150.

21   Kleine, a.a.O. (wie Anm. 1), S. 77.

22   Gabriele Münter, Text 5, a.a.O.
(wie Anm. 2).

23   Edward Hopper (1882–1967) ist heute
vor allem berühmt für seine Großstadtbilder,
die Isolation, Verlassenheit und unbewegte
Stille vermitteln. Diese Werke stehen in der
Tradition des amerikanischen Realis-
mus. 1906/07 verbrachte er, fast zeitgleich
mit Gabriele Münter und Kandinsky,
mehrere Monate in Paris. Die in dieser Zeit
entstandenen Stadtansichten sind noch
in spätimpressionistischem Stil gemalt.
Das Gemälde *Haus am Bahndamm* befindet
sich im Museum of Modern Art, New York.

24   Kleine, a.a.O. (wie Anm. 1), S. 82.

25   Gabriele Münter, Text 4, a.a.O. (wie Anm. 2).

26   Rosel Gollek, *Die Zeichnerin*, in: *Gabriele
Münter 1877–1962. Gemälde, Zeichnungen,
Hinterglasbilder und Volkskunst aus ihrem
Besitz* (Ausst.-Kat. Städtische Galerie im
Lenbachhaus, München), München 1977
(Katalog: Rosel Gollek), S. 22.

27   Vgl. dazu den Aufsatz von Daniel Oggenfuss, *Kamera- und Verfahrenstechnik der Amerika-Photographien Gabriele Münters*, in: Friedel, a.a.O. (wie Anm. 1), S.189–201.

28   Isabelle Jansen, *Die Bilderwelt der Amerika-Photos von Gabriele Münter*, a.a.O. (wie Anm. 1), S.179.

29   Der Hinweis auf die malerische Übertragung des »Zoom«-Effektes mit den Abbildungen der beiden Gemälde bei Jansen, a.a.O. (wie Anm. 28), S.186.

30   Die Vermutung ist durchaus plausibel, dass die Anregung für die Nachzeichnung von Willie Graham kam. Er wollte wohl ein »schönes« Porträt von sich. Dafür spricht, dass Gabriele Münter die Aufnahme dahingehend veränderte, dass sie Willie in der Zeichnung im Sonntagsanzug auf den Stuhl setzte, während er auf dem Foto in Arbeitskluft mit kariertem Hemd, Bluejeans und Stiefeln zu sehen ist. Auch deshalb wirkt die Szene im Foto viel lebendiger, spontan und natürlich.

31   Auf diesen Aspekt der Porträtfotografien weist Hoberg hin, a.a.O. (wie Anm. 5), S. 27.

32   Grant Wood (1891–1942) gilt als führender Regionalist der American Scene, einer nostalgisch rückwärtsgewandten, figurativen Malerei, die sich nach 1920 entwickelte und ihre Motive im ländlichen Mittelwesten fand. Der Titel des Bildes *American Gothic* bezeichnet auch den Stil der naiv-unbeholfenen Personendarstellungen. Abgebildet ist aber keineswegs ein hart arbeitendes Farmerpaar aus den westlichen Bundesstaaten: Für das Gemälde posierten Dr. McKeeby, Woods Zahnarzt, und Nan Wood, die Schwester des Künstlers. Das Bild befindet sich im Art Institute of Chicago.

33   Gabriele Münter, *Bekenntnisse und Erinnerungen*, a.a.O. (wie Anm. 6).

34   Gabriele Münter, Text 5, a.a.O. (wie Anm. 2). In diesem Amerika-Text gibt Gabriele Münter am Schluss einen ganz kurzen Ausblick auf ihre Studienanfänge in München.

35   Walter Schmitz, *München in der Moderne. Zur Literatur in der ›Kunststadt‹*, Einleitung zu der vom Autor herausgegebenen Textsammlung *Die Münchner Moderne. Die literarische Szene in der ›Kunststadt‹ um die Jahrhundertwende*, Stuttgart 1990, Zitat S. 21. In dieser überaus ergiebigen Dokumentation zur literarischen Moderne in München finden sich auch zahlreiche Texte zum *Blauen Reiter*.

36   Für den Geist der *Simpl*-Herren kann beispielhaft eine Karikatur von Bruno Paul stehen, die 1901, im Jahr von Gabriele Münters Studienbeginn, erschien. Darin sagt ein Künstler zu einer dürren, hässlichen, vermännlichten Bohnenstange von Künstlerin: »Sehen Sie, Fräulein, es gibt zwei Arten von Malerinnen: die einen möchten heiraten und die andern haben auch kein Talent«, in: Simplicissimus, Jg. 6, Nr. 15, 1901, S. 117. – Zur Ausbildungssituation und zum Status von Künstlerinnen der Zeit vgl. besonders Renate Berger, *Malerinnen auf dem Weg ins 20. Jahrhundert. Kunstgeschichte als Sozialgeschichte*, Köln 1982. Seit Erscheinen des Buches sind zwei Jahrzehnte vergangen, gleichwohl zählt die Untersuchung immer noch zu den Standardwerken der Frauenforschung.

37   Das Zitat findet sich in einer längeren Erinnerung, die Gabriele Münter 1956/57 in Vorbereitung des Buches von Johannes Eichner schrieb (vgl. Anm. 1). Zit. nach: Annegret Hoberg, *Wassily Kandinsky und Gabriele Münter in Murnau und Kochel 1902–1914. Briefe und Erinnerungen*, München, London, New York 1994, S. 31.

38   Es wird angenommen, dass es sich bei dem nicht datierten, großen braunen Druck *Weiblicher Kopf*, der sich im druckgrafischen Bestand der Städtischen Galerie im Lenbachhaus, München, befindet (WV Nr.1), um diesen ersten Holzschnitt handelt. Vgl. Friedel, a.a.O. (wie Anm. 16), S. 60.

39   Hoberg, a.a.O. (wie Anm. 37), S. 31.

40   Auf dem Gruppenfoto sind von links zu sehen: Olga Meerson, Emmy Dresler, Wilhelm Hüsgen, Gabriele Münter, Richard Kothe (Rechtsanwalt und Sänger, bei dem Maria Giesler, eine der Schülerinnen, Gesangsstunden nahm), Wassily Kandinsky, und Giesler.

41 Brief von Gabriele Münter an Kandinsky, München, 12.10.1902. Zit. nach: Hoberg, a.a.O. (wie Anm. 37), S. 40.

42 Vgl. dazu: Melanie Horst, *Kandinskys frühe Holzschnitte – Polyphonie von Farben und Formen*, in: Helmut Friedel und Annegret Hoberg (Hg.), *Kandinsky. Das druckgrafische Werk* (Ausst.-Kat. Städtische Galerie im Lenbachhaus, München; Kunstmuseum Bonn), Köln 2008, S. 11–31, Abb. der Gouache (auf braunem Karton) S. 17, Abb. des Holzschnittes S. 86.

43 Maria Giesler, Mitstudentin an der »Phalanx« und Teilnehmerin am Kallmünzer Sommerkurs, erinnerte sich 1945 rückblickend, dass Kandinsky hier »gleich 70 Platten hintereinander schnitt, man sagte, Tag und Nacht, bis er Holzschneiden konnte. Beim Drucken halfen wir manchmal. Dieses Drucken mit verschiedenen Farbplatten übereinander erforderte ein großes Können, viel Zeit und Geschicklichkeit. Von 10 Drucken geriet meist nur einer«. Zit. nach: Christina Schüler, *Nachahmung oder Autonomie? Überlegungen zur frühen Druckgraphik und Drucktechnik Gabriele Münters*, in: Friedel, a.a.O. (wie Anm. 16), S. 28.

44 Zit. nach: Friedel, a.a.O. (wie Anm. 16), Kommentar zu WV Nr. 3, S. 64.

45 Eichner, a.a.O. (wie Anm. 1), S. 50. – Eichners Ausführungen zu Gabriele Münters Holzschnitten legen nahe, dass er 1957 das Moderne und Wegweisende der Kallmünzer Schnitte nicht sah. Erst in der Pariser Zeit habe sie sich erfolgreich dem Farbholzschnitt zugewandt, schreibt er. Eine seiner Beobachtungen bezüglich dieser späten Drucke um 1906/07 ist allerdings richtig: »Hier stieß der unimpressionistische Zug ihres Wesens hervor, und sie erreichte, was ihr in den Spachtelstudien fehlte: einfache, klare Flächen und zeichnerisch bestimmte Umrisse«, S. 49. Das trifft allerdings bereits auf die ersten Drucke von 1903 zu.

46 Brief von Kandinsky an Gabriele Münter, 10.8.1904. Zit. nach: Schüler, a.a.O. (wie Anm. 43), S. 37. – Münters kritische Äußerungen sind leider nicht erhalten, sondern erschließen sich nur indirekt aus seinem Brief. Die Kritik wird sofort mit Blick auf Kandinskys Holzschnitte verständlich, denn diese unterscheiden sich nicht nur bezüglich der Motive von den ihrigen, sondern auch durch eine ganz andere Auffassung von der Linie. Denn Kandinsky arbeitete Volumen und Plastizität sozusagen von innen nach außen heraus, das heißt, er definierte etwa eine Figur durch die eleganten Linienschwünge von Gewandfalten und nicht durch knappe und klare Konturlinien wie Gabriele Münter. Das Fehlen eines sichtbaren Umrisses verleiht deshalb dem Dargestellten etwas eigenartig Körperloses und »Zerfließendes«.

47 Der Text erschien 1913 in dem Album *Kandinsky 1901–1913* in Berlin in Herwarth Waldens *Sturm*-Verlag. Hier zit. nach: Schmitz, a.a.O. (wie Anm. 35), S. 26.

48 Brief von Kandinsky an Gabriele Münter, Bad Reichenhall, 7.7.1907. Zit. nach: Friedel, a.a.O. (wie Anm. 16), Kommentar zu WV Nr. 26, S. 106.

49 Zu den Fotografien vgl. Helmut Friedel (Hg.), *Gabriele Münter. Die Jahre mit Kandinsky. Photographien 1902–1914*, mit Texten von Annegret Hoberg, Helmut Friedel und Isabelle Jansen (Ausst.-Kat. Städtische Galerie im Lenbachhaus, München), München 2007. – Für den Katalog wurde aus dem Konvolut von circa 920 Nummern aus den gemeinsamen Jahren eine repräsentative Auswahl von über 220 Aufnahmen ausgewählt. Im Nachlass von Gabriele Münter in der GM-JE-St. in München befinden sich etwa 2000 Fotografien und ebenso viele im Kandinsky-Nachlass im Musée national d'art moderne, Centre Georges Pompidou, in Paris. Beide Bestände wurden ab 1996 in einer Datenbank zusammengeführt. Vgl. dazu ausführlich den Beitrag von Isabelle Jansen im Katalog, *Die Photographien der Gabriele Münter- und Johannes Eichner-Stiftung und der Aufbau einer deutsch-französischen Bilddatenbank*, S. 55–62.

50 Bei dem »Tagebuch« handelt es sich um ein Büchlein, in dem Gabriele Münter jeweils rückblickend über die einzelnen Reisestationen berichtete. Den Text über Tunesien schrieb sie im November 1905 bei den Geschwistern in Bonn. Vgl. besonders Annegret Hoberg, *Gabriele Münter. Biographie und Photographie 1901 bis 1914*, in: Friedel, a.a.O. (wie Anm. 49), S. 11–44, Zitat S. 19. – Zu den Handarbeiten vgl. Helmut Friedel (Hg.), *Gabriele Münter und Wassily Kandinsky. Perlenstickereien und Textilarbeiten aus dem Nachlass von Gabriele Münter*, bearbeitet und mit einem Text von Isabelle Jansen (Ausst.-Kat. Münter-Haus, Murnau), München 2010. Die Arbeiten waren in Paris in einer Vitrine unter Kandinskys Namen ausgestellt mit dem Hinweis, dass sie von Gabriele Münter ausgeführt wurden.

51 Zur Tunis-Reise vgl. auch: Christoph Otterbeck, *Europa verlassen. Künstlerreisen am Beginn des 20. Jahrhunderts*, Studien zur Kunst 4, Köln, Weimar, Wien 2007 (zugleich Diss. Marburg 2004), S. 103–110. Otterbeck gelangt zu dem Fazit, dass die Reise nicht den »entscheidenden Schritt bei der Erarbeitung eigenständiger avantgardistischer Positionen« gebildet habe. Diese Einschätzung trifft aber meines Erachtens mit Blick auf Gabriele Münters Fotografien, den Holzschnitt *Marabout* und das Temperabild nur bedingt zu.

52 Notiz aus dem Tagebuch. Zit. nach: Hoberg, a.a.O. (wie Anm. 50), S. 22. Vgl. auch: Thomas Friedrich, »*Eine gewichtig füllende Mittelstimme in der Polyphonie des Blauen Reiter«. Gabriele Münter und Mitteldeutschland*, in: Ingrid Mössinger und Thomas Friedrich (Hg.), *Gabriele Münter. Werke im Museum Gunzenhauser*, mit Beiträgen von Nina Gockerell, Inge Grimm, Annegret Hoberg, Isabelle Jansen, Gisela Kleine und Thomas Friedrich (Ausst.-Kat. Museum Gunzenhauser, Chemnitz), Bielefeld 2008, S. 23–33.

53 Brief von Kandinsky an Gabriele Münter, München, 28.8.1905. Zit. nach: Hoberg, a.a.O. (wie Anm. 50), S. 26.

54 Notiz aus dem Tagebuch. Zit. nach: Hoberg, a.a.O. (wie Anm. 50), S. 26.

55 Notiz zu dem Farblinolschnitt in ihrem »Hauskatalog«. Zit. nach: Friedel, a.a.O. (wie Anm. 16), Kommentar zu WV Nr. 29, S. 112.

56 Eichner, a.a.O. (wie Anm. 1), S. 52.

57 Eichner, a.a.O. (wie Anm. 1), S. 42. – Eichner, der zweite Lebensgefährte von Gabriele Münter, beschreibt die persönliche Beziehung der beiden Liebenden sehr angemessen, sachlich und auch diskret ohne Schuldzuweisung. Dabei gelingt ihm die Balance zwischen der Distanz von einem halben Jahrhundert und seiner eigenen Nähe zu der Künstlerin. Für ihre Haltung Kandinsky gegenüber findet er die richtigen, aber auch deutlichen Worte. »Gabriele Münter war Kandinsky seit der Verlobung der Mann für immer, der einzige, ihre Verbindung mit ihm war für sie Ehe, und selbst nach der bitteren Trennung verlor sie dies Gefühl der Gebundenheit nicht. Und er, er hatte ihr oft gesagt, und sagte es ihr später noch vielmals ebenso, daß eine Bindung durch das Gewissen fester sei als die durch juristischen oder rituellen Akt«, S. 41.

58 Gabriele Münter, *Bekenntnisse und Erinnerungen*, a.a.O. (wie Anm. 6).

59 Zit. nach: Kleine, a.a.O. (wie Anm. 1), S. 251. Zu dem Aufenthalt in Paris und zur Kunst- und Kulturszene in dieser Zeit vgl. besonders Isabelle Jansen, *Gabriele Münter in Paris 1906 bis 1907*, in: Friedel, a.a.O. (wie Anm. 16), S. 39–47.

60 Linoleum, ein Ersatzstoff für wertvollere Materialien aus Leinöl, Harzen, Holz- und Korkmehl, wurde erst nach der Jahrhundertwende in Deutschland für erste künstlerische Experimente verwendet. Das Material war gleichwohl noch mit althergebrachten negativen Werturteilen besetzt. Diesen schloss sich Gabriele Münter zwar nicht an, gleichwohl bezeichnete sie ihre Arbeiten aus Linoleum als Holzschnitte. Vgl. dazu: Schüler, a.a.O. (wie Anm. 43), S. 31f.

61 Um den Hell-Dunkel-Effekt zwischen Vorder- und Hintergrund zu verstärken, färbte sie im Konturstock die Einfassungslinien der Bassins im Vordergrund weiß ein. Von diesem Druck verkaufte Gabriele Münter 1908 ein Exemplar im Pariser Salon d'Automne.

62 Zit. nach: Annegret Hoberg, *Zur Druckgraphik Gabriele Münters*, in: Friedel, a.a.O. (wie Anm. 16), S. 25.

63 Les Tendances Nouvelles, Jg. 4, Nr. 39,

November 1908, S. 835. Zit. nach: Margarethe Jochimsen, *Frühe Holz- und Linolschnitte in Bonn und Köln,* in: Friedel, a.a.O. (wie Anm. 16), S. 49. – In der Zweimonatsschrift haben sowohl Kandinsky als auch Gabriele Münter Holzschnitte veröffentlicht. 1908 und 1909 erschienen in zwei der Hefte insgesamt sieben kleine, vignettenartig eingestreute Schwarz-Weiß-Schnitte der Künstlerin.

64   Vgl. dazu: Jochimsen, a.a.O. (wie Anm. 63), S. 48–51. – Diese und die folgende Ausstellung ihrer Farbdrucke waren wohl von Gabriele Münters Bruder Carl, der auch kunsthändlerische Ambitionen hegte, angeregt worden. Richard Lenobel war eigentlich Fotograf und betrieb seit 1905 in Köln einen Kunsthandel.

65   Kandinsky beschäftigte sich in diesen Monaten intensiv mit Bühnenexperimenten. Für die hier entstandene Komposition *Der gelbe Klang,* die 1912 im Almanach *Der Blaue Reiter* veröffentlicht wurde, schrieb Gabriele Münter das Regiebuch. Zudem interessierte er sich besonders für die anthroposophischen Theorien Rudolf Steiners, vor allem für dessen Licht- und Farbenlehre. Vgl. dazu ausführlich Kleine, a.a.O. (wie Anm. 1), S. 282–313.

66   Gabriele Münter, *Bekenntnisse und Erinnerungen,* a.a.O. (wie Anm. 6).

67   Brief von Kandinsky an Herwarth Walden, München, 15.11.1913. Die Ausführungen finden sich in einem langen Brief, der geschrieben wurde, während Waldens *Erster Deutscher Herbstsalon* in Berlin noch lief, vgl. dazu S. 128. Kandinsky bezog sich dabei auf die in der Ausstellung ebenfalls vertretenen italienischen Futuristen. Deren Bilder schätzte er nicht besonders und hielt die zeichnerische Grundlage ihrer Gemälde ausnahmslos für »oberflächlich«. »Die Leichtsinnigkeit und die hurtige Eile sind heute für viele radikale Künstler charakteristisch. Dadurch haben sich die Futuristen […] auch das Gute ihrer Ideen verdorben.« Der siebenseitige Brief befindet sich in der Staatsbibliothek zu Berlin – Preußischer Kulturbesitz, Handschriftenabteilung, Sturm-Archiv: Wassily Kandinsky

(Bl. 143r–146r). – Ich danke Prof. Dr. Eef Overgaauw, dem Leiter der Handschriftenabteilung, ganz besonders herzlich für die Möglichkeit, die Originalbriefe einsehen zu können. Ebenso dankbar bin ich meiner Freundin Ruth Pabst, dass sie das 74 Briefe umfassende Konvolut für mich auf der Suche nach dem Brief mit der »Zauberhand« durchgesehen hat. Der Brief wurde nach dem Original von der Autorin transkribiert. Kleine, a.a.O. (wie Anm. 1), S. 151f., zitiert zwar den betreffenden Satz, aber der Datumsnachweis erwies sich leider als falsch.

68   Briefe von Kandinsky an Gabriele Münter, München, 9.12.1902, und Moskau, 28.10.1910. Zit. nach: Hoberg, a.a.O. (wie Anm. 37), S. 43 und 74.

69   Brief von Kandinsky an Gabriele Münter, Moskau, 6.1.1915. Zit. nach: Annegret Hoberg, *Gabriele Münter in München und Murnau 1901–1914,* in: Annegret Hoberg und Helmut Friedel (Hg.), *Gabriele Münter 1877–1962. Retrospektive,* mit Beiträgen von Shulamith Behr, Reinhold Heller, Annegret Hoberg und Annika Öhrner (Ausst.-Kat. Städtische Galerie im Lenbachhaus, München; Schirn Kunsthalle, Frankfurt am Main; Liljevalchs Konsthall, Stockholm), München 1992, S. 42.

70   Emanuel von Seidl (1856–1919) war ein bekannter Münchner Architekt. 1901 ließ er sich in Murnau nieder und baute dort eine Reihe von Landhäusern. Nach seinem Konzept erhielt der Ort ab 1906 durch farbige Fassadenmalereien mit volkstümlichen Motiven der Münchner Dekorationsmalerei systematisch ein neues Erscheinungsbild. Diese Malereien erweckten auch das Interesse der vier Freunde. So malte Gabriele Münter etwa 1908 die neu gestaltete *Hauptstraße in Murnau.* Vgl. dazu: Brigitte Salmen, *Gabriele Münter malt Murnau. Gemälde 1908–1960 der Künstlerin des »Blauen Reiters«* (Ausst.-Kat. Schlossmuseum Murnau; August Macke Haus, Bonn), Murnau 1996, S. 22f.

71   Gabriele Münter, *Bekenntnisse und Erinnerungen,* a.a.O. (wie Anm. 6).

72   Das Murnauer Moos ist mit 32 km² das größte lebende und artenreichste Moor in ganz Süddeutschland. Es besteht aus zahlreichen Einzelmooren, die von Hügeln, Wasserläufen und Seen durchzogen sind. Seine ausgedehnten Schwingrasen sind die größten der Erde. 1980 wurde es unter Naturschutz gestellt. Vgl. Salmen, a.a.O. (wie Anm. 70), S. 93–102.

73 Zum Tagebuch vgl. Anm. 50. Nach langer Unterbrechung schrieb Gabriele Münter an diesem 17.5.1911 wieder Erinnerungen in das Buch. Diese Texte zur Geschichte des *Blauen Reiter* wurden erstmals im Zusammenhang publiziert in: Hoberg, a.a.O. (wie Anm. 37), S. 45–56.

74 1906 zeigte der Salon d'Automne auch eine große Ausstellung der *Fauves*, die im Jahr zuvor einen großen Skandal hervorgerufen hatten. Beteiligt waren Robert Delaunay, Henry Matisse, André Derain, Raoul Dufy, Maurice de Vlaminck, Kees van Dongen und andere.

75 Zu Leben und Werk von Marianne von Werefkin vgl. Bernd Fäthke, *Marianne Werefkin. »Russischer Rembrandt«, »Französin«, »Blaue Reiter-Reiterin«*, in: Ulrich Krempel und Suanne Meyer-Büser (Hg.), *Garten der Frauen. Wegbereiterinnen der Moderne in Deutschland. 1900–1914* (Ausst.-Kat. Sprengel Museum Hannover; Von der Heydt-Museum Wuppertal), Berlin 1996, S. 248–260.

76 Zu diesem Porträt schrieb Gabriele Münter eine undatierte Notiz: »Die Werefkina malte ich 1909 vor dem gelben Sockel meines Hauses. Sie war eine pompöse Erscheinung, selbstbewußt, herrisch, reich gekleidet, mit einem Hut wie ein Wagenrad, auf dem allerhand Dinge Platz hatten.« Zit. nach: Hoberg/Friedel, a.a.O. (wie Anm. 69), Kommentar zu Kat. Nr. 63, S. 264.

77 Vgl. dazu auch: Isabelle Jansen, *Die Gemälde Gabriele Münters im Museum Gunzenhauser*, in: Mössinger/Friedrich, a.a.O. (wie Anm. 52), S. 146–148.

78 Mit Cloisonnismus wird der vor allem von Émile Bernard (1868–1941) entwickelte Malstil bezeichnet, bei dem die Farbflächen nach dem Vorbild der »émail cloisonné« (Zellenschmelz-Technik) mit Umrisslinien voneinander getrennt werden. – Vgl. zu Jawlensky und zum Begriff der »Synthese«

auch: Armin Zweite, *Jawlensky in München*, in: ders. (Hg.), *Alexej Jawlensky. 1864–1941* (Ausst.-Kat. Städtische Galerie im Lenbachhaus, München), München 1982, S. 47–66.

79 Gustav Friedrich Hartlaub, *Die Zeichnerin Gabriele Münter*, a.a.O. (wie Anm. 6), Einführung.

80 Bei diesem Aufenthalt in Kochel entstanden ungewöhnlich viele Aufnahmen. Vgl. dazu: Friedel, a.a.O. (wie Anm. 49). Von den 24 Fotografien sind in diesem Katalog 16, zum Teil erstmals, abgebildet.

81 Zu Murnau und Gabriele Münters Werken vom Ort und seiner Umgebung vgl. Salmen, a.a.O. (wie Anm. 70), und den vor allem die Druckgrafik betreffenden Aufsatz von: dies., *Gabriele Münter und Murnau*, in: Friedel, a.a.O. (wie Anm. 16), S. 52–58.

82 Vgl. dazu: Rosel Gollek, *Das Münter-Haus in Murnau*, München 1991 (4. Aufl.).

83 Es gibt eine undatierte, wohl erst nach Gabriele Münters Tod entstandene Fotografie, die nicht nur Teile der Volkskunstsammlung des Paares bis 1914 zeigt, sondern auch Objekte, welche die Künstlerin später erworben hat, wie zum Beispiel das bemalte weiße Holzpferd aus Schweden, das Gabriele Münter auf mehreren Arbeiten nach 1916 abgebildet hat [S. 7, 138, 139].

84 Zit. nach: Hoberg, a.a.O. (wie Anm. 37), S. 51f. Vgl. auch: Nina Gockerell, *Zur Hinterglasmalerei Gabriele Münters*, in: Mössinger/Friedrich, a.a.O. (wie Anm. 52), S. 163–167. – Die historische Technik der Glasbildmalerei stammte allerdings nicht aus dem bäuerlichen Umfeld, angefertigt von »ursprünglichen unverbildeten Menschen«, wie die Künstler des *Blauen Reiter* irrtümlich annahmen, sondern aus Kleinhäuslerkreisen, entstanden im Barock nach städtischen Vorbildern. Vgl. dazu: Sabine Windecker, *Gabriele Münter. Eine Künstlerin aus dem Kreis des »Blauen Reiter«*, Berlin 1991 (zugleich Diss. Kiel 1990), S. 107.

85 Vgl. die Abb. auf S. 151, die ein 1917 in Skandinavien entstandenes Glasbild zeigt, und das Gemälde auf S. 183 mit einem Murnauer Motiv von 1933, von dem sie zeitgleich ein fast identisches Hinterglasbild anfertigte.

86   Münchner Post, 10.12.1909. Zit.
nach: Hoberg, a.a.O. (wie Anm. 62), S.16.
87   Auf den Aspekt der Akzeptanz
der Holzschnitte von Gabriele Münter
weist Hoberg zu Recht hin, a.a.O. (wie
Anm. 62), S.16f.
88   An der ersten Ausstellung der NKVM
(1.–15.12.1909) beteiligte sich Gabriele
Münter mit zehn Gemälden und elf
Druckgrafiken. Die Schau war 1910 unter
anderem in Brünn, Barmen, Hamburg,
Düsseldorf, Wiesbaden, Schwerin und
Frankfurt am Main in Galerien und
Kunstvereinen ausgestellt. Mit anderen
Werken beteiligten sich einige Künstler
der Vereinigung an einer Ausstellung in
Odessa und folgend in Kiew, St. Petersburg
und Riga. – Die zweite Ausstellung
(1.–14.9.1910), auf der Gabriele Münter
sieben Gemälde zeigte, wanderte anschlie-
ßend nach Karlsruhe, Mannheim, Hagen,
Berlin und Dresden. In Russland stellten
die Mitglieder wieder in Odessa aus und
waren im Dezember zu Gast in der
progressiven Moskauer Vereinigung *Karo
Bube*.
89   Briefe von Gabriele Münter an
Kandinsky, München, 3.11.1910 und 5.11.1910.
Zit. nach: Reinhold Heller, *Innenräume:
Erlebnis, Erinnerung und Synthese in der
Kunst Gabriele Münters*, in: Hoberg/Friedel,
a.a.O. (wie Anm. 69), S.56.
90   Brief von Gabriele Münter an Kandinsky,
München, 7.11.1910. Zit. nach: Hoberg, a.a.O.
(wie Anm. 37), S.83.
91   Zu den Selbstbildnissen vgl. auch:
Shulamith Behr, *Die Arbeit am eigenen Bild:
Das Selbstporträt bei Gabriele Münter*, in:
Hoberg/Friedel, a.a.O. (wie Anm. 69),
S.85–89.
92   Zu diesem Gemälde vgl. die ebenso
ausgezeichnete wie überzeugende
Interpretation von Heller, a.a.O. (wie
Anm. 89), S.51–57. Diese umfassende
Darlegung kann hier leider nur sehr
verkürzt wiedergegeben werden.
93   Zu Leben und Werk der Künstlerin vgl.
Barbara U. Schmidt, *Erma Bossi. Zwischen
Paris und Murnau*, in: Krempel/Meyer-Büser,
a.a.O. (wie Anm. 75), S.241–247.
94   Vgl. S.89f. – Als »transcendent«
bezeichnet Kandinsky es in einem Brief
an Gabriele Münter, München, 10./11.7.1911.
95   Im Gründungszirkular der NKVM und
anschließend im Katalog zur ersten
Ausstellung hatten die Mitglieder formuliert: »Wir gehen von dem Gedanken aus,
daß der Künstler außer den Eindrücken,
die er von der äußeren Welt, der Natur
erhält, fortwährend in einer inneren Welt
Erlebnisse sammelt; und das Suchen
nach künstlerischen Formen, welche die
gegenseitige Durchdringung dieser
sämtlichen Erlebnisse zum Ausdruck
bringen sollen – nach Formen, die von allem
Nebensächlichem befreit sein müssen, um
nur das Notwendige stark zum Ausdruck
zu bringen, – kurz, das Streben nach
künstlerischer *Synthese*, dies scheint uns
eine Lösung, die gegenwärtig wieder
immer mehr Künstler geistig vereinigt.«
Zit. nach: Heller, a.a.O. (wie Anm. 89), S.53.
96   Zit. nach: Hoberg, a.a.O. (wie
Anm. 37), S.51.
97   Bei den Unstimmigkeiten ging es vor
allem um die Beteiligung ausländischer
Künstler, die Kandinsky, Münter und Marc
forderten, und auch um den Zustand der
Vereinsräume.
98   Mit diesem fotografischen Effekt
hatte Gabriele Münter bereits in Amerika
experimentiert und danach dieses Spiel
mit Nah- und Fernsicht immer wieder auch
in der Malerei angewandt. Vgl. etwa die
beiden Gemälde von 1909 [S.82].
99   Bei diesem Vogel handelt es sich nicht,
wie bislang angenommen, um eine Holz-,
sondern um eine Porzellanfigur. Der Vogel
lässt sich eindeutig anhand einer Fotografie
aus der Münchner Wohnung identifizieren,
in der er in einem Arrangement auf einem
kleinen Aufsatz-Eckschrank zu sehen ist.
Vgl. Friedel, a.a.O. (wie Anm. 49), S.250,
Abb.188.
100   Undatierte handschriftliche Notiz.
Zit. nach: Hoberg, a.a.O. (wie Anm. 69), S.37.
101   Briefe von Gabriele Münter an
Kandinsky, München, 30.10. und 3.11.1910. Zit.
nach: Hoberg, a.a.O. (wie Anm. 37), S.76f. und
80f. – Beide schrieben sich, wenn einer von

ihnen abwesend war, vom Anfang der
Beziehung an nicht nur zahllose Briefe,
sondern schickten sich per Post auch
Fotografien, Manuskripte und immer wieder
Arbeitsproben wie Skizzen oder Vorzeich-
nungen.

102 Brief von Gabriele Münter an
Kandinsky, München, 8.11.1910. Zit. nach:
Hoberg, a.a.O. (wie Anm. 37), S. 84.

103 Eichner, a.a.O. (wie Anm. 1), S. 142.

104 Zit. nach der dokumentarischen
Neuausgabe des Almanachs von Klaus
Lankheit, München 1965 (überarbeitete
3. Aufl. 1979), S. 180. Der Almanach *Der Blaue
Reiter* erschien 1912 im Münchner Verlag von
Reinhard Piper. Derselbe Verlag besorgte
auch diese Neuausgabe.

105 Über die Namensfindung schrieb
Kandinsky rückblickend 1930 in der
Zeitschrift *Das Kunstblatt:* »Den Namen
›Der Blaue Reiter‹ erfanden wir am
Kaffeetisch in der Gartenlaube in Sindels-
dorf; beide liebten Blau, Marc – Pferde, ich –
Reiter. So kam der Name von selbst. Und
der märchenhafte Kaffee von Frau Maria
Marc mundete noch besser.« Zit. nach dem
Wiederabdruck in: *Kandinsky und Gabriele
Münter. Werke aus fünf Jahrzehnten,*
Gabriele-Münter-Stiftung (Ausst.-Kat.
Städtische Galerie München, Lenbachpalais,
19.2.–30.4.1957), München 1957. – Die
Künstlerin wurde von Kandinsky 1930 in
dem längeren Zeitschriftenartikel über die
Entstehung des *Blauen Reiter* (in Form eines
Briefes an den Herausgeber Paul Westheim)
mit keinem einzigen Wort erwähnt. – Zu
Leben und Werk von Marc, der damals in
Sindelsdorf lebte, und insbesondere zu
seinen »Pferden« vgl. Christian von Holst
(Hg.), *Franz Marc. Pferde*, mit Beiträgen
von Karin von Maur, Andreas Schalhorn,
Andreas K. Vetter und Klaus Zeeb (Ausst.-
Kat. Staatsgalerie Stuttgart), Ostfildern-Ruit
2000.

106 Brief von Kandinsky an Gabriele
Münter, München, 26.6.1911; Antwort, Berlin,
28.6.1911; Antwort, Murnau, 30.6./1.7.1911. Zit.
nach: Hoberg, a.a.O. (wie Anm. 37), S. 105–108.
»Dein Zimmer ist leer«, schreibt Kandinsky,
und hier wirkt die dunkle Stimmung noch

nach, »wie sonderbar klingen leere Zimmer
– erstarrt, fragend, verschweigend. Sie tun
so als ob nichts passiert wäre, man sieht
ihnen aber an, daß sie wissen.«

107 Zu Maria Franck-Marc vgl. Birgit Poppe,
»Ich bin ich«. Die Frauen des Blauen Reiter,
Köln 2011.

108 Brief von Kandinsky an Gabriele
Münter, Murnau, 28.7.1911; Antwort, Herford,
29.7.1911; Antwort, München, 31.7.1911. Zit.
nach: Hoberg, a.a.O. (wie Anm. 37), S. 118–122.
– Zu ihrer Forderung schreibt Kandinsky
noch: »Bedenke nur, daß man Franzosen in
dieser Größe auch für 300–400 haben kann,
daß Köhler ein Sammler ist = mag billig
kaufen, daß es nicht wichtig ist, ob du 100
mehr od. weniger bekommst, sondern
wichtig ist, daß du in einer entstehenden
guten Berlin-Galerie hängst.« – Zu dem
Geschäft kam es nicht. Koehler erwarb, wie
erwähnt, die *Landschaft im Winter,* die er
später gegen das größere Gemälde *Der
Blaue See* von 1912 tauschte. 1912 kaufte er
zudem die Gouache *Gartenkonzert* an.

109 Dass es sich bei der Einladung um
einen Fototermin handelte, geht aus einer
ausführlichen brieflichen Schilderung
hervor: Brief von Gabriele Münter an Franz
Marc, München, 26.3.1912, in: *Wassily
Kandinsky. Franz Marc. Briefwechsel: Mit
Briefen von und an Gabriele Münter und
Maria Marc,* hg., eingeleitet und kommentiert von Klaus Lankheit, München, Zürich
1983, S. 153-157.

110 Die Aufnahmen sind in dem großartigen Fotoband *Gabriele Münter. Die Jahre mit
Kandinsky* veröffentlicht. Vgl. Friedel, a.a.O.
(wie Anm. 49).

111 Zit. nach: Annegret Hoberg, *Gabriele
Münter,* mit einem Beitrag von Helmut
Friedel, München 2003, S. 26, mit der
Abb. des Briefes. Der Briefkopf besteht aus
dem von Kandinsky entworfenen Reiter-
Signet »Der Blaue Reiter«, das wenig später
für den Einband des kleinen Kataloges der
Blaue Reiter-Ausstellung bei Thannhauser
genutzt wurde.

112 Koehlers Anwesenheit geht aus einem
Brief von Maria Marc an Elisabeth Macke
hervor. Zit. bei: Mario-Andreas von Lüttichau,

Der Blaue Reiter, München 1911, in: *Stationen der Moderne. Die bedeutenden Kunstausstellungen des 20. Jahrhunderts in Deutschland* (Ausst.-Kat. Berlinische Galerie, Museum für Moderne Kunst, Photographie und Architektur), Berlin 1988, S. 108–129, Zitat S. 116. – Der Autor gibt einen ebenso profunden wie umfassenden Bericht über die Ausstellung.

113   Laut Katalog waren von Gabriele Münter ausgestellt (Nr. 34–39): *Stilleben (rosa)*, Verbleib heute unbekannt; *Stilleben (dunkel); Das gelbe Haus; Landstraße im Winter*, aus der Ausstellung von Bernhard Koehler erworben; *Abend; Reiflandschaft.*

114   Handschriftliche Notiz, datiert 5.11.1933. Zit. nach: Hoberg, a.a.O. (wie Anm. 69), S. 37f.

115   Folgende Künstlerinnen und Künstler nahmen an der Ausstellung teil (in der Katalogreihenfolge): Henri Rousseau, Albert Bloch, David Burljuk, Wladimir Burljuk, Heinrich Campendonk, Robert Delaunay, Elisabeth Epstein, Eugen Kahler, Wassily Kandinsky, August Macke, Franz Marc, Gabriele Münter, Jean-Bloé Niestlé, Arnold Schönberg. – Zur Ausstellung vgl. die profunde Darstellung von Mario-Andreas von Lüttichau, a.a.O. (wie Anm. 112), S. 108–118.

116   Den Kontakt zu Delaunay hatte die russische Malerin und ehemalige Schülerin Kandinskys, Elisabeth Epstein, bereits im Oktober 1911 vermittelt, als sie Fotografien seiner Bilder nach München schickte. Sie lebte in Paris, wo Gabriele Münter und Kandinsky sie 1906/07 besucht hatten, und war eine enge Freundin Sonia Delaunay-Terks. Ein Übriges, um Delaunay zu gewinnen, taten die Briefe an ihn, die Gabriele Münter auf Französisch schrieb. Epstein war dann ebenfalls mit zwei Werken in der Ausstellung vertreten.

117   Obwohl Paul Klee (1879–1940) ebenfalls in München-Schwabing wohnte und seinerzeit wie Kandinsky bei Stuck an der Münchner Akademie studiert hatte, lernten sie sich erst im Zusammenhang mit der *Blaue Reiter*-Ausstellung kennen.

118   Brief von Macke an Bernhard Koehler, Bonn, 22.1.1912. Zit. nach: Werner Frese und Ernst-Gerhard Güse (Hg.), *August Macke. Briefe an Elisabeth und die Freunde*, München 1987, S. 278. Nachdem das Verhältnis zwischen Gabriele Münter und Macke anfänglich, wie berichtet, von gegenseitiger Sympathie getragen gewesen war, schreibt er nun über ihre sechs Bilder in der Ausstellung: »Das war Klüngel, Eigenliebe, Blindheit und Pantoffelheldenhaftigkeit. Warum muß die Münter im Blauen Reiter reproduziert werden und viele andere? Und die beiden Herren finden es nicht einmal für nötig, mich aufzufordern.«

119   Brief von Marc an Maria Franck, Sindelsdorf, 1.1.1911. Zit. nach: Günter Meißner (Hg.), *Franz Marc. Briefe, Schriften und Aufzeichnungen*, Leipzig, Weimar 1989, S. 38f.

120   Der diesbezügliche Briefwechsel zwischen Kandinsky, Marc und Münter findet sich vollständig zit. in: Lankheit, a.a.O. (wie Anm. 109), S. 146–159. Der Brief von Macke an Marc, Bonn, 21.3.1912, und die Antwort, 28.3.1912, sowie ein Brief von Maria Marc an Elisabeth Macke, 25.3.1912, zit. in: Andreas Hüneke (Hg.), *Der Blaue Reiter. Dokumente einer geistigen Bewegung*, Leipzig 1989, S. 191–195. – Die Haltung von Macke in dieser Affäre war sehr zwiespältig. Er hatte den eigenen Ärger über seinen Freund Marc ganz »vergessen«. Beide ignorierten die Kritik Kandinskys vollständig und projizierten ihren Zorn auf Gabriele Münter als vermeintliche Urheberin des ganzen Desasters. Macke bezeichnete sie gar als Luder und Motte. »Fahr wohl, blauer Reiter, es kam eine Motte dazwischen!«

121   Dass es sich auf dem Bild um diese Personen handelt, hat Eichner geschrieben und auch den Zusammenhang mit dem wenig später entstandenen Gemälde *Abstraktion* hergestellt, a.a.O. (wie Anm. 1), S. 154f. Er stützt sich in seinem Buch, das in ganz enger Zusammenarbeit mit Gabriele Münter und auf der Grundlage der vielen von ihr verwahrten Dokumente und Briefe entstand, immer wieder auf ihre Erinnerungen. – Zum Entstehungsprozess von *Nach dem Tee* vgl. die profunde Analyse von Heller, a.a.O. (wie Anm. 92), S. 47–66.

122 Brief von Gabriele Münter an Prof. Kenneth Lindsay, 19.1.1956. Zit. nach: Heller, a.a.O. (wie Anm. 92), S. 48.

123 Heller meint, dass es sich bei der Frau in der Fensternische um die Künstlerin selbst handelt, die damit ihre eigene Isoliertheit ausdrücken wollte, a.a.O. (wie Anm. 92), S. 62f. Diese Auffassung ist nicht schlüssig. Denn warum sollte sich Gabriele Münter hier selbst ins Bild einbringen, zum ersten und einzigen Mal in ihren Figureninterieurs den Posten der äußeren Beobachterin verlassen? Die vier Personen der Szene sind benannt, und die Zeichnungen zeigen, dass die Künstlerin die Figurengruppierung zwar immer wieder veränderte, die beiden Frauen aber stets abseits bleiben, auch wenn die eine dann in der zweiten Version stumm dem Gespräch der Männer lauscht. Diese Postierung drückt die Isolation sehr deutlich aus, da war ein Abbild ihrer selbst gar nicht nötig.

124 Die Literatur zu Walden (1878–1941) und zum *Sturm* ist sehr umfangreich, vgl. etwa: Georg Brühl, *Herwarth Walden und »Der Sturm«. Eine Monographie,* Leipzig 1983; Barbara Alms und Wiebke Steinmetz (Hg.), *Der Sturm. Chagall, Feininger, Jawlensky, Kandinsky, Klee, Kokoschka, Macke, Marc, Schwitters und viele andere im Berlin der zehner Jahre* (Ausst.-Kat. Städtische Galerie Delmenhorst), Bremen 2000. Vgl. auch: Nell Walden, *Herwarth Walden. Ein Lebensbild,* Berlin, Mainz 1963. – Die schwedische Musikerin und Malerin Nell Roslund (1887–1975) aus Landskrona zog 1911 nach Berlin. Ende 1912 heiratete sie Walden und wurde seine Partnerin in einer vieljährigen engen Zusammenarbeit für den *Sturm.*

125 Tagebucheintragung vom 22.5.1926. Zit. nach: Kleine, a.a.O. (wie Anm. 1), S. 531.

126 Briefe von Gabriele Münter an Kandinsky, München, 28.10. und 1.11.1912. Zit. nach: Hoberg, a.a.O. (wie Anm. 37), S. 136–139. – Die Schreiben von Walden an Gabriele Münter befinden sich in einer gerade erschienenen Briefedition: Karla Bilang (Hg.), *Wassily Kandinsky, Gabriele Münter, Herwarth Walden. Briefe und Schriften 1912–1914,* mit einem Vorwort von Jelena Hahl-Fontaine, Bern, Sulgen, Zürich 2012. Alle aus diesem Zeitraum noch vorhandenen, verstreuten Briefe wurden in dieser sorgfältigen Publikation erstmals vollständig, gesammelt und von der Herausgeberin kommentiert veröffentlicht. – Dank von Walden für den Glückwunsch, 29.11.1912, ebd., S. 37.

127 Zu den Holzschnitten vgl. Hoberg, a.a.O. (wie Anm. 62), S. 17–19, und die Kommentare zu WV Nr. 41–45, S. 136–145. Brief von Walden an Gabriele Münter, Berlin, 11.11.1912, in: Bilang, a.a.O. (wie Anm. 126), S. 36. – Die drei weiteren Holzschnitte erschienen jeweils als *Sturm*-Titelbild im Januar, März und Mai. Die auf der Rückseite des Plakates gedruckte Werkliste ist durchnummeriert und nach Themen geordnet, was vermutlich auch der Gliederung der Ausstellung entsprach: Figürliches, Stilleben, Landschaften und Winterlandschaften (wohl gesondert wegen der Jahreszeit).

128 Die beiden Gästebücher der *Sturm*-Galerie befinden sich in der Staatsbibliothek zu Berlin – Preußischer Kulturbesitz, Handschriftenabteilung, Nachlaß Nell Walden: Gästebuch 1913–1920, Hdschr. 119. – Für ihre Unterstützung bei den Recherchen in der Staatsbibliothek danke ich Dr. Jutta Weber und Dorothea Barfknecht ganz herzlich.

129 Die Ausstellung wurde nach München noch in Frankfurt am Main, Dresden und Stuttgart gezeigt. Dass dieses große Gemälde in seiner lapidaren, vereinfachenden Form nicht dem Geschmack des Publikums entsprach, zeigt die Kritik vom 23.9.1913 in der *Süddeutschen Zeitung:* »Denn ich habe Dinge gesehen, von denen ich sagen kann, daß sie kompositorisch unmöglich sind. Ein Innenbild, Mann und Frau am Tisch mit weißem Tuch ist so klecksig mitten in den Bildraum komponiert, daß alle anderen Flächen nach allen vier Himmelsrichtungen auseinander explodieren. Linien, die sich just so gegeneinander beugen, wie es einem angeborenen Schönheitsgesetz zuwider ist.« Das Bild war einfach nicht »schön«, und die abfällige Reaktion des Kritikers zeigt, wie wütend und persönlich beleidigt er sich deshalb fühlte. Zit. nach: Hoberg/Friedel, a.a.O. (wie Anm. 69), Kommentar zu Kat. Nr. 113, S. 272.

130 Briefe von Gabriele Münter an Kandinsky, München, 8.7.1913; Bonn, 23.8.1913, und Bonn, 25.8.1913. Zit. nach: Hoberg, a.a.O. (wie Anm. 37), S. 145–152. – Schon 1908 hatte Gabriele Münter ihren Bruder scharf zurechtgewiesen: »Ob legitimiert oder nicht, Kandinsky ist der mir am nächsten stehende Mensch, und darum tut es mir leid, ihn gerade von Dir geschnitten zu sehen.« Brief von Gabriele Münter an Carl Münter, 30.8.1908. Zit. nach: Kleine, a.a.O. (wie Anm. 1), S. 317.

131 Vgl. etwa: Mario-Andreas von Lüttichau, *Erster Deutscher Herbstsalon, Berlin 1913*, in: Ausst.-Kat., a.a.O. (wie Anm. 112), S. 130–153. Vgl. auch: Karoline Hille, *Marc Chagall und das deutsche Publikum*, Köln 2005, S. 19–38. Die Ausstellung endete als finanzielles Desaster. Walden konnte einen Konkurs wohl nur vermeiden, weil Bernhard Koehler die gesamte Ausfallbürgschaft von mehr als 20.000 Mark übernahm.

132 Gabriele Münter, *Mein Bild »Mann im Sessel«*, in: Die Kunst und das schöne Heim, Jg. 51, H. 2, November 1952, S. 53, mit einer halbseitigen Farbabb.

133 So wurde Gabriele Münter 1952 von dem Kunsthistoriker Gustav Friedrich Hartlaub genannt, a.a.O. (wie Anm. 79).

134 Vgl. dazu: Helmut Friedel, *Kandinsky und die Photographie. Die Wunder der Photographie*, in: Friedel, a.a.O. (wie Anm. 49), S. 45–54. – Der Autor beschreibt detailliert die fotografische Dokumentation, die »einen außergewöhnlichen Einblick in die Entstehung dieser großen abstrakten Komposition« bietet. Dazu sind die vier Aufnahmen abgebildet.

135 Vgl. dazu in Eichners Buch Kapitel XI, *Die Trennung*, a.a.O. (wie Anm. 1), S. 162–182. Darin finden sich auch zahlreiche Briefzitate.

136 Gabriele Münter an Maria Marc, München, 23.5.1915, und Berlin, 30.6.1915. Zit. nach: Lankheit, a.a.O. (wie Anm. 109), S. 275–277. – Der sporadische Briefwechsel zwischen den beiden Frauen bestand noch bis 1935 fort, Maria Marc besuchte sie und Eichner im Januar 1934 in Murnau. Zu Kandinsky hielt sie ebenfalls Kontakt.

137 Zu dem Gästebucheintrag vgl. Anm. 128. Der Ausspruch Gabriele Münters in ihrem Kalender ist zit. nach dem kenntnisreichen Aufsatz von Annika Öhrner, *»Ich lebte im Prophetenstand – jetzt bin ich Weltkind geworden«. Gabriele Münter in Skandinavien 1915–1920*, in: Hoberg/Friedel, a.a.O. (wie Anm. 69), S. 67–84.

138 Vgl. Öhrner, a.a.O. (wie Anm. 137), S. 83, Anm. 16.

139 Zur schwedischen Avantgarde wie auch zu den Beziehungen zwischen Deutschland und Skandinavien von 1910 bis 1920 vgl. *Schwedische Avantgarde und Der Sturm in Berlin*, mit Beiträgen von Jan Torsten Ahlstrand, Katarina Borgh Bertorp, Andreas Hüneke, Freya Mühlhaupt und Bernhard Schulz (Ausst.-Kat. Kulturgeschichtliches Museum Osnabrück; Kulturen, Lund), Osnabrück, Lund 2000. – In der 32. *Sturm*-Ausstellung im April/Mai 1915 waren neben Grünewald/Hjertén noch Gösta Adrian-Nilsson, Edward Hald und Einar Jolin vertreten mit gut vierzig Werken.

140 Zit. nach: Hoberg, a.a.O. (wie Anm. 111), S. 32.

141 Dalarna (die Täler) ist eine traditionsreiche Provinz Schwedens rund um den Siljansee. Es war und ist auch ein Zentrum folkloristischer Handwerkskunst, zu der vor allem die in Nusnäs gefertigten Dalapferde (Dalahästar) gehören. Heute sind sie ein Symbol für ganz Schweden.

142 Die meist aus Keramik angefertigten Kaminhunde waren ein typischer Kaminschmuck für das begüterte Bürgertum und tauchen erstmals im frühen 19. Jahrhundert in England auf. Die Bezeichnung leitet sich ab von den ursprünglich paarweise im Kamin aufgestellten eisernen Feuerböcken zur Aufnahme des Brennholzes. Sie wurden auch Feuerhunde genannt, weil sie ursprünglich die Gestalt von Hunden hatten. Seit dem 18. Jahrhundert machte die Verwendung von Kohle allmählich das Kamingestell überflüssig. Aber die beiden »Hunde« blieben erhalten – sie wanderten als Zierfiguren auf den Kaminsims. – Auf der Fotografie (vgl. Anm. 83) mit den erhaltenen Sammelobjekten Gabriele Münters sind auch die beiden Hunde und das Dalapferd abgebildet.

143 In der gesamten Literatur zu Gabriele Münter wird, allerdings ohne Nachweis, die Meinung vertreten, dass sie die Hunde 1915 aus Deutschland als Andenken an Murnau mitgenommen hat nach Skandinavien. Es ist jedoch nicht bekannt, seit wann sich die Hunde in ihrem Besitz befanden, denn auch bei dem 1913 im *Sturm* ausgestellten *Stilleben mit Majolikahund* handelt es sich nicht um einen der Kaminhunde. Ich danke Dr. Isabelle Jansen, der Geschäftsleiterin der Gabriele Münter- und Johannes Eichner-Stiftung, München, ganz herzlich für diese Auskünfte. – Es erscheint auch psychologisch als viel plausibler, dass die Künstlerin die zerbrechlichen Figuren nicht mitnahm, sondern sie erst in Schweden erwarb und, gerade umgekehrt, als Reverenz vor ihrem neuen Leben in ihren jüngsten Arbeiten abgebildet hat.

144 Zur schwedischen Matisse-Schule und *De Unga* vgl. auch: Katarina Borgh Bertorp, *Die Schwedische Avantgarde,* in: Ausst.-Kat. a.a.O. (wie Anm. 139), S. 53–72.

145 Lilly Rydström-Wickelberg, *Gabriele Münter*, in: Konstreuy, Jg. 28, 1952, S. 217. Zit. nach: Öhrner, a.a.O. (wie Anm. 137), S. 70. – An der Ausstellung 1915 bei Gummeson beteiligten sich neben Lilly Rydström die Max-Klinger-Schülerin Tyra Kleen, die Miniaturmalerin Lisa und der Landschaftsmaler Artur Bianchini.

146 Gregor Paulsson, *Gabriele Münter. Futurister i nya konstgalleriet*, in: Stockholms Dagblad, 13.3.1916. Zit. nach: Öhrner, a.a.O. (wie Anm. 137), S. 71.

147 Den Text hatte Kandinsky 1913 für Gabriele Münters Münchner Ausstellung bei Max Dietzel geschrieben, er wurde aber nicht gedruckt. Neben einem allgemeinen Teil enthielt dieser ursprüngliche Essay eine persönliche Passage über die »ungewöhnlich begabte Künstlerin« Gabriele Münter, der fast wörtlich am 20.4.1913 in der *Vossischen Zeitung* erschien. Diese Würdigung fehlte allerdings 1916 in der schwedischen Übersetzung. Vgl. dazu: Hoberg, a.a.O. (wie Anm. 69), S. 42. Die Passage zu Gabriele Münter ist hier auszugsweise zitiert.

148 Brief von Gabriele Münter an Carl Palme, Murnau, 12.3.1949. Zit. nach: Öhrner, a.a.O. (wie Anm. 137), S. 69.

149 Vgl. dazu die Radierungen und Kommentare in: Friedel, a.a.O. (wie Anm. 16), WV Nr. 50–56, S. 152–165.

150 Thyra Wallin war ein beliebtes Modell Gabriele Münters. Besonders schön ist eine um 1917 entstandene Serie von fünf durchnummerierten Tuschpinselzeichnungen. Diese sind jeweils rückseitig beschriftet mit »Gabriele Münter-Kandinsky/Tuschzeichnung« und römischer Ziffer. Vgl. Pfeiffer-Belli, a.a.O. (wie Anm. 13), WV Nr. 32–34.

151 Das Atelier des Künstlerpaares befand sich auf dem Katarinavägen am Stockholmer Stadsgården. Die Schleuse (Slussen), die die Altstadt mit dem Stockholmer Bezirk Södermalm verbindet, war mit ihrem lebhaften Treiben und Schiffsverkehr ein Symbol für das moderne, urbane Leben und ein sehr beliebtes Motiv der schwedischen Künstler. Gabriele Münters Radierung Nr. 5, WV Nr. 54 (vgl. Anm. 149), mit der Schleuse und den vielen Schiffen in ungewöhnlicher Aufsicht zeigt nachdrücklich, wie rasch sie die Technik erlernt hatte und wie souverän sie damit umzugehen verstand.

152 Gregor Paulsson, *Gabriele Münter*, in: Stockholms Dagblad, 20.10.1916. Zit. nach: Öhrner, a.a.O. (wie Anm. 137), S. 73.

153 Kandinsky, der das Künstlerpaar während seines Aufenthaltes 1916 kennengelernt hatte, beschrieb diesen Unterschied in einem Brief an Gabriele Münter vom 8.6.1916 aus Moskau ziemlich pathetisch. Er schätzte Hjerténs Arbeiten nicht, weil sie zwar schön wären, aber nicht genügend »wiegen« würden. »Deine Gemälde sind sehr viel ernster, tiefer, dauerhafter: es ist mehr Individualität darin, ein ganz und gar besonderer Ton, un son à toi, was die Werke unsterblich macht.« Zit. nach: Eichner, a.a.O. (wie Anm. 1), S. 146.

154 Brief von Kandinsky an Gabriele Münter, Moskau, 29.9.1916. Zit. nach: Kleine, a.a.O. (wie Anm. 1), S. 484.

155 Das Gemälde *Zukunft* könnte auch einen ganz anderen inhaltlichen Bezug als den zu Kandinsky haben. Denn das ungewöhnliche Bild weist mit dem Matisse'schen Fensterblick, dem roten Vorhang, mit der Blumenvase und der blau gekleideten, verträumten Frauengestalt in Motiv, Form und Farbgebung eine frappante, kaum zufällige Ähnlichkeit mit dem 1915 von Isaac Grünewald gemalten Bild *Die rote Gardine* auf – es erscheint wie eine freie Fassung dazu, wie ein Pendant, sogar eine Hommage. Das liegt darin begründet, dass kurz vor der Entstehung ihres Gemäldes im März 1917 anlässlich des Ankaufes eines Grünewald-Bildes vom Nationalmuseum in Stockholm eine heftige Pressedebatte um die Moderne mit Angriffen auf den Künstler begonnen hatte. Gabriele Münter schrieb damals auf Schwedisch einen engagierten Leserbrief, in dem sie für Grünewald Partei ergriff. In diesem Zusammenhang könnte auch ihr Bild entstanden sein. Eine Zusammenfassung des Skandals mit der Übersetzung von Gabriele Münters (nicht veröffentlichtem) Brief findet sich bei Öhrner, a.a.O. (wie Anm. 137), S. 81f.

156 Brief von Walden an Gabriele Münter, Berlin, 14.11.1917. Zit. nach: Öhrner, a.a.O. (wie Anm. 137), S. 77. – In der 58. *Sturm*-Ausstellung vom Dezember 1917 zeigten GAN, der bereits 1915 an der Schau *Schwedische Expressionisten* beteiligt gewesen war (vgl. Anm. 139), elf und Klee 30 Arbeiten.

157 Auch Windecker weist auf die Nähe von Gabriele Münters neuem Stil zu Matisse und zur schwedischen Matisse-Schule hin, a.a.O. (wie Anm. 84), S. 169–172.

158 Vgl. dazu S. 207f.

159 Zu den bis 1926 andauernden Auseinandersetzungen mit Kandinsky, die hier nur kursorisch beschrieben werden, vgl. die sehr detaillierte Schilderung bei Kleine, a.a.O. (wie Anm. 1), Kap. 14: *Ausweglose Gebundenheit*, S. 504–545. Alle Angaben sowie die Zitate folgen den Ausführungen von Kleine. – Die 1990 erschienene Biografie des Paares von Gisela Kleine bedeutet zweifellos einen Meilenstein in der Frauen- und Künstlerinnenforschung und kann noch immer Vorbildfunktion beanspruchen. Allerdings hat die große Aufmerksamkeit für das Leben Gabriele Münters zwangsläufig den Blick auf das Werk beeinflusst. So greift etwa die inhaltliche Verbindung von persönlicher Lebenskrise und Qualität des Werkes zu kurz. Denn die Tatsache, dass eine Lebenskrise besteht, sagt an sich nichts über den Wert der Arbeiten aus, wie auch eine phasenweise geringere Produktivität kein Beleg für eine Schaffenskrise ist.

160 Alle Lithografien Gabriele Münters entstanden im Umdruck- oder Abklatschverfahren. Dabei wird nicht direkt auf den Stein gezeichnet, sondern mit lithografischer Tusche oder Kreide auf ein mit einer speziellen Kleisterschicht präpariertes Papier. Das fertige Blatt wird umgekehrt auf den Stein gelegt, eingeweicht, gepresst und das Papier schließlich abgewaschen, so dass die Zeichnung als Abklatsch auf dem Stein zurückbleibt und dann gedruckt werden kann. Diese Technik ist leichter zu handhaben als das Zeichnen direkt auf den Stein und der Druck überdies seitenrichtig. Andererseits verliert ein solches Blatt gegenüber dem unmittelbar vom Stein gedruckten oft an Qualität.

161 In der ihr eigenen schonungslosen Selbstkritik offenbart das Tagebuch auch Gabriele Münters großen Zorn darüber, dass es ihr nicht gelang, sich zu lösen von Kandinsky, dem Eheversprechen und damit auch den bürgerlichen Konventionen, die sie immer schon abgelehnt hatte. Sie sah sich gescheitert mit ihrem Ideal von künstlerischer Freiheit und Selbstverwirklichung. Schließlich war sie als junge Frau aufgebrochen in eine Männerdomäne, hatte Kunst studiert, war ein »Malweib« geworden, hatte jahrelang in »wilder Ehe« mit einem verheirateten Mann gelebt – und konnte sich doch nicht als Außenseiterin akzeptieren. Mit diesem Zorn begann aber zugleich die »Befreiung«. So schrieb sie 1926 nach dem Ende des Rechtsstreits mit

Kandinsky an Emmy, ihre Schwester: »Ich will mich meines Daseins nicht schämen, weil ich keinen Trauschein aufzuweisen habe, denn es sollte auch Dir bekannt sein, daß ich als Künstler in Deutschland und im Ausland bekannt und anerkannt bin als eine von den ganz wenigen.« Zit. nach: Kleine, a.a.O. (wie Anm. 159), S. 527f.

162 Brief von Gabriele Münter an Rechtsanwalt Dr. Julius Siegel, 1.10.1922. Zit. nach: Kleine, a.a.O. (wie Anm. 159), S. 541.

163 Brief von Arthur Segal an Gabriele Münter, 6.3.1929. Zit. nach: Kleine, a.a.O. (wie Anm. 159), S. 544. – Der Maler und Schriftsteller Arthur Segal (1875–1944) hatte bereits 1901 in der Münchner *Phalanx*-Vereinigung ausgestellt. Von 1920 bis 1933 leitete er in Berlin eine eigene Malschule, in der Gabriele Münter sich anmeldete. Vor allem aber gefiel es ihr in seinem Diskussionskreis.

164 Zu den ihr freundschaftlich verbundenen Künstlerinnen gehörten ebenfalls die Bildhauerin Milly Steger, die eine Bildhauerklasse des Vereins deutscher Künstlerinnen leitete, und die bekannte Porträtistin Elli Heimann.

165 Gustav Friedrich Hartlaub, *Die Zeichnerin Gabriele Münter*, a.a.O. (wie Anm. 6), Einführung.

166 Gabriele Münter, *Bekenntnisse und Erinnerungen*, a.a.O. (wie Anm. 6).

167 Zu dem *Bildnis der Journalistin Sylvia von Harden* von Otto Dix (1891–1969) vgl. Martina Fuchs, *Porträt als Rollenspiel? Anmerkungen zu drei Porträts aus den 20er Jahren*, in: Wulf Herzogenrath und Johann-Karl Schmidt (Hg.), *Dix* (Ausst.-Kat. Galerie der Stadt Stuttgart; Nationalgalerie, Staatliche Museen Preußischer Kulturbesitz, Berlin), Stuttgart 1991, S. 205–207. – Sylvia von Harden (1894–1963) arbeitete bis 1921 für den Verlag Rauscher in Zürich, dann in Berlin für verschiedene Zeitungen, 1933 emigrierte sie nach England.

168 Gabriele Münter, *Bekenntnisse und Erinnerungen*, a.a.O. (wie Anm. 6).

169 Gustav Friedrich Hartlaub (1884–1963), seit 1913 an der Kunsthalle Mannheim angestellt, war von 1923 bis 1933 deren Direktor. Er verwendete den Begriff Neue Sachlichkeit erstmals 1923 als Charakterisierung für den neuen, gegenstandsbetonten Nachkriegsstil nach dem »Tod des Expressionismus«. Hartlaub konstatierte hier einen »rechten«, mehr klassizistischen, und einen »linken«, sozialkritischen Flügel, die er übergreifend unter dem Namen Neue Sachlichkeit zusammenfasste. Die bereits für 1923 geplante Ausstellung fand erst im Sommer 1925 statt. Der zugkräftige Titel wurde bald zum bekanntesten Schlagwort in der bildenden Kunst der 1920er Jahre. Vgl. dazu: Karoline Hille, *Spuren der Moderne. Die Mannheimer Kunsthalle von 1918 bis 1933*, Berlin 1994 (zugleich Diss. Berlin 1993), Kap. 2, S. 82–155.

170 Die Ausstellung fand vom 19.11. bis zum 20.12.1927 im neu eingerichteten Oberlichtsaal im Vereins- und Schulhaus am Schöneberger Ufer 38 statt. An ihr beteiligten sich 59 Künstlerinnen mit 155 Werken. Gabriele Münter stellte drei Bilder aus.

171 Johannes Eichner (31.3.1886–11.2.1958) wurde als Sohn einer in den Gründerjahren zu Vermögen gekommenen Familie, das allerdings wieder verloren ging, in Berlin geboren. Er studierte in Marburg und Zürich Philosophie und Theologie sowie in Berlin bei Heinrich Wölfflin Kunstgeschichte. 1909 schloss er sein Studium mit einer Dissertation über Immanuel Kant ab. In den 1920er Jahren arbeitete er als freier Journalist und Kunstschriftsteller.

172 Margot Riess, *Vom Wesen weiblichen Künstlertums*, in: Der Kunstwanderer, H. 1/2, April 1931, S. 225–229.

173 Zit. nach: Hoberg/Friedel, a.a.O. (wie Anm. 69), Einleitung zum Tafelteil (*Die dreißiger Jahre*), n. pag. Wenn nicht anders angegeben, finden sich die im Folgenden zit. Angaben aus den Arbeitsheften in den jeweiligen Bildkommentaren dieses Kataloges.

174 Brief von Gabriele Münter an Eichner, Murnau, 21.3.1932, und Tagebucheintrag, März 1937. Zit. nach: Kleine, a.a.O. (wie Anm. 1), S. 580 und 622. – Kleine hat die Beziehung der beiden eingehend geschildert und mit vielen Beispielen aus Tagebüchern und

Briefen überzeugend belegt. Wenn nicht anders angegeben, finden sich die im Folgenden zit. Stellen in Kleines Biografie.

175 Gabriele Münters Schwager Georg Schroeter verkaufte das Grundstück nicht an die Stadt, sondern zu einem höheren Preis an eine Bauträgergesellschaft, die dann pleite ging, so dass die Restkaufsumme verloren war. Eichner hatte dies vorausgesehen, dabei aber Schroeters Redlichkeit Gabriele Münter gegenüber massiv in Frage gestellt.

176 Am 17.3.1932 gibt sie in einem Brief an Eichner eine sehr präzise, reflektierte Selbsteinschätzung, die Malprozess und Bildentstehung grundsätzlich auf den Punkt bringt: »Meine besten Arbeiten sind die, die ich mache ›à la diable m'emporte‹, wie Kandinsky sagte. Wo denken und Rücksichten einsetzen, wird es zahm und fad. ›Brav derf mer nit sei!‹ Ich habe, wie es scheint, eine gewisse Wut nötig … Die seelische Verfassung, wenn mir etwas gelingt, mag ähnlich sein, wie die eines Indianerhäuptlings, wenn er einen wilden Büffel fängt. Es ist da ein verzweifeltes Gefühl von brutaler Rücksichtslosigkeit und Draufgängertum. Dann ist das sanfte Täubchen, das ich bin, vergessen. Solche Wütigkeit passiert oft bei der zweiten, dritten Arbeit, wenn ich schon recht unzufrieden bin.« Das alles konnte der vorsichtige, taktierende Eichner mit Sicherheit nicht verstehen, es hat ihm sogar Angst gemacht.

177 Vgl. dazu S. 64. Einfach schockiert war Gabriele Münter darüber, dass Eichner ihre reinen Umrisszeichnungen, ihre Linienkunst nicht als Originale ansah, sondern als Abklatsch ihrer Skizzen, abkopiert oder durchgepaust. Er konnte sich einfach nicht vorstellen, dass sie so perfekt zeichnen konnte. »Ja, denken Sie denn, meine Linienzeichnungen wären gepauste Reinschriften?«, schrieb sie ihm am 17.1.1930 aus Paris. »Ich versichere Ihnen, daß es alles Originale […] sind. Direkte ›Abschriften der Natur‹«. Sie fürchtete, dass andere Eichners Meinung teilen könnten, und die Verunsicherung führte dazu, dass sie nicht mehr so viel zeichnete, auch wenn

Eichner später sein abwertendes Urteil revidieren musste.

178 Hindenburg siegte im 2. Wahlgang am 10.4.1932 gegen die KPD-Kandidaten Ernst Thälmann und Hitler. Aber bereits bei den Reichstagswahlen im Juli wurde dessen NSDAP stärkste Partei. Im Januar 1933 bedeuteten die Vereinbarung zwischen Reichskanzler Franz von Papen und Hitler im Kölner Haus des Bankiers Kurt Freiherr von Schröder über eine gemeinsame Regierungsbildung und wenig später die Zustimmung Hindenburgs zur Berufung Hitlers zum Reichskanzler das Ende der Weimarer Republik.

179 Unter diesem Eindruck schrieb Adolf Erbslöh, der 1909 zu den Gründungsmitgliedern der NKVM gehört hatte, am 10.7.1933 zur Absage der Ausstellung: »Die große nationale Bewegung läßt eine internationale Kunstausstellung zur Zeit nicht angezeigt erscheinen. Die Museen, welche die in ihrem Besitz befindlichen Bilder unserer ehemaligen Mitglieder haben abhängen müssen, werden uns dieselben kaum zu einer Jubiläumsausstellung der NKVM zur Verfügung stellen.« Zit. nach: Kleine, a.a.O. (wie Anm. 19), S. 584.

180 Eine ebenso minutiöse wie ausgezeichnete Chronologie der politischen, kulturpolitischen und kulturellen Ereignisse von 1933 findet sich im Katalog zu der von Pamela Kort kuratierten Ausstellung über *Paul Klee 1933*. Vgl. Stefan Frey und Andreas Hüneke, *Paul Klee. Kunst und Politik in Deutschland 1933. Eine Chronologie,* in: Städtische Galerie im Lenbachhaus, München, und Helmut Friedel (Hg.), *Paul Klee 1933* (Ausst.-Kat. Städtische Galerie im Lenbachhaus, München; Kunstmuseum Bern; Schirn Kunsthalle, Frankfurt am Main; Hamburger Kunsthalle), Köln 2003, S. 268–306. – Die Ausstellung präsentierte erstmals Klees erschütternde Werkgruppe von 246 Zeichnungen, die 1933 in kritischer Auseinandersetzung mit dem Nationalsozialismus entstanden war.

181 Die Ausstellung wurde nach Bremen in der Ruhmeshalle in Barmen gezeigt, danach in Jena, Eisenach, Altenburg, wo

Eichner die Eröffnungsrede hielt, und endete
im April 1935 im Kunsthaus Valentien in
Stuttgart.

182 Die »Reichskammer« war eine der
Abteilungen der am 23.9.1933 gegründeten
Reichskulturkammer. In den Düsseldorfer
Ausführungsbestimmungen heißt es dazu:
»Bis zum 15. Dezember muß jeder einzelne,
der beruflichen Anteil an dem kulturelen
Leben nimmt, seinen Eintritt in eine
Körperschaft vollzogen haben, die einer der
Kulturkammern angehört. Nach diesem
Termin läuft jeder deutsche Künstler Gefahr,
durch Polizeigewalt an der Ausübung seines
Berufes gehindert zu werden, falls er der
Meldepflicht nicht nachkommt.«

183 Murnauer Tagblatt, 28.9.1931.
Zit. nach: Kleine, a.a.O. (wie Anm. 1), beide
Zitate S. 602.

184 Bis 1934 war offiziell umstritten,
ob der deutsche Expressionismus der
Brücke-Künstler, von Emil Nolde, Ernst
Barlach und anderen nun »nationale
deutsche Kunst« sei und folglich Teil der
»nationalsozialistischen Revolution«. Die
Befürworter lieferten sich einen heftigen
Kampf mit den völkischen Kampfverbänden
und »Blut und Boden«-Ideologen. Der
Machtkampf wurde von Hitler selbst
auf dem Reichsparteitag der NSDAP im
September 1934 mit der Verdammung der
gesamten Moderne beendet. Die Zeitschrift
Kunst der Nation, Wortführer der »Rebellen«,
wurde Anfang 1935 verboten. Ende 1934
erwähnte Gabriele Münter Eichner
gegenüber deren mutige Artikel. Es gelang
ihm tatsächlich, noch im Februarheft einen
Artikel über die Künstlerin unterzubringen.
Zitate bei Kleine, a.a.O. (wie Anm. 1), S. 605f.

185 In der Murnauer Einsamkeit bis 1935
waren die Vögel, die sie vom Fenster aus
beobachtete, oft tagelang die einzigen
Lebewesen, die sie sah. Seitenlang hat sie
diese in ihrem Tagebuch *Beichte und Anklage*
beschrieben. Vgl. den Hinweis bei: Hoberg/
Friedel, a.a.O. (wie Anm. 69), Kommentar
zu Kat. Nr. 216, S. 291.

186 Vgl. dazu die Ausführungen zu
Gabriele Münters Bildern von Figuren im
Interieur, S. 91–95, und Anm. 123.

187 Zu dem Bild vgl. Anm. 155. – Eichner
schreibt zu dem Gemälde: »Ein andermal
hatte sie [die ›Dame‹ in dem Gemälde]
ein Telegramm von ihrem Verlobten aus
Petersburg bekommen, sie war erfüllt von
Zukunftshoffnungen.« Eichner, a.a.O.
(wie Anm. 1), S. 177.

188 Gabriele Münter an Eichner, München,
11.2.1935. Weil es in Murnau so kalt war,
bewohnte sie bei der Kollegin Konstanze
Schwedeler das Badezimmer. Den Brief
schrieb sie kurz vor ihrem 58. Geburtstag:
»Bitte keine Geburtstagssüßigkeiten,
sondern Porto sparen! Auch ich verquackle
keinen Pfennig und kaufe kein Guts.«
Zit. nach: Kleine, a.a.O. (wie Anm. 1), S. 610.

189 Zit. nach: Hoberg/Friedel, a.a.O.
(wie Anm. 69), Kommentar zu Kat. Nr. 215,
S. 290.

190 Zu dem *Stilleben mit weißem
Pferdchen* vgl. auch die Einleitung, S. 10–12.

191 Eichner, a.a.O. (wie Anm. 1), S. 188.

192 Die Weltkunst, Jg. IX, Nr. 22, 2.6.1935.
Die Besprechung schließt mit den Sätzen:
»Im Gleichgewicht von Befreitheit und
Gefaßtheit, innerem Klingen und zupacken-
der Kraft, spielender Beschwingtheit und
herzhaftem Ernst verkörpert diese Malerei
oftmals Reichtum und Einheit seelenhafter
Lebensgründe. Damit erreicht die so
bescheiden als Darstellung auftretende
Kunst Gabriele Münter's jene hohe Stufe
von Schönheit und Wahrheit, die hinter
Augenschein und Formenwelt beginnt.«

193 Die Ausstellung fand vom 21.3. bis
zum 4.4.1937 statt. Ihre Bilder waren
eingegliedert in »unverdächtige« Kunst
von dem Porträtmaler Paul Roloff und
von Reinhold Lichtenberger, der wegen
seiner München-Bilder beim Publikum
sehr beliebt war.

194 Gabriele Münter sollte im Falle von
Eichners Tod ein unübertragbares Nutzungs-
recht erhalten. – Nach ihrem Tod 1962 ging
das Haus mil dem Nachlass in die Gabriele
Münter- und Johannes Eichner-Stiftung,
München, ein mit der Verpflichtung, es als
Gedenkstätte der Öffentlichkeit zugänglich
zu machen. Das geschah 1984. Schon 1958
hatte Gabriele Münter die Stadt München

durch Erbvertrag zur Alleinerbin eingesetzt
mit der Auflage, die Stiftung zu gründen.
195 Diese Erinnerung an ihre Mutter
und das Zinnienbeet im elterlichen Garten
von Herford schrieb sie in hohem Alter ,
für Eichner auf. Zit. nach: Hoberg/Friedel,
a.a.O. (wie Anm. 69), Kommentar zu
Kat. Nr. 214, S. 290.
196 Eichner, a.a.O. (wie Anm. 1), S. 187. –
Allein der Titel spricht schon Bände: Hier
frühstücken nur die Vogel. Die Künstlerin
sitzt zwar vor einem frugalen Mahl, aber
sie isst nicht.
197 Gabriele Münter konnte in Stuttgart
kein Bild verkaufen. Aber sie verkaufte
Valentien ein kleines Bild von Kandinsky und
war sehr erstaunt, dass der »entartete«
Künstler unter der Hand so hoch gehandelt
wurde und sie für die Ölstudie die stolze
Summe von 2000 Mark erhielt. Vgl. Kleine,
a.a.O. (wie Anm. 1), S. 672.
198 Aus der sehr umfangreichen Literatur
über die Ausstellung *Entartete Kunst* vgl.
etwa: Peter-Klaus Schuster (Hg.), *Die
»Kunststadt« München 1937. Nationalso-
zialismus und »Entartete Kunst«* (Ausst.-Kat.
Staatsgalerie moderner Kunst, München),
München 1987, darin die Rekonstruktion der
Ausstellung *Entartete Kunst*, bearbeitet von
Mario-Andreas von Lüttichau, S. 120–181;
Stephanie Barron, *»Entartete Kunst«. Das
Schicksal der Avantgarde im Nazi-Deutsch-
land* (Ausst.-Kat. Los Angeles County
Museum of Art; Altes Museum, Berlin),
München 1992.
199 Kandinskys *Improvisation 10* wurde im
Landesmuseum Hannover beschlagnahmt.
Insgesamt wurden 57 seiner Werke aus
Museumsbesitz geraubt, die Ausstellung
zeigte vier Gemälde, sieben Aquarelle, drei
Mappen, ein Buch und eine Lithografie. –
Nach den Akten des Propagandaminis-
teriums wurden in 101 deutschen Museen in
76 Städten 15.997 Werke von 1200 Künstle-
rinnen und Künstlern beschlagnahmt. Die
Listen wurden veröffentlicht in: Paul Ortwin
Rave, *Kunstdiktatur im Dritten Reich*, Berlin
1949.
200 Einführung von Ludwig Grote, in: ders.
(Hg.), *Der Blaue Reiter – München und die

Kunst des 20. Jahrhunderts. Der Weg von
1908–1914* (Ausst.-Kat. Haus der Kunst,
München), München 1949, S. 5–17.
201 Kandinsky war mit 41, Marc mit 48,
Macke mit 51 und Klee mit 49 Werken
vertreten.
202 Leopold Zahn, *Gabriele Münter zum
75. Geburtstag am 19.2.1952*, in: Das
Kunstwerk, Jg 5, H. 6, 1951, S. 63.
203 Gabriele Münter und Eichner
besuchten am 1. September 1949, zwei Tage
vor der Eröffnung, die Grafikausstellung
Franz Marcs in der Galerie von Otto Stangl
in München. Am Tag darauf trafen sie sich
mit Maria Marc.
204 Vgl. zu diesem Text und zur Veröffentlichung die Ausführungen in der Einleitung,
S. 8–12. – Zu Franz Roh (1890–1965) vgl.
Ulrich Bischoff (Hg.), *Franz Roh. Kritiker
Historiker Künstler* (Ausst.-Kat. Staatsgalerie
moderner Kunst, Bayerische Staatsgemäldesammlungen, München), München 1990.
205 Gustav Friedrich Hartlaub, *Die
Zeichnerin Gabriele Münter*, a.a.O. (wie
Anm. 6), Einführung.
206 Eichner, a.a.O. (wie Anm. 1), S. 191.
207 Tagebuchnotiz. Zit. nach: Kleine, a.a.O.
(wie Anm. 1), S. 647.
208 Vgl. zu Hartlaub Anm. 169. Vgl. auch:
Karoline Hille, *Mit heißem Herzen und
kühlem Verstand. Gustav Friedrich Hartlaub
und die Mannheimer Kunsthalle 1913–1933*,
in: Henrike Junge (Hg.), *Avantgarde und
Publikum. Zur Rezeption avantgardistischer
Kunst in Deutschland 1905–1933*, Köln,
Weimar, Wien 1992, S. 129–138.
209 Dass sich die beiden 1927 in Elmau
kennenlernten, erschließt sich nur indirekt.
Von Hartlaub gibt es aus dieser Zeit keine
Aufzeichnungen, die dies belegen würden.
Aus dem Briefwechsel von 1951/52 (wie
Anm. 210) geht nur hervor, dass das Treffen
in Elmau stattfand. Hier war Gabriele
Münter 1927 zum letzten Mal. Für diese
Auskunft danke ich Dr. Isabelle Jansen.
210 Diese Briefe von Gabriele Münter
und Johannes Eichner an Hartlaub zur
Entstehung des Porträtbandes waren
bislang in der Gabriele-Münter-Forschung
nicht bekannt und werden hier erstmals

vorgestellt. Das Konvolut befindet sich im
»Nachlass Hartlaub«, Deutsches Kunstarchiv
im Germanischen Nationalmuseum,
Nürnberg (DKA-NL Hartlaub). Es umfasst
acht Briefe und zwei Postkarten: IC112-1951
(Gabriele Münter) und IC37-1951/1952
(Johannes Eichner): 19.9.1951 (Eichner);
24.9.1951 (Eichner); 1.10.1951 (Münter);
7.10.1951 (Eichner); 4.11.1951 (Münter,
Postkarte); 5.11.1951 (Münter, Postkarte);
27.11.1951 (Münter); 18.12.1951 (Münter);
19.1.1952 (Eichner); 27.1.1952 (Eichner). Wie
aus den einzelnen Briefen hervorgeht, ist
das Konvolut unvollständig. – In diesem
Zusammenhang bin ich Melanie Hartlaub,
der Enkelin und Nachlassverwalterin von
Gustav Friedrich Hartlaub, außerordentlich
dankbar, dass sie mir die Briefe zur Verfügung stellte. Ich danke ihr und Thomas
Ferber ganz herzlich für die große Hilfe bei
den Recherchen sowie die Unterstützung
des Projektes.

211   Brief von Gabriele Münter an
Rechtsanwalt Dr. Julius Siegel, 1.10.1922.
Vgl. dazu S. 161 und Anm. 162.

212   Ich danke Prof. Helmut Friedel,
Vorsitzender des Verwaltungsrates der
Gabriele Münter- und Johannes Eichner-
Stiftung in München, sehr für die Erlaubnis,
diesen schönen Brief zu reproduzieren. –
Auch die Zeichnung [Abb. S. 211] aus dem
Besitz von Melanie Hartlaub wird hier
erstmals abgebildet. Sie trägt rückseitig
Gabriele Münters Widmung: »Herrn Prof.
G. F. Hartlaub / Zur Erinnerung an unsere
Elmauzeit / gewidmet von Gabriele Münter.
/ Weihnachten 1951«. Das Blatt ist nicht
datiert, aber Brief und Widmung legen nahe,
dass es 1927 entstanden ist.

213   *Paula Modersohn-Becker und Gabriele
Münter,* mit einer Einführung von Alfred
Hentzen (Ausst.-Kat. Kestner-Gesellschaft,
Hannover), Hannover 1951. – Die Ausstellung
fand vom 13.10. bis zum 18.11.1951 statt.
Da es zu der Wanderausstellung von
Gabriele Münter einen kleinen Katalog mit
einem Vorwort von Eichner gab, waren in
dem eigenen Katalogheft aus Hannover nur
Werke von Paula Modersohn-Becker
abgebildet.

214   Brief von Eichner an Hartlaub,
Murnau, 19.1.1952.

215   Der in Bochum hergestellte Privat-
druck *Der Malerin Gabriele Münter zum
75. Geburtstag am 19. Februar 1952* ist
nicht datiert. Er versammelt kurze Texte
von damals bekannten und ausschließ-
lich männlichen Kunst- und Kulturreprä-
sentanten: Dr. Günter Busch; Dr. Eberhard
Hanfstaengl; Dr. Walter Passarge;
Prof. Dr. Carl Georg Heise; Dr. Ludwig Grote;
Dr. Paul Ferdinand Schmidt; Heinz Döhmann;
Max Unold; Karl Hofer; Dr. Otto Stelzer;
Wend Fiscer; Dr. Leopold Zahn; Walter Junge,
Josef Henselmann; Dr. Curt Gravenkamp;
Gregor Paulsson; Dr. Franz Roh; Dr. Alfred
Hentzen, Prof. Dr. Albrecht Kippenberger,
Bernhard Koehler; Wimmer; Prof. Wilhelm
Worringer; Stefan P. Munsing.

216   Die große Ausstellung fand im
»Central Collecting Point« am Königsplatz
statt, im Zwillingsbau des sogenannten
Führerbaus, der während der Nazi-Diktatur
als NS-Verwaltungsgebäude gedient hatte.
Hier hatte die amerikanische Militärregie-
rung eine Dienststelle eingerichtet, in der
von den Nazis geraubte Kunstwerke zur
Rückerstattung gesammelt wurden. Welch
eine Genugtuung muss es für die Künstlerin
gewesen sein, an diesem Ort ihre expressionistischen Werke auszustellen. – Zur
Ausstellung im Münchner Kunstverein 1937
vgl. S. 192.

217   Vgl. zu dem Gemälde S. 129–131 und
Anm. 132.

218   Das Zitat stammt aus einem Brief von
Gabriele Münter an Prof. Kenneth Lindsay
von 1956, a.a.O. (wie Anm. 122).

219   Zur Geschichte der Galerie vgl. Markus
Krause, *Galerie Gerd Rosen. Die Avantgarde in
Berlin 1945–1950,* Berlin 1995.

220   »Ich amüsiere mich auch jetzt abends
manchmal mit künstlerischem Spiel – Feder-
spiel – in dem ich ungegenständliche kleine
Zeichnungen mache mit meiner Ibis-Füll
feder. Auch farbig entstehen ungegenständliche Gebilde. Solches ›Spiel‹ darf ich mir
erlauben, obgleich ich nicht abstrakter
Maler bin. Die Möglichkeiten reizen, das
Talent zu üben.« Brief von Gabriele Münter

an Marianne Neumann-Kleinpaul, Murnau,
10.3.1955. Zit. nach: Kleine, a.a.O. (wie Anm. 1),
S. 649f.
221 Zit. nach: Hoberg/Friedel, a.a.O.
(wie Anm. 69), Einleitung zum Tafelteil
(Die vierziger und fünfziger Jahre), n. pag.
222 Vgl. den Katalog: *documenta. kunst des
XX. jahrhunderts. internationale ausstellung
im museum fridericianum in kassel.* Die
Ausstellung stand unter dem Protektorat
von Bundesprasident Theodor Heuss. Als wie
störend die Erinnerung an die jüngste
deutsche Geschichte 1955 bereits empfun-
den wurde, zeigt die Einleitung des
Kunsthistorikers Werner Haftmann
exemplarisch. Ihm gelang es, weder den
NS-Staat noch »Nazismus« oder »Diktatur«,
geschweige denn die »entartete« Kunst
auch nur mit einem Wort zu erwähnen.
Stattdessen sprach er von der Zeit, »in der
Deutschland aus der vereinten Anstrengung
des modernen europäischen Geistes
heraustrat«.
223 Die anderen Künstlerinnen waren:
Barbara Hepworth (England), Paula
Modersohn-Becker (Deutschland), Emy
Roeder (Deutschland), Louis de Senlis
Séraphine (Frankreich), Sophie Taeuber-Arp
(Schweiz), Marie-Helène Vieira da Silva
(Frankreich).
224 Eichners »Korrekturen« stützten
sich vor allem auf den lauten Auftritt von
Wagner am 4. April 1937, dem letzten Tag
von Gabriele Münters Ausstellung im
Münchner Kunstverein, den er immer mehr
dramatisierte. So schreibt er 1957 in seinem
Buch: »Aber der Gauleiter kam, sah, tobte,
ließ auf der Stelle abhängen und drohte mit
Verbrennen.« Eichner, a.a.O. (wie
Anm. 1), S. 188f.
225 Juliane Roh, *Zum 80. Geburtstag von
Gabriele Münter,* in: Das Kunstwerk, Jg. 10,
H. 4, 1956/57, S. 60. – Der Beitrag enthält
einen offenen Brief zum Geburtstag und
einen Nachsatz mit dem Datum 6.1.1957
zu der im Folgenden beschriebenen
Schenkung. Denn am Tag zuvor waren
diese Bilder zum ersten Mal »einem
kleinen Freundeskreis der Städtischen
Galerie« gezeigt worden.

226 Gabriele Münter schrieb am 27.3.1957
über ihren Entschluss an Nell Walden, mit
der sie weiterhin in brieflichem Kontakt
stand: »Sie sind ja mit Ihren Kunstschätzen
und der Verantwortung dafür in ähnlicher
Lage wie ich. Ich mußte das Werk zusam-
menhalten [...] da ist die Münchner Galerie
der rechte Platz.« Zit. nach: Kleine, a.a.O.
(wie Anm. 1), S. 651.
227 Vgl. zu dieser Veröffentlichung
Anm. 105.
228 Juliane Roh, *Kandinsky und Gabriele
Münter in der Münchener städtischen
Galerie,* in: Das Kunstwerk, Jg. 10, H. 5,
1956/57, S. 52. Die Kritikerin schreibt weiter:
»Kandinsky setzte malerische Kühnheit in
ihr [Gabriele Münter] frei, was ihrem naiven
Kern zugute kam. Münters spätere Arbeiten
folgen den Spuren der verlorenen Zeit,
seltener gelingt die einst so mühelose
Synthese; doch gibt es bis in die jüngste
Gegenwart beglückende Bilder.«
229 Zit. nach: Kleine, a.a.O. (wie Anm. 1),
S. 658.
230 Kunsthalle Mannheim, Bestand
Altakten, Ordner zur Ausstellung »Gabriele
Münter«, 1961. Ich danke Dr. Inge Herold und
Anna Krausse von der Kunsthalle Mannheim
für ihre Unterstützung bei der Recherche. –
Die kurze Katalogeinführung von Doris
Schmidt bringt keine überraschenden
Einsichten, sondern festigt nur das bekannte
Münter-Bild. Sie beginnt mit einem
Kandinsky-Zitat und spricht bloß über die
»große« Zeit des *Blauen Reiter.* Erst im
letzten Satz geht die Autorin auf das spätere
Werk Gabriele Münters ein. Es sei »frei von
künstlerischen Wandlungen [...]. Aber sie hat
nicht aufgehört, Erlebnisse zu sammeln,
und unverändert klingt für sie die Welt.«
Und die gesamte Presse folgte diesem Blick.
231 Vgl. zu dem Kandinsky-Zitat S. 70f.
und Anm. 67. – »Wer aufmerksam meine
Gemälde betrachtet, findet in ihnen den
Zeichner.« Gabriele Münter schrieb den
Satz 1952 in *Bekenntnisse und Erinnerungen,*
a.a.O. (wie Anm. 6).
232 Gabriele Münter, *Gabriele Münter über
sich selbst,* in: Das Kunstwerk, Jg. 2, H. 7, Juli
1948, S. 25.

233 Zit. nach: Kleine, a.a.O. (wie
Anm. 1.), S. 476.

234 Gregor Paulsson, *Gabriele Münter.
Futurister i nya konstgalleriet*, in: Stockholms
Dagblad, 13.3.1916. Zit. nach: Öhrner, a.a.O.
(wie Anm. 137), S. 71.

235 Diese neue Sicht auf Munchs Schaffen
bot jüngst eine sensationelle Ausstellung.
Sie erweiterte erstmals den Blick: weg vom
Klischee des einsamen Genies, hin zum
»modernen Künstler«. Dabei rückte als
Schlüssel zu Munchs Werkverständnis nicht
nur die Wiederaufnahme von Motiven in
den Blickpunkt, sondern vor allem seine bis
heute kaum beachtete Beschäftigung mit
der Fotografie. Wie Gabriele Münter erwarb
Munch übrigens um 1900 eine »Kodak Bull's
Eye«. Vgl. dazu: Angela Lampe, Clément
Chéroux und Max Hollein (Hg.), *Edvard
Munch. Der moderne Blick* (Ausst.-Kat.
Centre Pompidou, Paris; Schirn Kunsthalle,
Frankfurt am Main; Tate Modern, London),
Ostfildern 2012.

236 Gollek, a.a.O. (wie Anm. 26), S. 45.

237 Peter Lahnstein, *Münter*, Ettal 1971,
S. 30. – Die Adjektive beziehen sich alle
auf Lahnsteins Interpretation des skandinavischen Hauptwerkes *Musik* von 1916 [S. 145].
Vgl. dazu S. 145f.

238 Hoberg/Friedel, a.a.O. (wie Anm. 69),
Vorwort, S. 8.

239 Kleine, a.a.O. (wie Anm. 1), und
Windecker, a.a.O. (wie Anm. 84).

240 Ähnliche Strukturen wie bei der
Nachkriegsrezeption von Gabriele Münter
finden sich beim Umgang mit dem Werk
von Hannah Höch (1889–1978). Auch sie
wurde nach 1945 zur weiblichen Zierde in
der Männerriege des *Club Dada* degradiert,
als »kleines Mädchen« im »Raubtierkäfig«
von Raoul Hausmann, mit dem sie von 1917
bis 1922 liiert war. Mit dem seit der ersten
umfassenden Dada-Retrospektive 1958 in
Düsseldorf stetig anwachsenden Ruhm der
Künstlerrevolte avancierte Hannah Höch zur
begehrten »Zeitzeugin«. Das Interesse galt
ihren Statements und Interviews über Dada,
später auch ihren frühen dadaistischen
Fotomontagen: »Ich kann das Wort Dada
nicht mehr hören, aber die Leute wollen ja
derzeit nichts anderes«, stöhnte noch die
fast 90-Jährige. Von ihren Arbeiten nach
1945 nahm dagegen kaum jemand Notiz,
denn Schwerpunkt und Wertschätzung
lagen bis in die Gegenwart hinein auf dem
in der Gruppe und in der engen Beziehung
zu einem Lebenspartner Geschaffenen.
Das später entstandene Werk wurde als
qualitativ minderwertig klassifiziert und
erstmals 2001 ausführlich gewürdigt. Vgl.
dazu: Karoline Hille, *Ein Kaleidoskop der
unbegrenzten Möglichkeiten. Zu Hannah
Höchs Photomontagen nach 1945*, in:
Künstler-Archive der Berlinischen Galerie
(Hg.), *Hannah Höch. Eine Lebenscollage*,
Archiv-Edition, Bd. III 1946–1978, 1. Abt.,
Berlin 2001, S. 154–199.

241 Juliane Roh, a.a.O. (wie Anm. 228),
vgl. das Zitat S. 220.

242 Hans Hildebrandt, *Die Frau als
Künstlerin*, mit 337 Abbildungen nach
Frauenarbeiten bildender Kunst von den
frühesten Anfängen bis zur Gegenwart,
Berlin 1928, S. 123.

243 Eichner, a.a.O. (wie Anm. 1), besonders
Kap. II: *Das Wesen Gabriele Münters*, S. 26–35.

244 Wolfgang Petzet, *Gabriele Münter*, in:
Münchner Merkur, 17.2.1962. Zit. nach: Kleine,
a.a.O. (wie Anm. 1), S. 657.

245 Vgl. die Katalogbücher: Friedel, a.a.O.
(wie Anm. 16); Friedel, a.a.O. (wie Anm. 1);
Friedel, a.a.O. (wie Anm. 49).

LITERATUR

(AUSWAHL)

Der Blaue Reiter. Die erste Ausstellung der Redaktion Der Blaue Reiter (Ausst.-Kat. Galerie Thannhauser, München), München 1911.

Erster Deutscher Herbstsalon (Ausst.-Kat. Der Sturm, Leitung: Herwarth Walden, Berlin), Berlin 1913.

Hans Hildebrandt, *Die Frau als Künstlerin*, mit 337 Abbildungen nach Frauenarbeiten bildender Kunst von den frühesten Anfängen bis zur Gegenwart, Berlin 1928.

Ludwig Grote (Hg.), *Der Blaue Reiter – München und die Kunst des 20. Jahrhunderts. Der Weg von 1908–1914* (Ausst.-Kat. Haus der Kunst, München), München 1949.

Paul Ortwin Rave, *Kunstdiktatur im Dritten Reich*, Berlin 1949.

Paula Modersohn-Becker und Gabriele Münter, mit einer Einführung von Alfred Hentzen (Ausst.-Kat. Kestner-Gesellschaft, Hannover), Hannover 1951.

Gabriele Münter. Menschenbilder in Zeichnungen, zwanzig Lichtdrucktafeln, mit einer Einführung von G.F. Hartlaub und mit Erinnerungen der Künstlerin *(Bekenntnisse und Erinnerungen)*, Berlin 1952.

Der Malerin Gabriele Münter zum 75. Geburtstag am 19. Februar 1952, Privatdruck, Bochum o. J.

Johannes Eichner, *Kandinsky und Gabriele Münter. Von Ursprüngen moderner Kunst*, München 1957.

Kandinsky und Gabriele Münter. Werke aus fünf Jahrzehnten, Gabriele-Münter-Stiftung (Ausst.-Kat. Städtische Galerie München, Lenbachpalais), München 1957.

Edouard Roditi, *Dialoge über Kunst*, Wiesbaden 1960.

Nell Walden, *Herwarth Walden. Ein Lebensbild*, Berlin, Mainz 1963.

Wassily Kandinsky, *Über das Geistige in der Kunst*, München 1911, (10. Aufl., mit einer Einführung von Max Bill, Bern 1966).

Peter Lahnstein, *Münter*, Ettal 1971.

Gabriele Münter 1877–1962. Gemälde, Zeichnungen, Hinterglasbilder und Volkskunst aus ihrem Besitz (Ausst.-Kat. Städtische Galerie im Lenbachhaus, München), München 1977.

Erich Pfeiffer-Belli, *Gabriele Münter. Zeichnungen und Aquarelle*, mit einem Katalog von Sabine Helms, Berlin 1979.

Wassily Kandinsky und Franz Marc (Hg.), *Der Blaue Reiter*, dokumentarische Neuausgabe von Klaus Lankheit, München, Zürich 1965 (überarbeitete 3. Aufl. 1979).

Renate Berger, *Malerinnen auf dem Weg ins 20. Jahrhundert. Kunstgeschichte als Sozialgeschichte*, Köln 1982.

Armin Zweite (Hg.), *Kandinsky und München. Begegnungen und Wandlungen 1896–1914* (Ausst.-Kat. Städtische Galerie im Lenbachhaus, München), München 1982.

Arnim Zweite (Hg.), *Alexej Jawlensky. 1864–1941* (Ausst.-Kat. Städtische Galerie im Lenbachhaus, München), München 1982.

Georg Brühl, *Herwarth Walden und »Der Sturm«. Eine Monographie*, Leipzig 1983.

Wassily Kandinsky. Franz Marc. Briefwechsel: Mit Briefen von und an Gabriele Münter

und Maria Marc, herausgegeben,
eingeleitet und kommentiert von Klaus
Lankheit, München, Zürich 1983.
Werner Frese und Ernst-Gerhard Güse (Hg.),
*August Macke. Briefe an Elisabeth und die
Freunde*, München 1987.
Peter-Klaus Schuster (Hg.), *Die »Kunststadt«
München 1937. Nationalsozialismus
und »Entartete Kunst«* (Ausst.-Kat.
Staatsgalerie moderner Kunst, München),
München 1987.
*Stationen der Moderne. Die bedeutenden
Kunstausstellungen des 20. Jahrhunderts
in Deutschland* (Ausst.-Kat. Berlinische
Galerie, Museum für Moderne Kunst,
Photographie und Architektur),
Berlin 1988.
Günter Meißner (Hg.), *Franz Marc. Briefe,
Schriften und Aufzeichnungen*, Leipzig,
Weimar 1989.
Andreas Hüneke (Hg.), *Der Blaue Reiter.
Dokumente einer geistigen Bewegung*,
Leipzig 1989.
Ulrich Bischoff (Hg.), *Franz Roh. Kritiker
Historiker Künstler* (Ausst.-Kat. Staats-
galerie moderner Kunst. Bayerische
Staatsgemäldesammlungen, München),
München 1990.
Gisela Kleine, *Gabriele Münter und Wassily
Kandinsky. Biographie eines Paares*,
Frankfurt am Main 1990.
Walter Schmitz (Hg.), *Die Münchner
Moderne. Die literarische Szene in der
›Kunststadt‹ um die Jahrhundertwende*,
Stuttgart 1990.
Rosel Gollek, *Das Münter-Haus in
Murnau*, München 1991 (4. Aufl.).
Wulf Herzogenrath und Johann-Karl
Schmidt (Hg.), *Dix* (Ausst.-Kat. Galerie
der Stadt Stuttgart; Nationalgalerie,
Staatliche Museen Preußischer Kultur-
besitz, Berlin), Stuttgart 1991.
Sabine Windecker, *Gabriele Münter. Eine
Künstlerin aus dem Kreis des »Blauen
Reiter«*, Berlin 1991 (zugl. Diss. Kiel 1990).
Stephanie Barron, *»Entartete Kunst«. Das
Schicksal der Avantgarde im Nazi-Deutsch-
land* (Ausst.-Kat. Los Angeles County
Museum of Art; Altes Museum, Berlin),
München 1992.

Annegret Hoberg und Helmut Friedel (Hg.),
Gabriele Münter 1877–1962. Retrospektive,
mit Beiträgen von Shulamith Behr,
Reinhold Heller, Annegret Hoberg und
Annika Öhrner (Ausst.-Kat. Städtische
Galerie im Lenbachhaus, München;
Schirn Kunsthalle, Frankfurt am Main; Lilje-
valchs Konsthall, Stockholm),
München 1992.
Henrike Junge (Hg.), *Avantgarde und
Publikum. Zur Rezeption avantgardistischer
Kunst in Deutschland 1905–1933*, Köln,
Weimar, Wien 1992.
Karoline Hille, *Spuren der Moderne. Die
Mannheimer Kunsthalle von 1918 bis 1933*,
Berlin 1994 (zugl. Diss. Berlin 1993).
Annegret Hoberg, *Wassily Kandinsky und
Gabriele Münter in Murnau und Kochel
1902–1914. Briefe und Erinnerungen*,
München, London, New York 1994.
Markus Krause, *Galerie Gerd Rosen.
Die Avantgarde in Berlin 1945–1950*,
Berlin 1995.
*documenta. kunst des XX. jahrhunderts.
internationale ausstellung im museum
fridericianum in kassel*, unverändertes
Reprint der Originalausgabe von 1955,
München, New York 1995.
Ulrich Krempel und Susanne Meyer-Büser
(Hg.), *Garten der Frauen. Wegbereiterinnen
der Moderne in Deutschland. 1900–1914*,
(Ausst.-Kat. Sprengel Museum Hannover;
Von der Heydt-Museum Wuppertal),
Berlin 1996.
Brigitte Salmen, *Gabriele Münter malt
Murnau. Gemälde 1908–1960 der
Künstlerin des »Blauen Reiters«* (Ausst.-Kat.
Schlossmuseum Murnau; August Macke
Haus, Bonn), Murnau 1996.
Barbara Alms und Wiebke Steinmetz(Hg.),
*Der Sturm. Chagall, Feininger, Jawlensky,
Kandinsky, Klee, Kokoschka, Macke, Marc,
Schwitters und viele andere im Berlin der
zehner Jahre* (Ausst.-Kat. Städtische Galerie
Delmenhorst), Bremen 2000.
*Schwedische Avantgarde und Der Sturm
in Berlin*, mit Beiträgen von Jan Torsten
Ahlstrand, Katarina Borgh Bertorp, Andreas
Hüneke, Freya Mühlhaupt und Bernhard
Schulz (Ausst.-Kat. Kulturgeschichtliches

Museum Osnabrück; Kulturen, Lund),
Osnabrück, Lund 2000.

Helmut Friedel (Hg.), *Gabriele Münter.
Das druckgraphische Werk*, mit Beiträgen
von Annegret Hoberg, Isabelle Jansen,
Margarethe Jochimsen, Brigitte Salmen
und Christina Schüler (Ausst.-Kat.
Städtische Galerie im Lenbachhaus,
München; August Macke Haus, Bonn;
Schlossmuseum Murnau), München,
London, New York 2000.

Christian von Holst (Hg.), *Franz Marc. Pferde*,
mit Beiträgen von Karin von Maur, Andreas
Schalhorn, Andreas K. Vetter und Klaus
Zeeb (Ausst.-Kat. Staatsgalerie Stuttgart),
Ostfildern-Ruit 2000.

Künstler-Archive der Berlinischen Galerie
(Hg.), *Hannah Höch. Eine Lebenscollage*,
Archiv-Edition, Berlin 2001.

Annegret Hoberg, *Gabriele Münter*, mit
einem Beitrag von Helmut Friedel,
München 2003.

Städtische Galerie im Lenbachhaus,
München, und Helmut Friedel (Hg.), *Paul
Klee 1933* mit Beiträgen von Pamela Kort,
Osamu Okuda, Otto Karl Werckmeister,
Stefan Frey und Andreas Hüneke
(Ausst.-Kat. Städtische Galerie im
Lenbachhaus, München; Kunstmuseum
Bern; Schirn Kunsthalle, Frankfurt am
Main; Hamburger Kunsthalle), Köln 2003.

Karoline Hille, *Marc Chagall und das
deutsche Publikum*, Köln 2005.

Helmut Friedel (Hg.), *Gabriele Münter. Die
Reise nach Amerika. Photographien
1899–1900*, mit Beiträgen von Annegret
Hoberg, Isabelle Jansen, Daniel Oggenfuss
und Ulrich Pohlmann (Ausst.-Kat.
Städtische Galerie im Lenbachhaus,
München), München 2006.

Helmut Friedel (Hg.), *Gabriele Münter.
Die Jahre mit Kandinsky. Photographien
1902–1914*, mit Texten von Annegret
Hoberg, Helmut Friedel und Isabelle
Jansen (Ausst.-Kat. Städtische
Galerie im Lenbachhaus, München),
München 2007.

Christoph Otterbeck, *Europa verlassen.
Künstlerreisen am Beginn des
20. Jahrhunderts*, Studien zur Kunst 4,

Köln, Weimar, Wien 2007 (zugl. Diss.
Marburg 2004).

Helmut Friedel und Annegret Hoberg (Hg.),
Kandinsky. Das druckgrafische Werk
(Ausst.-Kat. Städtische Galerie im
Lenbachhaus, München; Kunstmuseum
Bonn), Köln 2008.

Ingrid Mössinger und Thomas Friedrich
(Hg.), *Gabriele Münter. Werke im Museum
Gunzenhauser*, mit Beiträgen von Nina
Gockerell, Inge Grimm, Annegret Hoberg,
Isabelle Jansen, Gisela Kleine und Thomas
Friedrich (Ausst.-Kat. Museum Gunzen-
hauser, Chemnitz), Bielefeld 2008.

Barbara Schaefer und Andreas Blühm,
*Künstlerpaare. Liebe, Kunst und Leiden-
schaft* (Ausst.-Kat. Wallraf-Richartz-Mu-
seum & Fondation Corboud, Köln),
Ostfildern 2008.

Helmut Friedel (Hg.), *Gabriele Münter und
Wassily Kandinsky. Perlenstickereien und
Textilarbeiten aus dem Nachlass von
Gabriele Münter*, bearbeitet und mit
einem Text von Isabelle Jansen (Ausst.-
Kat. Münter-Haus, Murnau), München
2010.

Birgit Poppe, *»Ich bin ich«. Die Frauen des
Blauen Reiter*, Köln 2011.

Angela Lampe, Clément Chéroux und Max
Hollein (Hg.), *Edvard Munch. Der moderne
Blick* (Ausst.-Kat. Centre Pompidou, Paris;
Schirn Kunsthalle, Frankfurt m Main; Tate
Modern, London), Ostfildern 2012.

Karla Bilang (Hg.), *Wassily Kandinsky,
Gabriele Münter, Herwarth Walden. Briefe
und Schriften 1912–1914*, mit einem
Vorwort von Jelena Hahl-Fontaine, Bern,
Sulgen, Zürich 2012.

Gudrun Schury, *Ich Weltkind. Gabriele
Münter. Die Biographie*, Berlin 2012.

ABBILDUNGEN

Wenn nicht anders angegeben,
befinden sich die Werke in der
Gabriele Münter- und Johannes
Eichner-Stiftung, München.
Der Verlag dankt der Stiftung auch
für die Überlassung der Vorlagen.

Frontispiz
Das Russenhaus in Murnau, 1913
Holzschnitt (?), 7,9 x 6 cm
Städtische Galerie im Lenbachhaus,
München

1 *Stilleben mit weißem Pferdchen*, 1935
Öl auf Leinwand, 46 x 38 cm
Museum Morsbroich, Leverkusen

2 *»Marshall 1899, Ella«*, Texas 1899
(vermutlich von Emmy Münter
aufgenommen)

3 *Minna und Carl Friedrich Münter
mit den Kindern Carl, Gabriele, August
und Emmy*, um 1882

4 *Stilleben rot*, 1909
Öl auf Pappe, 53 x 39 cm
Privatbesitz

5 *Carrots for dinner*, 1899
Bleistiftzeichnung, 18,3 x 27 cm

6 *Mädchen mit Puppe*, 1900
Bleistiftzeichnung, 27,2 x 17,1 cm

7 *Auf einem Stuhl sitzende Dame*,
um 1927/28
Bleistiftzeichnung, 37 x 27 cm
Städtische Galerie im Lenbachhaus,
München

8 *Mutter und Tochter mit Puppenwagen*,
St. Louis, 1900

9 *Gute Nacht*, 1908
Farblinolschnitt, 15,7 x 19,1 cm
Städtische Galerie im Lenbachhaus,
München

10 *Auf dem Weg zum Ausflugsdampfer
auf dem Mississippi*, St. Louis, 1900

11 *»Home sweet home at aunt Annie's«*,
Plainview, Texas, 1899

12 *Tante Lou in Amerika*, 1899
Bleistiftzeichnung, 12,5 x 20 cm
Städtische Galerie im Lenbachhaus,
München

13 *Nude Joe*, Plainview, Texas, 1899
Skizzenbuch

14 *Sitzendes Paar in einem Interieur*
(Ehepaar Wade?), Moorfield,
Arkansas, 1899/1900

15 *»Susie and Sullivan, Marshall«*,
Texas, 1899/1900

16 Wassily Kandinsky,
*Gabriele Münter an der Staffelei im
Freien malend*, Kochel, 18. Juli 1902

17 *Kandinsky beim Landschafts-
malen*, 1903
Öl auf Leinwandkarton, 16,9 x 25 cm
Städtische Galerie im Lenbachhaus,
München

18 Anonym, *Abendaktklasse in
der »Phalanx«-Schule*, 1902

19 *Vilsgasse in Kallmünz*, 1903

20 *Kallmünz*, 1903
Öl auf Leinwandkarton, 25 x 16,5 cm
Städtische Galerie im Lenbachhaus,
München

21 *Häuser in Kallmünz*, 1903–1904
Farbholzschnitt, 18,3 x 18,7 cm
Städtische Galerie im Lenbachhaus,
München

22 *Gabriele Münters Atelier in
München*, Schackstraße 4,
mit Staffelei und Palette,
Winter 1903/04,

23 *Rosengärtchen*, 1907–1908
Farblinolschnitt, 16,5 x 20 cm
Städtische Galerie im Lenbachhaus,
München,

24 *Gasse mit Minarett und spielenden
Kindern*, Tunesien, Winter 1905

25 *Straßenbild in einer afrikanischen
Stadt*, 1905
Tempera auf Tonpapier, 16,6 x 26,8 cm
Städtische Galerie im Lenbachhaus,
München

26 *Wäscheleinen am Strand*,
Sestri Levante, Winter 1905/06

27 Entwurf zu *Wäsche am Strand*, 1905
Gouache, 15,5 x 25 cm
Städtische Galerie im Lenbachhaus,
München

28 *Wäsche am Strand*, 1907–1908
Farblinolschnitt, 13,4 x 23,4 cm
Städtische Galerie im Lenbachhaus,
München

29 *Stilleben mit Blumenkohl*, 1906
Öl auf Leinwand, 40,2 x 31,4 cm
Privatbesitz

30 *Waske*, 1907
Holzschnitt, 6 x 7,9 cm
Städtische Galerie im Lenbachhaus,
München

31 Wassily Kandinsky
*Gabriele Münter mit dem Kater Waske
im Garten ihrer Vermieter in Sèvres*,
1906/07

32 *An der Staffelei (Selbst-
bildnis)*, um 1910
Öl auf Pappe, 40 x 31 cm
Privatbesitz

33 *Blick aufs Murnauer Moos*, 1908
Öl auf Pappe, 32,7 x 40,5 cm
Städtische Galerie im Lenbachhaus,
München

34 *Äpfel auf Blau*, 1908/09
Öl auf Malpappe, 51,3 x 37,6 cm
Kunstsammlungen Chemnitz–
Museum Gunzenhauser, Eigentum
der Stiftung Gunzenhauser, Chemnitz.
Foto: PUNCTUM/Bertram Kober

35 *Mädchen mit Puppe*, 1908/09
Öl auf Leinwand, 70 x 48,8 cm
Milwaukee Art Museum, Schenkung
Mrs. Harry Lynde Bradley

36 Skizze zu *Stilleben mit Vasen,
Flaschen und Zweigen eines Vogel-
beerbaums*, 1908
Bleistiftzeichnung, 7 x 9,5 cm

37 *Stilleben mit Vasen, Flaschen und
Zweigen eines Vogelbeerbaums*, 1908/09
Öl auf Malpappe, 76 x 103,5 cm
Kunstsammlungen Chemnitz-
Museum Gunzenhauser, Eigentum
der Stiftung Gunzenhauser, Chemnitz.
Foto: PUNCTUM/Bertram Kober

38 *Grabkreuze in Kochel*, 1909
Öl auf Pappe, 40,5 x 32,8 cm
Städtische Galerie im Lenbachhaus,
München

39 Wassily Kandinsky
*Gabriele Münter beim Malen auf dem
verschneiten Friedhof in Kochel*
Februar 1909

40 *Hütte im Schnee bei Kochel*, 1909
Öl auf Pappe, Privatsammlung

41 *Tannen im Winter*, 1909
Öl auf Pappe
Standort unbekannt

42 *Das Münter-Haus in Murnau von
der Gartenseite aus gesehen*, 1909

43 *Lied*, um 1911
Hinterglasmalerei, 18 x 13 cm
Privatsammlung

44 *Gegen Abend*, 1909
Öl auf Pappe, 48 x 70 cm
Privatsammlung

45 *Gerade Straße bei Kochel*,
Sommer 1902

46 *Gerade Straße*, 1910
Öl auf Malkarton, 40,5 x 33 cm
Sammlung Peter Selinka, Ravensburg

47 *Die Eßecke im Murnauer Haus*, um 1911

48 *Kandinsky und Erma Bossi
am Tisch*, 1912
Öl auf Leinwand, 95 x 125,5 cm
Städtische Galerie im Lenbachhaus,
München

49 Wassily Kandinsky
*Gabriele Münter vor einem Tisch
in der Ainmillerstraße 36*, München,
um 1912

50 *Landstraße im Winter*, 1911
Öl auf Holz, 72 x 87 cm
Privatsammlung

51 *Faltblatt zur »Kollektiv-Ausstellung
G. Münter (1904–1913)« im Neuen
Kunstsalon von Max Dietzel*,
München, 1913

52 *Das gelbe Haus I*, 1911
Öl auf Leinwand, 70 x 95 cm
Schlossmuseum Murnau

53 *Studie mit weißen Flecken*, 1912
Öl auf Pappe, 38,5 x 25,5 cm
Städtische Galerie im Lenbachhaus,
München

54 Heinrich Rambold, *Heiliger Georg*,
Hinterglasmalerei

55 *Stilleben mit Heiligem Georg*, 1911
Öl auf Pappe, 51,1 x 68 cm
Städtische Galerie im Lenbachhaus,
München

56 Wassily Kandinsky, *Mitglieder des
»Blauen Reiter« auf dem Balkon der
Ainmillerstraße 36*, München,
von links: Gabriele Münter, Maria Marc,
Bernhard Koehler, Thomas von
Hartmann, Heinrich Campendonk,
sitzend Franz Marc, 1911/12

57 *Dunkles Stilleben (Geheimnis)*, 1911
Öl auf Leinwand, 78,1 x 100,6 cm

58 *Erste Ausstellung des »Blauen
Reiter« in München*, 1911/12
Galerie Heinrich Thannhauser,
München, Raum 2

59 *Schwarze Maske mit Rosa*, 1912
Öl auf Leinwand, 56,4 x 49 cm
Privatsammlung, Dortmund

60 *Nach dem Tee II*, 1912
Öl auf Karton, 51 x 68 cm
Privatsammlung

61 Entwurf 2 zu *Nach dem Tee*, 1912
Bleistiftzeichnung, 20,8 x 20,9 cm

62 *Abstraktion*, 1912
Öl auf Pappe, 50 x 71 cm
Staatliche Museen zu Berlin,
Nationalgalerie

63 *Plakat zur Gabriele-Münter-Ausstellung
in der »Sturm«-Galerie*, Berlin, 1913
Holzschnitt und Buchdruck, 42 x 31,1 cm,
Kunstsammlungen Chemnitz-
Museum Gunzenhauser, Eigentum
der Stiftung Gunzenhauser, Chemnitz.
Foto: PUNCTUM/Bertram Kober

64 *»Kollektiv-Ausstellung G. Münter
1904–1913« im Neuen Kunstsalon
von Max Dietzel in München*,
Frühjahr 1913, Wandansicht

65 *Hinterglasbilder-Wand in der
Münchner Wohnung in der Ainmillerstraße 36*, um 1913

66 Entwurf zu *Mann im Sessel
(Paul Klee)*, um 1913
Bleistiftzeichnung, 10,5 x 15,5 cm
Städtische Galerie im Lenbachhaus,
München

67 *Mann im Sessel (Paul Klee)*, 1913
Öl auf Leinwand, 95 x 125,5 cm
Bayerische Staatsgemälde-
sammlungen, München

68 Anonym, *Gabriele Münter
in Stockholm*, 1917

69 *Abstrakte Studie*, 1915
Öl auf Pappe, 40,8 x 32,2 cm

70 *Pferd und Blumen*, um 1916
Aquarell und Tusche über
Bleistift, 21,8 x 28,2 cm

71 *Stilleben mit geflecktem Hund*, 1916
Öl auf Karton, 51, 2 x 46,5 cm
Privatsammlung

72 *Gabriele Münter und Wassily
Kandinsky in Stockholm*, 1916
Photostudio der Nordiska Kompagniet

73 *Stilleben mit Palette*, 1916
Öl auf Leinwand, 80,5 x 65 cm
Privatsammlung

74 *Stilleben*, 1916
Kaltnadelradierung, 6,2 x 8,1 cm
Städtische Galerie im Lenbachhaus,
München

75 *Musik*, 1916
Öl auf Leinwand, 90 x 114 cm
Privatsammlung

76 *Narvik-Hafen*, 1916
Öl auf Leinwand, 47,5 x 64,5 cm
Privatsammlung

77 *Gabriele-Münter-Ausstellung in
der Liljevalchs Konsthall*, Stockholm, 1917
Wandansicht

78 *Krank*, 1917
Hinterglasmalerei
Standort unbekannt

79 *Plakat zur Gabriele-Münter-Ausstellung
im Ny Kunstsal in Kopenhagen*, 1919
Farblithografie, 90 x 64,5 cm
Kunstsammlungen Chemnitz–
Museum Gunzenhauser, Eigentum
der Stiftung Gunzenhauser, Chemnitz.
Foto: PUNCTUM/Bertram Kober

80 *Anna Roslund*, 1917
Öl auf Leinwand, 94 x 68 cm
Leicestershire Museums, Leicester

81 *Wohnraum in Murnau*, 1922
Bleistiftzeichnung, 22,5 x 29,8 cm

82 *Der blaue Staffelsee*, 1923
Öl auf Karton, 33 x 45 cm
Privatsammlung

83 *Baumschatten am Hügel*, 1924
Aquarell und schwarze
Feder, 26,2 x 20,8 cm

84 *Garten mit Akazien*, 1924
Aquarell und schwarze Tusche über
Bleistift, 15,6 x 21,4 cm

85 *Die Unvergleichliche (Die Dichterin
Sylvia von Harden)*, um 1926/28
Bleistiftzeichnung, 29 x 22 cm
Städtische Galerie im Lenbachhaus,
München

86 *Röschen*, um 1926
Öl auf Pappe, 33 x 44,7 cm
Standort unbekannt

87 *Kokett*, um 1928
Bleistiftzeichnung, Buchseite 11 aus:
*Gabriele Münter. Menschenbilder in
Zeichnungen*, Konrad Lemmer Verlag,
Berlin 1952

88 *Junge Dame im Sessel,
schreibend*, 1929
Bleistiftzeichnung, 31 x 21 cm

89 *Johannes Eichner lesend im Stuhl*,
um 1928/30
Federzeichnung, 21 x 14,9 cm
Städtische Galerie im Lenbachhaus,
München

90 *Selbstbildnis*, 1934
Öl auf Pappe, 35,2 x 27,1 cm

91 *Kater und Hut*, 1930
Öl auf Leinwand, 64,5 x 49,5 cm
Privatsammlung

92 *Würfelspieler, Pariser Café*, 1930
Bleistiftzeichnung, 10,4 x 15 cm
Städtische Galerie im Lenbachhaus,
München

93 *Tisch im Gartencafé*, 1930
Öl auf Karton, 46 x 38 cm
Privatsammlung, Süddeutschland

94 *Sanary-sur-Mer*, 1930
Kohlezeichnung, 25 x 32,5 cm

95 *Das Münter-Haus in Murnau,* 1931
Öl auf Leinwand, 42,5 × 57 cm
Städtische Galerie im Lenbachhaus,
München

96 *Gabriele Münters Haus
in Murnau,* 1931
Linolschnitt, 9,4 × 12,3 cm
Städtische Galerie im Lenbachhaus,
München

97 *Weg zur Fürstalm,* 1931
Öl auf Malkarton, 43 × 32 cm
Privatsammlung

98 Gertrud Haff
*Gabriele Münter und Johannes Eichner
vor dem Haus in Murnau,* 1933

99 *Drei Häuser im Schnee,* 1933
Öl auf Leinwand, 47 × 55,5 cm
Kunsthalle Bielefeld

100 *Zukunft,* 1917
Öl auf Leinwand, 100,5 × 66,5 cm
Mr. u. Mrs. Frank E. Taplin, Jr.

101 *Frühstück der Vögel,* 1934
Öl auf Pappe, 45 × 55 cm
National Museum of Women in Arts,
Washington D.C.

102 *Neujahrswunsch, 1935*
Linolschnitt, 9,1 × 12,5 cm
Städtische Galerie im Lenbachhaus,
München

103 *Stilleben mit Hinterglasbild
und Hund,* 1933
Öl auf Leinwand, 33,2 × 46,2 cm
Privatsammlung

104 *Blumen in der Nacht,* 1941
Öl auf Pappe, 50 × 65 cm
© bpk | Hamburger Kunsthalle |
Hanne Moschkowitz

105 Gerhard Ritter
*Gabriele Münter
in Murnau,* 1957

106 *Tauwetter im Dorf (Murnau),* 1948
Öl auf Malkarton, 33 × 44,8 cm
Frankona Versicherung, München

107 *Heiteres Blumenbild,* 1949
Öl auf Leinwand, 55 × 38 cm
Privatsammlung

108 *Gelbe Blüten,* 1951
Öl auf Malkarton, 36 × 44 cm
Privatbesitz

109 *Rosenstilleben in zwei Vasen,* um 1957
Schwarze Pinselzeichnung,
31,4 × 22,9 cm

110 Buchumschlag zu *Gabriele Münter.
Menschenbilder in Zeichnungen,* 1952
Konrad Lemmer Verlag, Berlin

111 *Brief von Gabriele Münter an
Gustav Friedrich Hartlaub* (zwei Seiten),
18. Dezember 1951
Deutsches Kunstarchiv im Germani-
schen Nationalmuseum Nürnberg,
Nachlass Hartlaub

112 *Hockende,* um 1927
Bleistiftzeichnung, 27,6 × 19,2 cm
Privatsammlung, Frankfurt am Main

113 *Stilleben am Fenster,* 1953
Öl auf Leinwand, 46,5 × 55 cm

114 Anonym
*Gabriele Münter und Johannes Eichner
in der Ausstellung »Improvisationen
1952–1954« in der Galerie Otto Stangl
in München,* 1954

115 *Schwarz entzweit,* 1952
Öl auf Pappe, 37 × 45 cm

116 Hans-Joerg Soldau
*Gabriele-Münter-Ausstellung in der
Kunsthalle Mannheim,* 1961
Kunsthalle Mannheim

117 *Weg im bunten Oktober,* 1959
Öl auf Leinwand, 57 × 40 cm
Milwaukee Art Museum, Schenkung
Mrs. Harry Lynde Bradley

118 *Kottmüllerallee in Murnau,* 1960
Öl auf Papier, 31,5 × 24,5 cm
Privatbesitz
Foto: Schlossmuseum Murnau

DANK

Die Kunsthistorikerin Karoline Hille lebt als freie Publizistin und Kuratorin in Ludwigshafen am Rhein. Nach ihrem Studium an der Freien Universität in Berlin promovierte sie über die Kunsthalle Mannheim in der Weimarer Republik. Die 1994 erschienene Studie zählt heute zu den Standardwerken zur Museumsgeschichte.

Die Autorin hat mehrere Bücher und eine Vielzahl weiterer Beiträge zu Kunst, Kultur und Literatur des 19. und 20. Jahrhunderts verfasst. Seit mehr als einem Jahrzehnt gilt ihr besonderes Interesse Leben und Werk von Künstlerinnen der klassischen Moderne. Ihre jüngsten Arbeiten beschäftigten sich mit Hannah Höch, Ré Soupault, Claude Cahun und Dora Maar, Ljubow Popowa sowie dem Thema »Künstlerinnen und das Komische«.

Karoline Hille hat unter anderem folgende Bücher veröffentlicht: *Gefährliche Musen. Frauen um Max Ernst*, Berlin 2007; *Senta Geißler. Ein Künstlerinnenleben*, Berlin 2008; *Spiele der Frauen. Künstlerinnen im Surrealismus*, Stuttgart 2009; *Marc Chagall. Die Bettlerin mit dem Sack*, Bielefeld 2011

Es war eine Liebe auf den zweiten Blick. Und sie begann nicht mit den Gemälden, sondern mit den Fotografien, die Gabriele Münter um 1900 als junge Frau während ihrer Reise durch Amerika gemacht hatte. Hier fand ich das Konstruktive und Gebaute, jenes ganz erstaunliche Gespür für Ausschnitt und Komposition, für Menschen, Landschaften und Architektur, das mein Interesse weckte und den Wunsch, mehr darüber zu erfahren. »Das Werk macht die Kunst.« Dieser knappe Satz aus dem Vorwort kann als Leitmotiv über dem gesamten, der Künstlerin mit der Zauberhand gewidmeten Buch stehen.

Das Schreiben ist ein einsames Geschäft und je mehr in langen Nächten Seite um Seite sich füllt, desto einsamer wird es. Wenn aber dann aus einem Stoß Manuskriptseiten ein Buch entsteht, ist man plötzlich gar nicht mehr allein. Mit großer Dankbarkeit denke ich an all die Menschen, die mich in den vergangenen Monaten eine Weile begleitet haben und sich anstecken ließen von meiner Begeisterung und Neugier. Sie trugen dazu bei, dass aus meinem Text ein so schönes Buch geworden ist.

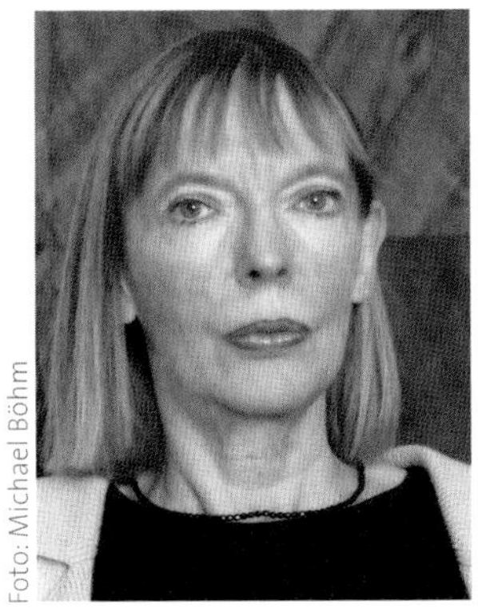

An erster Stelle möchte ich deshalb dem DuMont Verlag danken, den Verlegern Daniel Brücher und Jo Lendle sowie vor allem der Kunst-Programmleiterin Nicola von Velsen, die das Projekt koordinierte und auch in schwieriger Zeit an ihm festhielt. Ohne ihr Vertrauen gäbe es das Buch nicht. In diesen Dank eingeschlossen sind die Verlagslektorin Marisa Botz und Birgit Haermeyer von der Herstellung. Auch im größten Stress hatten sie immer Zeit und ein freundliches Wort. Ebenso dankbar bin ich meinem Agenten Elmar Klupsch. Er hat die Publikation von Anfang an begleitet und dabei sicher um so manche Klippe geschifft.

Was wäre eine Autorin wie ich ohne die Unterstützung von Bibliotheken, Archiven und Museen. Hilfsbereit, freundlich und unbürokratisch haben die Angestellten der Mannheimer Universitätsbibliothek auch dieses Mal zum Gelingen beigetragen, namentlich Elisabeth Stulken und Michael Wagner. Ganz herzlich danke ich Eef Overgaauw, dem Leiter der Handschriftenabteilung der Berliner Staatsbibliothek, und Isabelle Jansen, der Geschäftsführerin der Gabriele Münter- und Johannes Eichner-Stiftung in München, die meine Recherchen zu jeder Zeit engagiert unterstützten, ebenso wie Inge Herold von der Kunsthalle Mannheim, Thomas Bauer-Friedrich vom Museum Gunzenhauser in Chemnitz und Ralf Burmeister von der Berlinischen Galerie. Wie überhaupt Freunde am wichtigsten sind. Meine Freundin Ruth Pabst recherchierte für mich in Berlin. Melanie Hartlaub und Thomas Ferber aus Frankfurt waren von Beginn an einbezogen und wurden zu guten Freunden. Für ihrer aller Freundschaft kann ich nicht genug danken.

Noch nie habe ich bei einem meiner Bücher so intensiv am Manuskript gearbeitet. Das ist meiner ersten Leserin und Lektorin Almut Otto zu danken. Sie hat sich wunderbar in den Text eingefühlt und mir doch keine Schludrigkeit durchgehen lassen. Ein ebenso herzliches und ganz besonderes Dankeschön gilt der Grafikerin Silvia Cardinal, die aus dem interessanten Layoutentwurf von Christine Sieber ein so großzügiges, schönes und reich bebildertes Buch gestaltet hat. Keiner meiner Wünsche blieb unberücksichtigt.

Ein letzter Dankesgruß geht an meinen Sohn Roman Hille und wie immer an meinen Freund und ersten Leser Michael Böhm für alle seine Hilfe, ein Geschenk, das ich einfach nur in Dankbarkeit annehmen kann. Ebenso wie das Schnurren von Bella.

Ludwigshafen im Oktober 2012
Karoline Hille

Wir danken der Gabriele Münter- und
Johannes Eichner-Stiftung, München,
für die Zusammenarbeit.

© 2012 DuMont Buchverlag, Köln
© 2012 VG Bild-Kunst, Bonn
Für die Werke von Gabriele Münter
und Wassily Kandinsky

Verlagskoordination: Nicola von Velsen
Bildrecherche: Julia Remmert, Marisa Botz
Lektorat: Almut Otto
Design: Christine Sieber
Layout: Silvia Cardinal
Gesamtherstellung: Rasch, Bramsche

Erschienen im DuMont Buchverlag
www.dumont-buchverlag.de

ISBN 978-3-8321-9454-3
Printed in Germany

Umschlagabbildung:
Gabriele Münter in Stockholm, 1917,
Gabriele Münter- und Johannes
Eichner-Stiftung, München

Die Veröffentlichung dieses Werkes
erfolgt auf Vermittlung von
BookaBook, der Literarischen Agentur
Elmar Klupsch, Stuttgart.

Gesetzt aus der The Sans

Sofern nicht anders angegeben,
sind alle übrigen Vorlagen aus
dem Archiv des Verlags. Der Verlag
hat sich bemüht, alle Rechteinhaber
ausfindig zu machen. Sollte dies
im Einzelfall nicht gelungen sein,
bitten wir um Nachricht.